班级管理 立德树人

邱云兰 著

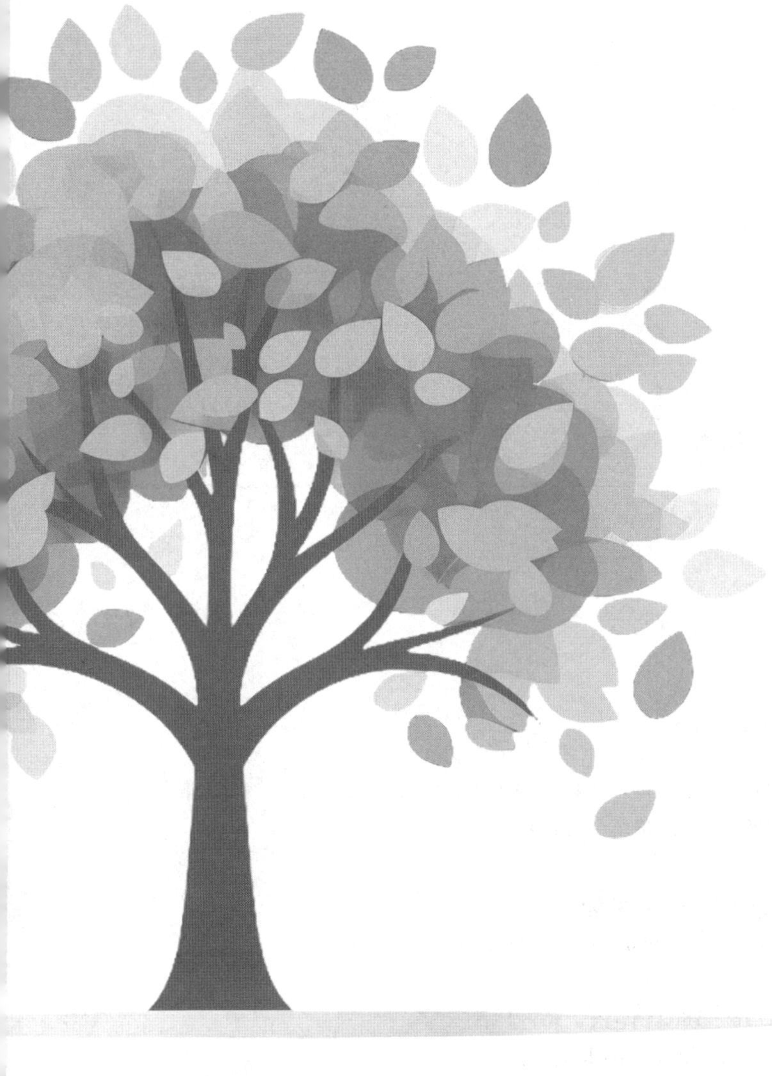

中山大學出版社
SUN YAT-SEN UNIVERSITY PRESS
·广州·

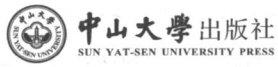

版权所有　翻印必究

图书在版编目（CIP）数据

班级管理：立德树人／邱云兰著. -- 广州：中山大学出版社，2025.8.
ISBN 978-7-306-08503-0
Ⅰ. G424.21
中国国家版本馆CIP数据核字第202558VE41号

BANJI GUANLI：LIDE SHUREN

出 版 人：	王天琪
策划编辑：	张　蕊
责任编辑：	杨曼琪
封面设计：	曾　婷
责任校对：	张　照
责任技编：	靳晓虹

出版发行：中山大学出版社
电　　话：编辑部 020 - 84110283，84113349，84111997，84110779，84110776
　　　　　发行部 020 - 84111998，84111981，84111160
地　　址：广州市新港西路135号
邮　　编：510275　传　真：020 - 84036565
网　　址：http://www.zsup.com.cn　E-mail：zdcbs@mail.sysu.edu.cn
印 刷 者：佛山家联印刷有限公司
规　　格：787mm×1092mm　1/16　18.25印张　361千字
版次印次：2025年8月第1版　2025年8月第1次印刷
定　　价：68.00元

如发现本书因印装质量影响阅读，请与出版社发行部联系调换

前　　言

国无德不兴，人无德不立。教育是国之大计、党之大计。教育的本质是育人，育人的根本是立德。《班级管理：立德树人》选编和收集了不同论文，不仅罗列了各种各样的理论和事实，而且重视把理论的探讨与实践的应用紧密结合起来，把班级管理工作与立德树人的理论阐述、具体操作结合起来。"立德"是确立崇高的思想品德，"树人"即培养高素质的人才。国家发展靠人才，国家富强靠人才，人才培养靠教师。"班主任难做，学生难管"，这就需要班主任拓展知识体系、提升管理能力和开阔学术视野。无论学生思维方式如何变化、管理难度如何增大，班主任都要锤炼强大本领，知难而进、迎难而上，练就"破茧成蝶"的硬翅膀，成为自己心中理想的模样。

2025年是实现"十四五"规划目标任务的关键一年，对班主任的新定位、新要求、新任务应进一步明确，班主任承担着把下一代培养成德、智、体、美、劳全面发展的社会主义建设者和接班人的重任。推进师德师风建设，是一项战略工程、固本工程、铸魂工程，事关党对学校的领导，对全面贯彻党的教育方针，打造高素质的教师队伍有着重要的意义。班主任的角色是多样化的，既是传道者，也是授业解惑者；既是管理者，也是示范者，更是班级研究者和服务者。

提高班级管理质量是学校的立根之基、发展之源，是班主任的立身之本。班主任是推动教育改革创新的基本力量。班级是管理工作非常重要的实践据点。无论是对学生还是班主任来说，班级都是他们全身投入，以达到"自我实现"的学习、工作与生活的据点。为了强化"立德树人"根本任务，落实"立德树人"机制，应提升教师的师德修养，筑牢品德底线，践行师德标准。

班级管理工作，能让班级所有成员通过参与各项工作、活动，来获得成就感。学生在班级中遇到各种各样的事情是不可避免的，必须为此持续地付出努力。其目的是让每一个学生实现自身的目标。成功可以提高个体的自我效能感，其带来的成就感、成功感可以为每一个学生带来尊严、勇气和光明。

班主任要不断提升专业水平和管理能力，注重个人内省及自主学习。习近平总书记在《依靠学习走向未来》里说道，"本领不是天生的，是要通过学习和实践获得的"，"要勤学，下得苦功夫，求得真学问"，"要修德，加强道德修养，注重道德实践"，"坚持把立德树人作为中心环节，把思想政治工作贯穿到教育教学的全过程"。有学者认为，班级管理的原则要体现出儒家和法家的思想。前者表现为以学生为主体，尊重、理解、关怀、帮助、信任他们，这需要讲民主；后者表现为班级不仅要有一系列班规，还要贯彻执行班规并进行监督检查。但学校的职能不同于社会的职能，不能把管理社会的法规生搬硬套在班级管理上。班主任要采纳最有效、最科学的管理方法，只有从民主角度、尊重角度、优化角度、激励角度着手，班级管理问题才能迎刃而解。当然，并不排除采用制度化、科学化、规范化、条理化的管理方法，因为这些也是管理好班级所必需的。如果班级管理制度不能很好地被执行，在多数情况下，并不是因为制度不够完善，而是因为民主的氛围没有形成，班级原则没有被充分贯彻。

班级管理的根本目的之一就是促进学生思考人生、美化人生。班主任的工作是一门科学，更是一门艺术。人们钟爱艺术、感受艺术、创造艺术，认为艺术能带来情感上的愉悦和美的体验。班主任工作离不开教育科学的研究，离不开科学的指导，更离不开班主任人格风范的传递、教育情境的熏染。班主任是班级管理工作的领导者，要站在时代的前列，基于祖国兴旺、民族复兴的信念，以强烈的事业心和责任感，培养时代所需要的德、智、体、美、劳全面发展的创新人才。

《班级管理：立德树人》是在理论上有相应建树，在实践上颇具指导意义的著作。其宗旨是"以科学的理论武装人，以正确的舆论引导人，以高尚的精神塑造人，以优秀的作品鼓舞人"。笔者总结了成功的工作经验并展示了优秀的成果，概括经验、把握规律、倡导理念，班主任通过学习、研究和实践，其工作能力可以进一步提高。在形成本书的过程中，笔者也得到了领导、专家的指导和支持，这使班级管理工作之树越长越茂盛，愿本书成为班级管理提升的重要助力。

本书得到中山大学教育现代化研究中心原主任、博士生导师冯增

俊教授等学者的指导，借鉴了有关专家学者的宝贵意见，谨此致谢。感谢领导、专家的指导、关心、支持与配合，在此一并致以谢意！

由于时间仓促和水平所限，书中难免有不足之处，敬请读者批评指正并提出宝贵意见，笔者将不胜感谢。

邱云兰

2025 年 7 月

目 录

第一章 班级管理 立德树人 ... 1
- 一、班主任要强化立德树人的价值导向 ... 1
- 二、班级管理目标及模式 ... 8
- 三、班级管理制度的改革 ... 13
- 四、实践与探索：班级管理工作中的七步曲 ... 19

第二章 班级管理挑战 ... 22
- 一、班级管理迎接新挑战 ... 22
- 二、班级管理问题及解决策略 ... 25
- 三、感情投入与班级管理 ... 37
- 四、师生的情感交流 ... 39
- 五、实践与探索：我当慢班班主任 ... 43

第三章 班主任的管理艺术 ... 49
- 一、班主任的管理理念 ... 49
- 二、班主任的责任担当 ... 52
- 三、班主任的管理艺术 ... 56
- 四、实践与探索：严格管理与提高素质 ... 71

第四章 典型案例及其评析 ... 73
- 一、案例的意义 ... 73
- 二、尊重、关爱、宽容 ... 73
- 三、和谐心态，健康心理 ... 82
- 四、智慧教育 ... 89
- 五、实践与探索：从"民办教师"到"大学教授"的跨越 ... 94

第五章 班主任的人格魅力 ... 98
- 一、班主任的人格 ... 98
- 二、班主任对学生的关爱和宽容 ... 98
- 三、班主任对学生的尊重和理解 ... 103
- 四、班主任的理性智慧教育 ... 108

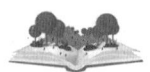

  五、实践与探索：塑造学生健康的人格教育 ……………………… 112

第六章　班主任的基本素养与角色定位 ……………………………… 117
  一、班主任的道德素养 …………………………………………… 117
  二、班主任的知识与能力素养 …………………………………… 120
  三、班主任的心理素养与学生心目中的好老师 ………………… 123
  四、班主任的角色定位 …………………………………………… 128
  五、实践与探索：论数学课堂教学中的素质教育 ……………… 137

第七章　教育教学成果 ………………………………………………… 140
  一、教育成果 ……………………………………………………… 140
  二、教学成果 ……………………………………………………… 156

第八章　班主任的职业道德 …………………………………………… 173
  一、班主任职业道德的含义 ……………………………………… 173
  二、班主任职业道德的主要问题 ………………………………… 174
  三、以人为本及案例剖析 ………………………………………… 176
  四、实践与探索：营造管理氛围，提高学生素质 ……………… 191

第九章　学生操行评语的撰写与班会课 ……………………………… 195
  一、学生操行评语的撰写 ………………………………………… 195
  二、养成教育的实践研究 ………………………………………… 200
  三、班会课的设计艺术 …………………………………………… 204
  四、学生的情感体验 ……………………………………………… 216
  五、实践与探索：学会做人，提高素质 ………………………… 218

第十章　班主任的专业成长 …………………………………………… 221
  一、班主任要吸收多学科专业知识 ……………………………… 221
  二、找准专业成长的突破口 ……………………………………… 223
  三、加强教学实践，尝试互动解题 ……………………………… 224
  四、实践与探索：欠发达地区农村初中数学教师专业成长现状调查
    ——以粤北地区部分中学为例 …………………………… 233

第十一章　生命教育 …………………………………………………… 246
  一、生命教育的意义 ……………………………………………… 246
  二、学校、班级、家庭的生命教育 ……………………………… 248

三、加强安全防范意识与生命道德教育 …………………………………… 257
四、班级偶发事件及处理方法 …………………………………………… 260
五、实践与探索：道德发展阶段与青少年犯罪——电视剧《隐秘的角落》
　　心理分析 ……………………………………………………………… 265

参考文献 ………………………………………………………………………… 268

附录Ⅰ　教师专题培训 ………………………………………………………… 277
附录Ⅱ　教师专题培训提纲 …………………………………………………… 278

第一章　班级管理　立德树人

关键词：立德树人；立德铸魂；师德建设；师德师风；第一标准；班级管理；育人实效；责任担当；人文关怀；实践探索；情感管理；管理目标；身体力行；严谨治学；梦想成真；七步曲；典型案例

班级管理，立德是根本，树人是核心。立德，是确立崇高的思想品德，强调了道德教育的重要性和先导性。树人是培养高素质的人才。树人的对象是全面发展的中国特色社会主义事业接班人。随着强化立德树人的根本任务、健全立德树人落实机制等工作的开展，立德树人这一中国几千年来教育思想的精粹发挥着越来越重要的作用。班级管理有两种模式：封闭型和开放型。其功能在于"学校教育的组织化"，包括班级中的各种教学管理与生活指导管理、班级环境管理、班级事务管理等。

一、班主任要强化立德树人的价值导向

习近平总书记指出，"要把立德树人融入思想道德教育、文化知识教育、社会实践教育各环节，贯穿基础教育、职业教育、高等教育各领域，学科体系、教学体系、教材体系、管理体系要围绕这个目标来设计，教师围绕这个目标来教，学生要围绕这个目标来学"。德，是一个国家、一个社会、一个民族、一个公民之本。国家无德不兴，社会无德不稳，个人无德不立，教师无德不育。班主任要强化立德树人理念，提升班级管理能力，创新班级管理方式，使学生自觉遵守学校和班级的有关规定；健全管理方法，提升管理水平和管理能力，做到以德立身、以德立学、以德立教。

（一）加强师德建设，强化立德树人

教师是教育的根本，师德是教师的灵魂。教师内在的价值追求、外在的行为自觉，都体现在其言行之中。

1. 加强师德建设，坚持立德树人

加强师德建设，旨在通过强化理想信念教育、坚持思想铸魂、落实立德树人根本任务，不断提升教师的思想政治素养和专业道德素养。创新师德师风教育，树立崇高理想；加强师德师风宣传，培育重德养德良好风尚；强化师德师风监督，防止师德失范；做好师德师风奖惩，发挥规范引领作用。提升调查研究能

力、改革攻坚能力、应急处突能力、学生工作能力、抓落实能力。做到：其一，以德修身，筑牢品德底线，树立底线意识，践行师德标准；其二，以德立学，提升文化底气，树立终身学习的理念，强化卓越追求理念；其三，以德施教，彰显育人底色，加强价值认同，强化思想引领；其四，以德育德，厚植育人底蕴。

党和国家提出的教育思想既弘扬优秀的传统文化，又与时俱进。随着我国教育的发展，对"立德树人"的高度认识正在不断深化。"德"是做人之本、做事之基、成功之源。树人先立德，立德先育己，修身我先行。育人者必先育己，立己者方能立人。立德树人不是少数人的事，是全社会的事；就学校而言，立德树人是全体教职工的事，要做到言传身教。古语说得好，"其身正，不令而行，其身不正，虽令不从"，"善歌者，使人继其声。善教者，使人继其志"。抓好师德建设、打造高素质教师队伍，是学校建设的基础性工作。加强师德师风建设，要在创新师德教育、抓好典型，在开展社会实践上下功夫、见真章，建好建强班主任队伍，为更好肩负立德树人的使命奠定坚实的思想政治基础。

2. 教师是教育之本，立德是教师之魂

立德树人思想源于我国传统文化的精髓。"立德"最早见于《左传·襄公二十四年》"太上立德，其次有立功，其次有立言，虽久不废，此之谓不朽"[①]，提出了中国传统伦理道德体系最重要的"三不朽"思想。立德，指树立道德，即提高道德修养，给人们树立道德方面的榜样。立功，指为人民做好事。立言，就是以救世之心著书立说。道德不仅是知识，还是情感、意志与行动。人的道德品质的形成，不仅是一个认知过程，而且是一个情感塑造、性格熏陶、整体精神涵养、行为习惯养成的过程。"树人"则最早见于《管子·权修》："一年之计，莫如树谷；十年之计，莫如树木；终身之计，莫如树人。"立德是树人的前提，树人是立德的归宿，立德最终是为了树人，立育人之德，树有德之人。把握"四德四劲"，即做人以德、明大德、守公德、严私德，真抓实劲、敢抓狠劲、善抓巧劲、常抓韧劲，瞄准中国教育前沿，立足中国教育大地。

3. 积蓄奋进力量，弘扬"德品""德能"

奋斗是青春最亮丽的底色。班主任要以身作则、主动示范，使学生在受教育过程中耳濡目染，锻造坚毅品格，并培养立德为先、修身为本的行为品德。立德树人是对中华优秀传统文化及德育思想的传承，也是实现中华民族伟大复兴对时代教育的现实要求，具有深远的历史逻辑、理论逻辑和实践逻辑。提高学生辨别是非与自控管理能力，是学校德育管理工作的重要内容之一。例如，让学生用心思考和感悟"真正长大了"的真谛，懂得长大并非仅指身体长高、年龄增加，还意味着懂事明理，能辨别是非，具有自控能力。教师要提升学生学习体验感，使学生勇于承担责任。责任是一种能力，又远胜于能力；责任是一种精神，更是

[①] 杨伯峻：《春秋左传注》（第三卷），中华书局2009年版，第1088页。

一种品格。让学生在生活中学习周围教师的品行和履行社会责任。

教师要对自身道德品质积极反思，弘扬"德品"，提高自身道德教育能力，增强解决学生思想问题的能力，弘扬"德能"，发挥自身的主观能动作用，提升"德信"，增强道德信念，凝聚道德力量，建立道德网络，构建育人路径，从而提升班级管理水平。追求师德"高线"、严守职业"底线"，做一个高尚的人、脱离低级趣味的人，应该是每一位教师的不懈追求和行为常态。应充分发挥教师在学校教育中的带头作用，充分彰显重视师德师风教育的强烈指向。

思考题：
（1）构建立德树人的路径是什么？
（2）怎样提高学生辨别是非与自控管理的能力？

（二）促进教师道德理性的形成

1. 启迪立身智慧，提升道德素养

习近平总书记指出，"道德之于个人、之于社会，都具有基础性意义，做人做事第一位的是崇德修身"。教师应培养立德为先、修身为本的行为品德。师德是教师的核心素养。师德是教师行业的特殊要求，旨在通过强化理想信念教育，坚持思想铸魂，坚持立德树人，不断提升思想政治素养和职业道德素养。师德师风是指教师的职业道德，既指教师从事教育劳动时所遵循的行为规范和必备的品德，也是班主任深厚的知识修养和文化品位的体现。师德师风是用以评价教师队伍素质的第一标准。学校不仅是落实标准的主体之一，也是落实立德树人根本任务的关键。无论是"立德"还是"树人"，都是一项长期的、系统的、复杂的基础工程。教师应意识到"德"的分量，不负"德"的寄托，铭记立德树人①。

支撑教师将毕生精力和智慧奉献给教育事业的不只是物质的获得，更多的是实现人生价值的精神满足。学校班级管理、学生德行成长等，都承载着立德树人的根本任务②。习近平总书记在北京大学考察时强调，青年要自觉践行社会主义核心价值观，与祖国和人民同行，努力创造精彩人生。他要求广大青少年在树立社会主义核心价值观时，"要勤学，下得苦功夫，求得真学问"，"要修德，加强道德修养，注重道德实践"，"一个人只有明大德、守公德、严私德，其才方能用得其所。修德，既要立意高远，又要立足平实……踏踏实实修好公德、私德，学会劳动、学会勤俭，学会感恩、学会助人、学会谦让、学会宽容、学会自省、

---

① 曾云：《立德树人：中国古代教育思想嬗变的视角》，载《当代教育与文化》2019年第11期，第7-11页。

② 李梅：《立德树人的价值意蕴及其实践路径》，载《教学与管理》2019年第2期，第12-15页。

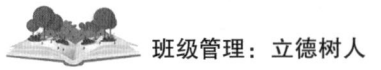

学会自律"。

2. 落实立德树人，促进班级管理

学校的立身之本在于立德树人，立德树人关乎党的事业后继有人。为了促进班级管理新常态，实现立心、立志、立身、立行的统一，班主任承担着落实立德树人根本任务的主体责任。"立德树人"源于古代，其精神实质虽无根本改变，但"立德"与"树人"的教育内容发生了天翻地覆的变化。今天所说的"德"的主要内容是社会主义道德。一般而言，道德教育包括底线道德教育和超底线道德教育。社会公德、职业道德、家庭美德、个人品德，就是时代赋予德育最新和最基础的内容。超越性道德教育是道德教育的终极目标，涉及理想教育层面的道德教育，即我国共产主义理想和道德体系。

班级是对学生的思想道德施加影响的教育性组织。班主任通过加强班级管理，可以使道德教育具有更强的社会性、实践性、开放性、包容性、渗透性。班级管理作为一种精神共同体，能真正促进学生德、智、体、美、劳全面发展。

思考题：
（1）在班级管理中，如何落实新时代党的教育方针？
（2）为什么说学校的立身之本在于立德树人，立德树人关乎党的事业后继有人？

（三）立德树人，立教圆梦①

百年大计，教育为本，教育大计，教师为本。推进教育事业的改革与发展的关键是教师。提升立德树人的水平，关键在教师。教师要成为有思想的智者、能作为的行者、敢担当的仁者、善创新的强者②，争做教育"名家"、教学"专家"、管理"行家"。

1. 强教先强师，强师先立德

教育托起中国梦。中国梦，是国家的梦、民族的梦，是每一个中国人的梦。习近平总书记指出，广大教师就是打造这支中华民族"梦之队"的筑梦人。国家繁荣、民族兴旺、教育发展，需要我们大力培养、建立一支师德高尚、业务精湛、结构合理、充满活力的高素质专业化教师队伍。好老师能立德树人，他们有理想信念、有道德情操、有扎实知识、有仁爱之心，能够为培养社会主义接班人做贡献。

---

① 邱云兰：《立德树人，立教圆梦》，载《新教育新时代》，天津电子出版社2017年版，第181页。
② 谭长存：《有思想，能作为，敢担当：我心目中的校长》，载《教书育人：教师新概念》2016年第1期，第6-8页。

教师肩负的社会职责和历史使命，决定了教师应在道德方面高于社会其他人群。因此，教师要不断修炼道德情操。第一，要确立高尚的道德准则，培养社会责任感和无私奉献精神。第二，要完善人格，心地善良，尊重他人，自尊自重。第三，要爱岗敬业，秉持一丝不苟的职业精神，锻造严谨务实的工作作风。"学高为师，德高为范。"教师的高尚道德品质是立德强师的重要前提，是强国强教的根本。

2. 树人先立德，诲人先立教

立德，是教师综合素质的灵魂和教师队伍建设的根本。把握灵魂，抓住根本，才能不断提高教师的育人水平，卓有成效地建设好教师队伍；严于律己的工作作风有助于学生良好学风的形成。教师在工作作风上，要认真严谨、讲求实效，切忌马马虎虎、拖拉推诿；在思想作风上，努力做到实事求是、表里如一；在待人处世上，诚实守信，不弄虚作假；在生活作风上，谦虚谨慎、本分老实，耐得住寂寞，能经受住各种各样的外在诱惑。政治硬、业务精、作风正、工作勤、生活俭、工作好，是人民教师的精神体现。教师稳重从容的举止、朴实大方的服饰、循循善诱的教诲、勤勤恳恳的工作，会给学生一种亲切、踏实可靠的感觉。

实践告诉我们，责任有多大，舞台就有多大；责任有多重，道路就有多远；责任有多崇高，人生就有多精彩。教师对工作负责的态度会让学生懂得什么是责任和使命。如果教师工作责任心不强，斤斤计较，不乐意承担学校分配的任务，与同事协调不好，对学生关心不够，治班、治学不严，甚至体罚或伤害学生，师德行为失范，严重侮辱学生或家长的人格，或只教书、不育人，就会在社会上产生负面影响，给广大教师的形象和学校的声誉造成损失。因此，要把立德树人、立教诲人和培养敬业精神、提高教师素质、纯洁教师队伍、净化育人殿堂作为一件大事来抓，并且抓出成效。这样有利于保护教师工作的积极性、主动性、创造性，也有利于促进教育改革的不断深入和健康发展。

3. 树人为根本，立教做贡献

国家发展靠人才，国家富强靠人才，人才的培养靠教育，教育的发展靠教师。教育是尊重，尊重每一个学生的人格和尊严；教育是呵护，呵护每一个学生成才。教师是学生求知道路上的良师益友。教师对生活的端正态度能让学生正确认识真善美和假恶丑。一个歧视的眼神、一个不文明的言行都有可能使学生产生紧张的情绪或自卑的心理，从而偏离自己的"轨道"。因此，老师要平等对待学生，细心呵护学生。

教师对中国梦及和谐社会的积极期盼会使社会主义核心价值观深入学生的内心深处。教师不仅是培养科技人才、技能性专业人才的指导者，也是落实以德治国、助力学生、实现中华民族伟大复兴中国梦的引路人。国以人立，教以人兴[1]。广大教师为了助力学生实现中华民族伟大复兴中国梦而呕心沥血、忠于职守、兢兢业业、思想纯真、淡泊名利、矢志不移，把自己的职业视为最光荣的事业，把自己的青春年华、聪明才智乃至毕生精力都奉献给这一事业；爱生如子，爱校如家，用自己的智慧、热情和生命谱写教育、教学、教科研的新篇章。

4. 立教之本，梦想成真

从小学三年级开始，我的梦想就是长大后做一名老师，而且是好老师。16岁那年高中毕业后，我成为一名民办小学教师。但我觉得自己还没有达到好老师的要求，因此，在工作中我不断刻苦学习，努力进取。18岁时，我参加中学教师招聘考试，有幸被录取。为了当一名合格的中学教师，我努力学习希望进入大学深造。1977年，我有幸到华南师范大学深造，并获得"三好学生"等荣誉称号。大学毕业后，我放弃了到大城市工作的机会，而选择任职于粤北的一所高中，一教就是10年。

1990年，我任职于一所省重点师范学校。2001年，这所学校升格为普通高校，我也从讲师向高级讲师、副教授、教授迈进，身份从班主任转变为数学科组长、年级组长、数学系副主任、主任、教学党支书记，荣获广东省"百千万人才培养工程"省级教育专家培养对象优秀学员、广东省优秀班主任、韶关市劳动模范等20多项荣誉。我在教育这块芳草地里奋战了40多个春秋，从一个民办小学教师成为大学教授、专家、劳模；在国家和省、市级报纸、杂志上发表论文100多篇，获厅级三等奖20多篇，论文《加强年级管理 提高德育实效》获由吴汉良捐资设立的广东省教育管理科学优秀成果二等奖；在《数学教育学报》和中国人民大学复印报刊资料等权威刊物发表学术论文9篇，主持广东省教育厅科研项目2项，参与教育部课题1项，出版著作3部，《中学数学教学新法探究》《小学数学教学新法探究》《当代班级管理艺术论》获奖；为教师讲学100多场，在理论界和实践领域产生了一定的影响。

在我的认知里，教育是用生命影响生命的事业，是用心灵感化心灵的事业，是用爱唤醒爱的事业[2]。我在对教育事业的执着追求中，始终坚持勤奋好学、言传身教，并努力进取圆梦想。

思考题：

（1）为什么说立德是教师综合素质的灵魂和教师队伍建设的根本？

（2）阐述坚持师德师风第一标准的重要性。

---

① 郭红心：《教育的阳光》，载《教书育人：教师新概念》2015年第8期，卷首。

② 王小乐：《走进大山，信念与梦想同行》，载《广东教育综合》2016年第9期，第27-28页。

（四）加强师德建设，提高育人水平[①]

师德是教师综合素质的灵魂和教师队伍建设的根本。保持灵活，抓住根本，只有提高教师的业务素养和育人水平，卓有成效地建设好教师队伍，教师才能不忘初心、牢记使命、献身教育、甘为人梯、严谨治学、教书育人。

1. 问题的提出

一个称职的教师，内在的德才学识和外在的言行举止都应该成为学生的表率。如果忽视对学生应有的尊重和关爱，有意无意地伤害学生和家长的自尊，不但会影响学生和教师和谐友好的关系，而且有可能引发一系列问题。尊重学生的道德人格，承认学生作为独立个体的价值，是每一个教师必须具备的职业道德品质和思想素养。教师的工作是教书育人，其道德规范是热爱党的教育事业，关心学生，爱护学生，刻苦钻研业务，不断提高教学质量、道德素养和育人水平，不断提升为学生服务的理念，恪尽职守、潜心教书育人、服务育人，设身处地想学生之想、急学生之急。一个守纪律、有理想信念的教师，必定是一个道德觉悟较高的教师。

2. 加强师德建设，提升育人水平

师德是教师的职业道德。献身教育，甘为人梯，严谨治学，为人师表是师德的主要内容，是决定教师其他素养的前提，是建设好教师队伍的根本。党的十八届四中全会以来，广大教育工作者精神焕发，以满腔热情投身到教育事业上来。他们在平凡的工作岗位上，无私奉献，做出了不平凡的业绩。因此，加强师德建设，提高育人实效，教师要做到"有偏就纠，有错就改"，做到"三自"，即自知、自省、自躬。自知，以生为本，师德为行，能力为重，终身学习；自省，自觉进行反思，检查自己的言行；自躬，自我熏陶，自我完善。

3. 关爱学生，教书育人

关爱学生，是教师的职业道德中最核心的内容之一。如果教师不关爱学生或不会关爱学生，他就不可能当好一名教师。教师对学生的关爱既是历史的话题，也是当今教师所必须具备的职业修养。古今中外的优秀教育工作者，没有一个不是以爱为基石的。他们在属于他们的时代，在自己的国土上创造了相应的教育思想、教育理念和教育业绩。从中国古代的孔子，到近代的陶行知，都为我们树立了学习的榜样。教书，是科学，是艺术；而育人，也是科学、艺术，更是情感交流。一节公开课上，某教师正进入教学高潮时，一位学生不小心把课桌的横档踏断了，发出了"啪"的一声响动，听课人都向他投来责备的目光。授课教师快步走到该学生面前，弯下腰，看了一下横档，亲切地说道："没有弄伤脚吧？这

[①] 邱云兰、范仰才等：《加强师德建设 提高育人水平》，载《牡丹江教育学院学报》2017年第11期，第34-35页。

课桌是不太结实，下课后找找木工。"这种看似平常的爱生情感给学生和听课的老师都留下了深刻的印象。

热爱学生不是偏袒、姑息和迁就学生的缺点和错误；爱学生不等于宠爱，更不能偏爱，而要平等地对待每一个学生。曾有一个学生到校长室投诉某老师，说某老师偏心，没有平等地对待他。教师不能歧视犯错误的学生，不能偏爱优秀生，忽视后进生。当学生犯错误时，教师首先应反思自己的教学，分析学生犯错的原因。教育好每一个学生是广大教育工作者义不容辞的责任。教师对学生的爱，不是一般意义上的爱，不能仅将其理解为对学生的关心、爱护、帮助、尊重和善待，而应该树立"一切为了学生，为了一切学生，为了学生的一切"的理念。努力实现这三个"一切"，才能体现教师对学生的一种真正意义上的爱。但是，教师仅爱学生是不够的，这种爱还要建立在严格要求的基础上。

4. 身体力行，严谨治学

严于律己、作风正派，是对人民教师职业的要求，是教师爱岗敬业的具体体现。教师要自觉维护社会公德，遵守纪律。纪律和道德是相辅相成的，凡是纪律禁止的行为，也是道德所谴责的行为。

教师严格要求学生，首先要严格要求自己，身体力行，绝不把生活作风、生活情绪当成"私事""小节"，不为欲所困，不为欲所害，更不能把低级趣味当作新潮、时尚，要修身正己，克己慎行，自我警示。学生的成长与教师的严格要求有很大的关系，教师的严格要求关系到学生的品德、智慧、体质和审美能力等方面的发展。一个教师如果没有严格要求自己和学生，一个班级如果没有严谨向上的班风学风，就不能形成良好的学习环境。一个教师没有严格遵守组织纪律，就不可能管教学生。教师不仅要用一颗慈爱之心去理解、尊重、爱护每一个学生，还要用一颗严厉之心严格要求学生，促使他们实现自己的人生价值。

5. 不忘理想信念，提升育人水平

有理想信念、道德情操、扎实学识、仁爱之心的老师，才会善于学习，善于自律，善于彰显，善于引导。老师是学生道德修养的镜子。老师应该取法乎上、见贤思齐，不断提高自身道德修养，提高人格品质。这反映了党和国家领导人对教师的师德、理想信念及学科知识的基本要求和殷切期望。教师要牢记理想信念，不断提升育人水平和教科研能力，做先进教育思想的传播者、教学艺术的示范者、教育教学科研的力行者，养成虚心学习、终身学习的良好习惯，切实做到立身不忘育人之本、爱生不移公仆之心。

二、班级管理目标及模式

班级管理的根本目的是发展学生的能力，全面提升学生的素养。学校的"班级"是指为开展学校教育，使之从制度上成为一定的教育单位所构建的校内团

体。班主任在班级管理中起到先导作用。班级对教师而言是重要的实践据点；对学生而言是他们实现自我的学习与生活据点。班级是现代学校开展教育、教学和管理工作的基层组织。班级管理在学校和生活中皆具教育意义。班级管理工作是学校管理工作的基础。

（一）班级管理目标

班级管理是实现教育目标的一种手段①。管出特色、争创一流，是推动我国教育内涵发展的主要切入点和目标设定方向，为不同层次、不同类型的学校提供了多元化发展的道路和出彩的机会。目标可分为知识、能力、情感目标。班级管理的目标是培养德智体美劳全面发展的社会主义事业建设者和接班人。班主任的政治思想、学识、情怀、思维、视野、自律、能力、胸怀、人格等，关系到班级管理是否能实现教育目标。

管理工作者要做到以下几方面：一是政治要强，让有信仰的人讲信仰；二是学识要深，有扎实的班级管理的理论知识和专业基础知识、过硬的教学技能、科学的教学与班级管理方法；三是情怀要实，有家国情怀；四是思维要新，创新班级管理模式、创新课堂教学模式；五是视野要广，有知识视野、国际视野、历史视野；六是自律要严，做到课上课下一致、线上线下一致，积极弘扬主旋律，传递正能量；七是能力要全，能力是做好工作的前提；八是胸怀要宽，有风范、气度和胸怀，宽容学生、理解学生；九是人格要正，有人格魅力，才有吸引力，用高尚的人格感染学生、赢得学生的尊敬。爱是教育的灵魂，没有爱就没有教育，要用爱培育爱、激励爱、传递爱，通过真情、真心、真诚拉近与学生的距离，滋润学生的心田。班主任对学生的爱是引领学生向上的源动力。这个过程是在管理者、管理对象和管理手段等要素的相互作用中进行的。班级管理过程的基本环节包括设计、实践和评价。

（二）班级管理目标制定和基本任务

1. 班级管理目标制定

国家出台的有关法律法规和行政规章，为学校和班级章程的制定提供了法律依据和实质性要求。在此背景下，应有效制定学校班级制度和相关章程，促进班级管理目标的实现。班级管理是否成功与班级管理目标的制定有密切的关系，关系到下一代的健康成长。

制定班级管理目标时，应依据实际的工作，用正确的管理思想，以学生发展为本。制定原则为发展性原则、针对性原则、层次性原则。

---

① 钟启权：《班主任管理理论》，上海教育出版社2002年版，第218－220页。

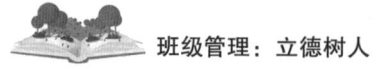

2. 班级管理的基本任务

班级管理是教育工作需求，更是学校和教师自身发展的需求。班级管理目标主要依靠班主任来完成和实现。班级管理的基本任务主要包括班级组织建设、班级日常管理、班级活动管理等。

（三）班级管理的规范

班级管理包括两个层面：一个是学校领导对班级的管理，即外部管理，包括班级编制、委任班主任开展各种以班级为单位的活动等。另一个是班主任对班级的管理，即内部管理。在不同的层面上，管理者的身份是不同的。在学校的发展中，班级是基础，班主任是关键。班主任要以更高远的历史站位、更广的国际视野、更深的战略眼光，按照学校计划和教育目标要求，充分利用和调动学生、班级内部的力量，进行班级教育任务的组织、指导、调查、控制等活动。班级管理的模式分为两种：一种是封闭型管理模式，另一种是开放型管理模式。封闭型管理模式是指教师忽视学校管理，另行一套，一手遮天下，把班级弄成彻头彻尾的"班级王国"。这种管理只能以失败告终。开放型管理模式是指班级管理与学校管理、年级管理保持良好交流关系的班级管理模式。在开放型管理模式中，学校管理的目标和方针得到具体体现，管理上的一些障碍和问题，能够及时得到讨论和解决。从传统意义上说，班级管理是教师运用专门的方法和手段在特定的时间传授知识和开展管理工作。

班级课堂环境管理是班级教学质量提升的核心环节，面临着物质化、静态化、封闭化、无序化等问题。其管理模式可以分为五种：一是人本管理，人的成长始终关系到教育问题；二是权变化管理，指静态与动态相宜的班级课堂环境管理；三是系统管理，指封闭与开放兼容的班级课堂环境管理；四是制度管理，指有序与无序的班级课堂环境管理；五是协同管理，指民主、和谐、统一的班级课堂环境管理等。

1. 激发感情，调动积极因素

"水不激不跃，人不激不奋。"激励是老师在班级管理过程中点燃学生内驱力的强大工具，从主体需要出发，日积月累地帮助学生熔铸一种奋发向上、坚韧不拔的人格品质。

（1）用"兴趣"激励学生，能形成特长。让学生自由选择参加各种兴趣小组活动，使他们大展拳脚，在健康发展兴趣的同时，有目的地培养特长。而有特长的学生可以在各种活动中展示才华，如"小小画家"出好板报，"小小作家"搞好宣传，"小小博士"传播知识，"小小记者"发表新闻，等等。

（2）用"情感"激励学生，能形成友谊。师生的情感交流能消除"代沟"，生生的情感交流能消除"隔阂"，从而建立一种互相关心、互相信任、互相尊重的氛围。如师生之间的促膝谈心，老师一个深情的眼神、一丝诚挚的微笑、一句温情的话语，可以春风化雨般地融入学生心田。生生之间的互帮、互助、互识、互学，可以使学生们学会谦和礼让、关爱他人。

（3）用"成功"激励学生，能形成动力。有动力才有能力，有能力才有实力。对于学生能力的差异，教师可分步指导、分层评价，使学生获得成功的机会，得到不同程度的满足。当学生获得"成功"、达到目标之后，这种"成功"往往会刺激其产生更高的目标。例如，在黑板报设计活动中，设立"最佳创意""最佳美编""最佳文章"等奖项，由学生评选，使学生尝到成功的喜悦，唤起学生对黑板报设计的热爱。

2．"以学生为本"的班级管理

人本管理是现代管理学的基本原理之一，在创新教育改革的今天，"以学生为本"是现代班级管理的指导思想。"以学生为本"的班级管理，以谋求学生全面发展为终极目标。当学生全过程、全方位、全身心地投入班级管理工作中时，这种"主人翁"的责任感使他们更有兴趣、有信心、有意志、有创造性地搞好班级工作，在工作中锤炼才智、培养品质。

教育是全面育人、全员育人、全程育人、全方位育人的立体化工程。在任何教育中，学生都必须依靠其自身的内化、依靠其自我发展来完成人格的树立。育人要从"小、细、实、激"做起。对于班级管理中的不同类型的组织，要进行不同类型的管理。班级是一种教育组织，因而班级管理属于教育管理。教育管理的旨归在人，在教育所培养出来的人。班级管理也以人的培养为管理目标，帮助学生树立正确的人生观、价值观、道德观、育人观、奋斗观，使其不谋一己之私，不忘做人之根、育人之本，不忘积功之魂，不忘树人之心。有的学生学习成绩不佳、心智不熟、感情脆弱、容易受伤，但他们仍然渴望进步、赞扬、尊重、成功、成才。在班级管理中要尽可能地满足他们的多元化发展需求，解决他们在学习和生活中遇到的困难和困惑。

3．注重情感交流，促进友好交往

班级就像一个大家庭。学生和老师朝夕相处，难免有磕磕碰碰的时候。这就需要双方沟通思想、交流情感、友好交往。有的学生承受能力差，可能与其个人性格有关，例如较为内向、不善于交流。人际交往中的磕磕碰碰像一股暗流，如果处理不当、不及时，将会使班级气氛更趋紧张。不能正确面对和处理这些纷繁复杂的人际关系问题，将会阻碍人与人之间的友好交往。不适宜的人际交往行为主要表现为：

（1）不尊重别人的人格，对别人缺乏热情，不关心别人的喜怒哀乐；

（2）只关心自己的利益和兴趣，以自我为中心，忽视别人的处境和利益；

（3）待人不诚实，不顾及他人的利益，以获取自己的利益为前提与人交往；

（4）自私、嫉妒，害怕别人超过自己；

（5）丧失自尊，自卑，缺乏尊严；

（6）对他人过分批评，喜欢自吹自擂；

（7）对他人过分敏感、猜疑、偏激；

（8）孤独，不愿意主动交往；

（9）不接受同伴劝告，固执，怀有偏见和报复心理；

（10）目标过高，好大喜功，缺乏自知之明；

（11）对他人怀有敌对情绪。①

做人是人才的基础，人才是做人的深化。班主任的教育直接对学生产生影响。言为士则，行为世范。学生眼里的老师"吐辞为经，举足为法"，教师的一言一行都会对学生产生潜移默化的影响。教师无意间的一句话，可能造就一个天才，也可能毁灭一个天才。教师要正确地把握语言运用，严肃认真地考虑教育教学语言的人文效果和心理因素，在为学生立德立言中成就自我、实现价值；通过交往，拉近与学生的心理距离，进而引导学生以和合思维处理人际关系、以和谐方式化解心理冲突、以中和的理念构建生活世界。尤其是在"智能+""互联网+"的新时代，教师要自觉用好网络文化阵地来育人，及时疏导学生情绪、舒缓学生心理压力，化解怨气怨言。

【案例1】
转化后进生思想的工作②

要情系后进生，以爱心求支持，以育人求发展。不同的后进生有不同的特点，转化他们思想时的具体环节、内容和情态也可能不同，因此，所采取的思想教育方式和措施也可能不尽相同。从这个角度上来说，转化他们思想的工作的具体做法有很多，且会随着时代的发展而不断变化和发展。教师要认识到一种方法的复杂性、适应性、普遍性不在于方法本身，而在于所用的方法是否适合当下的环境、后进生的个人特点，在于教师使用这种方法是否符合教育规律和原则。

后进生起点低并不可怕，只要肯付诸行动，不断向上攀登，总有成功的希望。就怕有的学生好高骛远，什么都不愿意学、不愿意做！后进生只要努力、有必胜的信心，就会进步。有的后进生起点低，思想压力大，认为自己学习成绩不佳是命运安排的，老天不公平。其实，每个人的命运都掌握在自己的手中。压力人人都有，即使考不上重点中学或考不上大学，后进生也不用责怪自己，只要已经竭尽全力，老师和家长会理解的。三百六十行，行行出状元。有时候我们需要阿Q精神。做人不但要有勇气，还要有骨气和底气，对问题要慎重考虑，好好反思，想好了再做。既然做了，就要认真做好，要对社会负责、学校负责、父母负责、自己负责，这样才不会后悔。

---

① 邓云洲、童小明等：《班主任工作的理论与实践》，东方出版社1999年版，第143—151页。

② 选自专家学者的案例。

案例评析

无论什么样的班级里都难免有自制力不强、情绪控制能力弱、学习成绩中下、欠缺集体荣誉感的学生。对这样的后进生，教师更要注重班级管理理论的学习和实践。在转变他们的思想时，要找到突破口，找到他们的闪光点，教师要提高管理艺术、创新管理方式、营造管理氛围、消除学生厌学情绪、提升学生自控能力，切实为后进生解决思想、学习和生活中遇到的问题；如果教师一味地苦干、蛮干，则可能事与愿违。

三、班级管理制度的改革

班级管理制度需要由班主任和家长、学生共同实施、完善和执行。

（一）班级管理制度的改革

制度改革重在管用、有效，而制度的效用和生命力取决于落实制度的执行力。班级管理的成功与否与班级管理制度改革有密切的关系，不仅关系到学生的健康成长，而且关系整个社会的精神风貌，各国对此都非常重视。但是，各国的政治制度、社会理想、经济和文化条件不同，人们的价值观念有一定的区别，在班级管理制度方面同样表现出明显的差异。

分析和研究班级管理制度的历史沿革，如美国、德国等国的班级管理制度，可以说班级管理制度的产生和发展是以人类进入以大生产为主的工业社会为背景的，它的形成经历了一个漫长的历史时期。

班级管理工作的开展，一般要明确四个基本要素：管理者、管理对象、管理手段、管理效果。明确班级管理的要素，有助于班主任清晰、完整地把握班级管理全局，提高班级管理工作效率。

1. 班级管理的环节

班级管理过程分为三个环节：设计、实施、评价。学校德育质量管理成果的测评要遵循七个相结合的原则①：自评与互评、定性与定量、静态与动态、单项与整体、学校与社会、可比与科学、专家与高层。在管理设计阶段，管理者对所设计的方案，都有一个预想的效果。虽然管理的效果是多样的，但是有价值的东西总是有标准的。在管理的终点上，管理者要明确自己想获得怎样的效果。对已实践的"管理活动"进行评价可以为进一步的管理积累经验，因此不能忽视每一个环节的评价。

---

① 高洪源、刘淑兰：《庙算之道——教育管理的理论与方法》，中国铁道出版社1997年版，第251-253页。

2. 班级管理的制度

没有制度就没有管理。无规矩不成方圆，制度是人类智慧的结晶。规矩是一种制度、一种原则、一种约束力。一个班级，如果没有规章制度，学生的学习纪律就无从谈起，学生管理就会混乱。了解各国班级管理制度的改革与实践，关系到下一代的健康成长。对班级制度的历史沿革的了解以及对班级的社会分析，是构成班主任知识背景的重要内容。班级是学生接受知识、技能的主要场所，班级制度是班级高度社会化的体现。管理制度为班级管理方式提供了标准化的结构秩序，使班级的教育、教学和管理有章可循，使班级管理制度化、常规化，从而有利于发展和培养学生的个性，提高教育质量。

在学科教学管理方面，一方面在挖掘学科内容本身蕴含的德育元素的育人价值、发挥人文课程独特育人优势的同时，要提升学科课程的育人价值；另一方面在完善课程德育元素的基础上，要在课堂教学中适时渗透德育相关内容。立德树人是一项伟大、复杂、细致的基础工程。

（二）班级管理的思维类型和工作协调

1. 班级管理的思维类型

第一类思维类型是事业型。事业是精神追求与社会性劳动的统一，精神性追求是其内涵和灵魂。事业型，是教书育人型，即在班级管理的过程中，通过教人格、教智慧、教能力、教知识，实现教书育人的目标。智慧、人格是班级管理中最难教的，但也是最容易教的内容。说它难教，是因为班主任必须具备能启迪学生的智慧、能感染学生的人格。只有这样，学生才有可能向其师、从其师、亲其师、信其师，进而践其道、乐其道。育人是目的、是核心，教书是手段、是途径。班主任只有魂和行兼备，才能提供让学生、家庭、社会和国家满意的教育。其行为表现为：一是热爱教育，对教育工作，特别是班级工作，有高度的职业责任心和职业自豪感，把自己的毕生精力奉献给教育事业；二是热爱学生，严格要求学生；三是学而不厌，努力学习政治和理论知识，努力提升教科研水平；四是诲人不倦，注重细节，不断地追求完美，不断提升自身的思想素养、专业素养和能力素养，不惜花费时间和精力，孜孜不倦地提高教育质量和育人水平。

第二类思维类型是撞钟型。其行为表现为：一是把做班主任当作评职称的途径，把教师当作安身立命、养家糊口的职业；二是不追求教书育人的境界，教书谋私、教书谋钱、教书谋官、教书谋名，有了名气就不遵循教学规律、不努力学习、不遵纪守法；三是班级管理能力弱，管理不到位、不民主、不公正，自己说了算；四是无心教学，不认真备课、上课、批改作业，辅导学生敷衍了事。这类有言传而没有身教的"教育"，不但对学生起不到好的教育作用，反而会影响学生的品行和智能。

教师要脚踏实地、勤勤恳恳，谋在深处、干在实处，不做表面文章，以敬畏之心对待工作，坚持原则，守住底线，抵住诱惑，坦坦荡荡做人，干干净净做事。

2．班级管理工作的协调

（1）生生之间的协调。要引导学生之间相互关爱。他们在学习和生活中常常需协调合作。学生在学习和生活中遇到问题时，一般会先向同桌或同学求助，除非被问到的学生不会才去求助老师。

（2）师生之间的协调。学校发展的根本是质量，质量提升的关键是师生之间的协调和配合——以教师为主导、以学生为主体的协调合作。尤其是毕业班的班主任，在一定程度上与学校构成了契约关系，高中毕业班的班主任更为突出。师生之间的协调有两种，一种是以教师为中心指导的师生协调，另一种是以民主思想为指向的师生协调。无论哪一种协调，都需要落实职责，建立完善的管理机制。

（3）不协调现象。有少数学生与师长、父母、同学协调不够，出现打架斗殴、离家出走及其他违反纪律的问题，这些都有可能是在双方不协调的过程中产生的。因此，双方之间的协调很重要，在交往、协调、合作过程中，要注重调节学生的情绪、舒缓学生的心理压力，与学生平等交流，传递正能量，消除负能量，坦诚相待，防止不协调的现象发生。要引导青少年学生正确认识和评价自己，客观地了解自己的优缺点。老师要稳定情绪，解怨气、怨言，不能有偏见，对不协调、不配合的事件要详细了解，在找到平衡点的基础上进行协调解决。

【案例2】

"落单"的友谊①

高中二年级1班的学生晓怡与班里另一名女同学玩得特别好，无话不谈，成了闺蜜。有一次晓怡请假几天没有返校。当她返校后，看到闺蜜和班里另一名同学走得很近。晓怡因闺蜜与另一同学交往而"落单"，上课无精打采，情绪低落。虽然闺蜜在和晓怡见面时依然热情地打招呼，但晓怡总觉得两人之间少了什么。班主任发现这种情况，看在眼里，记在心里。

闺蜜和那名同学玩得很开心、笑得很灿烂，晓怡看到后觉得很失落。她们去吃饭没有等晓怡，晓怡感到很难受，有点"吃醋"了，不想看到她们有说有笑的样子。当闺蜜对她"冷漠"时，她的眼泪就止不住流下来。可见，她对这份友谊十分重视与投入，对闺蜜的行为感到伤心。如何处理这种人际关系？

班主任如何引导晓怡？一是鼓励她自我对话，向内寻找答案；二是倾听她自我阐述，引导她尝试与朋友更好地沟通；三是引导她付诸行动，调整心态，建立新的朋友圈，掌握交往技巧，阅读有关方面的书籍等。后来，晓怡与闺蜜和好如

---

① 选自湖南省双峰县第一中学许文海等老师的案例。

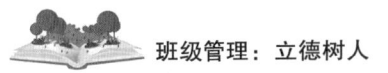

初，逐渐建立了相互学习、和谐共处的关系。

案例评析

这是青春期同伴关系的"排他性"。女孩在青春期会特别看重闺蜜的信任和忠诚，喜欢独占友谊，不太愿意接受其他人进入自己的小团体，愿意发展"一对一"的友谊与亲密关系，这是两个人情感上的依恋。同伴关系中的"排他性"，是高中生在青春期产生的普遍问题。老师要关注学生的一言一行，帮助他们缓解情绪，调整心态。

思考题：

(1) 为什么说摸清班情、掌握情况是班级制定正确决策的前提？

(2) 班级管理的基本要素和环节是什么？

（三）班级管理形态的发生

班级不良形态一旦发生，要运用恰当的方法加以制止，防止事态进一步发展。同时，应积极采取科学的、行之有效的方法，妥善予以解决。

1. 办事做到事必躬亲

深入调查可以防止班主任和年级主任对学生的了解停留或局限在一个狭小的范围内。班主任不能想当然办事，或仅听几个班干部汇报情况。

2. 调查做到全面细致

调查时不仅要全面、细致、客观，而且要调查学生生活的横向、纵向联系，包括学生各个时期的表现情况，对转学生要追踪原学校、原班主任对该生表现情况的评价。

3. 获取材料做到真实可靠

坚持以事实为依据，在客观事实面前，要实事求是，不能为各种假象所蒙蔽，应对材料做全面的综合分析，不要满足于孤立的、片面的观察。对材料的基本要求是真实可靠，但这不是一蹴而就的事，因为它可能会受到来自各方面的干扰，不能因"先入为主"而形成"心理定式"的效应。

了解学生的几种常用方法有访问调查法、问卷调查法、观察法、典型调查法、查阅资料法。

【案例3】

师生之间的协调①

这一届班委是班主任在向多方面征求意见后精心挑选出来的,他们的积极性一定会很高,班主任想要看看他们对班级管理会提出什么意见和建议。一看,建议性的意见没有,倒是有些"投诉"映入了班主任的眼帘:"班主任太严厉,当学生没有按时完成作业或背诵课文时,不但批评,还罚学生背诵课文,甚至当面骂学生。希望他态度温和一些。"班主任心里非常苦涩,认为自己的做法没有得到理解。

第二天,班主任对其他老师说:"今天在上班路上,我看到××同学,我问她对这个班有什么意见,印象如何。她说,她好怕我。"这件事让班主任有些介怀。

上课铃响了,这一节是自习课,班主任到班里走走。××学生一看到班主任,讲话声戛然而止,班主任很威严地走到她面前,问:"学杂费收齐没有?"她缓缓地站了起来:"我……收齐就送去。"班主任又在课室巡视了一遍,看到学生们在埋头做作业,就悄悄走了。刚迈出门,课室里就响起了唧唧喳喳的声音。他回头一看,只见坐在前排的学生向他伸舌头呢!他的心"咯噔"了一下,顿时感到与学生有不少距离。

第二周,班主任召开班委会,要求班委反映班级情况,提出一周内的活动安排,可是会上大家都选择沉默,会议不得不结束。班主任的心仿佛冻结了,学生也对班主任敬而远之。

刚开学还没有开展什么工作,学生就感到压抑,有一种惧怕、疏远的心理定式,这是由班主任冷峻的面孔和居高临下的态度造成的。记得报到的第一天,班主任曾说过这样的话:"为了使我们这个班取得好成绩,培养出高水平的学生,必须严格要求,谁玷污了班级的荣誉,就严肃处理。"俗话说,"名师出高徒"。班主任说他算不了什么名师,但"严师也要出高徒"。在周一这天,当全校学生的队伍都站齐时,该班学生还在"咚、咚"地下楼。当时班主任冒火了,对学生说:"把最后下来的几个学生的名字记下来……"面对班主任的严格要求,学生仿佛对班主任发起了挑战,似乎故意在用不佳表现问班主任:"下一步看你怎样开展工作?"

班主任苦苦思索着,反复思考发生的这一切。严格要求、严格管理是正确的,但是,严不能严在脸上,学生是教师的教育对象,不是监督对象。教育家夸美纽斯说:"教师是太阳底下最光辉的职业。"可班主任这冷峻的面孔和光辉的职业是多么的不协调呀!教师,尤其是班主任,应当春风满面、笑容可掬地对待

---

① 选自专家学者的案例。

学生。实践证明，当教师对学生露出"冷酷无情，冷若冰霜"的面孔时，学生就会对教师紧闭心灵的大门。

反思后，班主任重新设计教育蓝图，改变了往日的冷峻面孔。因为笑是善意的标志、友好的使者、礼貌的表示，是不用解释的"世界通用语"，只要有了这"世界通用语"，学生就有了友好交往的愿望。因此，他开始带着笑意走进教室，温和地回答学生的问题，亲切地找他们谈话。接着，找适当的机会组织学生外出游览、寻访古迹，一方面陶冶他们的情操，另一方面向他们讲述祖国的古代文化。在游览中，班主任细心照顾个小体弱的学生，找机会和他们共进午餐。由于接触多了，班主任自然就产生一种爱，能够及时地关心学生的学习，了解学生的思想动态，帮助他们排忧解难。

有位女同学，原先长得端庄大气，如今却日渐消瘦、面色发黄。问她情况，她只是笑笑，原本就不爱说话的她变得更沉默了。班主任到她家进行家访，她的父母亲十分焦急，说她得了"厌食症"，每天顶多吃二两面食，米饭颗粒不沾。又听同学说她走路常摔跤，更因为体内营养得不到补充而无法上体育课。于是，班主任替她访医寻药，听到有治疗"厌食症"的医生，就立即告诉她父母，让他们带她去就医。在班团支部书记的帮助下，她进入了青少年病理研究所治疗。经过治疗，她开始主动进食了，有胃口了，脸色也红润了，她的父母对班主任感激不尽。

班里的宣传委员和他父母闹翻了，与父母不辞而别，并扬言不再读书。父母流着眼泪向班主任诉说着，不知他到哪儿去了。班主任觉得事态严重。当时正值补考阶段，如果错过了这段时间，他毕业都成问题。为此，班主任找到他最好的朋友询问此事，朋友吞吞吐吐地透露出了他的行踪。于是，班主任连忙找到宣传委员告诉他："宣传组需要你，回来吧！"并帮助他与父母敞开心扉，化解矛盾。第二天，他便回来了，后续补考也通过了。

通过情感交流和心灵的撞击，学生开始向班主任敞开胸怀。师生关系变得融洽后，班级里仿佛有一股爱的暖流在荡漾。由于班主任在教育中融入爱的情感，所以学生积极回应。这种教育产生了巨大的感召力，它不仅激发了学生积极向上的激情，而且影响着学生的智力和创造力。此后，班委成了班主任的得力助手，班主任在班里开展工作更加得心应手了。在班主任的建议下，他们组织了"智力竞赛""新闻发布会""演唱会"等活动。该班在学校各项竞赛中取得了好成绩。有一次，班里组织元旦联欢晚会，他们事先没有和班主任商量。等一切准备完成后，班主任一进教室便感到十分震撼——简直是座彩色殿堂：室内灯管全被裹上彩纸，中间是一棵松树，挂满五彩缤纷的彩带。节目有小品、相声、演唱，就连平时沉默寡言的学生也积极参加表演。当晚会进入高潮时，同学们关掉灯光，点上蜡烛，在吉他等乐器的伴奏中，大家轮流诵读着自己的元旦贺词。

案例评析

一个从不忧伤、从不生气的人，在世界上是不存在的。班主任化烦恼为动力，与学生建立感情、成为朋友，善于控制并克服冲动，心平气和地解决矛盾，脚踏实地、坚守初心，使班级成员间配合更加默契。

思考题：

（1）调查、了解学生要掌握哪几种常用方法？
（2）处理问题为什么要注重方法？

四、实践与探索：班级管理工作中的七步曲[①]

开展班级管理工作，可以采用以下七步曲，即"爱、严、勤、细、实、新、激"。

"爱"——教师必备的思想品德

教育成功与否，与班主任的师爱有密切的关系，尤其是在近年来经济发展、价值观念、伦理道德观念发生了巨大变化的背景下。教师如果缺乏爱生热情，缺乏积极、认真负责的工作态度，没有恒心、爱心和耐心，就无法将学生带好、教好。

"严"——规范班级管理的前提

俗话说，"严是爱，松是害"，教师的严格要求与学生的成长有很大的关系，关系到学生的品德、智慧、体质、审美能力等方面的健康发展。一个班主任如果没有严格要求自己，一个班级如果没有严谨的班风学风，就不可能形成一个良好的班集体；一个学生如果没有严格的组织纪律、严谨扎实的学风，也就难以成才。因此，教师要用一颗慈爱之心去理解、尊重、爱护每一个学生的人生追求，对自己人生道路的选择；用一颗严厉之心严格要求学生，帮助他们把握自己的人生追求，实现自己人生的价值；用一颗真诚的爱心感化学生，温暖学生的心灵，启迪学生的智慧，达到教育学生、规范班级管理工作之目的。

"勤"——事业成功的主要因素

班主任在班级管理工作中，能够正视现实、善于引导、巧于言辞固然重要，但仅靠"引导""言辞"是远远不够的，更重要的是要勤于行动、身体力行，做

---

① 邱云兰：《班级管理工作中的七步曲》，载《德育：伟大的基础工程》（下册），北京师范大学出版社 1998 年版，第 344－346 页。该文在 1997 年全国中小学德育工作研讨会暨德育论文评选中交流并被评为一等奖（中央教育科学研究所等单位主办）。

到"五勤"——手勤、脚勤、眼勤、口勤、脑勤。这样，学生才能感到师生的平等，才能愉快地把班主任作为榜样效仿，从而产生尊重的态度。在这种美好情感的催化下，我逐步形成了知识传授、品德培养、言传身教一体化的教育风格，收到了良好的教育教学效果。

"细"——制度保障落实的重要环节

为了加强和改进班级管理工作，需通过制定有关规章来约束学生，在学习、纪律、体育、劳动、卫生等方面考评学生。要以"细"为原则，以"目标管理"为龙头，以思想教育为先导，以规范制度建设为保证，以严格管理为手段，实行月量化和周量化管理，在宏观上做到有计划、有要求、有检查、有指导、有考核、有评估，在微观上细化活动内容，体现教育效果和教育目的。

"实"——导行的重要标志，做人的基本准则

求实要创"新"，导行要"实"在。学生观念更新快，求知欲强，但他们生活阅历较少，处于生理、心理、社交等方面发展尚未成熟的过渡时期，在接受新事物、新思潮中，容易良莠不分。教育如果墨守成规，在原来的基础上止步不前的话，就难以奏效。因此，导行必须联系现实，倘若只是空喊口号，学生即使有良好的愿望和正确的动机，也难以形成良好的习惯。

"新"——规范班级管理工作的关键

时代在发展，学生的思想、心理在变化，班级管理工作需要不断创新，做到意识新、内容新、形式新。意识新是思想方法从封闭型走向开放型，从经验型走向科学型，把教育意识由传统的临时、单一、空洞扭转为经常、多样、实在。如评价团支部的成绩时，不单以其完成团委的任务为唯一标准，更重要的是看其能否结合自己的实际能力创造性地开展工作。活动内容新，即必须配合新时期的主旋律，跟上时代脉搏，有重点、分步骤地进行，以培养跨世纪的合格的小学、幼儿园教师为目标，为活动的指导思想。例如，大学一年级抓敬业教育、文明礼貌教育，树立专业思想，确立职业意识，适应校园生活，落实"明日教师，今日做起"。二年级抓专业思想教育，巩固专业思想，要求"勤奋学习，立志成才"，落实"一专多能，全面发展"。三年级抓"乐业教育，献身教育"，落实"立足农村，有所作为"。

社会实践是学校宣传思想教育和校园文化的自然延伸，是学生认识社会、锻炼成长的必由之路。多年来，我充分利用寒暑假回家乡调查民情乡情、了解当地改革开放所取得的成就，并将其纳入教育计划，同时每学期组织学生开展科技劳动活动，如修理台、凳、门、窗，装、修电灯，义务理发，义务助教，无偿献血，开展学雷锋、比奉献、献爱心活动，使学生由他教变为自教，他律变为自律，他助变为自助，通过实践锻炼了能力，增长了才干。

"激"——激发热情，教育成功的又一举措

人的积极性源于人的内部需求，人不仅要在生存需求、物质需求上获得满

足，更需要在精神需求上获得满足，有不同层次需求的人，需要不同的激励方式，为此，我建立了三个激励机制。一是目标激励。每学年初，将全年工作总体目标及奖励措施向全班公布，要求争取获评文明班多少次，"三好学生"人数达到多少人。明确任务，量化评估，并对每一项活动都制定配套的奖励方案，使目标不是"大红灯笼高高挂"，而是跳一跳便可摘到手的"甜果子"。二是强化激励。每次活动结束后，及时召开班干部或有关人员会议，公布工作完成情况及量化结果，奖优罚劣。对活动中涌现出来的好人好事在班会，或广播、黑板报宣传栏进行宣传，设立进步奖、单科成绩优秀奖、组织奖、劳动及学雷锋积极分子奖、优秀论文教案奖等。三是榜样激励。榜样的作用在于用实际向学生证明言教的真理性和实践的可能性。一方面拓展教育途径，依靠社会力量；另一方面充分利用本地、本校、本班的典型事例来奖励学生，做到发现一个奖励一个，加大宣传力度。

把握七步曲实质，能够实现学校教育、家庭教育、社会教育的一体化，消除学生空虚、迷茫、彷徨的心态，促使他们形成较完善的人格和健康的心理。

思考题：
（1）为什么说角色扮演是道德、学习、价值观养成的一个重要方式？
（2）《班级管理工作中的七步曲》可以给我们提供哪些启发？
（3）试述进行学校德育质量管理测评要遵循哪几个原则。

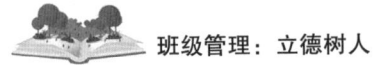
班级管理：立德树人

第二章 班级管理挑战

关键词：班级管理；新的挑战；存在问题；解决策略；典型案例；理想信念；德才兼备；道德修养；感情投入；方式方法；情感交流；实践探索；教育科研；协调沟通；人文关怀；学习环境

中华民族的精神面貌从来没有像今天这样振奋，神州大地变得更加绚丽多彩。这种活力是我们搞好德育工作和班级管理工作最坚实的基础。然而，班级管理也面临新问题、新挑战，我们要及时把握新特点、掌握新方法、获得新成果、迎接新挑战。

一、班级管理迎接新挑战

班级管理工作的成效如何，不仅与班级管理方法有关，与教师的理想信念、学识、能力也有密切的关系，关系到人才培养质量和学生综合素质的提升。

（一）班主任的理想、信念、学识、能力

学为人师，行为世范。做老师，要有理想信念；做老师，要有道德情操。学生的成长，离不开老师的学识和能力，更离不开老师为人处世的态度，于国于民、于公于私所持的价值观。老师应该是学生道德修养的镜子。老师应该取法乎上、见贤思齐，不断提高自身道德修养、人格品质。教育是全面育人、全员育人、全程育人的立体化工程。要完成这一工程，首先要勤学，下得苦功夫，求得真学问，才能跟上时代前进的脚步，才能承担起培养德才兼备的社会主义事业的建设者和接班人的重任。

班主任是先进思想文化的传承者和传播者，是理想信念的启蒙者和守护者，是国家、民族兴旺的推动者和建设者，是道德人格的生成者和培养者，是美好生活的建设者和创造者。班主任承担着传播知识、传播思想、传播真理的历史使命，肩负着塑造灵魂、塑造生命、塑造人格的历史重任。班主任是照亮学生理想信念的指路明灯，督促着他们走向正确的成长之路。

（二）教育科研的新要求

有的教师对教育科研的认识不足，没有意识到教育科研不仅是自身教学的需要、育人的需要，更是专业发展的需要、班级管理的需要。没有高质量的教育科

研成果，不但难以促进教师自身和学生的发展，而且难以提高教学质量和班级管理能力。教育科研不仅仅是解决问题，更是通过问题的解决，总结出一些有启发性和规律性的东西，从而更好地开展自己的教育教学实践。因此教师要发表高质量的论文、申报高质量的课题，这是教师"教育研究"的标志，是对自己教育教学的反思，有助于探究更有效的教育方式和管理方法。

（三）班级管理工作面临新挑战

在班级管理中遇到困惑和困难，遭受挫折是难免的，班主任必须要坚守初心，付出辛劳和努力。

1. 不良的环境对班级管理的负面影响

受互联网影响，淫秽、暴力的刊物和影视作品等产品无不诱惑着青少年学生，导致部分学生产生追求享乐等不良思想甚至厌学、违纪、违法。家庭的配合和教育，对学生道德品质的形成有着至关重要的作用。家庭是社会的细胞，需要有良好的家教家风，需要配合学校和老师做好学生的思想教育工作。但有一些家庭教育存在误区，把分数作为衡量孩子好坏的唯一标准，把上大学作为孩子成才的唯一目标，对孩子的品德塑造甚少。有的家庭对孩子的教育方法、方式与学校教育不一致。有的家长只顾赚钱，疏于对子女的管教，认为把孩子送到学校就万事大吉了；有的家长热衷于玩乐、享受，认为这是"潇洒"；有的家长从小对孩子娇生惯养，使孩子养成自由散漫、自私自利的性格，目无纪律、目中无人、不会感激、不会感恩、不会担当；还有个别家长，当孩子违反学校纪律，受到学校处分时，不但不批评教育自己的孩子，反而为孩子"鸣不平"。这时，学校的管理，尤其是班级管理，就显得尤为重要。班级要以日常生活为课堂，在潜移默化中引导学生明辨是非、善恶，在学生心中种下法治种子。

2. 学习环境与学习效率成正比[①]

环境是一个很大的概念，其内涵也比较复杂。当我们把一个组织或一定范围内的工作作为一个系统的时候，在这个系统以外、与之发生联系的那些因素构成了更大的系统，这就是环境。班级教室、宿舍内务的整洁，对提高教育质量颇有影响。因此，我注重课室、宿舍、包干区环境卫生整洁程度的规范化，对课室、宿舍进行净化、美化，强调课堂纪律，要求学生上课专心听讲，积极思考问题，在自修课做到"三不"：不讲话、不擅自离开座位、不抄袭别人作业。不少学生深有体会地说："由于班级不断优化学习环境，我们才能在赏心悦目的环境中保持最佳的精神状态，提高学习效率。"由此可见，优化学习环境在班级管理中是不容忽视的。

社会大环境与学校德育工作，乃至班级管理工作，有相互影响、互相促进的

---

① 邱云兰：《学习环境与学习效率成正比》，载《德育报》，1995年10月9日，第2版。

关系。党和国家为我们创造了一个前所未有的大环境，改革开放的浪潮一浪接一浪，社会主义市场经济蓬勃发展，是我们搞好德育工作和班级管理工作最坚实的基础。加强德育工作、班级管理，引领学生健康成长，是历史赋予我们的使命，是教育工作者的责任。外部影响学校，学校也会影响外部。德育工作应首先从学校做起，从优化环境做起，从班级管理工作做起，从做学生的思想工作做起。

思考题：

（1）有的班级课室或宿舍卫生不整洁、东西摆放杂乱，尽管班主任多次亲自整改，仍不见起色。请究其原因。

（2）为什么要统筹整合社会法治资源，着力打造社会多方共同参与的青少年法治教育格局？

（四）网络对班级管理工作的考验

网络、游戏、手机已深入学生的学习和生活之中。网络为人们提供了丰富的信息资源，同时为人们提供了精彩的娱乐空间。现代人一生都在接受媒介教育，但是，媒介信息错综复杂，既有大量科学、进步、健康、有用的信息，也有不健康、不文明，甚至反动的信息。在这些令人眼花缭乱的信息中，一些不良游戏甚至是淫秽信息迷惑了孩子的眼睛，危害着孩子的身心健康和影响孩子学习成绩的提高，使他们误入歧途。

青少年网瘾成为日益突出的社会问题。青少年个性具有不稳定成分，有的不善于交流，会无意淡化现实社会的规范要求，受到校园欺凌、色情信息等方面的影响，给日后的暴力犯罪埋下隐患。青少年网瘾已成为学校和家庭亟待解决的教育难题。为此，我们要选择用好网络文化阵地来育人，要深度了解学生产生网瘾的原因并进行心理疏导。

网络冲击人们的安全感、责任感，网络诈骗时有发生。网民在网上的身份、年龄、性别都有可能是虚构的，由于网络不受现实环境的制约，有的人热衷去做现实中不可能实现的事。这些都极大地冲击了人们的安全感和责任感。有的学生学习目的不明确，学习动力不足；有的缺乏科学的学习方法，缺乏学习兴趣，出现逃课现象，产生厌学情绪，做与学习无关的事，缺乏自我控制能力和约束力，享乐思想严重，没有人生规划等。为了帮助学生摆脱网瘾，我们可以安排学生做一些有趣的课外作业或练习，或鼓励其为班里做一些力所能及的事。

学生时代正是人生观、价值观形成和确立的关键时期。学校通过班主任、年级主任、辅导员不断教导，通过思想政治理论的主阵地、思想政治教育的主渠道、学科专业德育元素的渗透，加强学生的理想信念教育，加强爱国主义、集体主义、社会主义教育，使学生在精神力量的引领下，明确时代和人民赋予的历史使命，以高度的历史责任感和使命感积极、勤奋学习。

思考题：
（1）班主任可以利用哪些激励机制来应对新挑战？
（2）为什么说了解班级管理的特点是做好班级管理工作的重要条件？

二、班级管理问题及解决策略

问题是推动理论进步的原动力。在新时代下，当班主任在班级管理工作中遇到一些问题或困惑时，需要注重更新管理方式和方法，突出"引导"和"协调"，弘扬主体，尊重个性，促进学生的全面、健康发展。但有的教师仍运用过于严厉的方式管教学生，经常板起面孔说教，这种方式收效甚微，其主要表现[①]及解决办法如下[②]。

（一）变重教学交流、轻情感交流为重教学和情感交流

交流是指人与人之间相互传递信息、沟通思想和交流情感的过程。学生正处于身体发育和人生观逐渐形成的黄金时期，良好而正常的人际交往和交流能鼓舞人的精神，培养其自尊心和自信心，提高社会价值感，增进社会适应能力，使其形成乐观的人生价值观，使个性健康发展得到保证。反之，不良的人际交往，不仅会影响学生的心理健康，甚至导致行为偏差，影响个人前程。因此，班主任要特别注重引导学生的男女交往，适时赠言，如对早恋中学生，可这样赠言："鲜艳夺目的爱情之花，只有根植于知识与事业的沃土才能持续绽放。不适宜环境下种植的花朵，不会长久，只会结出人生的苦恼与悔恨之果。"家长和班主任应通过开展思想教育和活动来避免学生间出现不健康的异性交往。

重视教学交流固然重要，但不能只管教书，不思育人，缺失理想信念，不思进取等，班主任要以教学为中心，以学生为主体。如果忽视情感交流，时间长了，学生难免会疏远老师。那么，学生看到老师时，可能当作没有看见，或绕道而行，对班主任没有深厚的感情。因此，班主任要重视学生学习成绩的提升和情感的交流。

情感交流是带有探讨性、试验性的探索过程。学生的情感越来越引起管理者、家长及社会各界的关注。但如果认真、全面、客观地检讨现行的教育，尤其

[①] 麦志强、潘海燕：《新课程背景下的班主任工作创新》，中国传媒大学出版社2006年版，第20-23页。

[②] 邱云兰：《当代班级管理艺术论》，中国教育出版社2003年版，第236-246页。

是基础教育，观察升学和就业压力大的学校，我们可以明显地发现，班级管理工作中缺少情感教育、情感交流的严重性。严格地说，情感交流、情感教育是现行教育中一个相当薄弱的环节，接受良好的情感教育、情感交流是基础教育的前提，如果让学生带着教育的缺陷、带着情感缺陷走进社会，教师和家长的担心可能会成为现实。

【案例 1】

学会感恩①

刚放学，大雨倾盆而下，不少学生被困在学校值班室门前，焦急不安地等待着。

一位妈妈骑着车焦急地来到学校值班室门前，把自行车一放，一边抹掉脸上的雨水，一边喊："小峰。"被叫的小峰一脸的不高兴，极不情愿地走过去，一把抓住妈妈手中的雨具，说道："怎么现在才送来？"妈妈用发紫的嘴唇解释说："妈妈下班回家也遭了雨，你看，我的衣服还没有来得及换呢。"小峰仍然不高兴地嘟囔着。

目睹此景，老师的心里很不是滋味：妈妈冒雨送雨具，这是多么令人感动的母爱，而爱的惠及者竟认为这是理所当然的事而无动于衷，甚至求全责备。这种感情的冷漠实在使人诧异。

案例评析

落其实者思其树，饮其流者怀其源。老师可以抓住"雨中送伞"一事，召开主题班会，引导学生分析妈妈冒雨送雨具时的心理和送晚了的原因，体会妈妈的心情，感悟妈妈的关爱；还可以引导学生仔细观察亲人和朋友的言行及外貌特征，体会其中的情感，如引导学生从"爸爸的白发""爷爷的笑容""妈妈的叹息""老师的批评"中体会真情。

常言道，"人非草木，孰能无情"。学生的冷漠是因为他内心深处的情感没有被激发出来，一旦他能够用心去感受他和亲人的情感，就会被感动。要让孩子学会感恩、学会关爱、学会担当、学会感动。例如，平时注重对学生进行情感教育，使他们观察和体会他人对自己的关爱，并且不失时机地通过多种方式表达自己对他人的关爱。老师可以组织学生开展"我为爸爸妈妈做件事""让我们每一个人献出一点爱"的活动，让家长体会到孩子发自内心的感恩之情。

百善孝为先，孝乃德之本。感恩教育属于道德教育的范畴。小学阶段是受教育的起始阶段，是诸多行为习惯养成的重要时期。在这一阶段，就要让学生知道感恩，懂得用自己的行动去表达感恩之情。有一些学生在家里权利无限，任务为

---

① 选自专家学者的案例。

零,以自我为中心,因此养成自私、任性等不良品质。试想,连对自己的父母都不感恩的人,怎会感恩他人?我们要挖掘感恩内涵,让学生懂得珍惜,学会感恩。例如,结合母亲节、父亲节,开展感恩教育主题活动,讲感恩故事,读感恩经典等。

(二)告状式家访出现的问题及解决策略

高尔基说:"谁爱孩子,孩子就爱谁,只有爱孩子的人,才能教育孩子。"一个缺乏爱的班主任,培养出来的学生,通常是不懂爱、不会爱、不理解爱的。有些班主任平时不与家长沟通,当学生违反纪律了、考试考差了、成绩后退了,就去找家长告状。这种告状式的家访或电访,只会使学生感到害怕,担心受到家长的打骂、惩罚等。因此,有的学生会想方设法阻止老师与家长联系,导致家庭与学校或班主任不能有效沟通。有的家长听到老师告自己孩子的状会不高兴,学生遭到惩罚,家长也无所适从,达不到好的教育效果。我认为,无论家访还是电话沟通,班主任都应该先充分肯定学生的成绩和优点,再适时指出学生的不足并提出期望。

苏霍姆林斯基说:"最完美的教育是学校与家庭的结合。"为了构建家校互动、联手共育、共谋孩子成长的育人环境,老师要从不同途径、用不同的方法跟家长沟通。家长是孩子内心维稳的主力军,是孩子心灵的归宿。家庭教育有两种极端模式,一种是毫无原则"孩子你真棒"的过度宠爱,另一种是狼爸虎妈"棒打出孝子"的过度严苛。这两种极端模式在家庭教育中都时有出现。班级管理离不开家长的支持和配合。班主任在学生及家长心目中占有很重要的位置,许多家长把培养孩子的期望寄托在老师身上。老师要尊重学生,理解家长,信任家长,支持和配合家长做好家庭教育工作,当好家庭教育的参谋,帮助家长掌握教育孩子的方法。只有老师和家长协调配合才能形成教育的合力,取得教育实效。老师和家长应循循善诱地精心教育孩子,启迪孩子的智慧和心灵。

【案例2】
请家长的本来意义①

七年级3班学生黄某,上课有时不专心听课,与同学聊与上课无关的事,经常不做作业,家长也不检查作业,没有在试卷上签名。他对于校运会、军训等活动也不积极参加,他似乎觉得这些活动与自己无关。为此,班主任计划对该生进行一次家访。孩子知道班主任要家访,从那一刻起就表现得心事重重、恐惧不安,用惶恐的眼神看着班主任。结果到晚上8点,老师打电话给家长,才知道孩子还没有回家。最终家长跑到学校来,在班主任的陪同下,在学校里的一个角落

---

① 选自湖北省水果湖第二中学冯捷老师的案例。

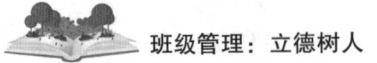

里找到了孩子。找到孩子后，老师才知道，自己用"请家长"的方式对孩子施加压力，已经脱离了原本与家长有效沟通的目的。最后，老师要求该家长严加管教孩子，配合学校教育好孩子。家长和孩子听了以后，虽然都不高兴，但口头上还是表示积极支持学校和老师的工作，加强对孩子的耐心教育和严格管教。

案例评析

布鲁姆说："只要提供了适当的前提和现实条件，几乎所有人都能学会一个在世界上所能学会的东西。"不言而喻，只要时机适宜、育人得法、说教得体，教育就能获得实效。这就要求教师树立新型的教育理念。常言道："七十二行，行行出状元"。我们不能因学生成绩优秀而倍加关注，也不能因学生成绩落后、升学无望而遗弃他、听之任之、放任自流。如果老师对学生的家访，取得了家长的支持和配合，就能够收到实效。即使是"后进生"，多关注他们，也能找到他们的闪光点，让他们增强自信心和自尊心。

让家校成为学生的避风港而不是风暴源。"每个孩子都是花的种子，只不过花期不同，有的花一开始就很灿烂，有的花还需要漫长的等待。"让我们秉承着对学生的尊重、对教育规律的认同，以一颗对规范教育的虔诚之心，静待春暖花开。

（三）对于学生的人际交往，变忽视为重视

班主任要注重引导学生选择与有良好品性的伙伴交往，排斥不健康的交往。如果班主任忽视对学生的指导，有的学生可能会交上不良之人，染上不良的习惯与行为，从而影响自己的学习和健康成长。因此，要注重引导学生的人际交往，尤其是男女同学交往要得体，要文明。

要优化人际关系，变逆反为相容。人与人之间的关系正常与否影响工作和学习效率的高低。正常的人际关系有助于形成团结融洽的气氛，促进工作与学习效率的提高；不适宜的人际关系，会带来压抑紧张的气氛，影响学习、工作的开展。具体地说，班里的人际关系，是班主任与科任教师与学生、班主任与班干部、班干部与非班干部、班干部与班干部之间的关系，其中班主任与学生的关系尤为重要。例如，如果班主任在用人问题上不重视，没有选好、没有培养好班干部，会造成班级管理低效，甚至人际关系紧张的局面。

我的班级里曾有两名学生，与同学之间的关系不融洽，功利心强、自私、任性，甚至为个人利益斤斤计较，有时导致争闹不休。我便帮助他们改善人际关系，引导、教育他们正确对待荣誉和利益，正确对待冲突和挫折，正确处理人与人之间的关系，消除阻碍人际交往的症结，最终收到了良好的教育效果。

（四）变单向式的师生关系为双向式的人文关怀

班主任是班级的灵魂，引导着班级建设人际交往的理念和行动。有的老师，尤其是班主任，在与学生和家长沟通时，滔滔不绝地讲述自己的意见和建议，忽视倾听学生和家长的心声。双方的想法不同，但班主任没有与家长进行针对性的交流，把本应是双方交流的活动变成班主任个人进行的单向教育，达不到有效沟通的效果。

只有班主任起主导作用，协调家长，调动学生的主动性、积极性和创造性，才能真正发挥学生的主体作用。以学生为本的班级管理才是以育人为本的管理，教师与学生要相互配合、相互沟通、相互尊重。独木难成林，单向式的师生沟通交流是难以收到良好效果的。

【案例3】

让每一只小鸟唱歌，让每一朵花儿开花①

班里转来了一名个性强、脾气暴、性格内向、不善于与人相处的男生。其他同学常来向老师告状。他在班里总是被孤立，没有朋友，不与人沟通。如何引导才能让他接纳其他同学，让其他同学也能接纳他？老师对他进行了多次做思想工作，并请他尝试在班里找一个男同学做朋友，希望他尽快适应和熟悉班里的管理制度和学习情况。没有想到，他找到的这位男同学很喜欢和他做朋友，从此以后，他开始尝试与同学沟通、友好相处，他成了全班同学的好朋友。

案例评析

思想引领目标定位。以激励为主的教育方式，含蓄委婉的批评与建议，较直接呵斥更容易被学生接受。在教师的话语中，一句带有情境般的表扬语句，会令他们欢欣鼓舞；一句严苛的批评，会令他们心存疑惑。以激励为主的教育方式会让学生自我反思，逐步从他律走向自律，如此，教育便能收到事半功倍的效果。歌声唱得越嘹亮，花朵开得越艳丽，育人成果更丰硕。

（五）重视与科任教师和学校领导的协调沟通

有的老师只顾教好自己的学科，布置大量练习，客观上排斥其他学科，或口头上说其他学科重要，但没有行动和措施，结果学生连自己教的学科都考不好，其他学科同样也考不好。老师布置的练习不是越多越好，而是要适中，要充分考虑练习的基础性和层次性。我们深知，有效的教学和管理，需要理论引领与个人奋斗相结合，需要集体智慧与个人专长相结合，需要把教学和育人作为科学来研

---

① 选自浙江省普陀中学凌林老师的案例。

究，要注重与科任教师和学校领导的协调沟通，把班级构建成具有归属感和凝聚力的团体。班主任不但不能忽视与科任教师和学校领导的协调沟通，而且要主动争取学校领导、科任教师的支持和配合。

在我国经济发达的地区，有些学校出现了师生关系、同学关系、长辈关系的非情感化，学生反抗精神和独立自主意识增强，学生中非正式群体（同辈）的影响力增大，教师的权威有所下降，学生和教师的心理不适应问题突出，校园暴力事件时有发生等现象，学校班级已渐渐与契约型社会形态相统一。这种趋势对班级教育造成较大冲击。因此，协调沟通应该得到进一步加强。班主任应做到能够与其他科任老师推心置腹地交谈，在交谈时尽量做到随和，在生活交往方面要与他人友好相处、乐于交流，处理好关系，才能增强团队意识，获得科任教师和领导的支持。

（六）变太少评价、滥用评价为用好评价

有的教师怕优秀生骄傲，不敢表扬，或者很少肯定优秀生所取得的成绩，使优秀生失去成就感；另一方面看不起差生，不屑鼓励其努力，使差生产生被淘汰感。久之，学生缺乏继续前进的动力，因为他们会认为，虽然不是为了得到老师的表扬而努力，但他们表现再好，成绩再优秀，老师都看不见。"水不激不跃，人不激不奋。"激励是管理过程中点燃学生内驱力的强大工具，要从主观需要出发，日积月累地为学生熔铸一种奋发向上、坚韧不拔的人格品质。

当然，如果不分是非，为了达到某种目的，对学生进行不公正的激励和表扬，或是滥用表扬、赞赏，那就成了溺爱，不但不能激励学生，还会助长恶习。班级精神层面的管理强调以尊重人、信任人、激励人、依靠人为中心内容。班级精神层面管理的目标，应是和谐、亲密、合作的师生关系。无论表扬还是批评，都要以有效促进学生健康、全面发展为目的；以"兴趣"激励学生能形成特长，以"情感"激励学生能形成友谊，以"成功"激励学生能促进学生发展。

激励、表扬学生时，要注重语言和姿态。一是增强语言魅力。苏霍姆林斯基说："教师的语言修养在极大程度上决定着学生在课堂上脑力劳动的效率。"可见，教师的语言直接影响着学生的学习兴趣和学习效果。教师发音要标准清晰，音量要适中悦耳，音色要圆润动听，音调要抑扬顿挫，节奏要张弛有度，语言要丰富生动，情感要真挚亲和。语言的表达要富有强烈的逻辑力和启发作用，表现出有条不紊、言之有据、重点突出、观点鲜明、生动直观、言简意赅等特点。这样，学生既能在轻松愉快的气氛中吸取知识，又能获得情感的熏陶、哲理的启迪、美的享受，从而产生良好的教育效果。二是要发挥非语言因素的作用。姿态优雅得体，手势自然恰当，眼神热情友善，表情丰富生动，情绪热情饱满，仪表大方得体。

老师恰当地对学生进行评价很重要，表扬能鼓舞学生的斗志，振奋精神，激

发学习热情。忽视进步或过分批评会极大地压抑学生的积极性，阻碍工作的开展。老师必须坚持实事求是，站在公正的立场，尽可能客观地评价学生的学习、思想表现，对好的行为要表彰、宣传、激励，对不好的行为不能姑息迁就，应及时进行正面教育或惩罚处理，否则，班级管理工作无法开展，良好的班风学风无法形成。

（七）变无规矩、规矩过多为有规矩、用规矩

俗话说，没有规矩不成方圆。班级没有班规，或班规不具体，则无操作性；反之，班规过多，又会限制学生的发展。有了规矩，应按规矩执行。否则，制定出来的规矩就没有作用了。制定规矩并不是目的，执行规矩并达到良好的管理效果才是目的。规矩要能反映班级学生的实际情况，要接地气，要体现人文关怀，要以人为本、与人为善，达到善心、善言、善行的目的。可以实施"四名工程"，即"诵名诗，读名著，赏名曲，学名人"，让学生走近名人，感悟经典，与历史交流，与高尚对话，吸取精神营养，丰厚人文底蕴，心里充满阳光。不少班主任辛勤努力和用心良苦，赢得了学生的尊敬与爱戴，让老师收获了一种"以心灵感受心灵，以感情赢得感情"的快乐。

【学生日记】

课室坏了两张椅子，门上的玻璃碎了一块。政教主任与班主任正在调查是谁弄烂的。我们都说不知道。老师说："你们不说，我也知道。"真是的，明明知道还问我们。又如，有人在车棚栏杆上编造通俗文学，不知道老师看到没有。老师如果知道了事情真相，会批评我们；不过挨批评的时候我们认错就是了，看老师有什么办法。唉！真是没有意思。刚才听到别人说，玻璃肯定是赵某砸的，可能是因为老师在班会上把他当成反面例子，所以他要报复吧！他说："不就是赔钱吗？买个痛快。值！"细细想想，倒觉得真可怜！老师还以为把我们给治住了呢！

一些学生没有理解支撑教师将毕生精力和智慧奉献给教育事业的不只是物质的获得，更多的是实现人生价值的精神追求。制定的一些规矩虽然促进了双向交流，加深了彼此之间的了解，但没有从实质上解决问题。虽然这些规矩起到了一定作用，但学生在思想上还是没有认可教师的做法，口服心不服。教师要注重抓舆论、树正气，坚持说服教育，以理服人。

制定规矩不是目的，需要的是教师执行规矩、落实规矩、严格管理，最终使学生养成自觉遵守纪律的习惯。

（八）变重常规、轻思想教育为重常规、重思想教育

只重视常规工作，不重视思想教育、人生观教育、世界观教育，培养出来的学生发展潜力不大，学生有可能被动学习，没有主人翁意识。其实，思想政治工

作也是班主任常规工作的重要组成部分，思想政治教育工作是一项长期的、复杂的、系统的基础工程。思想政治工作落实了，根本问题才能解决。习近平在高校党建工作会议上对培养人的问题表示，培养什么人、怎样培养人、为谁培养人，更多是一种政治方向、政治要求，但同时也包括了有关人才培养的方方面面，坚持社会主义办学方向，如何为党育人、为国育才，这是一个大课题。

【学生日记】

前些日子不知班上出了那么多事儿，班主任好像也没个说法。我真怕星火燎原。赵某的妈妈今天来看他，说："你们的班主任不知道在干嘛，难道他啥都不管吗？"他们说："我们班主任可厉害呢！作业差一份都不行。谁要做得不对，他非得给你来个'单兵教练'。至于班上其他事儿，他说都高三了，不用操心了。"有一次，他还说怕有一天下岗呢！看来他们像我们一样排名次，如果考个第一名什么的，学校会给他们涨工资、发奖金呢。原来老师也在竞争，真是"爱拼才会赢"！倒霉的是我们，班主任都说为了我们好，挤着时间为我们补课。

虽然学校和班里有规矩，班主任有"话语权"，但由于沟通缺乏"双向性"，导致老师的付出只是"一厢情愿"。对于师生双方缺乏情感沟通、"换位思维"的情况，可以采用角色转换、处境置换、角色互换等方式加强对学生的思想教育。

（九）变重德育、轻智育为重视学生全面发展

德育是一项伟大的基础工程①，是学校教育中一个重要的组成部分。德育是一门科学，是一种涉及心灵的教育，以促进人的品德发展为目标，以尊重人的主观能动性为前提。因此，必须重视德育，把广大青少年学生培养成思想品德良好、学业成绩优秀、德智体美劳全面发展的人才。以德育为首，以教学为中心，对德育和智育要常抓不懈。不能片面地认为德育工作是软任务，智育才是硬任务，从而忽视了对学生思想品德、职业道德的教育和培养。德育对培养现代社会高素质的全面发展的人才有深远影响。

关于升学与德育工作的问题，无论是基础教育、职业教育还是高等教育，都担负着为高一级学校培养和输送新生的任务，这一点是必然的、肯定的。有人把升学和德育看成是矛盾的，甚至说："文化课还抓不过来，哪有时间去抓德育？"这是缺乏基本的教育理念的表现。升学与德育并不矛盾，德育工作抓好了，有利于学生全面提高；相反，仅仅看重学生的考试分数，甚至以一好代三好，忽视德育工作，无论对学生本人还是对整个社会，都贻害无穷。使学生德、智、体、美、劳全面发展才是教育的根本。

---

① 陈茂林：《德育：伟大的基础工程》，北京师范大学出版社1998年版，第1-2页。

（十）既要重视统考学科，也不能忽视不统考学科

重视统考学科固然重要，但不能忽视不统考的学科。有的老师认为，非统考学科是软任务，统考学科才是硬任务，非统考学科抓与不抓、抓多抓少不容易看出。这种考什么学科就抓什么学科、轻视非统考学科的行为，不符合党的教育方针和时代的要求，也不适合现代社会需要。近年来，党中央高度重视德智体美劳发展，例如，明确将全民健康上升为国家战略，中华民族伟大复兴"中国梦"与中国体育强国息息相关。习近平在党的十九大工作报告中提出，要广泛开展全民健康活动，尽快推进体育强国建设。

（十一）变重结果、轻过程为既重结果，又重过程

教师要注重过程管理和结果管理，这是新课标的要求。对学生的评价既要关注结果，也要关注过程。例如，竞赛成绩固然值得肯定，而学生在参赛中表现出的团结互助和集体荣誉感，同样可贵。

有的学生尽管学习非常努力，但由于没有总结经验，导致最终考试结果不理想，不能说学生不努力学习，只不过临场发挥不佳。因此，老师不仅要看考试结果，也要看过程。结果的好坏与过程有直接的关系，并且结果与过程是相辅相成的。可以说若没有勤奋学习的过程，不可能取得好成绩。但不能保证勤奋学习了，就一定能取得好成绩，因为考试结果与学生考试时的状态和临场发挥有一定的关系。老师不能因为学生没有取得好成绩而否定其学习过程。

（十二）变管理不善为系统管理

如果班级的常规管理、制度管理没有形成一套完整、清晰的体系，学生就会不明白班级管理的目标和任务，不明白要做哪些事、不应该做哪些事。班级管理是一项系统的、复杂的、艰巨的立体化工程。教师要有计划性思维，不能拆东墙补西墙。管理工作有其自身的规律，要遵循规律，实施系统的、科学的有序管理。

缺乏智慧的教育往往将对于班级集体的要求放在首位，并以其为改造学生个性的工具。此时，班级集体的强大舆论力量，给学生带来的往往不是对个性的激励，而是对思想的扼制与差别的消除，使学生身心均受控制，使班级问题不断增多。实质上，群体的管理者，要对学生千变万化的内心世界有深刻洞察力，充分理解和发挥其个性特点。

要重视系统管理，做到"五个到位"：一是全员管理到位，二是班级建设到位，三是常规管理到位，四是课外活动到位，五是落实检查到位。

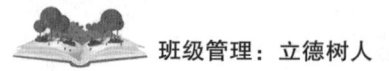

（十三）既要重视师生平等，也要重视教师威严

平等是社会主义核心价值观的重要内容。如果教师没有威严，没有在严格要求的基础上管理学生，不注重自己的威信，不注重见贤思齐，即使和学生打成一片，学生也不会服从你的管教，何来的尊严？教师威严要建立在善意的基础上，必须为学生所理解和接受。保持适当距离，才能产生威严和美感。

【案例4】

笑眯眯的老师①

我曾遇到这样一位亲切的、负责的、非常努力做班主任工作的教师。当学生违反纪律，他批评学生时也笑眯眯的；当学生不做值日，他仍笑眯眯地带领学生搞卫生、擦黑板；当有女生随意摸他的头，说他好靓仔，他也笑眯眯的。虽然他在教导学生、与学生"斗智"的过程中，使尽了浑身解数，但往往以失败告终。因为每当他说话、讲课、做事之前，学生就知道他要说什么、做什么，摸透了他的行动规律并且知道老师不会惩罚他们。一次次被学生猜透，这还怎么与学生"斗智"、改正学生的行为？

案例评析

这位老师难以改变学生不当行为的原因，一是没有将爱学生建立在对其严格要求的基础上；二是说话、做事方式没有根据情况调整；三是没有从工作成败中总结经验教训；四是没有正确处理学生不当行为。

有心栽花花不开，无心插柳柳成荫。有时候，孩子的错误缘于他们的天真，缘于他的好奇。孩子幼稚、不懂事、不成熟，这是他们的普遍特点，也是老师要面对的现实。仅用"铁肩担教育，笑脸对儿童"的方法来教育他们是不够的。我认为应该用"春、夏、秋、冬"四季变化的面孔教育他们较为合适。

老师要经常保持"春风满面、喜笑颜开"，赞得学生身心温暖，笑得学生心花怒放、心情舒畅、意气风发、干劲倍增。尤其是当班级学生获得可喜的成绩时，教师的面孔就应该显现出"薰风南来"，使学生得到温暖。但当学生犯了严重错误时，教师的面孔则需要表露出像"秋风扫落叶"一般的肃杀之气，以扫落叶之势产生一种威慑力量，使学生提高认识、端正态度、增强改正行为的决心。至于那副"冷酷无情，冷若冰霜"的冬季面孔，应该准备着，但不能轻易呈现。教师平时应该笑容可掬、平易近人，时刻温暖着学生的身心。

---

① 选自专家学者的案例。

（十四）平等待人，任人唯贤

孔子说，见贤思齐焉，见不贤而内自省也。在班级管理过程中，与学生的交往虽然没有绝对的公平，但一般情况下不应出现明显的亲疏有别的现象，否则，可能会冷落一部分人，尤其是双差生（思想品德和学习成绩差）。与差生和优秀生交往不能亲疏有别，要平等地对待每一个学生，必须任人唯贤，而不能任人唯亲。

要搞好班级工作，教育好每一个学生，确实不容易，但是"精诚所至，金石为开"，要相信真诚沟通的力量。如果学生对老师产生意见，说老师偏爱其他学生，老师应心平气和地主动找学生谈心，乐于接受学生意见，诚恳地说明道理。当学生提出过高要求时，既不能断然拒人于千里之外，也不能为情面而违心承诺，应表示理解和同情，说明解决问题的难度。这样老师与学生交往就不会出现亲疏有别的现象，问题也不至于激化，感情雨露才能在学生心田产生吸引力，施教才能收到实效。

我始终觉得，作为教师，必须知道孩子眼里的世界是什么模样。只有了解孩子，才能引导孩子，才会把握孩子的脉搏，才会关注孩子的喜怒哀乐，才会站在孩子的角度想问题，才会尊重他们。教师不把自己的意志强加给学生，不居高临下地把自己的爱看作恩赐，才能与学生平等交往。

（十五）重视优秀生，情系后进生

重视优生、轻视差生，是教师容易犯的毛病。重点培养优秀生上高一级学校深造，如专科生升本、本科生读硕、硕士生读博，成为当前培养人才的主要做法，这也是当今教育发展的趋势。但是，对于中等生和后进生的培养，有的教师将其放在不那么重要的位置上来抓，造成这些学生学习积极性不高、专业技能不强、就业竞争力不强。有的学校出台了一系列优惠政策来吸引优秀生，想方设法把学生引入学校，但是有的学校师资结构、数量、质量不佳，何以保证正常的管理秩序、提高教学质量和提升学生就业率？

（十六）重视职业学校学生就业

党的二十大报告指出，统筹职业教育、高等教育、继续教育协同创新，推进职普融通、产教融合、科教融汇，优化职业教育类型定位。这为职业教育、高等教育和基础教育发展明确了重要路径。长期以来，不少人给职校生贴上"差生""劣生"的标签，职业教育也被认为是"第二教育""失败者的收容所"，其实国家对职业学校非常重视。职业院校不但要强化平台建设、教师队伍建设、课程建设、品牌建设，还要提升教师素质、育人水平，坚持践行"立德树人"根本任务。

职校教师队伍主要存在以下问题：一是教师数量相对短缺；二是教师的企业技术服务能力有待加强；三是专业化能力有待提升。为此，要力争使教师队伍在数量上更充实、在质量上更重提升、在治理上更规范、在保障上更加强。高质量的职业教育教师队伍应是师德高尚、数量充足、结构合理、技术精湛的专业化、创新型队伍。

【案例5】

提高中职生自信心①

你能从过去的失败中走出来，接纳不完美的自己吗？不完美的人也是可爱的，要对未来充满信心。当被问到对自己是否满意？几乎每一位学生都是摇头的，这是自我效能感低的典型表现，这是中职生普遍存在的问题，这会影响他们的行为、思维和情感，付出努力的程度，以及遇到困难后的坚持程度。

自我效能感低的主要原因有以下三方面。一是以前的经历。一些学生注意力不集中，虽然按时到课室上课，但没有专心听课，做与课堂无关的事。"听不懂""学习无用""无兴趣""学不会"的心理导致隐性逃课多、失败多、挫折多、成就感低。一部分中职生由于初中成绩差、表现不佳、自我管理能力弱，有深深的习得性无助感。二是评价中的贬损。社会上流传的"学习不好上职校"的说法，有些片面，忽视了部分学生受到家庭经济条件限制等原因。有些中职生的经济情况较难支持他们上高中、上大学，使他们无法付出备考的时间成本，他们需要早点工作，承担养家的责任。三是与同龄人脱节。在同学聚会上，人们经常聊起"我的同学读高中、读大学如何如何"，几乎很少人提及"读职中的同学"。这反映出初中毕业后去职高的学生几乎和过去交往的同龄人没有密切的联系，同时，他们也慢慢地被曾经的同学遗忘。

案例评析

国务院印发的《国家职业教育改革实施方案》明确，"职业教育与普通教育是两种不同的教育类型，具有同等重要的地位"。许多中职生被人有意无意忽视，被概念化，被模式化。他们希望能得到平等对待。老师要引导他们对未来充满信心，因为一个人失去了信心就失去了一切。职校生的班主任，要帮助他们获得更多的正能量，针对课堂制定"到课率""抬头率""应答率""动手率""完成作业率"等课堂评价指标。影响他们自我效能感的主要原因有以下四点：一是个体的成败经验，成功的经验可以提高个人的自我效能感，而失败则会降低自我效能感。二是替代经验，即看到跟自己类似的人通过努力获得成功，可以提高自己完成任务的自我效能感。三是言语劝说，如果个体认为对某项工作能够胜任，那么

---

① 选自专家学者的案例。

个体就会加倍努力，自我效能感也会提高；否则，个体的自我效能感会受更大的影响。四是情绪态度，积极的情感态度可以提高个体的自我效能感，而消极的情绪状态则会降低自我效能感。

怎样提升自我效能感？一是积极关注学生，强化成功体验。二是树立榜样。三是创设宽松、和谐的教育环境。在让学生明确行为准则的前提下，对学生的正面行为进行肯定、激励，能有效增加其正面行为并使其获取更多的自我效能感。为了避免学生受惩罚后自我效能感降低，不要粗暴训斥，而要耐心启发、循循诱导，提升学生学习能力，在"做"中学，而不是在"做"中反思。做学生锤炼品质的引路人、学习知识的引路人。四是要多示范、多指导，搭建"脚手架"，手把手地指导学生如何理解任务、分解任务，体验学习过程，形成学习经验，在情景化练习中获得学习技能，提升学习兴趣。"复制与粘贴"式死记硬背的学习技能对有的学生已不适用。教师要提升教育服务水平，以解决问题为导向。

思考题：
（1）你认为应该怎样建立完善的学校德育质量保障体系？
（2）为什么说情感是影响人际关系的主要原因？

三、感情投入与班级管理[①]

要搞好班级管理，关键是教师要对学生倾注真情实意，与学生建立深厚的感情。"感情投入"是教师应该具备的品德和素质，是搞好班级管理的无形号召。

（一）激发感情，渗透思想教育

在班级管理工作中，激发学生感情十分重要。只有激发他们的感情，才能有效地对他们进行思想教育；否则，学生会感到你有意"贴标签"，影响学习效率。就学生谈恋爱这件事来说，班主任既不能袖手旁观、任其发展，又不能用粗暴的态度、"卡""压"的方法，这样会把有逆反心理的学生推向情感的极端。我的班级中曾有两位学生干部就是如此，由于我不能很好地控制情感，故意冷落他们，导致效果更糟。后来我改变做法，诚心诚意地与他们谈心，与家长交流意见，帮助他们确定目标，排忧解难，引导他们进行正常的情感交流，使他们真正认识到谈恋爱会干扰学习，阻碍进步。

---

① 邱云兰：《感情投入与班级管理》，载《中小学德育》，广东省教育厅，1994年10月，第30－32页。该文于1999年全国中小学德育工作研讨会暨德育论文评选中交流并被评为二等奖（中央教育科学研究所德育研究所等单位主办），载《中国当代教育大经典》，中国青年出版社1997年版。

（二）激发感情，调动积极因素

在班级管理中，激发学生的感情，有助于充分调动学生的积极性。比如，当学生违反纪律、犯了错误时，教师除了对他们进行批评教育，还要投入自身感情，激发学生的感情。因为学生毕竟年轻、缺乏经验，所以对初犯者可以用"以理服人，以情感人"的方法处理问题。不能指责、训斥，更不能体罚，或置之不理。从感情上来说，学生如果看到老师所任教的班级表现不佳，会因为觉得自己辜负了老师的辛勤劳动而感到不安；老师如果没有帮助学生改变不良行为习惯，也会觉得内疚。所以在教育学生的过程中，师生感情要融合。这样不仅可以使学生接受老师的真情和善意，而且可以产生巨大的感召力和推动力，从而激发学生积极向上、热爱班集体的情感。

在一次带班外出参观学习的过程中，我因一时没有满足一位学生的要求，他怒火冲天，大哭大闹，不听劝告，擅自逃走，并与班干部闹得脸红脖子粗。对于这样的学生，既不能迁就，也不能过分苛刻。我针对他的心理个性特征施教，教他怎样与人相处，怎样培养自己的性格，怎样包容、谦让别人。后来，他向我和班干部承认了错误，并表示自己要养成克制冲动情绪的习惯。

（三）善于表达感情，区分不同对象，采取不同方法

对不同性格的学生，教师要采取不同的教育方式。对性格外向、好奇心强的学生，不要拐弯抹角；对性格内向的学生，要掌握说话的分寸。我班曾有一个学生因考试成绩不及格，哭鼻子，不吃饭。我在肯定她认真学习和勤奋学习的基础上，教她改进学习方法，使她逐渐养成良好的学习习惯。

情感需求是学生学习、工作的内在动力。当学生的情感需求得到满足，他们的心情舒畅，学习和工作的积极性就高。绝大多数学生的求知欲和对成就感的需求较为突出。他们渴望不断获得更多的文化科学知识，希望自己的才能得到充分的发挥。我会有针对性地处理此类问题。首先，让每一个学生在班里有自己的用武之地，然后区分不同对象，采取不同方法。对专注学习的，我就对他热心支持；对讲究友谊的，我就和他架起友谊之桥；对素质好、有工作能力的，我就采用安排任务的方式表示对他的信任。总之，学生从心底里体会到班主任对他们的情感，从而把老师当作自己人，把班里的事当作自己家里的事。这样，学生就会群策群力，努力把班级工作做好。老师真诚的感情投入就像一块磁铁，会在学生中产生极大的吸引力和凝聚力。我担任过班主任的班级均能形成良好的班风和学风，学生能在各项考试和竞赛中取得好成绩。

（四）感情投入最重要的表现就是和学生打成一片

班主任应该和学生交朋友，与他们心换心，使他们产生亲切感；反之，如果

班主任不和学生打成一片，高高在上，做事武断，对学生漠不关心，学生对班主任就会因产生距离感而敬而远之。所以，班主任要舍得投入感情，真正做到想学生之所想，急学生之急，全心全意为学生服务。当学生遇到挫折时，应给予安慰与激励；当学生身患病痛时，可登门表示慰问；当学生取得成绩时，应表示由衷的祝福和鼓励；当学生生活有困难时，应给予理解和帮助。我班有一位代培生，因为家庭经济困难，兄弟姐妹多，想放弃学习。我除了给他精神上的安慰、学习上的关心、工作上的支持外，还为他妥善解决生活上遇到的实际困难，使他将班集体的温暖和老师的关心化为学习和工作上的力量，使他深受感动而不负众望，继续努力学习。

又如，我班曾有一名学生，进校时成绩较差，集体荣誉感不强，想弃学经商。当我与他谈学习时，他认为我笼络人心。我却没有另眼看待他，而是和他进一步深入谈心，沟通感情，对他关怀备至，还切实为他解决在学习和生活中遇到的一些实际困难。有一次，我贴心地和他说："我有时可能也做得不够，今后我们相互提醒，共同把工作做好。"没有想到，这句话让他十分触动，使他感到我是他的"知心人"。后来，他在各方面进步较大，当上了学生会干部，并被评为南粤优秀师范生。这说明教师的情感投入要体现在对学生的关心、爱护、尊重和信任上，施教才能收到良好实效。

思考题：
情感管理逐渐进入管理者和学生家长、社会各界的视野中，试述教师情感管理的重要性。

四、师生的情感交流

师生之间的情感交流是丰富人生、创造人生、完善和改进班级管理工作的重要组成部分。

（一）问题分析

教育是人的一种行为，从某种意义上来说，一切教育都是情感教育。教育者必须正视自己的情感，无论在什么情况下，都要引导学生调整和缓解自己的情感，从而在行为上发生改变。

教育者正面的情感给学生的是向上的力量。鼓励、宽容、爱护、赞扬等方式在教育过程中的作用是显而易见的。一个教育者如果真正"以人为本"，他会设身处地为学生着想。他能发现细微的闪光点，这种发现会让学生得到一种被认同的感觉。

情感是可以迁移、可以培养的。当我们表扬一个表现平平的学生时，这个学生就学会了积极地去看待这个世界；当我们体谅学生的过失时，学生就学会了宽容；当我们引导学生爱惜生命时，学生就懂得了什么叫尊重生命、尊重他人。我们要以正确、合理的情感引领我们的教育行为，从而使受教育者以良好的心态传承这一情感，让合理的情感产生我们所期待的延续功能，使学生真正领会即使离开学校、走向社会，他们也应以积极的态度看待社会，对待周围的人，做一个符合社会规范、对社会有所贡献的人。这样的教育便是情感教育。

（二）师生的情感交流

下面就部分学生的来信，摘录如下。

尊敬的邱老师：

您好！

回顾三年来的师范学习和生活，我们班52位同学跟随您，所产生的情谊确实是似海深、比山高。毕业后，我多次想念相处三年的同学，更想念教导自己的好老师，尤其是您——我一生中难忘的老师。我曾经多少次拿起笔想给您写信，我常常回忆起在母校时您找我谈心，想起您的谆谆教导，您还组织我们唱歌等。每当我怀念起老师的恩情，我都会唱起我们曾经唱过的歌……

这次是我毕业后第一次回到韶师[广东韶州师范学校，现为韶关学院教育科学学院（韶州师范学院）]，校园变化真是翻天覆地，我们的邱老师也格外的热情、格外的精神、格外的光彩。虽然日夜的操劳使您增添了一些白发，可是，您看上去还是显得如此的年轻。

邱老师！祝您身体健康！工作顺利！生活愉快！

915班学生：王某
1998年9月13日

邱老师：

您好！

当您阅读这封信时，或许您迷惑不解，其实，我是来向您道歉的，请您接受这位不听话的学生的诚心道歉。

4月28日，没有经您允许，我就气冲冲地回家了。真对不起，邱老师，当时我太冲动了，竟然跟您顶嘴，实在太不应该了。结果，回到家里挨了父亲的一顿骂，并且要我打电话向您道歉，可我不知您的电话号码，只好写信给您。由于忙于实习，现在才写信给您。

邱老师，我这个人很固执，做事老凭着自己的性子来，但我绝对没有不尊重您的念头。也许，您会想，如没有，就不会气冲冲地回家。可是邱老师，您也曾是学生，您能理解"归心似箭"的心情。要我望着星星过一夜，我真受不了。邱老师，您想，要是我自个儿悄悄地回家或编个理由请假，您会说我"闹特殊"

吗？知道我是为回家而回家吗？因为您是我的好老师、好班主任，您对我们无微不至地关心和爱护，对我们从高从严要求，我是能理解和接受的，所以，我不想骗您，也从来没有欺骗过您！

　　邱老师，您也知道，三年中师，我只向您请过两次假，而两次都惹您生气。我知道我不会说话，也知道为师的难处，可当时，您说"次次都是这样"，我心想，我只向您请过两次假，难道我就真的……（别怨我这样说，这是我的心里话）一念之差，就让您生气了。

　　邱老师，我就写到这，希望您能原谅我的过错，我会接受您对我的批评的，请在此接受我的道歉。

　　对不起，邱老师！

　　此致

敬礼！

915班学生：阿英

1994年5月10日晚

邱老师：

　　您好！

　　您的信，让我激动不已，我以为，我永远感激不尽的心，从此将要落空，但如今心有归属，多年来的遗憾将随之荡然无存。

　　邱老师，再一次感谢您！

　　进入广东韶州师范学校，您能更好地发挥自己的才干了。我来到珠海，生活改变了许多，有激昂的弄潮，也有寂寞的消沉，也许是因为年轻吧。这些日子让我感到充实，有的时候，又真觉得很累，不仅社会活动多，我高二时还在电视台主持一个中学生栏目，虽然现在这个节目已取消了。平静了一段时间后，我又拿起了笔，重新走上了爬格子的路。我已有一些作品发表，珠海电视台经常播放我的文章，约稿也不少，于是，我又兴致勃勃地奋斗起来。

　　我时常怀念在曲仁一中的那段刻骨铭心的日子。读文科，其实也不完全是我的选择，但从自己的性格、气质、兴趣上看，文科比较适合我。进入中学的最后阶段，我仍觉得紧张与辛苦是幸福的。

　　谢谢您的关心，对于老师您的恩惠，我一生一世也难以忘记，无论如何，只想让您在桃李园里，再收获一颗成熟的果子。

　　邱老师，遥远的地方永远有一颗爱您、祝福您的心。

　　祝一切好！

高中二年级2班学生：陈某

1992年3月31日

敬爱的邱老师：

您好！

昨天，我向您匆匆告别，在韶师生活三年的酸甜苦辣一并涌上心头。我哭了。

邱老师，这三年您给予我许多关照，无论是在工作、学习，还是生活上，非常感谢您。虽然我们也会因一些小问题产生意见和分歧，但所有这些，跟您的谆谆教导相比，又算得了什么？

三年来，为了我们班，您呕心沥血，不辞劳苦。学生生活有困难，您立刻为之解难，像李某生病那次，您在他住院期间为他熬粥、送汤，到医院去看望他。学生在学习上有困难，您耐心教导他们。班干部由于经验不足，在工作上出现了问题时，您又精心地培养他们，使他们很快上手。这一切，又怎能让我忘怀呢？

我们班在学校脱颖而出，深受学校领导表扬、赞赏，在学习、纪律等各方面都为其他班级树立了榜样。这些，得益于您和学校领导的正确领导，得益于您的辛勤耕耘。为此，您荣获韶关市优秀班主任、优秀共产党员等称号。这些，是您工作上的回报。

邱老师，三年弹指一挥间，今天，我虽然走出了校门、走入了社会，但我时时感到迷惘。这时，我想到了您，您能为我指点迷津吗？在学校，您是我的班主任。当我走入社会后，您还是我的老师。您永远是我的好老师。

邱老师，有空我会来韶关看您。在此，衷心感谢您三年的教导！

祝您工作顺利，身体健康！

943班学生：黄某
1997年9月5日

敬爱的邱老师：

您好！

从昨天到现在，我都在挑选一份最能表达我三年来对您的感激之情的礼物！我一直在想：我应该送一份什么礼物给您呢？我知道，邱老师对我的教育之恩、对我的关照、对我的影响，我一生都不会忘记。在您身上，我学到了许多……这对我有很大的帮助。现在，要毕业了，我们舍不得离开您，特别是作为您学生的我。您是我们年级的好级主任，我们的好数学老师。我们深深地爱戴着您，是您以身作则、身体力行，使我们1997级的同学都变得非常优秀。优秀学生的背后就是优秀的老师，尤其是您，在教科研方面硕果累累，在省级以上报刊上发表许多论文……就要离开您了，我选了一份"深深的祝福"作为学生送给您的礼物，代表学生对您的敬佩、爱戴、祝福，也感谢您成全了我，您的恩德，学生一生无法忘记。

一想到要离开您，我就感到难过……好几个晚上都在想，在以后的日子里与您相见的机会不多了，我们都盼望着有一天邱老师成为教坛上最耀眼的一颗星。

在我分配工作以后，我会第一时间打电话给您，感谢您！

祝您身体健康，工作顺利，万事如意！

1997 级学生：谢某
2000 年 6 月 23 日

教育后记

把思想政治工作贯穿教育教学全过程，实现全程育人、全方位育人。这是教师，尤其是班主任义不容辞的责任。班主任的工作艺术需要以优秀的教育科学为依托，班主任需要在实践工作中不断总结和探索有效的管理方式和方法，树立以学生的全面发展为本的教育思想，不断加强学习交流，拓宽课堂教育教学视野。

思考题：

（1）班级作为一个基本的教育组织，怎样才能获得一种真正的教育力量？

（2）为什么说教育者正面的情感给学生的是向上的力量，情感是影响人际关系的主要原因？

五、实践与探索：我当慢班班主任[①]

假如你是水，你是否滋润了一片幼苗？假如你是火，你是否点燃了心灵的火炬？假如你是光，你是否照亮了前进的道路？假如你是热，你是否温暖了每一个学子的心，使之永远充满朝气和激情？……

我毕业于华南师范大学数学系。整整十年，我一直在曲仁一中从事教育教学工作。十年来，我连续九年担任慢班班主任。在长期的实践过程中，我克服了许多难以想象的困难，付出了比正常情况下更艰辛的劳动，在教书育人、管理育人等方面的工作中取得了一些成绩，总结出一些关于做好慢班班主任工作的方法和体会。

（一）做慢班班主任工作难，只有迎难而上才能算真正的好汉

慢班，即后进班，与同年级快班相比，有三个特点。一是学生学习基础差。有少数是高年级留下的学生。由于基础差，他们学习很被动，甚至丧失信心，产生自卑和厌学的情绪。二是纪律差。大部分学生的自我约束力、自我教育能力不

---

① 邱云兰：《我当慢班班主任》，载《当代班级管理艺术论》，中国教育出版社 2003 年版，第 122 - 130 页。1990 年 7 月，在华南师范大学校友经验交流会上的发言稿，获学校党委副书记梁国熙教授等领导和同仁的肯定。

强，易受外界的影响；纪律松散，态度懒散，更谈不上遵守纪律的自觉性。三是思想素质比较差。大多数学生的是非判别能力不强，少数学生受过纪律处分甚至进过拘留所。一些学生结交社会上的"烂仔"（品德不端的小混混），讲所谓的哥们义气，打架斗殴、惹是生非。在班里，他们以小聪明博取其他同学的好感，或者用恐吓的办法打击进步的力量。这部分人虽然人数不多，可影响极坏，大多数学生对他们敢怒不敢言，这给班上正常开展工作带来了极大的阻力。

为此，慢班常被当成皮球一样，被踢来踢去，班主任一换再换，学生的纪律越来越差。要想使之回到正轨，形成优良的班风学风，谈何容易！弄不好，班主任很可能费力不讨好，碰一鼻子灰。

一个偶然的事件坚定了我做好慢班班主任工作的决心。那是高考后的一个晚上，我正在家中准备下学期的教学工作，突然楼下传来一阵喧嚷声。邻居李嫂闯进来，急匆匆地对我说："邱老师，不好了，楼下曾家大妹子失踪了，一家人找到现在都找不到，你看咋办！还是动员全校师生去找吧！"原来曾家大女儿参加高考，考差了，感觉升学无望，常把自己关在房里哭泣。她父亲知道她没考好，已经极为不满，现在看到女儿悲悲戚戚的模样，忍不住怒火中烧，随手给了女儿一个耳光，并气愤地说："你这没用的东西！看你怎么见人。"谁知这举动极大地伤害了女儿的自尊心。曾妈下班回家看到桌子上有一张纸条写着："爸，我没用，以后你再也见不到女儿了。"

曾同学出走事件后的第一个学期，我主动承担了学校一个慢班的班主任，一种强烈的职业道德感和责任感触动了我，一个受伤而又美好的心灵感召了我，我要当好慢班班主任，让更多的后进生挺直腰杆，让更多的家庭洋溢着幸福快乐！从此之后，我这个数学老师一直在担任慢班班主任，同时还兼任科组长或年级主任。身兼多职，工作量真不少，有时真的被工作压得喘不过气来，可为了党的教育事业的兴旺，我横下心，继续奉献我心中这片赤诚。

（二）班主任工作重在发现，贵在扶持

我每次接手慢班班主任工作后，针对学生学习底子薄、思想素质不高，但有较强的自尊心等特点，在教育工作中着重抓好如下工作。

1. 深入研究学生，尽快找到每一个学生的"闪光点"和师生的"共同点"

每次担任班主任，我都要对该班每一个学生做一番细致的调查研究，了解每一个学生的学习、思想表现、个性特点和家庭条件等情况，记住每个学生的姓名、籍贯或学习方面的"特点"，掌握学生的兴趣爱好和特长，从而做到因人施教、避其所短。经过事先的了解研究工作，我通常在开学初与学生第一次见面时便能记住每个学生的特点，在一周之内便能将学生的特点与名字一一对号入座，这就使学生有一种被看重的感觉。另外，我还会记住那些纪律差、调皮捣蛋的学生，指出他们的可取之处和缺点，使其在感受到重视的同时，又能意识到自己的

不足之处。

2. 从全体学生的愿望和利益出发，树立共同的奋斗目标

形成正确的集体舆论，树立正气，刹住歪风邪气。首先，我针对该班学生的实际情况提出全班同学的共同奋斗目标，包括长期目标和短期目标。长期目标是：尊重、自信、自强，把我班建设成具有良好班风学风的文明班集体。而短期目标是：在四周之内实现班风学风的进一步好转，半学期之内实现班风学风的根本好转。这样，目标就像可以够得到的果实一样实在，而不是虚无缥缈的了。向着这个目标不断前进，慢班也是大有希望的。

3. 发现学生骨干，培养强有力的班级学生领导队伍

在慢班的管理工作中，常常会遇到这样的情况，大部分同学不肯当班干部，或者担任了班干部又中途辞职，这不仅因为班干部要协助班主任做大量工作，而且班干部需要以身作则，不如一般学生自由。更重要的是，坚持原则、工作积极的班干部常常遭到落后势力的嘲讽、刁难和排斥，这就给培养班干部的工作带来困难。碰到这样的情况，除了要善于发现那些有能力又负责的学生，大胆评选他们当班干部，还要处处维护班干部在同学中的威信。注重考察班干部的工作，及时肯定他们在工作中的努力和所取得的成绩，以充分调动他们的工作积极性。有一次，我碰到这样的情况，班干部九人中有五人写了辞职书请辞。其中有一名女生本是我的得力助手，她负责考勤工作，工作积极、主动大胆、责任心强，多次得到老师表扬。我问她为何辞职，没想到她语出惊人："老师，我觉得做好人太难了，我宁可当个坏人！"原来，她在工作中坚持原则、不徇私情，将班上同学谁迟到、早退、旷课、请假登记得一清二楚，毫不含糊，无论谁违反纪律，她都敢于大胆站出来制止。在我班，违纪、迟到、旷课、请假都要与操行分和打扫卫生挂钩，这就触及了部分学生的利益，他们不自由了，便怪罪到班干部头上，于是，对她进行讽刺、谩骂、侮辱，甚至班里与她要好的朋友也受到讽刺、谩骂，她被孤立起来。为此，我对她做了耐心细致的思想工作，教育她如何对待工作中的困难，以及如何改进工作方法，既坚持原则，又不会树敌太多。第二天，我在班会课上肯定了她的工作，同时教育学生在正确对待集体利益与个人利益的基础上，自觉遵守纪律，做好升学和就业的工作。我号召同学与班干部之间相互理解、相互配合、相互支持。此后，这名班干部再也不提辞职了，而且一如既往地认真工作，与同学间的关系也逐渐融洽了。

（三）做好后进生的思想转化工作需要倾注满腔的爱

做好后进生的思想转化工作是班主任工作的重要内容之一，也是极为困难的工作。在工作中需要贯穿一条原则，即"动之以情，晓之以理，导之以行，持之以恒"。这条原则表明了后进生转化工作的"四部曲"，而在这"四部曲"中，关键在于一个"情"字。这种"情"不是母子情却胜似母子情，它来源于忠诚党的教育事业和为人民服务的赤诚之心。

爱因斯坦说："热爱是最好的老师。"品学兼优的学生固然需要爱护和激励，可后进生更需要老师注入情感引导学生提高对学习的兴趣。每一位老师对待学生都需要有一颗爱心。慢班班主任首要的任务就是在严格要求学生的前提下，向学生倾注你的同理心、关怀和爱意。这爱不是别的，而是纯洁的师生友谊的升华。后进生有较强的自卑感，有的长期受家庭、社会、学校的歧视，有的对前途丧失信心、自暴自弃、缺乏进取心。如果一味地对他们挑剔、指责，虽然严格要求的出发点是好的，但结果往往适得其反。

在我毕业后刚担任慢班班主任的时候，一天夜里我正在房间备课，突然一块砖头从我房间的瓦顶上落了下来，差点砸到我。惊恐之余，我迅速望向窗外，看到一个熟悉的身影消失在夜色里。

那是我班上的一个学生，因为他违反纪律，我狠狠批评了他一顿，没想到他竟起了报复的恶毒念头。这件事给我的触动很深，当天晚上我翻来覆去地睡不着觉。按理来说，老师批评学生，从严格要求的角度出发，是无可非议的。为什么会招来这样的负面结果呢？这纯粹是因为学生的品行问题吗？经过反思，我认识到：后进生自尊心强，更加需要理解和保护。我没有事先找他谈心和听取他反映情况，没有尊重他、爱护他，这是我的失误。对于抛砖头这件事我在班里和学校一字未提，一周之后，我找到那位抛砖头的学生进行了批评，并且表示我原谅了他。我也作了自我批评。他很后悔，说本以为我要告状到学校开除他，现在反而看到我原谅了他，从此之后，他对我特别友好，不仅表达了对我的感激之情，而且表示要用实际行动来感谢我对他的教育。参加工作后，他被评为优秀职工，含着眼泪来感谢我。

还有一位学生因表现不好，被其他学校开除学籍后转入我班。进校后他无心学习，吸烟喝酒，道德认识模糊，抽象思维能力差。我在坚持正面耐心教育的同时，尽量引导他。后来他在高三第一学期期终考试中取得好成绩，也能完成班里给他的工作，但谁知，又出现了新的问题。一天，他回家时看到有劳改犯在学校门口与自己班的同学有摩擦，他一棍子打在了劳改犯头上，打得劳改犯头破血流，到医院缝了几针。事后他很后悔，向学校领导讲了此事后，他躲起来，不敢回家也不敢回学校。我立即家访，让班干部和班里与他关系比较好的同学把他找回来，对事情的真相做了认真分析，向他指出，帮同学固然好，但这种行为不仅不能帮到同学，反而把自己和同学推向更加错误的方向。

对于反复出现重大纪律问题的学生，校行政会议进行了讨论，有人认为应该给以开除学籍，有人认为应该给以留校察看。我认为要开除学生容易，若让他带着精神创伤走向社会，恐怕以后会酿成灾难。因此，我赞成后一种意见，并主动请求学校将该生交给我，由我做他的思想转化工作。教育学生应以人为本，以理解为基点。首先我肯定他能回学校就好，同学们都欢迎他回来。在会上，我充分肯定他在前段时间取得的进步和成绩，并严肃地批评了他的错误，接着他诚恳地做了检讨。同学们热情呼唤他的名字，希望他改正错误，再次振作起来，和全班同学一道前进。会后，我又和他进行了诚恳的交流，指出他的问题所在，就是不能明辨是非，感情用事；教育他凡事要冷静，不能鲁莽，讲感情、讲义气要用对方法，无论对方是谁，打人都是错误的行为；提醒他一定要从中吸取深刻教训。在同学们的感召和我对他的教育下，他接受了学校的处分，还赔偿了医药费。从此之后，我每过一段时间都会和他总结一次，指出他的进步，再三告诫他，不要再犯同样的错误。在那以后，他处事冷静多了，再也没有发生违反学校纪律的事情。有几次，社会上一伙"烂仔"来校作案，惹是生非，他都能挺身而出，维护学校利益，保护同学的安全，勇敢地把小偷抓获，把惹是生非的"烂仔"赶出校门，因而受到学校表扬，取消了对他的处分。后来他各方面都有了很大的进步，在高考中取得了好成绩，并考上了大学。

（四）有耕耘，就有收获

中国有一句俗话："种瓜得瓜，种豆得豆"。艰辛的劳动必然换来丰硕的成果。多年来我一心扑在教育事业上，除了担任慢班班主任，还担任科组长或年级主任，做着管理工作和快慢班数学教学工作，每周上12～16节课。在教学工作中，我针对不同基础的学生，因材施教。为了让每个学生学有所得，我编印了适合所有学生使用的练习册和高考练习题。为了出好一份数学题，我常常忙到深夜。值得欣慰的是，我的劳动并没有白费，在教书育人和管理等方面，我都取得了较好的成绩。我教的理科慢班，高考数学成绩跃居全年级理科班榜首。我班42名学生参加高考，其中32名被录入高一级的学校深造。应届理科普通班，高考数学成绩平均分82.88分，在同年级理科班中排名第一。有一年我教的两个高三文科班，不仅普通班取得平均分592分的成绩，高出市抽样平均分69分，在同年级排名第一；而且慢班也取得大丰收，我班参加高考的53名学生中，有45人被录取到高一级的学校深造。十年来，我担任班主任的班级每学年均被评为学校文明班，获得先进团支部等荣誉称号。

为了每一个学生都能健康成长，我愿意奉献出我心中的赤诚。学校给了我不少荣誉，优秀教师、优秀班主任、优秀团干、教改先进个人，党组织批准我加入中国共产党，并安排我到广东韶州师范学校任教，给了我极大的鼓舞。这一切都归功于学校领导和老师对我的培养。

在与学生交往的过程中，我立足从我做起，注重一言一行。师生关系融洽了，师生感情也就更深厚了。有一年高考前夕，我因病住进了粤北人民医院，需要动手术。在紧张准备高考的间隙里，学生和家长们成群结队地冒着雨来看望我，他们激动得流下了眼泪："邱老师，我们无法用语言表达您对我们的关心和帮助，我们一定不会辜负您的希望。"

思考题:

(1)《我当慢班班主任》一文给我们带来什么启发?

(2)为什么说师爱与生爱是一个循环往复的过程?

第三章　班主任的管理艺术

关键词：班主任；责任担当；管理理念；班风学风；角色定位；良好班级；管理艺术；心理问题；典型案例；主题班会；实践探索；留守儿童；网络管理；情感教育；身体力行

班级管理的对象是具有主观能动性的学生。新一代学生视野开阔，现代意识强，价值观趋于多元化、个性化，但同时可能心理问题增多。在常规性的管理过程中，如果教师教学模式单一、课程内容单调、对学生了解不足、管理艺术不佳，容易导致学生产生消极情绪、出现被动学习问题、专注度下滑。针对这一现象，教师需要在班级管理工作中提升管理艺术。

一、班主任的管理理念

理想信念是魂。一个有理想信念的老师、一个有家校情怀的老师，才能在班级管理中播下理想的种子，才能做学生的引路人。班级管理工作是一门科学，更是一门艺术。

（一）班主任方面

做一个合格的班主任、建立一个良好的班集体，是每一个班主任的奋斗目标。班级管理工作的根本目的就是促进学生去思考人生、规划人生。

1. 班主任管理理念的更新

要注重管理理念的更新，如果不注重引导、培养、教育学生，而是把"管理"置于关键的核心位置，造成"重管理轻培养""重管教轻引导"的局面，将导致班级管理效果不佳，有的班主任甚至陷入管理危机。

教育艺术是人对教育的客观认识，是教师基于学生发展需求而建立的能力。班主任的管理理念必须更新，把"讲好课""考好试""班里不出现大问题"作为评判教师合格与否的标准，是远远不够的。

2. 班主任教育素养与工作压力

教育素养是教育水平和经验成果内化的综合反映。教师教育素养水平不够、班级管理经验不足、方法欠佳、工作事务增多，最终会导致教师工作压力增大。这些压力一方面来自学生，另一方面来自学校和社会。教师的心理压力、教学压力、社会压力，导致其工作积极性、创新性不够。班级管理是班主任工作的重要

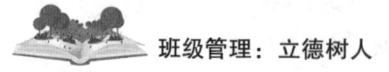

内容。不断更新管理理念、提升自身素养、创新管理方法、提升管理艺术，是做好班主任工作的基本要求。

（二）学校管理理念

1. 学校管理理念

坚持以高素质的教师队伍主导学生工作，不能受应试教育功利性的驱动，把"德育"与"智育"严重地割裂开来；不能使一切工作都围绕着"分数""升学率"和"学而优则仕"等开展。有的德育工作者往往处于"说起来重要，做起来次要，忙起来不要"的尴尬局面，这使德育的有效性难以突出。造成这种局面的原因是多方面的。不可否认，学校德育工作中存在一些薄弱环节，如教育的内容大、空、远、虚，不接地气，忽视德育的现实意义。在德育工作中，常常是出了问题才狠抓一下，这只是突击战，而非持久战。这种方式比较单一，使学生难以接受，没有秉承德为先。要突出德育工作的艺术性，要以学校班级管理任务、管理岗位为抓手，有计划、有重点、有步骤地推进德育工作。

2. 育人者必先育己，立己者方能立人

修为立身，以教化人；自律立身，以率正人；以德立身，立身之本。教育的本质在于育人，育人先育己，应强化教书育人、管理育人、服务育人、环境育人的使命担当。

（三）学生方面

1. 被动性突出

有的学生对班级活动有一些看法，认为班级活动消耗时间、影响学习，对班级活动、班级比赛等主动性不强、参与度不高。有的学生言行不一，知、情、意、行错位的现象时有发生。

假如要培养学生的动手能力，教师应只给学生引导和指点，让学生自己去考虑和决定，提升自己动手的能力，处于主动地位。毛泽东说："自己动手，丰衣足食。"这是终身受用的。其实，学生远比老师想象的能干得多。事事包办，不利于培养学生的能力，而且学生往往也不喜欢老师这样做。

2. 学习专注度

古人言，"万般皆下品，唯有读书高"。可见，古人对读书的重视程度之高，影响着每一个同学。当学生学习专注度不高时，教师要进行点拨，提出要求，并注重抓落实。

要促进学生对体育的重视，让学生明白体育锻炼是促进身体健康生长发育的重要环节；体育锻炼可以促进人体各器官系统发育成熟和机能健全，为今后打下良好的身体基础。要从眼睛的构造特点讲述预防近视；从皮肤的构造特点说明勤洗澡、常换衣服的好处和过多地涂脂抹粉的害处；从呼吸、神经系统的构造特点

讲述吸烟、酗酒危害身体健康等。

3. 情绪化问题

人一旦产生负面情绪，不但影响学习、工作，还会影响身体健康。负面情绪通过神经系统使心跳增快、血管收缩，导致一些重要器官供血不足，特别是大脑和心肌。所以，不要当情绪的俘虏，而要做情绪的主人；要去驾驭情绪，不要让情绪驾驭你。一般而言，孩子常出现以下几种情况：一是情绪不稳定，遇事急躁，不善于调节自己；二是自身价值得不到重视，被动接受管理，推一推，动一动，有时甚至推也不动；三是有抵触情绪，逆反心理严重，容易发脾气，常表现为心理不成熟，偏激心理严重；四是自律性不够，自主学习能力弱，不专心听课，责任心不强，不愿意承担班级工作，导致整个班级的管理受到制约；五是缺乏毅力，怕苦怕累；六是性格狭隘，同学间因小事闹矛盾，长时间难以自我解脱，不能正确看待自己和别人，只能看到自己的优点，看不到自己的缺点。最危险的情绪莫过于忽视自己的缺点和高估自己的能力。学生应学会观察和接受他人的情绪，做情绪的主人①。

要善于察言观色，及时捕捉和了解孩子的思想、情绪，以便适时进行教育和引导。要了解孩子的内心世界，他们的内心世界是丰富多彩的，好比一方沃土，不播撒种子、不植树种花，就会滋生杂草。中小学阶段是学生身体和智力发展的重要阶段，是充满生机、蓬勃向上的阶段，也是人生旅途中的"多事之秋"。要了解学生的喜怒哀乐并对情绪低落的学生及时做好引导，使其"转忧为喜"；要始终保持热情开朗、奋发向上的心理状态和精神面貌，从而培养孩子的积极心态；要舒缓学生心理压力，化解怨气、怨言，关怀学生，为学生排忧解难。

4. 使命担当、信仰、信念

有极少数学生的使命担当、信仰、信念不强，需要积累奋进力量，锻造出"自强不息、艰苦奋斗"之担当精神；需要激昂前进斗志，奋斗是青春最亮的底色，要肩负历史使命，坚定前进信心，坚定理想信仰。信仰是指对某种思想理论、科学真理的认同和尊崇；信念是对理想目标的执着追求；信心是对现实美好愿景的坚信。

老师要增强信仰，引导学生充分发挥自己的能力。当你遇到欣赏你的人，学会感激；遇到你欣赏的人，学会赞美；遇到嫉妒你的人，学会低调；遇到不懂你的人，学会理解。用你的外在让别人认得你，用你的内在让别人记得你。不要忽视自己的缺点、过高估计自己的能力；让梦想大于胆怯，行动强于语言。

---

① 刘海波：《做情绪的主人》，载《中小学优秀班会课案例选》，广东高等教育出版社2006年版，第209–214页。

二、班主任的责任担当

班主任要敢为人先、敢于担当,这里的担当是指为培养社会主义事业建设者和接班人积蓄力量、储备人才。

(一)当班主任光荣,责任重大

做班主任既光荣,也十分辛苦。责任是一种能力,又远胜于能力。责任是一种精神,更是一种品德、一种心态。班主任要尽到对自己、对社会、对学校、对家长和学生的教育责任,不断促进学生成长成才、全面发展,为梦想奋力前行,铭记责任担当。

班主任具有优先的"话语权",具有对学生的强势影响,具有其他科任教师不可比拟的优势。"话语权"可以引导学生形成正确的价值倾向。要建立"话语权",教师需要在教书育人的特定背景下,自主地对专业知识、实践活动、生活经验进行真实、具体的表述,理性或感性地反映出自己的教育理念、育人思想、人生态度以及价值倾向,以实现教育价值。"话语权"的强弱,直接取决于教师本人实力的大小。教师自身的综合实力越强,其话语的说服力、学生接受和认可的程度越大。教师建立了"话语权",将在学生中有较高的话语威严和地位,有利于开展教学和各类教育实践活动,取得的实效会更显著,更能被学生接受。所以,班主任要努力构建"话语权"和"实力"。

班主任比一般教师要付出更多精力、承担更多责任、承受更多压力。因而,有的教师不愿意做班主任。一个不协调的群体,会影响整体效益。班主任的优势错位会导致功能异化,因此班主任对群体协调性具有决定性影响。

班主任虽然辛苦,但当学生考上高一级的学校、取得优异成绩,或是应聘到新的工作岗位时,会由衷感到高兴;当学生成绩不佳、行为不良时,家长心里难过,班主任也会感到心酸,深感肩上的担子多么繁重,有时甚至束手无策。可以说当班主任有甜、有苦、有酸、有辣。班主任总是要尝遍甜酸苦辣,才能把学生教好、管好。如果没有把学生教好、管好,不是误人一时,而是误人一生。

(二)班主任要做到三力、五勤、五正[①]

三力:动力、能力、精力。

缺乏动力不想做,缺乏能力不会做,缺乏精力不能做。三者当中,首要的是动力问题。动力来自对社会主义教育无限热爱的事业心。理想信念是魂,道德情

---

① 邱云兰:《班级管理工作中的七步曲》,载《当代班级管理艺术论》,中国教育出版社2003年版,第55-59页。

操是根。要想做事、能做事、做成事，不断在实践中培养能力，积累经验，汲取成长"养分"。

五勤：口勤、脚勤、手勤、脑勤、眼勤。

"天道酬勤，力耕不欺。""勤奋"是成功的基本要求，"五勤"是班级管理工作取得成效的重要条件。成功是一个不断积累和吸收的过程，如果你是梧桐，凤凰才会来栖；如果你是大海，百川才来汇聚。要努力做最好的自己。心胸坦荡，身体力行，客观公正，实事求是。

五正：心正、身正、耳正、嘴正、脚正。

好教、乐教、乐管、诲人不倦，才能使学生好学、乐学、学而不厌。学生的成长需要正确的方向，需要合适的舞台，更需要明确的人生方向为其提供前进动力。为了提升班级管理能力，优化班级管理理念，注重管理与培养，班主任要做到管教与引导同步抓。这样，才能密切关注学生的思想动态，熟悉学生的特征和背景、学习和生活情况，才能不断改进和提高班级管理的工作艺术，才能做一个有"力量"的班主任。拥有榜样的力量、爱心的力量、监督的力量，才能让班级管理收到实效。班主任要用"五正"点燃学生心灵的火把，使其闪烁出耀眼的光芒。

（三）班主任的育人目标

育人目标是帮助学生追寻幸福。班级管理的根本目的是促进学生去思考人生、美化人生。做一个合格的班主任、建立一个良好的班集体，是每一位班主任的梦想和奋斗目标。例如，和学生谈心时，因势利导把工作、学习、生活融为一体，让学生产生幸福感，从而实现育人目标。

曾有一名落选的学生干部给老师发微信："以前我总认为你对我的印象不怎么样，见了你，我躲躲闪闪。你可知，那时我好自卑。现在我不那样想了。记得刚开学时，你问我不当班干部了，有什么想法？当你说起我中学时被取消班长职务的往事时，我流了泪。老师，你是多么了解我啊！老师，你可知道，你那几句话语给了我莫大的鼓舞，给我增添了无穷的力量。在我的记忆中，除了家长，从没有人这样亲切地鼓励我。从你的话中，我听到了希望，感受到了慰藉。"

老师的育人目标也许不同，然而，管理者的期望值的高低，会反映到班级管理的效果上。

（四）班主任的领导风范

作为班级管理的组织者、领导者、执行者和引导者，班主任要根据不同时间、不同阶段的任务、目标，有针对性地解决班级管理中出现的实际问题。幼儿阶段要培养幼儿兴趣，以《3—6岁儿童学习与发展指南》为引领；小学阶段是掌握基础知识、形成行为习惯的初期，主要是对学生进行日常学习生活相关的社

会公德教育和养成教育;中学阶段是一个人生理、心理成长的重要阶段,但快速成长会带来许多烦恼,繁重的学业会带来巨大的压力;在大学阶段可以适度进行理想教育、价值观教育。班主任要做好顶层设计,将班级管理的任务和区域分成若干节点,按照分区包干、各区协调的方式,把工作任务完成好;适时与学生谈心、交心,及时组织、引导、帮助学生解决在学习和生活中遇到的种种困难,把学生教好、管好,把班级工作做好。

1. **学科专家和人生导师**

学科是学校的立足之本,其竞争力和创新力依托优势和特色学科。班主任无论在学科知识技能上,还是在言行品质上,都要处处身体力行,以身作则;更重要的是,要具有扎实的专业素养。教育者应该对人类的教育有所贡献、有所作为。

2. **知心朋友和阳光使者**

教师要让学生明白什么是知心朋友,应该和什么样的人交朋友。俗话说:"近朱者赤,近墨者黑"。这话虽然有些许片面,但对一个辨别能力和自控能力比较弱、模仿性较强的孩子来说,还是一句有用的劝告。

当阳光使者即要建立"民主、平等、和谐"的新型的师生关系,以商量的语气,民主、平等的观念对待学生;放下"师道尊严"的架子,抛弃绝对权威的角色形象,以高尚的情操、平等的态度、友好的心态去对待学生,才能赢得学生的喜爱。

3. **班级文化的设计师**

班级文化是思想教育主渠道的补充和延伸。重大或重点的改革不是实施单项的革新措施,而是变革班级的文化结构。班主任除了要完成教育教学改革,还要有意识地设计、引导、组织、促进班级文化的形成。例如,教育学生养成勤俭节约的习惯,让学生知道勤劳与节俭是中华民族的传统美德。勤劳指的是人们对待劳动的心态和品质,要热爱劳动,用自己的双手创造和丰富自己的生活。节俭指人们对生活消费的态度,要求人们约束自己的消费行为,善用资源。不能因为肚子饱了、袋里钱多了就轻易丢掉勤俭节约的优良美德。应教导学生从节约一分钱、一张纸、一粒米、一度电、一滴水做起,养成勤俭节约的习惯。

4. **家校有效沟通**

学校、教师、家长要引导孩子正确看待自己,排除心理压力。有的孩子不愿意或不主动与老师和家长沟通,削弱了学校和家庭的教育力量;有的孩子,对他人缺乏关注。老师和家长要统一教育观念,开好家长会,彼此配合和支持,让孩子感悟亲情,让孩子学会理解、学会回报、学会关心、学会感恩、学会担当;开展亲子活动,促进家校和谐统一,老师与家长或学生沟通时一般不以压迫性、命令性的态度,可直接告诉家长和学生怎样做,保持眼神交流;不要让学生和家长难堪,不要把矛盾激化,老师和家长应该是孩子温暖的避风港。

5. 语言和姿态

语言是工具，也是文化。文化的认同离不开社会的推动，文化的传播离不开社会的参与。语言是民族的象征，是一种社会资源和经济资源，也是国家软实力的体现。首先是语言魅力。一句切合情境的表扬语句，会让学生欢欣鼓舞。同时，也要注重发挥非语言因素的作用。所谓非语言因素，是指教师通过姿态、面部表情等的变化传情达意。其次是仪表。教师仪表要端庄，穿着要得体，态度要彬彬有礼。班主任与学生，从相识到相知，从相知到理解，从理解到信任，是教师与学生之间语言情感交流不断提升的过程。教师要注重说话内容与时俱进，提高说话水平与掌握技巧。

6. 教育视角影响教育观

一位优秀教师，要有独特的教育视角和管理经验。教育视角影响教育观。例如，当教师讲话出现错误时，可以如实认错。教育视角与育人的统一，是学校教育教学的本质追求。教育视角与教育观都非常重要，应将其放在同等重要的位置上。教师，尤其是班主任，要成为有效育人的责任人，在班级管理工作中，育人要着眼于内容、途径和形式，教育学生要严慈相济，爱需要传递诚意，严需要给足面子，选择恰当的切入点，随机应变、知行合一地促进学生身心健康发展。

【案例1】

老师和学生的心声①

老师，您为什么总是喜欢学习成绩优秀的学生，和他们讲话的时候，总是带着笑容？老师说："成绩优秀的学生，大多数是纪律的榜样、学习的标兵、升学的主体。"学生说："有些学习优秀的同学，不愿意承担班级工作。"某学生接着说："我很想接近你，但一看到你的眼睛，我就害怕。我也希望你能够听听我的心声，我会努力学习的，请关心我们，我们需要师生的友谊、同学的友谊，而不希望彼此间的竞争。"

案例评析

老师可能关爱优秀生，但也要情系后进生。有的后进生学习落后是有原因的，甚至是暂时的。案例中的后进生，我想他通过努力，可能在不久的将来，学习成绩会赶上优秀生的。其实，后进生也有闪光点，优秀生也有不足。因此，对学习成绩优秀的学生也要及时指出不足，高标准、严要求。有的后进生自称"笨鸟"。我们更不能忽视"笨鸟"，要引导后进生发扬笨鸟先飞的精神：抢时间，先于他人；论勤奋，多于他人；比毅力，强于他人。"笨鸟"赶队的决心增强了，两极的差距就缩小了。

---

① 选自专家学者的案例。

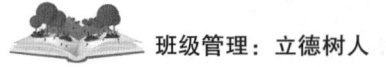

7. 依法治班有良策

法律与道德是有区别的。法律以权威性和强制性来规范人的行为，谁违反法律，就追究谁的法律责任，给予相应的法律制裁；而道德则以感召力和劝导力来规范人的行为，靠的是自觉，靠的是"良心"。守法，是一个人道德责任的底线，一个不守法的人，必定是一个不道德的人。守法是每一个公民必备的品质，依法治班是每一位班主任的责任。应将法律知识化为法律意识，培养学生的法治精神。法治教育的实效性和针对性要求学校、家庭、社会共同配合。班级不仅是学生学习的主阵地，也是法治教育的主阵地。

法律和道德都具有规范社会行为、调节社会关系、维护社会秩序的作用，法安天下，德润人心。法律有效实施有赖于道德支持，道德践行也离不开法律约束。法治和德治不可分离、不可偏废。有的学生法律意识不强，受到挫折或稍有不如意就赌气、离家出走，甚至自杀轻生，不适应集体的规范管理和社会的法律要求。他们的思想不成熟，处事能力差。对社会上一些落后的、消极的东西，他们不加选择地效仿，如崇尚拜金主义、享乐主义，沉迷游戏，模仿武打、警匪等影视作品中的打打闹闹、讲哥们义气、厌学、谈情说爱等。

班主任在班级管理中，不但要强化自身的法治意识，而且要带领学生开展班级法治教育活动，让班级学生在日常教育中受到潜移默化的熏陶，使学生形成强烈的法治意识，养成良好的遵纪守法的习惯。

为了确保班级制度的执行，应在引导学生遵守规章制度的基础上，让学生对班级已有的制度进行完善。应提高学生"法治"管理的水平，增强其遵守班级管理规范的意识。如果有"法"不依、违"法"不究、执"法"不严，那么"法治"也是空谈。

三、班主任的管理艺术

（一）决策艺术

决策是班主任领导艺术的重要组成部分。决策是否合理、及时、有效，不仅与全班学生的健康发展有关，而且关系到发展质量的高低。

1. 保持超常的态度

教育家是教育的成功者，其中一个重要原因就在于心态好。

【案例2】

选择恰当的切入口①

学生犯了错误，老师不但要让学生认错，更重要的是引导他们改错。有时老师说而学生不服，不是老师讲的道理不透彻，而是说的方法不妥、场所不妥，或没有说到点子上。面对不恰当的说教，学生会顶嘴、会找借口、听不进去，知错不改，这就失去了"说"的意义。因此，班主任必须选择恰当的切入口，并能应对学生的借口，使其认识改正错误的重要性。曾有一位学生说："老师，我们最敬佩的、最难忘的是你能找准学生的问题切入口教育学生。每当我们犯了错，你免不了找我们谈心。有时我们想编一些理由来回答你，谁知道原先想好的借口全派不上用场，我们心服口服，知错就改。"

案例评析

没有人的成长是一帆风顺的，每个人都在不断试错中获得正确的认知。在班级管理中，如果对说谎者宽容，就是对诚实者惩罚，所以要抓假惩假。学生遇到困难、受到挫折是成长的开始。教师要深入学生之中，了解学生的思想动态，选择行之有效的教育方法，使学生得到启发、受到教育。这说明班主任在做学生的思想教育工作时，不但说话方式要与时俱进，也不能忽视方法。

2．掌握适当的时机

有智慧的教师，能耐心地等待时机、主动地寻找时机、恰当地把握时机，引导学生勤奋读书，奋发向上。

3．保持果断的意志

意志是人为了达到一定的目的，自觉地组织行动并克服困难的心理过程。

【案例3】

月饼的故事②

中秋节，班主任带着自家的月饼到学生宿舍看望不回家过节的学生。正当大家都高兴地准备吃月饼时，突然一个学生大声喊道："大家别吃老师的月饼，老师是用月饼来堵我们的嘴，不让我们回家！"班主任听到后十分气愤，真想好好地批评他一顿，但班主任忍了下来，用目光扫视了学生一眼，然后慢慢地对同学讲起雷锋和月饼的故事，在宿舍开起了故事会，让每个学生都说说自己的体会和想法。最后这位学生也当场认识到了自己的错误，表示："班主任如此关心我们这些边远地区住校的学生，老师放弃和家人的团圆，带着自家的月饼来看望我

---

① 选自专家学者的案例。
② 选自专家学者的案例。

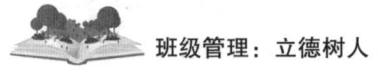

们，我们领下老师的心意！以后我们要努力学习。"

案例评析

教师选择强势或示弱的态度都不是好方法。班主任可通过人物讲故事，通过故事讲事迹，通过事迹讲精神，进而实现"铸魂育人"的教育目的。如果班主任不重视开导学生，不注重选择批评学生的方法，那恐怕就达不到关心学生的目的。班主任坚韧的品质、广阔的胸怀、超强的管理艺术是做好工作的前提。

该教师放弃和家人团圆，带月饼来看望学生，在和学生团圆的过程中，遭到了学生的质疑。老师能耐心地把问题处理好，不让学生难堪，使学生消除叛逆情绪，不但达到关心爱护学生的目的，而且提高了学生的认知。

（二）选人用人艺术

选人用人，不可不察。教师要善于选用一些学习成绩好、表现好、能力强、能吃苦耐劳的学生做班、团（少先队）干部。要警惕那种夸夸其谈、不干实事、爱做表面文章、弄虚作假、阳奉阴违的人。对于唯唯诺诺，缺乏应有的工作魄力和开拓精神的人，要少选、少用，或不选不用。

1. 要善选善用人之长，善任是知人的归宿

班主任发现，班里的文娱委员工作不积极，通过其他同学了解到，她对新班主任严肃的样子不适应，怀疑班主任不喜欢她。于是班主任和她谈心，说明原班主任是笑脸常开的，新班主任和原班主任虽然表情不一样，但内心世界是一样的，会一样关心同学。新班主任遇到这位学生时会主动打招呼，在课间辅导时有意在她身边停留，帮她排忧解难。果然，她很快恢复了愉悦的心情，工作也积极了起来。如果班主任当初不了解真相，不善用人之长，班级管理工作是难以取得实效的。

2. 避免以貌取人、以言取人

不少教师把班级工作做得有声有色，其秘诀之一就是善选善用人之长。那种能见人之短而不能见人之长者，只能是管理者队伍中的弱者，是做不成大事的。所以，要避免以貌取人、以言取人、以派取人，要取人之长，要任人唯贤，不要任人唯亲，要善用人之长。教师的一句话，可以是春风，也可以是利剑，足以拯救或毁灭一个孩子。因此教师应避免用言语伤害学生，要让学生知道人在群体中生活，重要的是人品、学识、智慧和特长。

3. 各安其位，各尽所能

当全班学生聚精会神听课时，课堂有时会出现一些特殊情况，从而导致课堂纪律不佳。这就需要教师急中生智，临场发挥，尽快控制局面。

【案例4】

家长突然走进课室

班会课上，一个学生家长突然走进课室，用家乡话和他的孩子交谈起来，当时那位学生羞得满脸通红，其他学生也议论纷纷，整个场面接近失控。老师只说了一句话："欢迎家长来参加我们班的班会课。""哗……"一阵热烈的掌声及时扭转了局面。又如，一只鸟儿突然飞进课室，大多数学生都不约而同地站起来抓鸟。此时，老师只说了一句："鸟儿不知道遵守纪律，可是，我们学生应该怎么办呢？"

案例评析

老师用一句话把无序的"看热闹"转化为有序的课堂状态，使学生各安其位，各尽所能，很快将学生的兴奋点和注意力转移到听课上来，保障了授课的顺利完成。老师的话不在多，关键要适用、有效，说到点子上。

（三）待人艺术

1. 无私待人，平等待人

待人要以德为先，以诚为本。班主任待人要处理好三个关系。一是上级、同级、下级的关系。对下级既要明确职责，敢于担当，积极合理地给予理解和支持，又不能摆错位置，不能脱离、压制学生。该断的不断，该说的不说，或者把自己的职位作为使唤学生的资本，什么事情都是自己说了算，让学生为自己服务，这都是不平等的待人。对同级同事或学生应一视同仁，虚心学人之长，热诚扶人之困，救人之危，不可只挑认为有用的人交往。二是对与自己态度不同的人，不排斥，相互理解。三是对表现不佳的人，要赏功罚过，扬长避短，弘扬正气，鞭挞邪气。总之，班主任要主持正义，对"软"的不欺，对"硬"的不怕，诚实守信，无私待人，平等待人。

【案例5】

留守儿童[①]

随着社会经济快速发展，民工像潮水般涌向城市，农村只剩下老与少。家长为了生活，为了孩子，背井离乡，只能把孩子留给爷爷奶奶或亲戚管教。张某就是如此，由于父母忙于做生意，无暇与孩子沟通，他从小就由爷爷奶奶隔代管教。由于教育方法不当，孩子从小养成了自高自大、目中无人的性格，虽有一点小聪明，在班级中有一定号召力，但经常出一些坏点子，自己在幕后操作，而且

---

① 选自马河小学刘占美老师的案例。

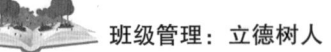

与社会上一些不良青年接触。班主任找他谈心时，他从不说真话。经过学校领导和家长的密切配合，他逐渐认识到自己的错误，积极接受学校领导、老师、家长的教育。其实他希望得到别人的尊重和喜爱。后来，他当上了班干部，并且关心集体、关心同学、平等待人、尊敬师长，学习成绩也有较大提高，并考上了理想的学校。

案例评析

孩子在成长过程中发生的一些事情、出现的一些问题，都是其在特定年龄下的表现，只是表现的强弱程度不同。上述案例中孩子的行为正是过于以自我为中心的体现。教育者应该从容自若地处理问题，对孩子抱以宽容、微笑。如果把问题看得过于严重，反而会在孩子心里留下烙印，影响孩子的身心健康发展。有的时候，"不教"正是为了更好地"教"，这是教育的艺术，更是教育者的智慧。

2. 诚恳待人，宽容待人

做人做事要诚实守信。事实告诉我们，"巧伪不如拙诚""以诚感人，人亦诚而应"。经营的奥秘是什么？以诚待人。尊重人，不伤害人的自尊心，不自视高明；待人要诚实，办实事，开诚布公，表里如一。宽容是一种智慧、一种美德、一种修养，也是一种教育方式。教师要用宽容之心对待同事、学生和家长，把这种美德潜移默化地播撒进学生的心田。但诚恳和宽容也是有底线的，并不是没有界限的，因为诚恳、宽容绝不是妥协、姑息、放纵，而是在严格要求的前提下，对犯错误的学生表示理解、尊重，给予他们充分反思的时间和改过自新的机会。

（四）时间管理艺术

1. 增强工作的计划性

要增强工作的计划性，班主任要从学生的学习和生活入手，让学生做学习、生活和时间的主人；珍惜时间和学习机会，增强学习和工作的计划性。

2. 摸清学生时间利用的特点

班主任要为学生的学习、生活创造条件，合理安排学生的学习时间，精心组织教学，有针对性地指出玩手机、上网对学习的影响，要制定有效的学习、生活计划。

3. 找出浪费时间的原因

少部分学生干部没有处理好工作、学习和生活之间的关系，认为当班干部浪费时间、影响学习。其原因：一是有的老师时间管理能力不强，有些会议计划性不够，本来可以长话短说、可开可不开的会议，却变成说长话、开长会；二是有的学生干部将太多时间和精力放在班级管理工作上；三是没有找出真正浪费时间的地方；四是没有有效利用好时间。

4．学会"见缝插针"，应设法集零为整

若在班级管理工作中遇到时间方面的问题，班主任可以利用课间休息的时间发微信、召开临时的简短的会议，把任务落实到人。做好考评，确保不影响班级学生的正常学习和生活时间。

魏书生说："学生相互关系的管理如果合理，相互之间的关系则是相互促进的关系。现在相互促进的关系不少。学生一天投入学习的时间有多少？效率比较高的有多少？这个数字对中差生来说少得可怜。中差生表面上每天也有六七个小时用来学习，但按实际效率来计算，做了多少题、背了多少单词和课文，其实一半的时间就够了。其余那些时间去哪里了？是消耗了，玩手机、玩游戏、做与学习无关的事。这是管理不当，管理不科学。定额学习与人的心理也是很相称的。"如果见缝插针，零时整用，合理利用时间，学习、工作起来就会很愉快，并能取得进步。

5．可开可不开的会，可以不召开，抓关键，开短会，说短话

在班级管理工作中，与某些学生无关的会议，他们可以不参加。有些不重要、不急的事可以不讲或少讲，讲关键，开短会，求实效。学生不仅不会感到枯燥，反而会聚精会神，仔细聆听老师的想法。

要注重制定班规条约，条约分为三部分。前面两部分是班干部和宿舍长轮流值周的有关职责及学校纪律、学习、卫生的评分评比细则；后面则是极富有人情味的"其他"部分。"其他"部分的内容如下。

（1）班里每一位同学都要有集体荣誉感，争取多做好事，为班级增光添彩。对学生取得的成绩，老师会看在眼里、记在心里，同学和老师也会对做好事的同学给予赞赏。

（2）班主任不是十全十美的人，班规既约束学生，也约束班主任。如果在教育教学中老师出现疏漏或错误，请同学们及时指出，该在班上道歉的，老师一定做到；如果有时太生气，误罚了学生，也请指出，老师会改正的。

（3）老师理解同学们这个年龄段的一些想法，老师会力所能及地帮助学生。需要帮学生保密的东西，老师也一定会保密好。

（4）真诚地希望班主任能和同学们相互理解、相互关心、一起成长、共同进步。相信在大家愉快的合作下，班级定会更上一层楼！

（5）以上条约如需补充或修改，请同学们通过班委会，根据实际情况在集体讨论后进行必要的补充和完善。

如果校规、级规、班规是船，那么"其他"部分就是推动这只船安全、正确、快速行驶的帆。这五条"其他"内容充分体现了班规的民主性、公开性、公平性。在实践中，我感觉极富人情味的班主任承诺，拉近了班主任与学生之间的距离，使班级工作得以顺利开展。

老师应多关心和爱护学生，用心让希望的花朵绽放，以真心、爱心、诚心对

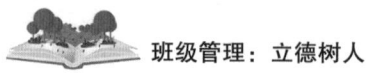

待学生。

（五）网络管理艺术

在信息化社会中，大数据、云计算、人工智能、互联网等媒介已深入学习、工作、生活的每一个角落。上网不仅是一种娱乐，更是工作、学习、生活的需要。互联网的普及，使青少年儿童成为"网上的一代"。网络为他们提供了丰富的资源，同时为他们创造了精彩的娱乐时空。但网络媒介是把双刃剑，不仅能造福于年轻一代，也可能危害他们的心理健康。

1. 要把控好玩网络游戏的时间，不要影响学习

要预防不健康信息甚至是虚假信息的出现，老师和学生干部要严格把关，特别是不能在网络上发表错误言论或不雅的图片。对信息做到"去粗取精，去伪存真"。要预防网络诈骗和"网瘾"，适当地选择网络内容和控制好上网的时间。网络游戏虽然可以带给我们欢乐，但也会带给我们烦恼、困扰，影响我们的学习和健康成长，因此要防止沉迷手机、游戏，影响自己的前程。

2. 保持亲和力，传递正能量

老师传达给学生的信息，主要是通过语言或网络信息来实现的。在语言交流中发送信息，不但要准确清楚，而且要拥有较高的驾驭语言的能力和技巧，传递正能量、保持亲和力。

（六）激励艺术

抑扬结合，整体推进。一棵小树，要成为栋梁，需要雨露的滋润，也需要暴雨的洗礼；老师要养成科学表扬和激励学生的习惯。多用大拇指，少用食指，不用小指。

1. 精神激励和物质激励的同步性

以精神激励为主、物质激励为辅，要选准激励的对象，要找准激励的内容，选择恰当的激励方法。

2. 激励过程的公平性

在激励过程中要注重公正、公平、公开、平等。平等是社会主义核心价值观的重要内容。要选取恰当的激励场合，对激励要进行跟踪反馈。

3. 激励过程的目标性

立鸿鹄志，才能明确奔跑的目标，激发奋进的潜能。在激励过程中，要围绕目标，明确方向；要有科学的头脑、艺术的趣味、善辩的口才、健康的身心、和谐的沟通、有效的做法和负责的精神。

【案例6】

重谋划　求发展[①]

重养成教育，忌急功近利；
重环节落实，忌务虚踩空；
重科学引导，忌越俎代庖；
重班风营造，忌孤军奋战；
重班情研究，忌无的放矢；
重学科意识，忌单科为战。

案例评析

管理要讲究策略，育人要讲究方法、讲究艺术，谋发展，营氛围，抓养成，抓协调，抓落实，重激励，重发展，这样班级管理工作才能取得成效。

（七）批评艺术

批评，是纠正学生错误的一种话语表达手段。没有批评的教育是不完整的教育，但要把握批评的基本原则。批评学生不是为了出气、处罚或发泄，而是为了解决问题。批评是否得当，是影响教师教育成功的重要因素。能够提出有教育魅力的批评，才是教师高超教育艺术的展现。学生最怕的不是批评，而是不公正的批评。教育的目的不是把学生制服，而是让学生幸福成长。

1. 没有批评的教育不是完整的教育

批评或惩罚教育可以体现老师对学生的爱护和关心，但老师绝对不能够把体罚当做对学生的严格要求。有的教师不当地使用批评和惩罚，致使学生身心受到伤害，从而使人们对惩罚在教育中的积极作用产生怀疑，甚至否定惩罚在教育中的作用，认为惩罚是不科学、不文明、不人道的教育手段。否定惩罚教育，会让学生失去纠正错误的机会，对学生的品德发展带来不利的影响。因而，体现尊重、公平、理解、爱护和关心的惩罚教育才是道德的。

2. 批评的方法

批评学生的语言要入情入理，以理服人，以情动人。切不可有高人一等之念，以盛气凌人的口气加以训斥，更不可伴有"拍打板凳"的动作。也不能轻描淡写，过分温柔。批评学生不仅是要让学生认错，更重要的是让学生改正。批评的目的要真正体现育人本质。

在批评或惩罚教育的过程中，要强化师德监督，防止师德失范，追求师德

[①] 选自专家学者的案例。

"高线"、严守职业"底线"。做一个高尚、脱离低级趣味的人，应该是每一位教师的不懈追求和日常准则。

有的老师不敢管教，怕被扣上"失德"的帽子。对偷拿别人东西的学生，不但不批评，而且说成手脚灵活！对回答错误的学生，称"很好"！而有的老师为拿别人书的学生买书，用宽容和智慧去化解问题，促进孩子内心积极情意的培养。在学生失意、失败、失望的时候，老师一双温暖的手、一句激励的话语、一个宽广的胸怀可能使一个生命改过自新和重拾希望。

3. 批评时机和场合

要想取得好的批评效果，就要注重批评的时机和场合。学生不同，批评的时机和场合不同；老师不同，批评的时机和方法不同；问题不同，批评的手段和取得的效果不同；学生只有在时机、场合适当时，在遇到知心、知己、知音时，才能毫无保留地倾诉真心、真情，并乐意接受批评教育。

【案例7】

上课打哈欠①

学生上课打哈欠，老师把他留下来批评："你是学习委员，要严格要求自己，不能因为看电视、玩游戏而耽误学习，大家看着你呢。"几天下来，他仍然无精打采，作业做得很糟糕，有时还不交作业。这是什么原因？老师批评错了吗？请谈谈你的见解。

案例评析

通过课后询问得知，原来是该学生的爸妈吵架，妈妈一个星期没有回家，孩子感到十分伤心。班主任由于主观臆测，委屈了学生。班主任一边帮学生擦眼泪，一边安慰道："放心吧。我想办法让妈妈回来，好吗？"班主任打电话给学生爸妈，相互沟通后，爸爸把妈妈接回了家。于是学生恢复了天真活泼，从此专心学习，也真正感受到了老师对他的关心。由此可见，老师不能仅凭主观臆测批评学生。

4. 对批评进行反思

批评不是目的，而是一种教育手段，是为了让学生认识错误、改正错误，形成健康的人格；而且学生对于老师的批评也需要理解、消化和吸收。行动可以令行禁止，思想上的改变却不可能立竿见影，所以老师需要对教育手段进行反思。学生最怕的不是批评，而是不正确的批评。

曾有一个学生到校长室告状，说某老师偏心，没有平等地对待学生。原因是老师在课堂上大声喊："大家看，他多懒，一拿起书本就睡觉。"紧接着对一名

---

① 选自专家学者的案例。

学习成绩好的学生说："你们看，她多么用功啊，睡着了手中还拿着书！"当场引起全班同学哄堂大笑。在学生眼里，老师的一言一行都给学生带来极大的影响。每一个教育工作者都不能歧视后进生，应一视同仁，不偏不倚，给予每一位学生同等的信心。教育好每一个学生是广大教育工作者义不容辞的责任，批评学生要公平、公正。要给学生营造平等的学习环境和学习氛围。

有的学校推行"礼貌教育"，号召大家"打招呼"。遇见老师却不打招呼的学生就会受到批评："怎么不打招呼！"尽管如此，有的学生仍难以养成礼貌的习惯，碰到老师还是不打招呼。有的老师于是选择"以身作则"，见到学生就主动说"你好！""你们好！""再见！"。数周后，同学们见到这位老师便会主动打招呼了。有的学生认为是否打招呼取决于老师对他们的态度："不少老师非常尊重我们，我们就打招呼；有的老师对我们有轻蔑之意，我们打了招呼，也不理我们，所以我们就不打招呼了。"当然也确实存在个别老师不打招呼的现象。由此看来，礼貌问题并不只是习惯形成问题，也是内心情感的表露。

【案例8】
向孩子真诚道歉①

"老师，为什么要我承认我在课室吃了零食？我苦苦解释你不信。为什么？老师，你严重地伤害了我的自尊心，我会恨你一辈子！"

这是学生给老师的"抗议书"里的几句话。

前段时间，在课室吃零食的学生较多，老师说过几次，见效不大。老师笑着和同学们说，谁吃了零食就在讲台的这张纸上写上自己的名字，但只有一名学生写了名字。老师的脸色一下便阴沉下来，说明在课室吃零食的严重性，并表示要严肃处理违纪者。

老师刚走出教室，写名字的学生就跟了出来，说自己当时没有听清楚就写了名字，只有一次没有吃早餐，在课间操的时间吃了方便面，要求去掉自己的名字。老师说："我不听你编的'谎言'，我不会轻易放过这件事。"学生大哭不止，教学处主任出来提醒老师，老师才做妥协。

读完这封信，班主任久久不能平静。让人恨一辈子？说实话，自己确实严厉过头了，学生三番五次表示自己是冤枉的，自己何必要"将错误进行到底"呢？

当天，老师在手机上发了一条信息，向学生道歉，请他原谅自己的鲁莽。几周后，学生仍不能原谅老师。老师安排给他的任务，他不闻不问，上课注意力不集中。老师只好"将功补过"，多次向他道歉，常常温柔地望着他，在课堂提问时多给他机会。学生逐渐不回避老师的眼睛，他的眼里也没有敌意了。

过了一段时间，学生因为父母工作调动需要转学。学生在告别之前，发信息

---

① 马新国：《中小学班主任工作案例评析》，中央民族大学出版社2007年版，第163—164页。

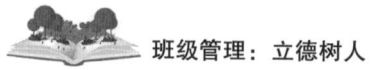

给老师，并请求老师原谅他的一些幼稚的做法，说再也不恨老师了。

案例评析

如果老师当时不向学生道歉，没有诚心、耐心，那孩子会怎样看待老师？可见，老师受尊重的前提是真诚。你的真诚会赢得学生的真诚，你的勇气会换取学生的勇气。你把心灵献给孩子，孩子们向你呈现的也必定是一颗滚烫真诚的心。老师也是人，不可能不犯错误，但老师要做到有错就纠，勇于纠错、认错、改错。

（八）惩罚艺术

如果说谎和欺骗成为一件轻而易举的事，而且得不到相应的惩罚，在诚实的人看来这便是不公平，会使他们的道德观念发生动摇，甚至瓦解。对说谎者的宽容，就是对诚实者的惩罚。因此，在班级管理中要有奖惩机制。以奖励树立正气者，惩罚撒谎者、违纪者，打击歪风邪气，杜绝不良行为。

【案例9】

800米跑①

某班主任经常鼓励班里的一名后进生。在一些同学眼里，班主任是在偏爱他，和他说悄悄话，在课堂上多次表扬他，对于他出现的错误，班主任也用一种包容的态度对待他。因此，该生产生了一种自以为是的感觉，动不动就以班主任的名义威胁同学。正当班主任思考如何处理此事时，一名女生哭着到办公室找班主任："老师，他在跑道上阻碍我跑步，我劝他，他出口伤人，还说让我尽管来告诉你，你是不会批评他的。"陪她来的一名班干部说："老师，他只听你的话，其他人说他不听，有人说要告他，他就威胁别人，还说反正您喜欢他。老师，你和他是否有亲戚关系？"不少同学对此事议论纷纷，班主任怎样处理此事将直接影响班级管理，影响学生的发展。

同学们都回到教室休息，只有他不知跑到哪躲起来了。不久，他回到了课室，班主任决定就此事给同学们一个说法。班主任说："同学们，我首先和你们声明，我和他非亲非故，他和你们一样，都是我的学生。其实我对学生是一视同仁的。至于有些同学说我对他特别好，那么，我向你们提一个问题，他现在比上学期是否有进步？请你们实事求是地说。"同学们异口同声地说："好多了。""我也觉得该生表现好多了，那么，今天他不听劝告，你们觉得怎么办？"同学们说："罚他跑800米。"班主任说："我同意大家的意见。"当他跑得满头大汗，衣服湿透时，班主任递给他一条毛巾，问："感觉怎样，是否觉得很伤心？"他

---

① 选自专家学者的案例。

似懂非懂地看着班主任，点点头。班主任继续说道："这就是我现在的心情。"他擦干汗又看着班主任，班主任说："一个人伤心莫过于失望，我想，你现在应该明白班主任的心情。一个人想得到别人的尊重和喜欢，首先要学会尊重别人，不能一味地要求别人付出而自己吝啬给予。"

案例评析

班主任采用的一系列教育学生的方法取得实效。这足以说明班主任对学生的爱是建立在严格要求的基础上的。苏霍姆林斯基说："学生是人而不是学习机器，既然是人，他就有自己的情感、自尊。"班主任只有了解孩子、爱孩子，才会时刻关注孩子的喜怒哀乐，站在孩子的角度想问题，不把自己的爱看作居高临下的恩赐！

（九）协调艺术

最好的管理，是合作①。最佳的合作，要通过协调实现。协调艺术体现在努力寻求人与人之间关系的和谐，人与事之间的协调，达到人适其事，事得其人，人尽其才，才尽其用的目的，从而调动人的积极性，形成和谐气氛，有效发挥整体组织系统的协调功能。

1. 生生之间的协调

班干部分工不分家，做到责任上分，思想上合；工作上分，目标上合；制度上分，关系上合。班干部在高负荷的工作状态下，遇到突发事件，情绪反应可能会比较强烈，要引导学生积极配合和相互协调。

2. 师生之间的协调

师生间并非上下级角色。老师要与学生平等、诚恳交流，不居高临下，不挖苦学生，不伤害学生，和学生交朋友。学生对老师的看法和态度，影响着师生间的协调。

3. 老师之间的协调

班主任和科任教师之间的协调。一是要加强教学信息交流，适当组织科任教师谋划教育教学问题；二是邀请科任教师谋划"主题班会""课外活动"等内容；三是协调配合学校完成教育教学任务。

4. 教师与家长的协调

班主任是学校与家长沟通的桥梁，应深入了解学生在家的表现，诚恳听取家长的意见建议，介绍学生在校的表现和存在的不足之处，提出建议：培养学生良好的学习习惯，特别要注重他们适应、竞争、应变、交往能力的培养，同时要求家长协调配合。班主任和家长要以高尚的品德、深厚的家国情怀、深刻的精神感

---

① 李学农：《班级管理》，高等教育出版社2006年版，第240页。

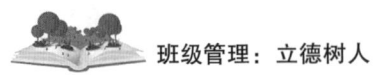

悟在言行举止中对孩子传播正能量，创造和谐友好的氛围，滋养学生健康成长。

5. 班主任的领导角色

班主任是学校最基层的领导，起承上启下的作用，对学校领导、学生及家长负责，科学指导学生，协调各学科关系，全面掌握学情，要有善心、善言、善行，多与领导、老师、学生和家长沟通。

【案例10】

重学科协调，忌单科为战①

有一天晚自习，数学老师走到班主任语文老师面前说："你把本周的两节自习课用来上语文课了？这课总不能全部给您上吧！我们商量一下，分一节课给我吧。"语文老师神情尴尬地说："主要是这届学生语文基础差，上课的进度慢，作业做得一塌糊涂，我实在没有办法。既然你认为这样分比较合理。那么就这样定吧。"

晚自习，语文老师拿着作业本走进教室，学生正在埋头看书，做作业，研究、讨论学习中的有关问题。看到语文老师来了，有的同学顿时叫道："哗，又上课了！"语文老师很无奈地掂着手中的作业本："这次的作业做错的人多，如果不讲评，有些题很难完成。"于是，大家安静了下来，语文老师也开始讲评作业。语文老师刚从课室回到办公室，又遇到了数学老师，数学老师涨红着脸说："晚自习时间不是不给讲课吗？何况明天第一节是数学课，学生给你弄得这么疲劳，明天怎么上课呢？"语文老师睁大眼睛说："我实在找不到另外的时间。"数学老师继续大声说："难道他们只考语文不考数学吗？"这时旁边的英语老师开口了："是啊，你们年轻力壮，能加班加点，我们是即将退休的人了，晚上上课我是受不了的。你这样抢时间上语文课，同学们哪还有时间学习英语？英语怎么考？"政治老师说："你们'第一世界'，那么我们这些学科'第二世界'怎样考呢？"

案例评析

老师们都叫苦连天、唉声叹气。数学老师气呼呼地离开办公室，语文老师含着泪，低着头："我这是为什么呢？干得头发都白了，还是不讨好！"

这是为什么呢？大家勤勤恳恳地工作，都是为了学生能考上理想的学校，怎么变得相互埋怨、矛盾重重，甚至气呼呼、泪汪汪！造成这种局面的原因是多方面的，其中包括老师群体的协调问题。这可以给我们提供启示：重学科协调，忌单科为战。

---

① 麦志强、潘海燕：《新课程背景下的班主任工作创新》，中国传媒大学出版社2006年版，第166 - 168页。

（1）一个不协调的群体，会影响班级整体效益。语文与数学老师发生冲突，英语与政治老师叫苦不迭，老师们都倍感委屈，这是为什么？不为别的，都是为了学生考高分！大家目标一致，但却彼此埋怨，甚至发生矛盾和冲突，是什么原因？就是"协调"惹的祸！不协调的教师群体，不仅无益于老师的整体工作效益，甚至会伤害大家的工作积极性，影响教师的团结。

（2）班主任的优势错位导致功能异化。班主任是一个班级的组织者、管理者、协调者。这种角色使班主任在使用时间资源、统筹安排班集体事务方面，具有优先的"话语权"，对学生具有强势影响，相比其他科任教师具有不可比拟的优势。这种优势决定着班主任在一个教学班中的核心成员地位；决定班主任可以发挥作为核心成员的协调作用，创造"$1+1>2$"的整体效益。部分老师占用自修课，这是一种不公平因素，导致教师群体不满。这是班主任优势错位，导致功能异化。班主任本来应该利用优势发挥很好的协调功能，却成为制造不协调的"导火线"。

（十）情感管理艺术

情感交流是"争夺人心"的中心环节。改进和提高班级管理工作艺术，必须建立在对学生付出深厚感情的基础上，情感是开启学生心扉的金钥匙。做事应以诚为要，以情感人，以能服人。

【案例11】

"牛气"冲天

老师说了这样一段开场白："我是新的班主任贾老师，不知同学们是否喜欢？愿我们能从相识到相知，从相知到理解，从理解到信任到真心，让我们成为无话不说的好朋友。我看了同学们的学籍册，发现我们班有不少同学是属'牛'的。告诉大家一个'秘密'，我也是属'牛'的，让我们班'牛'气冲天。"

从同学们的掌声可以发现，这一席话拉近了老师和同学们的距离。第二天，虽然未和老师商量，班里的同学出了一期黑板报，主题是"牛气冲天"。老师的眼睛湿润了。一学年下来，这个"普通班"变得不普通，成绩跃进到了年级前列，荣获"文明班""优秀班"等称号。

案例评析

话不在多而在于精辟、中肯、有效，使学生能喜欢听并乐于接受。班主任首先要与学生建立感情，通过情感教育启发学生、关心学生，引导学生积极发挥学生干部的作用，实现以情动人，以境感人，以理服人，以活动育人、网络育人。班主任在"知、情"上下功夫，使该班各方面工作都取得了不少荣誉。

（十一）语言艺术

一个人如果喋喋不休地老是说那几句重复话，哪怕是"金玉良言"，也会使听者不胜其烦。调查发现，学生认为最难以容忍老师的地方有二：一是待人不公正，二是讲大话、讲套话、讲陈话。所以教师把话讲好是班级管理成功的基础。一句恰到好处的话，可以成就一个人的事业和人生，一句不适宜的话也可以毁掉一个人的一生和前程。老师要不断提升自己的语言艺术、政治素养和业务能力，不断汲取新知识、新理念，掌握现代教育的新方法、新手段，用生动、准确、幽默、富有启迪的话语拨动学生的心弦。

说话内容要与时俱进，说话技巧、管理方法要不断出新，这是每一位老师提高语言和管理艺术的发展方向。

【案例12】

口才①

以下是一位学生向老师的"坦白"：老师，我们最害怕、最难忘，也最敬佩的就是你那张嘴"。当我们犯了错误，我们总会预先想好应付你的话，但你的预测精准，常常用三言两语就把我们问住了。你讲的内容与时俱进，说话技巧不断出新，总是把话说到"点"上、说到"心"上、说到"理"上，重视说话艺术。

案例评析

把话说好，把学生教好、管好是老师努力实现的目标。有的老师说话、办事不周，导致学生对老师有看法，产生怀疑，甚至难以相信老师能管好、教好学生。老师的话语在学生中的延伸作用也不可小觑。学生有时对老师说的话，可能听不进去，甚至产生抵触的情绪；但对班干部、科代表的话，却比较容易接受。所以，有时班主任想说的话可以通过班干部来说，既体现了对班干部的充分信任，又能收到更好的效果。少说话有时也是为了维护班主任的"话语权"。关于处分学生问题，在没有考虑细致之前，宁可慢半拍也不可轻易下结论。有些话，班主任可以不说，而是让学生自己思考、自己体会、自己先说，给予信任。班主任要理性对待每一个学生，关心学生的每一天，关爱学生的每一步，多鼓励，多引导，建立良好的师生关系，这样学生才能听得进去班主任的话。

学生不出任何错误是不可能的，而合理、有效地纠错和改正，是减少错误的数量和负面影响的主要办法。教育的方式方法只要得当，学生是能够理解和接受的。批评不仅是老师教书育人的一种手段，更是一门展现老师话语水平的独特艺术。例如，学生调位置，任课老师用语不当，与学生发生冲突，导致双方受到伤

---

① 选自专家学者的案例。

害。班主任是给学生讲道理还是命令学生写检查，还是通过讲道理，委婉化解学生与任课老师之间的矛盾？富有教育魅力的批评，才是老师的"话语权"的一种合理展现，其目的不是使被批评者无地自容，而是培养学生自尊自爱，激发学生的上进心，促使学生自勉、自励、自强。

四、实践与探索：严格管理与提高素质[①]

（一）严格管理不能时松时紧，要做到严之有"终"

违纪较多的学生通常是刚入学的新生和快离校的毕业生，因此学校往往特别注重抓入学教育和毕业教育。但我认为要注重经常性的严格教育、严格管理，这是入学教育和毕业教育无法代替的。因为思想品德教育是长期的、复杂的、曲折的，形成良好的思想品德的几个要素的发展之间经常出现不平衡的现象。学校、社会、家庭对学生的影响有时不一致，社会上的有些不良现象可能对学生思想产生消极影响，导致学生道德品质形成过程出现反复和曲折。

（二）严格管理不能光靠制度，还要有严密的配套措施，做到严之有"理"

市场经济需要法制，社会管理需要法治。同理，班级管理也需要依靠制度和法治。严格的管理制度是对事不对人的，当然，不能每出现一点小事就制定一个制度，而应该提前把各种情况考虑周密一些，尽可能把制度定得严密一些。不严密的制度往往有漏洞，如果处理不当，就会落人以把柄。比如，当我发现男女生交往频繁、密切时，我学习了有关报纸、杂志文章。我根据《明确界限，友好相处》一文，召开了主题班会，帮助学生正确把握交往关系，做到亲疏有度，大方理智，注重言行，尽量不单独与异性相处。严格执行禁止学生进入异性宿舍、不进营业性舞厅跳舞、师生不准谈恋爱的规定。对于典型性、倾向性问题，组织学生讨论，加强正确认识，做到寓情于理，晓之以理。

（三）严格管理不能光靠学校和社会的教育，还要结合严格的家教，做到严之有"实"

向外拓宽渠道，沟通学生、家长和社会，形成全方位教育网络，不仅可以使学生抵制和排除各种不良因素干扰，而且可以产生积极的号召力和推动力，这样形成的思想品德才能有牢固和坚实的基础。例如，我班曾有一名女生，由于受家

[①] 邱云兰：《严格管理与提高素质》，载《中国教育改革与发展论文选》第4卷，光明日报出版社1998年版，第102页。该文在1998年第二届全国校园文化建设论文评比活动中荣获二等奖。

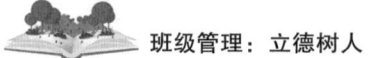

庭和社会的不良影响，进校不久就出现偷窃行为，但每次都没有被当场抓获。班主任加大重视力度，尽力引导，通过讲道理、照镜子、查根源、论危害等措施，最终使她向班主任和全班同学承认了错误，并把偷的钱物全部归还原主。后来她变得拾金不昧，认真学习，当上了班干部，并被评为三好学生和优秀班干部。

（四）严格管理不能光靠规范行为，还要开展文体社会实践活动，做到严之有"乐"

严格管理学生固然重要，但光靠严格纪律是不够的，还要考虑学生的年龄特点，开展文体社会实践活动，做到严之有"乐"。

"乐"不是放弃对学生的严格管理和严格要求，而是要创造一种快乐愉悦的育人环境。首先，班主任除了配合学校开展丰富多彩、有益于身心健康的课余活动如文娱活动、歌咏比赛、书法比赛，还可以开展生活小品表演，器乐表演，讲、写、画、做、操、弹、舞、唱等基本功表演活动。其次，启发学生从奶奶的菜篮里、从家庭的饭桌上、从自家的居室里、从代步的工具中、从父母的笑脸上看到改革开放带来的巨大变化，让学生在欢笑中得到启迪。最后，学生的品行习惯和心理素养是在实践活动中不断发展起来的。为了学生的健康成长，班主任可以带领学生参加校内外的社会公益活动。如在校内植树、种花，平整校园，担砖，施肥，修理床、桌、椅、壁柜、门窗，修理日光灯、水龙头，冲洗楼梯等；在校外可以到电影院、车站、幼儿园、街道开展学雷锋活动，打扫卫生，清理污渍和到小学助教等。学生在劳动中磨破了手，晒黑了脸，弄脏、弄破了衣服和鞋子，个个感受到腰酸腿痛，但他们不叫一声苦，不叫一句累，这些实践活动培养了学生克服困难的意志和毅力。

思考题：

（1）对惹是生非的学生，应该采取什么教育方法？
（2）怎样才能走进学生的心田，感受他们的变化，成为他们的朋友？

第四章 典型案例及其评析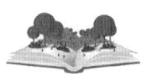

关键词：典型案例；家校联动；尊重宽容；人格魅力；惩罚教育；智慧教育；和谐心态；健康心理；案例评析；男女交往；情窦初开；偶发事件；实践探索；民办学校；情感教育

案例是提高公共管理专业人才治理能力的重要手段。周学荣认为，案例有利于培养学者理论联系实际的能力，激发学者求知欲，培养探索精神、创新能力等。班主任是案例实施的设计者、组织者、引导者、节奏的把握者，学生是案例的思考者、探索者和解决者。

一、案例的意义

案例也称课例或例子。案例以构建主义为理论基础，以特定的真实情境为背景，目的是培养学生独立分析问题和解决问题的能力，对学生进行思想政治、人生观、价值观的教育，从而提高学生的上进心和探索精神。案例是面向公众开展有针对性的教育的重要载体。波利亚说："一个恰当的例子胜过一打理论。"案例具有其他教育方法不可替代的优势。

案例具有具体的、细腻的、真诚的、持续的教育意义。班主任要充分挖掘案例的教育功能。一个鼓励的案例，一个赞美的案例，一个会心的案例，都会让学生倍感欣慰、备受鼓舞、倍增勇气。一名合格的班主任，要积累典型的、生动的、接地气的案例，达到"育人铸魂"的教育目的。

二、尊重、关爱、宽容

尊重是一种胸怀、一种观念，关爱是一种激励、一种艺术，宽容是一种谅解、一种期待。一个缺乏爱的老师，培养出来的学生，是不懂得爱、不会爱、不理解爱的。尊重，不只是受别人尊重，也包含自我尊重。真正有自尊的人，自然会得到对方的尊重。如果自己都不尊重自己、不爱自己，别人怎会尊重你、爱你？对班主任而言，尊重、关爱、宽容是一种教育、一种境界、一种智慧、一种美德、一种修养。用恰当的案例引导学生，能够让老师的教育思想更加深刻，也更加具有启发性和艺术性。苏霍姆林斯基说："有时宽容引起的道德震撼比惩罚更强烈。"

有的学生有时会出现忧心忡忡、不知所措、神经紧张的情绪，也会用冲动易怒、漠不关心、满不在乎等情绪来掩饰自己内心的苦恼和失落。对于这样的学生，教师要给予更多的关心和帮助，更加细心观察。特别是对启智学校的学生，老师更要富有人文关怀，注重对学生的理解和尊重。为了让学生学会尊重、关爱、宽容，老师要做到以积极向上的心态引领学生面对未来。

【案例1】

以博大的爱心唤起人格的尊严

高中二年级6班学生吴林，发现自己书包里的200元被同学拿了。班主任在班里进行了思想工作，但仍然没有人把钱还给吴林同学。这时，班主任从自己的工资里拿出200元，在班里说："那200元钱有人上交给我了，我把这200元钱给回吴林。让我们以热烈的掌声对拿钱的这位同学的这种反思精神和行动表示肯定，希望他能在以后的人生路上，走好每一步。"十年以后，那一位拿同学钱的学生来信说："老师，其实，当时我的脸一下子涨得通红，我很想把200元交给你，却始终没有勇气。老师你用一颗博大的爱心唤起了我的人格尊严。"从那一次开始，他就发誓，一定要做一个堂堂正正的人，现在他已是某公司负责人。他说，如果不是老师当初的宽容和理解，就不会有今天的他。

案例评析

案例的背后隐藏着班主任的教育智慧。班主任用自己的人格魅力去打动学生，去感化学生，让学生反省自己，认识自己的错误，改正自己的错误。乌申斯基说过，老师的情感和人格魅力，对学生心灵上的影响，是任何教科书、任何道德箴言、任何惩罚和奖励制度都不能代替的教育力量。老师的信念和个性品质在教育中具有决定性意义。

在20世纪90年代，200元是一个不小的数目。班主任用博大的爱心唤起学生的人格尊严，从自己的口袋里拿出200元给学生，给予学生充分的理解、尊重、等待，也给予了学生一个充分反思、改过自新、认识错误、改正错误的机会。这案例说明教师对学生的爱，像母爱那样细腻和纯洁，像父爱那样广博和深沉。老师对学生的爱，能让学生一辈子难以忘怀。

【案例2】

尊人者，人尊之①

老师说："你尊重了别人，也是尊重了自己，便能得到别人的帮助。"学生说："帮助了同学，也能得到同学的帮助吗？那天，某同学问我数学题，我很细

---

① 马新国：《中小学班主任工作案例评析》，中央民族大学出版社2007年版，第87页。

心地为他讲解。可是，我有两道物理题不会做，我请他帮我讲解，他却不肯告诉我。"老师笑道："那不是也得到了帮助吗？"学生不解："他不告诉我，我还得到什么帮助？"老师说："你得到了两点帮助。首先，你给他讲解数学题，帮助你加深了对数学知识的理解，提高了自己的语言表达能力；其次，他帮你开阔了胸怀。你问他题目，他不告诉你，倘若你不计较这些，给予充分的理解与谅解，你的胸怀不是更开阔了吗？"这个学生听后也笑了。

案例评析

你想别人怎样对你，你就应该怎样对待别人。一个班集体一旦拥有"尊人者，人尊之"的思想，同学们都学会了在言行中尽可能多地尊重别人并获得别人的尊重，这个班集体就会产生极大的凝聚力，每个生活在这个班集体中的人都会感到幸福、自豪，从而发挥出巨大的潜力。

面对一个陷入困境的人，怜悯似的施舍并不是真正的帮助，甚至会使他的自尊受损。要得到对方的尊重，首先要尊重自己。班主任应该尊重和爱护每一位学生，特别是那些失去信心和希望的学生。尊重，会使他们重新认识自己的价值，从而让心中的希望之火熊熊燃起。总之，尊人者，人尊之，这不单是口号，更是行动指南，老师应尽可能使学生在生活与实践中坚持身体力行。

【案例3】
宽容，为学生撑起一片蓝色的天空①

初中三年级2班学生倩倩，家庭条件不错，但性格孤僻，虚荣心强，讲究外在，整天打扮得花枝招展的。一天，一位同学的手表放在课室的抽屉里不见了。老师拿到值日表查了一下，那天正是倩倩留在教室里值日。但老师没有直接问她是否有看见，而是在上课时把丢手表的事公之于众。学生们纷纷建议立即翻抽屉和书包，但老师说："这个同学可能是出于好奇和喜爱才这样做的，让我们给这位同学一个改正错误的机会吧，希望这位同学能尽快把手表归还给失主。"老师的宽容保护了她的人格和自尊心。

事发后的几天里，倩倩都不敢直视老师，每当老师望向她时，她便立刻低下了头。老师把她叫到办公室并告诉她："人的美不仅表现在外表，更要表现在内心，只要心灵美，用不着穿什么奇装异服。希望你能珍惜时光，好好学习。"谈话后第二天的早读课上，老师在整理讲桌时，发现抽屉里有一张纸条和一块闪闪发亮的手表，纸条上写道："老师，对不起！是我拿了别人的手表。那天您只要翻一翻我的书包，就可以找到这块手表，然而您没有这样做。我感谢您，老师。您的宽容让我悟出一个道理——做人要诚实，别人的东西是不能拿的。"老师的

---

① 马新国：《中小学班主任工作案例评析》，中央民族大学出版社2007年版，第146页。

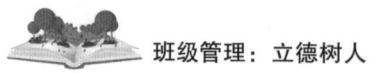

宽容,成了学生消除陋习的洗涤剂。

案例评析

人非圣贤,孰能无过。一个好的处事方法,可以给学生留下反思的空间,使其改过自新。学生不犯错误是不可能的。对于学生的错误行为,老师没有严厉斥责,而是从学生长远发展着想,采取了宽容的态度和科学的处事方法,一方面保护了学生的自尊,另一方面也给学生留下了自省的空间和主动改错的机会。

【案例4】

冷静后再处理问题①

晚自习教室里非常安静。班主任深吸一口气,缓缓地说:"同学们,耽误大家几分钟,跟大家说一件事。"

"刚才我收到一位同学的信,"老师停顿了一下,"这位同学说我是混蛋。"班上顿时一阵骚动。

"请大家安静,大家也不要猜测是谁写的,是谁写的并不要紧。我想可能是我处理问题的方式方法不太正确,让这个同学误会了。那么在这里,我先向大家道歉,如果以后我有什么做得不对的地方,恳请大家指正。"

"收到这样一封信,我的确很生气,再想想,我更感到非常难受和悲哀。悲哀的原因有三点:一是为我们这样的班集体悲哀,大家确定的我们班的目标是'普通班不普通',但就在这不普通班里竟然会出现骂老师是混蛋的同学;二是我为我自己悲哀,挨学生的骂让我感觉到了不安,虽然这么长时间以来我们一直在努力,但现实与我们预料的效果仍然有很大的差距;三是我还真切地为这位同学悲哀。白受十年的教育,不说不应该骂老师,就是一般人也不应该骂。我在找同学谈话的时候,每次都先问问自己有没有资格教训他,更不要说骂学生了。"说完这番话,老师心里难受极了,回到了办公室。

过了一会儿,小宏低着头走进办公室,不说话。老师问他是不是有什么事情,他摇摇头但紧接着又点点头。老师挤出一点笑容,说:"你先回教室吧,马上要上课了。"小宏却没动。

"回教室吧。没关系的,过去的事就算了。"小宏仍然低着头没动。"真的没关系了,你回去吧。""那,那我回教室了。"小宏低声说:"老师,对不起!"

第一节晚自习下课,老师的办公桌上又放了一封信,是晓锦写的:"老师,真对不起您!让您挨骂。我知道是我调位置,使您挨同学的骂,请您相信,您深受同学们的喜爱,我们以后一定遵守纪律!我保证以后不会没有经过老师同意就随意调位置,我会努力学习,请您放心!"

---

① 马新国:《中小学班主任工作案例评析》,中央民族大学出版社2007年版,第131页。

老师笑了，是发自内心的微笑，心里感觉热乎乎的。

案例评析

老师对学生在思想、行为、品德上出现的问题提出批评后，不可避免地会引起某些学生的不满。但只重视批评，而忽视批评后的反思，会给学生留下老师"处事不佳"的印象。特别是当老师发现自己错怪了学生时，要敢于向学生道歉，取得学生的谅解。以理服人，以情动人。小宏骂老师的措辞可谓尖锐，无论谁看到那封信以后，心里都不是滋味，也许有的老师会当场把那个学生揪出来狠狠教育他一顿。但这位老师没那样做，而是慢慢地等自己冷静下来了，再到班上采取迂回的战术向学生讲明白这件事，并亲自向学生道歉，很自然地化解了老师和学生之间的矛盾。

学生毕竟还年轻，思想不成熟，需要老师走进他们的内心世界。但相信他们的心灵都是美好的，都是可教育的，所以需要宽容学生。

碰到这样的问题，老师不应在自己生气的时候处理问题。而应自己反思，并先冷静下来，主动说明后让学生思考。教是最重要、最关键的任务和环节之一，能使教师的批评有效，加强学生改正缺点和错误的信心。教的最终目标不在于学生的听，而在于改。如教育的方式方法恰当，学生是能够接受并改正的。

【案例5】

戒除网瘾

某老师从教不到三年，学生却把她折腾得够呛，让她尝到了初为人师的甜酸苦辣。

面对沉迷网络游戏而对学习一筹莫展的学生，她和家长常显得无可奈何。这位学生李某虽然贪玩，却也是一个善良、富有同情心的学生。学校开学不久，班上组织春游，有位学生因家庭经济困难而不能与大家一起春游。于是，老师抓住这个机会，对学生进行团结互助教育，鼓励其他同学自愿捐款，为这个同学凑齐春游费。在老师的引导下，同学们纷纷资助，你5角、他1元……班长面前不一会儿就堆满了散钱。班主任发现里面有一张5元的人民币，在当时5元绝对不是一个小数目。这说明捐钱的孩子多么善良啊！老师对这位同学说："老师真为你的慷慨与善良感动，但你一个人捐5元，多了一点，再说，你也还要准备春游的午餐呢。"可他却腼腆地摆摆手说："不用，我中午从家里带点干粮就行了。"看着纯真无邪的他，班主任诚恳地说："那老师给你3元吧，我是有工资的。"在老师一再坚持下，他不好意思地收下了3元。从此，这个事成了教育全班同学要团结互助的正面案例。

可是，这位同学不知何时迷上了网络游戏。当老师发现他成绩下滑时，他已经深陷其中不能自拔。每次老师找他谈话，得到的都是几番肺腑之言、几滴后悔之泪、几张忏悔之纸，但在收敛了几天、彷徨了几天后，他又回到了老路上。老师心灰意冷，但每当想到捐款的那一幕以及他受批评时泪眼婆娑的样子，心里感觉很不是滋味。其实，他并非不想学，只是网瘾难戒啊！在这关键时期，老师不拉他一把，那他可能真的会陷入不能自拔的地步。

一天语文课上，老师要求学生默写两首诗。除李某以外，全班同学都在顺利默写完后离开了课室，只有李某一人坐在课室咬着笔头和老师大眼瞪小眼。老师走到他身边，耐心地跟他重讲了一遍两首诗的含义，并教给他背诵的技巧，然后让他准备20分钟再默写。当规定时间过去后，李某基本上将这两首诗写出来了，只是有个别的错别字。于是老师又向他解释为什么不是那个字，而是这个字。时间不早了，老师让他先回家，可他默写的诗不是全对，要趁热打铁激发他学习积极性。于是，老师请他写"保证书"，要求他明天早上继续默写。李某欣然同意，并表示在明天早上默写时，希望能够全写对。

第二天一早，老师刚开办公室门，李某说："老师我终于等到你了，我可以默写了，可能全对。"老师说："那太好了，我相信你一定会全对的！"李某在办公室默写了10分钟，就一气呵成了。检查了一遍后，便胸有成竹地交给了老师，说："老师请你检查吧。"老师笑眯眯地接过来。逐字逐句地检查，果真全对。老师及时表扬他。在下午上课的时候老师又向全班讲了一遍，表扬他诚信认真，并表示对他以后的学习有信心，期望他不再沉迷网络，专心学习。在全班同学的掌声中，他的眼睛湿润了。这张"保证书"已经成了他好好学习的信心和决心。

老师为帮助他早日摆脱网络的诱惑、将多一些时间投入学习上来，分散他的注意力，布置了一些如背诵一两首诗、帮老师读一读有关文摘等任务。久而久之，他的成绩渐渐有了起色。有一天他突然对老师说："老师你猜一猜我现在还有没有去网络游戏机室？"老师望着他期望的眼睛坚定地说："一次也没有去过。""你怎么知道？"老师再次坚定地说："我一直相信你是一个好孩子呀，再说，你这段时间一直帮我做事呢！我还得谢谢你呢！"他听了以后，心情有些激动，哽咽着说："我还认为你不相信我呢？从来没有人这么相信我，老师！我真的很感谢你，真的！我以后绝对不会让你失望的。相信吗？"老师用坚定的眼光望着他，并在他肩上轻轻地拍了两下说："我相信你，没错！"

一年后，再也没有人来反映李某去游戏机室玩游戏了。老师每次看到在校园里的他，都会想起那张"保证书"。老师挽救了一位迷失方向的孩子，用一份真诚信任的期待，唤醒了孩子本性的回归。教育工作者要耐心教育孩子，给孩子多一些机会、多一份宽容、多一份关爱、多一份呵护，学生一定会还给老师一个惊喜[①]。

---

① 麦志强、潘海燕：《新课程背景下的班主任工作案例》，中国传媒大学出版社2006年版，第187 - 190页。

案例评析

21世纪是知识经济时代,从本质上讲,知识经济主要表现出"数字化生产力"和"网络化生产关系"两大特征,信息化将是这个时代的主旋律。现在,青少年网瘾是日益突出的社会问题,引起了社会、学校和家庭的高度关注。对于有的青少年来说,他们个性不稳定,不善于交流,而网络游戏的三个主要特点——虚拟性、隐蔽性、交互性,吸引了不少青少年沉迷其中,使得他们能够在网络中随心所欲地宣泄自己的情感,做出一些现实社会规范所不允许的事情。有的青少年无意识地淡化现实社会的规范要求,暴力、色情等方面的信息,给日后的暴力犯罪埋下隐患,给学校和家庭的教育带来巨大阻力,影响孩子的学习。学生网络游戏成瘾已成为学校和家庭亟待解决的教育难题。

网络快速发展,有的孩子的沟通交流方式变成屏幕间的信息交流,网络游戏给孩子带来一时的欢愉,却无法满足其精神层面的需要。离开了网络,有的孩子会对未来感到迷茫,可能会感到生活没有意义。老师可以采用"心理辅导+填补时空+良性转换"的方法,同时,家长也应采取措施。不少学生不愿意或不会主动与老师和家长沟通,原因是多方面的,可能与对孩子的教育方式方法有关,或缺乏对孩子的关注与付出。疫情期间,线上教学代替线下教学,难免有的学生沉迷于手机网络,给学校、家庭的教育工作带来了严峻的挑战。

对当今学生的网络道德要求,尤其是大学生,应该提高到更高的层次。老师应该引领建设风清气正的网络空间,以网络道德营造推动实现道德新风尚。对于有的学生隐性逃课如上课时上网、做与学习无关的事,老师可以针对课堂制定"抬头率""应答率""动手率"等课堂评价制度,加强对隐性逃课行为的管理。

【案例6】

谈话的启发艺术[①]

师:放学那么久了,你还不回家?

生:我太烦那个家了,自从爸爸去世以后,妈妈整天唠叨个不停。

师:你为什么打架?

生:他们骂我是野孩子。

师:老师给你讲个故事,好吗?从前有一个男孩,他两岁就失去了母亲。和他一起玩的孩子骂他是野孩子,他与那些骂他的孩子打架,养成了爱和别人打架的习惯,这种情况一直持续到他上七年级。有一天班主任找到男孩的爸爸,告诉他要么为孩子另找学校转学,要么把孩子带回家。离校几十里就这么一所中学,男孩的爸爸没有出声,后来他突然双膝跪下:"给孩子一个机会吧,我会好好管

---

① 马新国:《中小学班主任工作案例评析》,中央民族大学出版社2007年版,第152页。

教他的!"站在爸爸身边的男孩,看到平时那么凶的爸爸今天竟然……他从此立志要改正错误,从头做起。

生:那个小男孩后来怎么样了?

师:他成了一名人民教师,而且在我们学校做老师。

生:我明白了,我会努力学习的,做一个让人瞧得起的人。

师:老师送你一句话——家庭的不幸会给人带来一时的苦难,但勤奋是中华民族的传统美德,美德最终会给不幸的人带来幸福。

案例评析

如果言辞技巧上升到一个新的层次,那么僵硬的语言会变得婉转,平淡的语言会变得生动。与学生谈心要有技巧,要有艺术,要给学生留有思考的空间。

班主任运用了讲故事的方法,实际上是用亲身经历来教育学生,这是一种十分有效的教育方法,尤其是当老师的自身经历与学生的经历有某种相似之处的时候,学生就会很容易产生共鸣。这位老师并没有直接对这个学生的行为进行评价,或告诉学生"你应该如何",而是通过讲故事的方式娓娓道来,让学生的思维随着故事流动,从而很自然地引出了谈话的目的。

讲述真实的故事而产生的效果,可能远远超过说理的方式。值得借鉴的是最后一句话,不仅点出了本次谈心的目的,而且也留给学生一个思考的空间,对于这位同学来说,很可能是终身受用的。班主任应怎样和不想回家的学生沟通?可以概括为:一是与学生平等对话;二是了解学生的性格特点;三是倾听孩子的想法和需求。

【案例7】

留给孩子一个机会[①]

班主任正在写"文明班"的材料,突然有一位学生急匆匆跑来向班主任报告:"薛某跟同学吵架,把教室里的黑板敲碎了。"怎么搞的?在这个节骨眼上竟然出现这种事情,大家一学期来的努力岂不是白费了吗?班主任气得放下手中的笔,快步向教室走去。

老师还没走进教室,远远地就能听见教室里传来一片喧闹声。老师走进教室,教室里一下子变得鸦雀无声,气氛紧张极了。肇事者低着头,准备接受老师的批评。同学们的目光一起投向老师,想看看老师如何处理这件事。怎么办?面对这个不知花了自己多少心思的学生,老师真想好好地教训他一顿,以平息自己心中的怒气。但是"在火头上处理问题不会产生好的教育效果",想起这句话,老师便努力恢复了理智,盯着被砸出裂缝的黑板,足足看了一分多钟,然后走上

---

① 马新国:《中小学班主任工作案例评析》,中央民族大学出版社2007年版,第45页。

前去，摸着他的头深深地叹了一口气说："老师写'文明班'的材料白写了。"

他的身体抖动了一下，戒备的姿势马上松懈了下来，眼里涌出了惭愧的泪水。后来，他自愿在全班同学面前做了深刻的检讨，并对老师说："如果您当时在全班同学面前狠狠地批评我，那我可能也就不感到愧疚了。"他的话深深震撼了老师。

案例评析

学生犯了错误，如果老师不善于控制自己的感情和行为，而是简单、粗暴、冲动地批评学生，那就很可能激发不出他们内心深处的悔改心理，甚至让他们更加自暴自弃、玩世不恭。老师没有过多地责怪学生的错误行为，而是以宽广的胸怀，给学生改过的机会，这样也让学生在无形中感受到了老师对他的爱。

【案例8】
让孤雁飞回雁群①

珍珍是在爸爸妈妈公司成长的孩子，习惯了公司员工们对她的众星捧月。她在学校对同学，甚至对老师都习惯用指使、命令的口气。在和同学相处时稍有不如意，她便以死相威胁，所以同学们对她避而远之。无论在教室还是宿舍，她总是形单影只。对于这样一位个性极强而心里又极脆弱的孩子，真是轻不得、重不得、急不得、躁不得。于是老师认真思考教育方法，等待最佳时机的到来。

在一次课外活动中，同学们三五成群玩起了游戏。一向独行的珍珍破天荒、怯生生地走到了同学面前。但同学们一看到她来，都不由自主地远离她，换了一个地方玩。看到珍珍脸上失落的表情，老师的心猛揪了一下。老师走到一群小朋友面前说："我也想参加你们的活动，行不行？""好啊！"同学们欢呼起来。"可是我和珍珍都想要参加你们的活动呢？"老师特意把脸转向珍珍，珍珍很快答应了。于是，珍珍在游戏活动中融入了他们。

以后，老师就常拉着珍珍加入同学们的课外活动。在活动中，老师潜移默化地教会了珍珍如何与别人平等相处。渐渐地，珍珍和同学们能和睦相处了。

《学会生存》一书中说："教育要培养学生情感方面的品质，特别是人与人之间的情感交流。"同学之间的关系是学生在受教育时的一种基本的人际关系。孩子的群体活动，尤其是自主的群体活动，是孩子们"天真"的世界。他们置身其中，寻找属于自己的位置，然后才能逐渐学会用他人的眼光看待问题，站在他人的立场思考问题，最后真正融入群体的世界中。

---

① 选自广东外语外贸大学附属外语学校叶和丽老师的案例。

案例评析

现代教育重视培养学生的主体意识，发展其优良个性。珍珍的个性强，老师等待最佳时机，将课外活动作为教育的契机，投入学生中言传身教，倡导同学之间建立相互尊重、相互信任、相互帮助的团结合作关系，使同学们在无形中接受了教育，使学生从自我肯定中得到满足。陶行知说："教人要从小教起。幼儿好比幼苗，培养得宜，方能发芽生长。"要想把教育影响转化为个体品德，就必须激发起主体的品德需求，调动其自身品德教育中的主观能动性，引导学生自我教育。

思考题：

(1) 谈一谈优秀班主任班级管理成功的经验有哪些？

(2) 为什么老师不能用成人成熟的心态苛责孩子们天真的想法和无拘无束的行为？如何用满腔热忱唤起孩子主动学习的积极性？

三、和谐心态，健康心理

"学习成绩至上"已成为部分老师和家长培养孩子的理念。然而，拥有健康的心理、健全的人格的孩子在参与学校和社会的竞争中才有比较优势。有些学生心理承受能力相对较差，过高的期待很容易导致其心理失衡。但在培育其养成和谐心态、健康心理的过程中，如仅讲求师生的和谐相处，而导致学生的学业水平普遍较低，也是不可取的。因此，适当的期望值对学生的学业水平有一定的推动作用。

【案例9】

"无声"胜"有声"[①]

周记，是一种类似于日记的短小文体，记录学生一周以来的学习和生活感受。在周记中，学生可以叙事，可以抒情，可以就某件事发表看法，也可以写下自己细腻而微妙的经历与感受。因此，通过周记，班主任可以更全面、深入地了解学生；通过周记，学生也多了一种走近老师的方式。

但有的班主任对周记任务不重视，要么推给语文老师，认为这只是锻炼写作能力的小作文；要么收起来数一下本数，草草写个日期，表示已经看过。这些做法都无法充分发挥周记的育人功能，还会降低学生的写作热情。如果班主任能认真阅读学生的周记，以一段妙语回应，效果就完全不一样了。

---

① 马新国：《中小学班主任工作案例评析》，中央民族大学出版社 2007 年版，第 66-67 页。

有一次在批改周记时，班主任看到这样一段文字：今天我哭了，念小学时没有流过泪的我哭了。第一次离家这么远读书，第一次收到家人的来信。妈妈的字写得不好，还有错别字，可我觉得特别亲切。捧着信，我热泪盈眶。爸爸、妈妈，为了我，你们太累了、太辛苦了！

字里行间流露出的是该学生对父母的感恩与理解。老师惊喜于小小年纪的他就如此地懂事，于是在周记本上写下这样的评语：理解父母是孝敬父母的前提，回报父母是孝敬父母的体现。你真是个懂事、孝顺的好孩子。你是父母的希望，也必将是他们的骄傲，望你能以优异的成绩回报伟大的亲情。

在"勤努力，报亲恩"主题班会上，该同学作了感人肺腑的发言。在发言中他引用了老师评语中的一些观点，让许多同学陷入了沉思。当然，这位品学兼优的同学也成了全年级学生学习的榜样。

"无声"表现在对书信的利用上。书信是人们交流思想、传递信息的重要手段。好的书信，语言平实而情真意切，往往能够有出人意料的效果。在班级管理中，书信的作用有：联络师生感情、化解误会、引导学生行为。

《人民教育》刊登了一篇感人至深的文章：一位小学班主任因参加国家级骨干教师培训而不得不和学生分别两周时间，学生们舍不得她走，她便答应学生每周至少给他们写一封信。后来的情况是：这位老师白天抓紧时间学习，晚上抽空给学生发电子邮件。在邮件正文中，她描述都市的繁华，激发学生对美好生活的向往；她阐述自己知识的局限，告诉学生学无止境。许多同学也通过书信、QQ、电子邮件等方式与班主任保持密切联系，交流学习心得，分享生活中的欢乐。"无声"的沟通融洽了师生关系，令教育美得透明、美得晶莹。

一位同学在一次考试中发挥失常，情绪低落。老师当时虽然忙于学期工作分析和总结，但也挤出时间写了一张卡片送给他：短短的人生会有长长的不如意，与其久久地品味失落的哀愁，不如重扬风帆与潇洒，齐驱追寻另一次拥有。很快，这位同学重新树立起信心，投入学习中去。

另一位同学叫向雪梅，在考试中获得很大进步，有些洋洋得意，老师送了一首诗笺规勉：

梅须逊雪三分白
雪却输梅一段香
你的名字
蕴含着谦逊
在追求智慧的旅程里
永远是山外有山
雪白、梅香
向着你的梦想
一如既往

响鼓不需重锤,这位同学立即领会到了诗句的含义,端正了心态。诗笺也被她夹在书页中,成为一枚珍藏的书签。

案例评析

凝聚真情、渗透关注、白纸黑字写就的文字,有时能春风化雨、发人深思,此谓"无声"胜"有声"。具体而言,一份小小的评语,寄托师生的众多期待。班主任与学生间的"无声"交流,可以通过书信、QQ、电子邮件等方式完成。事事留心皆学问。会心的交流总能激发学生的斗志,令其信心倍增,让教育事半功倍;而空洞、变味的说教往往是白费口舌,甚至是弄巧成拙。只要老师善用平实的语言,拥有一双善于发现的眼睛、一双善于创造的双手,处处都蕴含着教育的良机。

【案例10】

友情与爱情

学生之间的友情如果过早地变成了爱情,其能承受爱情的分量吗?爱,是一种责任。对男生来说,如果不好好提高自身的修养和素质,可能无法承担爱的责任。对于女生来说,沉湎于爱情之中,放弃了自己能力的提高,可能会影响自己的前程。有女生向老师倾诉自己情感上的烦恼。老师对她说:"作为中学生,主要的精力要放到学习上,在人生中学习的黄金时代,不专心学习、刻苦钻研,长大以后怎样作为。古人言,'少壮不努力,老大徒伤悲'。你要学会对诱惑说不,就像面对商场中琳琅满目的商品,要根据自己的财力,分清主次,该放弃的必须放弃。我觉得你是聪明的孩子,我相信聪明人不做糊涂事,要做一个合格的中学生。"

男生的"情书"[①]:"从认识你那一天起,你的清纯美丽就给我留下了深刻的印象。我无法从脑子里将你抹去,我深深地喜欢上了你。我无法许诺什么,但我从现在开始,会尽力爱护你,帮助你,让你快乐,让你幸福。你愿意与我结伴而行吗……"这位学生整整用了8页纸写下自己平生的第一封情书,但一直没有胆量交给那位女同学。他父母对他说,遇到这样的事,要慎重:一是尽量收集、罗列来自多方的信息和意见,这是做好正确选择的第一步;二是寻找可以信赖的男同学或长者进行咨询,多听朋友或长辈的意见,避免盲目行动,做事不盲目,失误就会减少;三是衡量积极后果与消极后果,做出明智的选择。

情书发出去后可能的结果:(1)那个女孩接受了,从此两人开始谈恋爱;(2)她拒绝了,从此两人互不理睬;(3)她把情书交给班主任,弄得"满城风雨"。"积极后果"是彼此相爱,共同进步。但中学生能否稳定地保持这个积极

[①] 选自专家学者的案例。

第四章　典型案例及其评析

的后果？"消极后果"是成绩一落千丈，彼此不再是朋友。"爱情"没有获得，友情也没有了。后来，那位男生把情书毁了，慢慢走出了感情的漩涡。

　　经过老师和家长的一番教育，他的思想有了明显的转变，而且变得稳重、成熟了。他认为"爱"除了男女之间的爱以外，更重要的是爱自己的身心健康，爱自己的父母和老师，爱自己的校园和一草一木，爱自己的课堂学习，爱同学的友谊。"情"之中更重要的是"师生相互尊重之情、同学相互关爱之情、感恩学校培养之情、感恩父母养育之情"。而且他做事时变得更会思考，处理问题更妥当，在班级管理中游刃有余。一开始做班干部时，他常常遭到同学的讽刺挖苦，但他经受住了考验，与同学关系逐渐融洽起来，得到了同学们的肯定和欣赏，最终成长为一位有才能、有实力的班长。学习更是大有起色，最后，他顺利考上了大学。

案例评析

　　中学阶段不是寻找灵魂伴侣、获取真挚爱情的时候。中学阶段是学习生涯中最宝贵的时光。虽然爱情能深入人心、打动人心。但是，当学生奋不顾身投入一段感情难以自拔的时候，其应理智地思考这段感情是否能让其守护自己的学习、爱情、钱财等。

　　家长和老师用高超的育人艺术赢得了孩子信任，引领孩子走向成功，在教育孩子的过程中，帮助孩子一步一步回归到学习生活中。触及心灵的才是教育，老师通过接近他们，从心底把他们当朋友，让他们打开心扉，把老师当朋友。尊重和理解也是一种爱，家长和老师只有付出真挚、深沉的爱，才能得到回报，达到育人的目的。

　　老师要坚守初心，和学生沟通与交流，关注学生的每一点进步，让学生在学习和生活中有愉悦感、安全感、尊严感和幸福感，让学生的潜能、智力、才能得到充分的发展。老师要深入学生中去，做到"为师不忘童年梦，常与学生心比心"，千万不能急于求成。

　　《德育报》王金凤报道，要正确对待"早来的爱"。要密切关注男女生之间的交往。一些男女生单独行动、交往密切的行为不一定是谈恋爱。学生谈"恋爱"有以下几种形式。一种是假性恋爱。这种现象大多发生在年龄偏小的男女生交往中，表现为男女同学在一起说说笑笑，但家长和老师要警惕。二是被动撮合式恋爱。常常在一起讨论问题的男女生，容易引起同学们的特别关注。在同学们的玩笑中，他们有口难辩，朦朦胧胧地进入了"恋爱"。三是主动追求。这些学生性别意识强，心理较为成熟，对异性的爱慕之情发自内心。他们会主动出击，只要有了情感，两人就很可能发生性行为。

　　王金凤认为，引导方法很重要。一是要尊重学生。一般不要在公共场合讨论此事；不要把"谈恋爱"视为学生的一种错误；对学生的谈话内容要保密，不要把这些内容当作茶余饭后的谈资。二是要旁敲侧击。可选择针对性强的文章让学生学习，如《学会放弃》等文章，让学生受到教育，得到启发。三是平等谈话。如果当头棒喝，学生会拒绝让你走进他们的心灵；当你表示这种情感是可以理解的，才可能打开他们心中的那扇窗。不必要求他们口头上说"我错了""我们断绝关系"等，而是要说建议、说责任、说学习、说把这种情感先封存起来，全身投入学习中。四是密切关注并进一步引导、提醒他们，让他们认识到能真正促进学习的早恋不多。

【案例11】

"静"与"闹"①

李兆昌老师刚走进新接任班主任的教室，就遇到一场严峻的"挑战"，只见同学们前仰后合地哄堂大笑。他毫无思想准备地往黑板一看，只见上面写着"明天早上七点半到校上课——李北昌"。原来，是位调皮的学生在李老师进教室前，假借李老师的名义向同学们"发号施令"，而且还特意写错李老师的名字。李老师的脸一下子涨得通红。

老师意识到自己此时的一举一动都被几十双眼睛盯着，如何处理这起事件，对今后的班级工作和师生关系会产生决定性影响。于是，李老师扫视了全班同学，指着黑板说："明天是七点半到校，这个同学写对了，可惜这个粗心的同学把老师的名字写错了。"老师这一番话出乎同学们的意料，老师注意到他们都大大松了一口气。话说完了，老师就拿起黑板擦，慢慢地擦掉黑板上的"北"字，然后把那个字更正过来。在同学们好奇的目光注视下，李老师微微一笑，诚恳地做了自我介绍："同学们，我叫李兆昌，业余时间喜欢爬格子，也许有的同学在报刊上见到过我的文章。本学期我担任你们的班主任，和同学们一道建设好这个班集体，希望得到大家的支持。"

同学们的眼睛一眨不眨，那么专注、入神。后来，老师再也没有提起这件事，但是那位在黑板上乱写字的同学，主动找到李老师承认了错误。后来的学生调查表明，李老师在同学们心目中树立起了较高的威信。

案例评析

老师处理课堂问题的方式，给我们以深刻的启迪：他以学生意想不到的豁达胸怀，以"静"治"闹"，给学生不小的震撼，而且达到了严厉的批评所达不到的效果。老师的威信绝不能靠训斥、压服来建立和维护。要赢得学生的尊敬，老师首先要尊重学生。

---

① 马新国：《中小学班主任工作案例评析》，中央民族大学出版社2007年版，第47页。

【案例12】

一把扫帚的故事①

班会课上，班主任提出了"爱护公物，不得随意乱丢公物"的要求，可是下午放学时，班主任就在班上的清洁区拾到一把被丢弃的扫帚。班主任生气地把扫帚拿到了自己的寝室里。

第二天早读时，班主任把丢弃扫帚的学生叫到面前，让他回忆昨天班会课上老师都讲了些什么，然后问他把扫帚放到哪里了，学生一时间无言以对。

"去找！"班主任大喊一声，手指着教室外："马上给我去找。"

他出去转了一圈，仍找不到，又胆怯地回到班主任面前，小声说："老师，我买扫帚赔，行吗？"

"不行！"老师声色俱厉："就要原来的扫帚，找不着，不准上课！"

他只得出去找。下午，上课铃刚响，他拿着一把扫帚跑到老师面前："扫帚找到了，老师。"老师一看，确实是学校统一发放的那种扫帚，马上意识到其中有假。老师厉声说："你从哪里弄来的？别以为我不知道，说！"这么一吓唬，他哇地一声哭了，一边哭，一边说，他是因为怕老师再也不让他回课室上课，只好偷了别班的扫帚。

听到他的回答，班主任好像被人从头泼下了一盆冷水，熄灭了心中的怒火，也彻底地冷静了下来。老师本意是想要他改正错误，却逼迫他犯了更大的错误。老师突然意识到：自己犯了多么大的一个错误！自己是多么残忍啊，竟如此残忍地对待一个孩子。老师能够想象得出，他是经受了怎样的煎熬，才做出了这样的选择！

案例评析

班主任对犯错误的学生给予一定的惩罚，这是教育方式的一种。但是，惩罚仅仅是手段，教育才是目的。一个人如果能从消极转为积极地看待自己，他就有力量来应对遇到的困难，他的问题就会迎刃而解。在惩罚学生时，老师不妨想一想，是否做到了寓教育于惩罚之中，惩罚方式是否有利于学生改正错误？是否给了学生改过的机会？班主任切不可罚不择法、罚而无度，更不能因自己的私念而肆意惩罚学生。不当的惩罚不仅起不到教育的作用，更会损害学生的心灵，扭曲他们的人性，这是与为师之道背道而驰的。

因此，对犯错误的学生，老师要动之以情，晓之以理，真正做到"润物细无声"。

---

① 马新国：《中小学班主任工作案例评析》，中央民族大学出版社2007年版，第177-178页。

【案例13】

造句，寻找心灵的智慧

《读写月刊新教育》杂志的《小学生造句》里有这样一段内容：①其中。学生造句：我其中的一个左脚受伤了。老师批语：你是蜈蚣吗？②陆陆续续。学生造句：爸爸陆陆续续回家了。老师批语：你到底有几个爸爸啊？③欣欣向荣。学生造句：欣欣向荣表白。老师批语：电视剧不要看太多。④好吃。学生造句：好吃个屁。老师批语：有些东西是不能吃的。⑤天真。学生造句：今天真热。老师批语：你真天真。⑥果然。学生造句：昨天我吃水果，然后喝凉茶。老师批语：是词组，不能分开。⑦先……再……。学生造句：先生，再见。老师批语：想象力超过了地球人的智慧。

案例评析

老师应讲好生活叙事、理论叙事，提升学生学习体验。教学能力是老师开展教学活动、实现教学目标的核心能力，是提高学生自主学习能力的保证、提高学生学习效率的重要条件。老师扎实的理论专业知识，是提高教学质量的前提。小学生的造句反映出其天真无邪、纯朴可爱；老师的批语幽默有趣，启迪立身智慧，让学生得到启发、收获快乐，更让读者看到：学生不仅是在寻求心灵的快乐，更是在寻求心灵的智慧。老师要守护学生人格，张扬学生个性。面对教育的未来，时代要求我们必须以新的视野抓住教育的新机遇。只要教育者肯下功夫，相信没有教不好的学生。

【案例14】

体育委员①

王峰同学性格暴躁，"惹不起"，讲哥们义气，无论谁惹到了他，他必动拳脚。他个子高大，在学校小有"名气"，进入七年级不久，就与高年级学生打架。班主任找他谈话，谁知话还没有说完，他就回道："人不犯我，我不犯人。"师生间的第一次谈话就这样不愉快地结束了。后来，他仍然几乎每天都与同学产生摩擦，老师找他谈一次话也好不了几天。

在校运会上，王峰在中长跑比赛中敢于吃苦、奋勇拼搏，获得5000米跑第一名，显示了他在体育方面的专长。班主任抓住这一机会作为教育切入点。运动会结束后，班主任肯定了他的成绩，给予他精神和物质上的激励，并号召全班同学学习他吃苦耐劳、为班增光的精神。在以后的日子里，班主任注重发挥其特长，让他担任体育委员；在校运会集训时，让他担任训练队长，当他有进步时就

---

① 选自专家学者的案例。

及时表扬。在一次次的鼓励中，王峰逐渐控制了冲动，逐步根除校园欺凌、打架恶习。在他的积极带领下，班级的体育成绩捷报频传。他的特长也得到充分展示。在区级学生运动会上，他一人获得两个项目的第一名，且连破区两项纪录，凭特长生优势，考入他理想的高中。

案例评析

人是有情感的动物，情感是转化后进生的助燃剂，是开启后进生心扉的金钥匙，真情可使人感情激荡，无情则使人心灰意冷。管理学家德鲁克说："用人决策不在于如何减少人的短处，而在于如何发挥人的长处。"案例中的班主任能勤于观察学生的思想动态、个性特长，找准切入点，做深入、细致的思想教育。班主任选择王峰当体育委员，不但发挥了他的特长，让他做自己喜欢做的事，而且帮助他根除了恶习，控制了冲动，为班夺得了荣誉，考上了理想的学校。这说明班主任是有眼光的，教育是有实效的。

要情系问题学生，也许他身上有许许多多的不足，但他还是希望做一个好人，做一个追求进步的人，这就需要老师的教育与鞭策，寻找心灵碰撞的契机，并积极唤醒他本性中追求上进的一面。有的后进生追求进步往往停留在思想上，即使有时能落实在行动上，也不能持之以恒。只有通过外因与内因的相互作用，使他真正认识到校园欺凌的危害和自身的错误并勇于改正，教育才能收到良好的效果，这需要老师做大量长期、艰苦、细致的工作，教育没有捷径可走。转变后进生要有艺术，更要抓机遇、找突破口、找闪光点，要有交往技巧。如果只顾苦干蛮干，可能事与愿违。

思考题：

（1）为什么要充分挖掘家庭教育资源，关注家庭教育的缺失？

（2）为什么对有严重错误的学生，不能歧视和放弃？为什么对学生不但要教知识，更要教做人？

四、智慧教育

智慧分为理论智慧和实践智慧，前者是指理解现实的深层本质和人在其中的位置，后者是指在正确的时间，出于正确的原因做出正确的决定或做正确的事情。智慧教育涉及教育管理、教育教学、教育科研等诸多问题，是一项复杂的系统工程，需要精心谋划，共同发力。在班级管理的过程中，预料不到的情况时有发生，其处理是否恰当，与班主任的教育智慧有一定的关系。它包含观察能力、分析能力、扎实的知识功底、良好的心理品质、师德修养和高尚的职业道德。

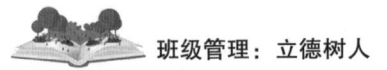

【案例 15】

喊破嗓子，不如做出样子

某班主任接手了学校最差的一个班，仅经过一个学期，班里的面貌就发生了较大的变化，各方面都有了进步。

刚接这个班时，他采取命令式的教育方式，例如，带班参加学校劳动时，他指挥学生干这干那，班干部和大部分学生均能服从安排，但班里一些淘气的学生不但不听从指挥，反而还说班主任不是带班劳动，而是指挥劳动。这导致班主任的威信逐渐下降，班级工作难以开展，喊破嗓子学生也不领情，班级工作难以取得实效。后来，他改变了班级管理方式，认为喊破嗓子，不如做出样子。命令的道路是费力又漫长的，而示范的道路既简单又实际。于是，劳动时，他和学生一起挥汗如雨；工作中偶尔有了失误，他会向学生道歉，和学生一样接受班规的惩罚。他的行动感动了班里的每一个同学。班里原来那几个调皮的学生对班主任说："老师，您这样做，我们不会让您失望。"教师个人的教育理念，决定着良好班风的形成。对学生的严要建立在对自己严的基础上，班级面貌就发生了质的转变。良好的班风也逐渐形成。

案例评析

行动是最有力的号召，示范是最有效的教育。班主任威信的建立取决于自身形象的塑造。为人之师，要做学生的表率，用模范的行为、良好的习惯来影响学生、教育学生，这样学生才能接受。班集体只有形成强大的向心力和凝聚力才能影响学生。

【案例 16】

教育的智慧

在新生自我介绍的过程中，一位学生不发言。班主任笑着说："你不发言可能是还没有想好，或对我这种做法有看法。"那位学生笑了。班主任继续引导："同学和老师都希望对你有所了解。请你等一下再介绍。"耐心的等待终于使这位学生发言了。

班主任长得比较矮小，长相一般。学生在黑板上画漫画讥笑她。班主任没有恼羞成怒，而是向全体同学说："有的人虽然长得不高，长相一般，但很有才华，像鲁迅、拿破仑等，他们有智慧。可见长得高矮、长相美丑与品质、心灵、学识是不成正比的。"班主任的这段话获得了全体同学的好评，也缓解了与学生的矛盾，其效果比强制压服好得多。

案例评析

案例中的班主任有扎实的专业基础知识，丰富的工作阅历，能发挥自己的教

育智慧，遇到问题时，注重对学生进行心理疏导。如果没有渊博的知识，处理问题不考虑学生身心特点，不讲究方式方法和教育艺术，不但不能取得好的教育效果，而且可能会与学生产生更大的分歧。所以，老师要用自己的言行感动学生，才有可能真正被学生接纳。

【案例 17】

老师能否让学生"捉摸不透"

有的老师认为：在学生面前，老师尤其是班主任要维护好自己的威信和尊严，不能让学生摸透自己的脾气、性格，否则，学生在老师面前就不听老师的话，不听老师的管教。于是，有的老师在学生面前板起面孔、故弄玄虚、拿腔拿调；或嬉笑怒骂、反复无常，常常使学生觉得难以接受，渐渐地不想接受老师的教育。

案例评析

老师的脾气、性格对学生良好心理品质的培养有极大的影响。尊重学生、和谐可亲的老师令学生喜欢，并愿意接近、愿意说出心里话。而为了维护自己所谓的"威信"，故意对学生冷若冰霜，喜怒无常，甚至"怒目而视"的老师，哪怕是出于好心，学生都会不喜欢，甚至讨厌、反感。因为学生觉得老师高深莫测，不敢接近。师生之间因为压抑与紧张而缺乏情感交流，产生隔阂也就在所难免。如果班主任长期如此对待学生，可能会扭曲学生的个性，使活泼可爱的学生变得沉闷，文静的学生变得呆板。

老师的脾气、性格甚至讲话的语气、工作方式方法让学生"捉摸不透"，这样的做法不一定可取。当学生犯了错误，甚至是严重的错误时，老师应该严肃处理；当学生取得好成绩时，老师应喜笑颜开。恰当、适时地表扬学生，不但可以使学生看到自己的努力被肯定，而且还会对其他同学的思想行为起导向作用。一位老师如果没有扎实的知识功底、不认真更新教育教学方法，仅靠性格、脾气"神秘""怪异"来维护自己的威信、开展教育教学工作，其教育不一定能收到好的效果。老师只有用自己的智慧和情感去感悟教育的真谛，用渊博的知识、科学的教育方法进行管教，才能赢得学生的心，赢得学生的尊重和爱戴。

【案例 18】

中学生情窦初开是否儿戏

《羊城晚报》王倩报道：少男少女通常在十二三岁时进入性成熟期，专家认为，应以正确的心理疏导教育早恋的孩子而不是棒喝。广州市越秀区某校负责中学生"青春健康"教育的陈老师讲述了这样一桩"奇事"。一名早恋的初三女生在中考当天突然发脾气，不肯去考试，当老师和家长问她原因时，得知是她与

"男朋友"有矛盾。没过几天，老师却发现她和"男朋友"又亲密地走在一起，见面的时候还微笑地和老师打招呼："您别误会，我们已经分手了，现在是普通朋友！"

陈老师一脸困惑：这是爱情还是儿戏？不少老师和家长指出，未成年人的知识和社会阅历太浅，若过早涉足爱情往往把握不好度，很容易出事，不值得提倡。老师和家长需要以正面力量去引导，教育方式、方法要恰当，否则可能事与愿违。

某重点中学高三的一对恋人评价他们四年的感情，其中男生说："这是我的动力，为了她我会做得更好。"他们从初三开始，约定考同一所重点中学、考同一所重点大学，而且成绩均在班里排名前三。连老师都承认："他们美好得我们都找不到反对的理由。"这对恋人在学校几乎人人知晓。一个男生说："其实很多人找男女朋友是觉得酷，或者觉得人家有我也得有，真正像那对恋人那样情投意合的并不多。"高二有一名女生说："女孩子都希望找到美好爱情，但很多都是傻傻付出、痴痴被骗，这个年龄能给女孩子郑重承诺的不多，肯做长远打算的更少，搞不好两人都毁了。"

案例评析

老师和家长对于中学生早恋问题的处理，一是需要以正面力量去教导。人口学研究表明，在20世纪期间，每过25年，少男少女的性成熟期就提前一年，20世纪初，性成熟期发生在十六七岁，20世纪末的时候已经提前到十二三岁。

孩子在青春期出现对异性朦胧的情感是一种正常的现象，而且这种情感是美好的。然而，随着社会资讯的日益发达，网络和各种媒体过早地对中学生的性意识进行了诱导和启发。这些诱导和启发模糊了孩子心目中的情感与行为界限，让他们误认为两个人只要有了情感就能发生性行为。这时，这些处于青春期的孩子特别需要正确的力量去教育他们。但是，目前学校和家庭对于孩子青春期心理疏导、如何正确处理两性关系等的教育实在太缺乏了，即使学校有青春期教育课，多数也是以生理教育为主，缺乏心理教育。

二是要注意教育方式不当可能导致事与愿违。学校的青春期教育常常不被学生接受。有学生直言："学生青春期教育是以否定爱情为前提的，老师们讲到未成年人的亲密关系，总是用一种'你看不听大人的话就出事了吧'的态度，然后再说这病那病，好像爱情是个很脏的东西，最好不要碰，这种教育让我们反感。"

让人反感的教育不能起到应有的作用。在一些情况下，甚至会把少男少女逼得做出极端的事情，像作家韩寒描写的那样，"以为老师棒打鸳鸯而双双出走，意外怀孕后被逼入绝境跳楼自杀"。克制早恋冲动是关键，学生要自尊自爱，不伤害对方。老师应采取正确的教育方式来应对学生的早恋，青春期教育并不意味着学生要避免与异性交往。

【案例 19】

五成中学生认同性行为

据《羊城晚报》记者报道，不少学生不知道发生两性关系会产生什么结果。广州某中学 6 名高二学生，向四个区的中学生发出 300 多份问卷，回收的 279 份有效问卷显示，54.2% 的中学生认为未成年人有性行为是正常的事。

案例评析

该问卷的抽样调查结果虽然并不绝对科学和具有代表性，但反映了广州一部分未成年人对性的态度。下面从四个方面来评析。

（1）性态度开放。一些学生对性的态度不仅开放，其开放程度让调查的同学都觉得很惊讶。当被问到对"婚前性行为""中学生谈恋爱"有什么看法时，学生基本都觉得"可以接受"。在个案访谈中，还发现有的女生通过上网认识网友，然后就随便发生性关系，情况比学生、老师想象的更严重一些。

（2）性知识缺乏。学生缺乏性知识，不知发生性关系会产生怎样的后果，不知道怎样避孕，更加不知道不安全的性行为会传染艾滋病、性病。很多学生从父母的口中基本得不到足够的性知识。同时，一些父母和孩子的沟通存在问题，有的父母发现孩子出问题了，也不敢挑明。

（3）性问题关注。有的学生出了问题后，不会找成年人帮忙。比如说，有女生怀孕了，她会找同年龄层的朋友帮忙，却很少向父母、老师求助，因为找父母会先被骂一顿，找老师也会被责备。未成年人在发生性行为后面临很大压力，因为家长、老师都不允许，他们常因害怕被责罚而不向家长和老师寻求帮助。

（4）教育应得法。广州某中学心理咨询室的老师表示，"调查反映了广州一部分未成年人对性的态度"。其实，学生对性的态度开放，未必就代表真的会发生性行为。而且很多中学生每天往返于学校和家里，即使与异性学生有情感发生，由于自己支配的时间很少，发生性行为理应不是普遍现象。

该老师建议，当发现学生有"早恋"的思想萌芽时，应该先接受他的想法，因为这是青春期情感萌动的正常想法，然后再慢慢加以引导，表示虽然情感是正常的，但现实各方面的条件都不适合谈恋爱，这样学生才会听进去老师的话。如果自己的孩子出现问题，家长首先要帮助他们解决，千万不要过分责备，让孩子走向极端。

【案例 20】

偷尝禁果，要尝苦果

《羊城晚报》记者张小磊，通讯员何辉、易磊报道：昨天上午，一位未成年的小女孩在母亲的带领下前往珠江医院皮肤科求诊,结果显示小女孩因性接触染上了性病。医生告诉记者,发生在未成年人身上的病例近几年屡见不鲜,加强未成年人的性知识必须引起重视。一位医院管理者向记者透露,前不久,该医院在相关单位的配合下,对2100名在校的13岁到17岁未成年人进行了问卷调查。结果显示,有192人承认有性接触史,这意味着每100名学生中有近5人有性接触。

案例评析

省妇幼保健院内分泌科负责人曾可告诉记者,由于受电子媒体和不健康书刊的影响,以及饮食等诸多方面的原因,未成年人性早熟情况数量近几年不断攀升。由于缺乏正确、及时的引导,性体验者也随之不断增多,一些未成年人怀孕、患性病等问题也随之出现。

专家建议推广使用安全套不能仅限于成年人。广州市性病防治专家、珠江医院皮肤性病科主任张堂德直言,未成年人前往医院看性病已不是什么新鲜事。有一次他出诊,一个早上就来了6个未成年的少男少女,其中有一个甚至穿着校服来找他看病。"这些人虽然在年龄一栏上填了18岁以上,但一看就是些未谙世事的未成年人。"

省武警医院院长廖贤平指出,现在一谈到要对青少年讲性知识,就有人认为这是纵容青少年进行性行为,这种想法是十分错误的。在对未成年人的教育中,不仅要让他们了解过早进行性行为的危害性,还要让他们懂得性防范。

思考题:

(1)"性教育"等同"纵容性行为"吗?怎样教育中小学生面对"早来的爱"?

(2)为什么班主任评价学生时,切不可"眼里容不得半粒沙子"?

(3)为什么说教师与学生消除隔阂的秘诀是真诚,拉近彼此心灵的力量是爱与谅解?

五、实践与探索:从"民办教师"到"大学教授"的跨越[①]

在这个时代,每一个人都拥有机会和平台,但机会从不等待犹豫者、观望

---

① 邱云兰:《从"民办教师"到"大学教授"的跨越》,载《中文科技期刊数据库(全文版)教育科学》2018年第1期,第326-327页。

者、懈怠者、软弱者。只有与历史同步伐、与时代共命运的人，才能赢得光明的未来！抓住机遇，牢记使命；勤奋好学，努力进取；勇于拼搏，我最终实现了从民办教师到大学教授的跨越。

（一）问题的提出

16 岁那年，我高中毕业，带着对人生的美好憧憬和对教育事业的向往，登上教坛，圆了教师梦，有幸当上了民办学校教师，从民办小学教师成长到今天的大学教授，依靠党和人民的培养、老师的栽培、同行的支持、自己的智慧和毅力，我努力实现了担任大学教授的梦想。做教师要有理想信念，有目标追求，有争做教育"名家"、教学"专家"、管理"行家"的智慧[1]。成为大学教授、教书育人是我一生追求的目标。在 40 多年的教师生涯中，我担任民办学校教师三年，一个人负责小学两个班的全部课程，既是两个班的任课教师，又是两个班的班主任，也是这所学校的校长，还要兼顾两个村的服务工作；待遇享受一般村民的待遇，生产队记工分。经过两年在村校的耕耘，我得到了领导、老师、学生和家长的一致认可。在三年的民办学校教师生涯中，组织给了我较高的认可。我被乐昌市秀水镇党委授予"优秀教师"称号，但当时我心里非常清楚，我自身的教育教学能力和专业理论基础知识，与优秀教师还有一定距离。为了尽快缩小差距、提高自己的专业基础知识和教育教学能力，我选择提高学历，到高等学校深造。我从小学三年级开始，就想长大后做一名教师，而且是好教师。直到今天我都是这样想的，如果下辈子还有选择职业的机会，我还会选择做老师，与学生一起成长[2]。

（二）做有思想的智者

1977 年 3 月，我非常荣幸来到了华南师范大学数学科学学院学习。通过几年的深造，我获得了三好学生和优秀学生干部等称号。大学毕业后，我放弃了留城发展的机会，来到了广东省曲仁矿务局高级中学任教，一教就是十年。在这十年的教育教学工作中我非常努力，基本没有节假日、没有寒暑假，一心扑在教育教学教科研工作上。所教班级有良好班风、学风，我教的高三毕业班，无论是文科、理科还是复读班，其数学高考成绩均在学校排名榜首。我获得曲仁矿务局优秀教师、优秀班主任等称号，也因此受到省重点示范学校和省重点中学领导的关注。1990 年 7 月，受母校领导的邀请，我回母校作了题为"我当慢班班主任"的讲话，得到了华南师范大学时任党委副书记梁国熙教授等领导和专家的认可。

---

[1] 谭长存：《有思想能作为敢担当善创新》，载《教书育人》2016 年第 1 期，第 6 - 7 页。

[2] 夏献平：《真情是信任的钥匙，热爱是提升的阶梯》，载《课程·教材·教法》2015 年第 35 卷第 10 期，第 104 - 108 页。

1990年6月，有省重点师范学校和省重点中学向我抛出橄榄枝，希望我能参加学校的教师招聘。"第一次发现名校离我这么近，以前以名校为目标，现在名校打电话让我去面谈、去应聘"。后来我参加了两所学校的招聘考试，均考上了。最后经过考虑和组织推荐来到省重点师范学校——广东韶州师范学校任教，我担任了两个普师班的数学老师，兼班主任工作。当时能进重点中学或省重点师范学校是非常不容易的，学校对教师要求也很高。我进了新的单位后遇到了不少问题，师范教育的教学内容、培养目标、教学方法与高中不同，但我克服了困难，虚心向有经验的老师学习，朝着做一名好老师的目标迈进。做一名合格教师的首要的任务是把学生教好、管好，而且也应该往中等师范学校讲师和高级讲师职称迈进。然而，我从中学一级教师到讲师、高级讲师资格的职称晋升之路一波三折，在一次又一次的遇挫后，我凭借着毅力和坚强，熬过来了。我在工作中仍然任劳任怨，在教育教学中取得了优异成绩。在学校统考和省中师统考中，我任教的班级数学平均分和及格率在年级排名榜首，历届班级每学期均被评为学校的文明班。而且我有不少学术论文获得省市和国家奖励，如《班级管理工作中的七步曲》，在全国中小学德育论文竞赛中荣获一等奖，不少教育教学论文发表在国家级和省级报纸、杂志上，如《走出德育误区》，于1994年10月20日和11月1日刊发在《德育报》头版头条，教育教学得到领导和社会的认可，1995年荣获由中共韶关市委、韶关市人民政府授予的"优秀班主任"称号，1998年被授予广东省优秀班主任称号，2000年获韶关市教育系统教改先进个人称号，2002年任数学系副主任、党支部书记，2002年2月有幸进入了广东省"百千万人才工程"省级教育专家班深造，2003年获评韶关市直教育系统优秀共产党员，2005年1月主持数学系工作，2005年12月获得了广东省"百千万人才工程"省级教育专家培养对象优秀学员称号，2006年1月起任数学系主任、教学党支书记。

（三）做能作为的学者

2001年，因发展之需，我所在的学校升格为普通高等学校，我也因此成为了大学老师。作为大学老师，只有高级讲师资格是不够的，我的梦想是向副教授、教授迈进。但话说起来容易，做起来难①，目标不易实现。在教育改革以及机遇与挑战并存的教育发展形势下，我在教育、教学、教科研和管理工作中遇到了更多的新问题和新矛盾，但我不怨天尤人，从自身找原因，克服重重困难，朝着认定的目标迈进，有幸在2002年获得副教授资格。经过几十年的努力拼搏，我于2013年荣获由中共韶关市委、韶关人民政府授予的"韶关市劳动模范"称号，2014年获得应用数学教授资格。但我仍深感自己离优秀的教师还有一定的距离，还需要努力学习和进取。

---

① 邓文圣：《从"民办"到"特级"的跨越》，载《教书育人》2016年第7期，第42-43页。

为了做一名学者型、事业型、能作为的教师。我不待扬鞭自奋蹄,全心扑在教育事业上,主动放弃寒暑假、节假日的休息,带领同仁在学海中遨游,寻求以"教科研"助推人生目标的实现,实现教坛新跨越。首先,教是课堂教学最重要、最关键的任务和环节之一①。教不但要抓住课堂教学契机,还要从学生的实际出发,站在学生的立场,充分挖掘教学内容中的认知情感因素,促进学生对教学内容的接受、感悟、理解和掌握;要抓实备课、上课、作业、检测、反馈等环节②,能从一些简单的例习题出发,在不断改变例习题的背景或条件的基础上,展开讨论,展示成果,概括经验,把握规律,倡导理念,生成智慧。其次,要寻求"学"的高效。课堂教学的最终目的不在于教师的教,而在于学生的学。教学成功的关键取决于学生的学习效果,而学习效果又取决于学生课堂上的积极参与和课后自主学习的积极性和努力程度。培养学生兴趣,激发学生学习热情,才能收到良好效果。我任教的本科、专科高等数学课程,深受学生欢迎,在教学评估和学生评价中被评为质量等级优秀。

寻求"学术成果"的应用,做能作为的学者。主持课题、发表论文,是教师"教科研"的要求,是教师对自己教育教学行为的反思。我时刻牢记为生不谋一己之私,立身不忘做人之根,教书不忘育人之本,育人不移公仆之心,成功不忘"积功"之魂,发展不忘科研之兴。

(四)结语

只要你讲诚信,懂感恩,成功一定属于你。平台、机遇,一旦抓住就是你人生的财富。总之,勇于拼搏才能实现教坛新跨越;勤奋好学,才能实现人生的价值和崇高目标。

思考题:
(1) 怎样引导男女生进行正常的异性交往?
(2) 试谈《从"民办教师"到"大学教授"的跨越》读后感。

---

① 何安明、惠秋平:《课堂教学中知情交融的操作方法》,载《课程·教材·教法》2015年第35卷第10期,第53-58页。

② 邱云兰:《高等数学备课模式的研究》,载《曲阜师范大学学报(自然科学版)》2014年第40卷第4期,第124-128页。

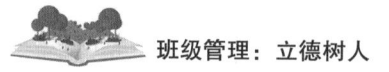

第五章 班主任的人格魅力

关键词：班主任；热爱学生；人格评价；人格魅力；人格尊重；社会人格；心理人格；病态人格；君子人格；法权人格；领袖人格；金钱人格；道德品质；智慧教育；情感教育；惩罚机制；典型案例；实践探索；心理问题

有人格，才有吸引力。要用高尚的人格感染学生，赢得学生信任，用真理的力量感召学生，以扎实的学识功底熏陶学生。班主任对学生的影响是潜移默化的，班主任的人格魅力越大，影响也越大。人格大致可分为十个方面：人格、学识、能力、情感、气质、业绩、言谈、专长、管理、权威。

一、班主任的人格

青少年时期是人格发展的关键时期，班主任引领和塑造学生的健全人格责无旁贷，意义深远。苏霍姆林斯基说："教师的人格是进行教育的基石。""人格"一词在词源学上来自拉丁文"面具"（persona），它的原意是指在戏台上扮演角色时所戴的特殊面具。从这个意义可以看出，人格就是指每个人所扮演角色独有的、表现于外的特征，是个体与环境相互作用时，在行为、思想、情感、态度、信仰、动机、价值等诸多方面表现出来的，独特的、显著的、持久而一贯的特点。人格是指人的特殊和稳定的个性品质。

人格包含社会人格，指的是生活、学习、做人；心理人格，指的是性格、气质、能力。人格理论包含人格素养、创新能力、追求卓越、全面发展、心理健康。魅力是指能吸引人的力量。那么，班主任的人格魅力来自何方？它主要体现在班主任的影响力。其实质类型可以分为权力与非权力影响力。非权力影响力一般是指自然影响力，而自然影响力主要由品格、才能、学识、情感等要素构成。

二、班主任对学生的关爱和宽容

只有真正爱学生，并在学生身上付出的老师，才会在学生心目中占有重要的位置，享有崇高的威望，甚至令其终生难忘。

（一）宽容是一种教育，老师的人格和爱心是学生自信心的源泉

爱的传递是影响人的心灵的中心环节。从古代的孔子到现代的陶行知，不少教育家以爱为教育基石。教育建立在严格要求的基础上，但如果忽视对学生应有的尊重和热爱，有意无意地做出伤害学生的自尊的行为，轻者影响师生之间和谐友好的关系，重者会使两方陷入被动难堪的局面。

苏霍姆林斯基说："有时宽容引起的道德震撼比惩罚更强烈。"宽容是一种教育，一种境界，一种艺术，一种智慧，一种美德，一种修养。如果班主任在非常生气的时候，能宽容地对待学生，意味着他的教育思想更加深刻，心胸更加宽阔，情操更加高尚，教育方法更有艺术。但是，宽容也不是没有界限的。宽容绝不是妥协，不是姑息，不是放纵，而应基于严格要求。学生正处于长身体、长智慧的阶段，不应用成人的标准来衡量他们。对他们要多一点说服教育，少一点简单训斥；多一些慈爱和宽容，少一点苛刻和计较；多一些亲近的关怀，少一些指责、约束、命令；注重启发诱导，给他们多一点学习空间，使他们多一点自信。班主任的人格魅力伴随着教育方式、方法的实施的全过程而产生。当然，对犯错误的学生也要给予理解、尊重，给予他们充分反思的时间，给予改过自新的机会，使他们最终改正错误。师生和家长在人格上是平等的。尊重学生的人格，学会倾听、学会请教，虚心向孩子学习、请教，不仅是对孩子生命价值的承认与尊重，而且是教师成长的方法。老师的一个行为可以是雨露，也可以是冰雹，可能造就一个天才，也可能毁灭一个天才。老师要用宽容和智慧去化解问题，促进孩子内心积极情感的培养。让孩子从小事、身边事去发现和感受老师的人格魅力。例如，老师一个关爱的眼神、一个体贴的笑容、一句温暖的问候、一次小小的帮忙都充满着人格魅力。

人格的基石是道德，道德决定人格的取向，智慧和意志决定人格的高度和影响力。人格应该包括三个方面：君子人格、法权人格和领袖人格。君子人格就是要修炼好自己，有道德、有智慧、有修养、有意志。法权人格就是要约束好自己，遵法守纪，做人有底线、做事有红线。领袖人格就是要涵养好自己，理性多元、包容大度、干净利落。

老师是学生人格的塑造者，在学生成长过程中有着特殊的意义。对学生来说，老师的人格、爱心是自信心和安全感的源泉，可以让学生树立"生而为人，人格重要"的坚定信念。老师的言行举止、喜怒哀乐和精神态度，就是人格的最好示范和案例。老师言谈幽默风趣，有演说家的口才，语言抑扬顿挫，定会被学生所学习、赞叹。要深刻理解学生的个性和特长，对不同孩子要给予不同的理解。如何理解孩子丰富而复杂的个性？学会陪伴，学会感激。要想孩子对老师说心里话，老师得先把心里话说出来。陪伴孩子不在于用时多少，而在于要用心陪

伴。老师不应抱怨给学生付出了多少，而应感激孩子使自己拥有第二份童真，促进自己生命意义的升华。一个人一生有两次成长的时光，一是自己的童年，二是陪伴孩子的童年。要陪伴孩子一起成长，珍惜孩子为我们创造的再成长的良机。老师要学会信任、学会欣赏。怀疑、失望、生气，只会导致失去信任的力量、失去教育的力量。要学会耐心包容，学会适当地"视而不见"。老师要学会反思，学会提醒，学会批评，学会担当，学会接纳、再接纳。这样学生才会对自己负责，对家庭负责，对社会负责。

（二）用智慧教育人，用人格引领人

乌申斯基说："在教育中，一切都应该以教育者的人格为基础。"因此，老师要有高尚的道德情操、深厚的人格修养，要诚恳正直、胸怀坦荡、宽厚谦和、严于律己、礼貌待人；在工作中表现出高度的责任感和奉献精神。希望学生能修炼好、约束好、涵养好自己，老师首先要在育人过程中从做人、做老师、做学者的维度修炼好、约束好、涵养好自己，为学生树立榜样。用榜样激励人，用智慧教育人，用人格引领人，用心塑造人，用真情感化人。老师如何帮助学生健全人格，如何给学生赋予人格魅力？就看老师能否把掌声和微笑送给每一个学生。笑容和掌声是一种胸怀，一种观念，也是一种艺术。提问时，老师微笑地注视着学生，会让他放松紧张的神经，报以流利的回答；当学生回答不出问题时，老师的微笑是一种鼓励；当学生"走神""跑调"被提醒而惴惴不安、手足无措时，老师的微笑是一种宽容、一种谅解，更是一种期待、一种激励；当学生有发挥创意的表现时，老师发自内心的微笑和掌声会点燃他创新的火花，让学生信心倍增、再接再厉。

智慧是指用系统的知识和经验迅速而准确地理解和解决问题的本质。智慧由知识、能力和品德三要素组成。如果学生违反了纪律，老师要报以宽容、微笑，可俯下身来，真诚地引导他、帮助他，相信学生很快能迈过这个坎。如果老师把问题看得过于严重，反而会在学生心里留下烙印，影响学生的健康发展。这是教育的艺术，更是教育者的智慧。老师可以在潜移默化中熏陶感染学生，彰显着自己的人格魅力。

【案例1】
受学生欢迎的教育方式①

2009 年，联合国教科文组织举行了一场世界范围内的师生联欢活动，这次活动历时四天，最后一天的主题是评选学生最欢迎的教育方式。拥有不同文化背景和教育理念的老师，对同一道案例分析题提出看法。

---

① 选自专家学者的案例。

第五章　班主任的人格魅力

有一对双胞胎兄弟名叫杰克，老师称之为大杰克、小杰克，是农场负责人的儿子，在离家30千米的公立学校读书。为解决他们上学的交通问题，他们的父母给他们买了一辆轻型汽车，但这依然不能避免杰克兄弟上学经常迟到的现象。很多老师对兄弟俩都提出过批评，但效果并不明显。学期中更换的新老师把他们调到前排坐，表明了自己希望他们准时上学的愿望，杰克兄弟满口答应后便回家了。

第二天，在考试开始20分钟左右，杰克兄弟才姗姗而来，老师迎住他们："不是说好了要早点来学校吗？"兄弟俩对视一眼，表情很无辜地说："老师，真不怪我们。人算不如天算，我们的车在路上突然爆胎了，光补胎就花了20分钟，我们还是紧赶才赶过来的。"因为急着考试，老师没有多说什么，就让他们进了教室。

杰克兄弟走后，老师觉得有点疑惑，就悄悄来到兄弟俩停车的地方仔细观察，结果发现：四个轮胎分别都蒙着厚厚的灰尘，没有一个有被拆卸的痕迹。很明显，爆胎纯属两人的谎言。

如果你是杰克兄弟的老师，考试结束后，你准备怎么处理他们？

在规定的时间内，各个国家的老师分别给出了自己的答案，罗列如下。

中国老师：严厉批评，责令其写出深刻检查；再请家长配合教育。

日本老师：考试过后将杰克兄弟分别带到两间办公室，由两位老师分别继续询问，坦白者从宽，抗拒者从严。

韩国老师：将这个问题交给学生来讨论，由他们决定怎么办。

美国老师：如果今天不是考试，而是橄榄球比赛或者吃冰淇淋，你们的车还会爆胎吗？

俄罗斯老师：将杰克兄弟叫到办公室，先讲一个说谎有害的故事，再语重心长地启发他们"最近你们说过谎吗"？

埃及老师：今晚回家后，每人给真主写封信，把今天路上发生的事一一讲给真主听，在真主面前忏悔。

巴西老师："我已经查明了你们是在说谎，你们必须接受相应的惩罚……半年内不许在学校的场地踢足球了。"

以色列老师：考完后，要求杰克兄弟分别加试一场，题目是以下三道题。（1）你们的车爆的是哪条轮胎？（2）在哪家店补胎？（3）补胎一共花了多少钱？等杰克兄弟把试卷交上来后，老师微笑地凝视着他们不说话。

思考题：

（1）你认为杰克兄弟为什么考试迟到？

A．想吸引老师的注意；B．想给老师一个"下马威"；C．习惯难改，并不是故意和老师作对。

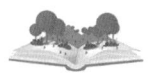

（2）你最赞同哪位老师的做法？为什么？
（3）教育公正的"严"与教育仁慈的"爱"是什么关系？
（4）你认为什么样的老师才是最受学生欢迎的老师？

案例评析

许多老师在读到或听到本案例以后，对以色列老师的做法感叹不已，认为这种处理方式充满了智慧。各位老师的处理方法体现了其背后的教育理念。老师职业道德的核心是"爱生"，到底怎样才是真正的爱生？爱生的老师在职业生活中又怎样通过点滴细节体现出来，进而影响学生？

我们最熟悉的，应该是中国老师的处理方式，这种场景在今天的学校里依然经常上演。无论是严肃批评，还是深刻检查，其用意都是想让孩子改过自新，矫正其不良习惯。请家长也只是为了与家庭教育形成有效的合力而已。但教育并非通过如此机械、简单的方式就能奏效的。说教在今天依然是老师们表达爱和恨铁不成钢的主要方式。但对于说什么、怎样说、谁来说、在哪说等细节问题，老师往往疏于考虑，这就导致了"老师独自说他的，学生充耳不闻"的尴尬局面，也导致学生中出现这种说法——所谓"诲人不倦"其实只是老师批评起学生来从不知疲倦。

教育学有一句耐人寻味的话，学生是发展中的人。这句话至少包含了两层意思：一是促进学生发展，教师有关怀、引导的义务和责任。二是发展中意味着学生是不成熟的，犯错误是成长过程中的必然现象。那就是说，一位教师的职业生涯其实就是不断与学生的过错打交道的过程，因此，宽容无疑是教育的至高境界。但宽容到什么程度？如何宽容？这无疑是需要老师们聚焦的一个问题。

中国或许并不缺乏充满智慧的老师，因此以色列老师那样的策略，我们也能想出。但中国老师往往忽视了极其重要的一点——微笑着不说话，这是一种无言的力量。对这个案例而言，这就是宽容的境界，也就是学生们描述的"难为情并不难堪"的境界。如果老师对此事只是一味地奚落、讽刺、责怪，或许起不到好的效果。正是这份恰到好处的含蓄和宽容，让学生觉得难为情，觉出自己的错误，但因为老师的宽容，学生并无"颜面扫地"的难堪和愤怒，取而代之的是感激、愧疚之情。感激是因为老师的尊重，愧疚是对自己行为的后悔，感激加上愧疚也许就能促成一系列改过自新的行为。至此，宽容所带来的教育效果就显现出来了。

思考题：

（1）教师职业道德的核心是什么？请试述班主任的人格魅力来自何方。
（2）为什么说班主任的文化素养在一定程度上促进了他人格的健全，支撑着班主任的人格形象？

三、班主任对学生的尊重和理解

苏霍姆林斯基说:"自尊是人的心灵里最敏感的角落,一旦挫伤一个人的自尊心,他会以十倍的疯狂、百倍的力量去和你抗衡。"因此,不要伤害学生的自尊心,促进学生的人格发展,才是素质发展的根本。

(一) 教师的人格魅力来源于对学生人格的尊重

教师的人格魅力应建立在尊重学生人格的基础上。应尊重学生独特的思维方式和行为。尊敬学生,受学生尊敬,是一个教师生活、工作的心理需求,是一个健康、完整人格的重要标志。尊重学生的道德人格,体现对学生情感、人格的尊重,体现对学生作为独立的人的价值认同,这是每一个教师必须具备的职业道德品质和思想素养。教师的职业是教书育人,其道德规范是热爱党的教育事业;关心学生,爱护学生,刻苦钻研业务,不断提高教学质量、道德素养和育人水平,不断提升为学生服务的理念,恪尽职守,潜心教书育人,服务育人,设身处地想学生所想,急学生所急。

但是,有的老师在思想上理解不了学生的个性差异,没有情系后进生,看不到后进生的闪光点,不尊重甚至瞧不起后进生;对待后进生冷漠无情,缺乏关心。偏爱学习尖子生,冷漠对待后进生、歧视后进生的现象时有发生。有的老师在片面追求升学率的影响下,认为后进生影响了班级升学的荣誉,丢了老师的面子,没有从正面加以教育和耐心辅导,而是对他们放任自流、冷漠忽视,甚至采用讽刺挖苦、心理施暴、体罚和变相体罚的方法,严重影响了学生的身心健康。人格魅力是以情感为基础的,情感是人们对客观事实是否符合自己需要、愿望和观点而产生的体验,是客观事物的反映形式。

心理学家罗杰斯说,接纳应是整体地接纳,不但包括他的优点,连"问题"也应包括在内。当学生在不经意间做出一件不大合乎常理的事情时,老师要学会宽容,赏识有度,批评得法。用宽容和智慧化解问题,促进孩子内心积极情感的培养。对后进生不问过去,只看现在。树立学生成长新理念,使他们在成长中犯错误、认识错误、改正错误,不断成长。对优秀生不看现在,要看将来,使他们在成绩中看到自己的不足,认识到山外有山,天外有天,在表扬中找到自己的差距。爱要有度,不能因为爱而对学生百般迁就,不敢管教;对学生的爱应该建立在严的基础上。要尊重学生的人格,要学会倾听、学会请教、学会体验,体验是人格生成的途径,活动是人格生成的基本过程。

人格是"做"出来的,而不是想出来的。例如,孔子的教育人格就是在他的"对话教育"活动中形成的,陶行知的教育人格就是在他的"生活教育"活动中形成的。因此,在班级管理中教师要体现人格魅力,可以从倾听孩子说话做起，使孩子感到被尊重；充分信任孩子，少抱怨、少指责，多理解、多激励孩子，做孩子精神的关爱者；引导同事、家长尊重孩子的人格。教师的人格魅力是一项系统工程，它对教师的挑战层出不穷，老师必须有足够的心理准备和教育智慧去应对。

教师不仅要尊重生命的自主发展，而且要落实道德教育的责任。守法是教师道德建设的一项重要内容，是道德责任的底线，要有知法、守法、护法的法律意识，自觉遵守和服从法律。这是社会公德的基本要求。道德自觉很重要，制度约束不可少。要增强"守规则"的意识，养成"守规则"的良好习惯。

【案例2】

做民主型的教师

民主型教师随和、活泼、上进。有几个儿童损坏了公物。于是老师组织全班同学讨论："班上的东西被同学损坏了，怎么办？"结果，儿童提出要制定一个规定："不准损坏公物。"老师再问："这个想法真好，不过，怎样才能不损坏公物，又能好好地玩呢？"儿童提出了一些办法。但是，就在制定这个规则后的第三周，有一个儿童弄坏了伞。老师说："哎呀！伞骨被弄坏了。要是下雨怎么办？"老师的语气非常冷静柔和。于是这个儿童坦然地说："用胶水贴纸条可以吗？"老师说："那好，我们试试看。"然后与儿童修伞。一周后，下雨了，伞一撑开便又坏了。从此以后，儿童损坏公物的现象减少了。儿童渐渐地能把老师的话记在心上，回到家里也把老师的话挂在嘴边。

案例评析

苏霍姆林斯基说："能够促进人去进行自我教育的教育才是真正的教育。"

案例中的教师帮助儿童发现问题、分析问题、解决问题、主持讨论，真诚引导儿童，潜移默化地熏陶儿童。教师的人格就体现在其处理方式当中，老师用幽默的语言、巧妙的方法、亲身的体验，让儿童领悟了老师的真心，接纳了老师的教育。这案例充分说明在幼儿班级管理教育中，教师实施民主管理也能收到一定的实效。

思考题：

（1）为什么说老师的一个行为可以是雨露，也可以是冰雹？

（2）为什么说用宽容和智慧去化解问题，可以促进孩子内心积极情感的培养？

（3）试谈教育民主化的基本含义。

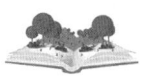

（二）教师要调整心态，用人格力量拨动学生心弦

无论人当下正在经历什么，都要积极调整心态，再次出发，不要总抱怨很累，人间非净土，各有各的苦，每个人都不容易。心态决定工作的成败。心态决定状态，状态决定高度。心态即心理状态。马斯洛说："心若改变，态度跟着改变；态度改变，习惯跟着改变；习惯改变，性格跟着改变；性格改变，人生跟着改变。"一个健全的心态，比智慧更有力量。可见心态的重要。教育家是教师中的成功者，其中一个重要原因就在于心态好。心态是搞好工作的动力之源。新时代的学生要心怀"国之大者"，早立志，立长志，努力学习，自强不息，让自己成为能够担当中华民族伟大复兴任务的接班人。

老师不但要重视对自己的心理疏导，更要重视对学生的心理疏导，了解学生所思所想，常和学生谈心，说说他们感兴趣的事。如此，他们才会对老师知无不言，言无不尽。发现班里有不良行为、不良心理，老师需要及时与学生沟通、交流，引导解决。对待不同心态的学生，要采取不同的教育思想和教育方法。对不同层次、不同年龄段的学生的心态需要理解、需要尊重、需要疏导、需要守护、需要包容。要有宽容的心态，包容学生的过失，为学生的心理发展留下空间，培养学生健康的心理。面对一些突发事件，切忌粗暴、简单、冲动处理，要多一份耐心，给学生改过的机会，用宽容的心态启迪学生的心灵，点燃学生健康上进的火花。

批评和惩罚学生虽然可以收到一些效果，但也容易使学生产生自卑感，因此，应该适度运用批评和惩罚。如果学生能认识到学习的重要性，对未来充满信心，那么学生就会不负时代、不负韶华、不负老师的殷切期望。健康的心态与家庭教育也有很重要的关系。家长要树立良好形象，尽量避免不良的心态、不良的教养方式，偏爱、拒绝、吵架、惩罚等容易使孩子孤僻、自卑，被人排斥，不愿与人合作。

健康心态与社会环境的影响息息相关。学生是互联网冲浪的主力军，他们上网是出于好奇心，而如果浏览了反动、色情、暴力网站，难免出现不健康的心态。因此，学校、社会、家庭要形成合力，共同营造一个健康、文明、良好的环境，帮助学生找到问题根源，克服心理障碍和心理缺陷。应普及心理知识，对学生进行有效的心理测试和训练，建立学生心理档案室、心理辅导室、发泄室，使学生正确认识到塑造健全的人格和培养良好的心理品质的目的，使他们能在探究活动、反思活动、创新活动中健全人格。教师要用人格的力量去拨动学生的心弦，使他们扬起理想的风帆，在人生的花季里真正享受到"晴空万里，艳阳高照"的快乐。追求快乐是每个人的权利，真正的快乐和健全的人格、积极的心态有关。

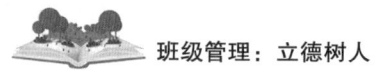

【案例3】

我们喜欢有魅力的老师[①]

老师温柔和蔼，脸上总是带着平易近人的微笑，春风化雨般沁入我们的心田，让我们体会到心与心对话的温暖。

老师公平民主，对待我们一视同仁，不偏不倚。

无论成绩优劣，无论乖巧调皮，在老师心里我们都是可爱的孩子。

他知道人都有不足，更何况成长中的我们，所以老师不会因为一件小事揪住某人不放，更不会因为一次过失否定某个人，老师用平等的心态真诚地接纳我们。

老师以宽容的心理真诚地帮助我们，老师以丰富的思想塑造我们，让我们领悟到人与人交流的坦诚。

老师既是良师又是朋友，老师既能为我们点燃那盏指引我们成长之路的明灯，更会及时提醒我们不要因为点滴成绩而沾沾自喜，受一点挫折就气馁哀怨；

老师有一颗和我们同样年轻的心，不同的是老师更有阅历和智慧。

年轻的心让我们彼此接近，在理解中产生共鸣。

老师用经历告诉我们应当怎样学习、生活、奋斗和担当。

我们愿意对他倾诉，我们愿意向老师求助。

我们之间最为默契的成长信条便是理解、尊重、信任与沟通。

老师幽默风趣、学识渊博，课堂上老师妙语连珠、字字珠玑，时刻引领我们思考人生，活跃着课堂的气氛。

生活中老师谈吐潇洒、见多识广。

每句话都鞭辟入里又不失幽默。老师的话语，让我们感受到一个人对事业的激情，对生活的热爱，对未来的憧憬。

老师知道每个孩子都有自己的个性与特点，应该有自由发展的空间。

在生活上老师鼓励我们寻找自己的生活追求和快乐，在教学上老师引导我们走进知识的殿堂去寻觅文化科学的宝藏。

老师不会把我们当成盛装知识的容器，使学习变得枯燥乏味。

老师让我们懂得最重要的是能力的培养。

老师时尚前卫，有气质，有风度，以自己的一举一动、一言一行影响着我们。

老师了解当今的学生，了解信息时代的我们。

老师能让我们感受到跳动的生命。

让我们享受到无比灿烂的生活，让我们紧握时代的脉搏，让我们憧憬无限美

[①] 选自武汉市常码头小学李嘉睿老师的案例。

第五章 班主任的人格魅力

好的未来，让我们珍惜身边的一点一滴，感激生命里的每一天。

与快乐与感动同行，这就是我们喜欢的、有魅力的、最依赖的好老师。

案例评析

人品是一个人的基石，荣誉的获得是建立在人品的基础上的。倘若人品不过关，无论获得多大的成就，都会有失去的一天，才气永远弥补不了人品的缺陷。好的人品可以弥补智慧不足，做人必须要有好的人品。学生喜欢人品好、心态正、性格温和、专业基础知识扎实、有气质、有风度的老师。这足以说明，要做一名新时代的老师，要做到政治强、情怀深、思维新、视野广、自律严、人格正。理想信念是魂，道德情操是根，仁爱之心是情。老师要努力提升自己的综合素养，提高对事业的激情，保持对生活的热爱，对未来充满憧憬，要做学生的表率。教师是学生健康成长的指导者和引路人，其一言一行都感染着学生。学生为有这样的老师而感到骄傲和自豪。

【案例4】

男生的性启蒙和心理问题①

老师发现有男生租借"不健康书籍"偷偷地看。此前，班里开展了关于课外阅读的活动，召开了主题班会、学生座谈会，设了图书角，以便学生阅读，女生反应很积极，却忽视了男生的反应。

青少年接收的信息广泛，有时超过了他们这个年龄段正常的对性的了解；他们了解性知识的渠道往往不是通过老师或父母。社会上一些不合规的书籍只要是有利可图，哪里还管青少年的健康成长。因此，该教师没有埋怨学生，应该埋怨的是那些不合规的小书摊、没有社会责任感的黑网吧。

自从上次与几个男生就"朦胧的性意识"促膝谈心后，老师和他们的关系在悄然改变着。学生给老师写信说："老师你知道，当我租借的那本书被你发现以后，我想，我完了，挨批评我并不怕，难堪是你以后会怎样看待我。真的没有想到的是，你宽容我们的言行，你不但没有批评我，没有告诉我父母，你还在百忙中专门抽出时间和我们展开交流，解决我们心理上的一些困惑，帮助我们打开心灵之窗，我们觉得老师像姐姐，又像朋友，更像母亲……真的好开心，你和我们一大群男孩亲近着。我们以后一定要好好学习，争取把班里的工作做得更好。"

案例评析

要重视对学生的思想教育，密切关注学生的思想动态。谈心技巧是班主任工作的一门艺术，需要做到以下四点。一是要诚恳。必须建立在对学生深厚感情的

---

① 选自专家学者的案例。

基础上，要诚心诚意，以诚相见。不能先入为主，也不能打官腔，或拐弯抹角地套学生的心里话。二是要谦虚。谦虚是人的美德，保持谦逊可以缩小与学生的距离。与学生谈心时要放下架子，用平等的态度和学生相处，不能居高临下、盛气凌人，摆出一副教训人的架子。三是注意时机。善于捕捉谈话的时机。四是注意语言艺术。

思考题：
（1）为什么要调整心态，再次出发？
（2）试谈怎样做有魅力的老师。

四、班主任的理性智慧教育

近十年来，习近平主持召开了一系列重要会议，发表了一系列重要讲话，深刻回答了师德师风建设方面方向性、全局性、战略性的重大问题，把党对师德师风建设工作的规律性认识提升到新高度。

（一）班主任的德才学识

第斯多惠说："教师本人是学校里最重要的师表，是最直观的、最有教益的模范，是学生最活生生的榜样。"孔子说："其身正，不令而行，其身不正，虽令不从。"2022年全国教育工作会议提出"坚持师德师风第一标准"。教师在育人中具有重要的心理导向、道德导向和价值导向作用。教师有"德"，学生才会尊敬教师，才会以教师为"表"。教师有"才"，学生才会佩服教师，才会以教师为"师"。

教师享有"人类灵魂工程师"的美称，所肩负的社会职责和历史使命，决定了教师在道德修养和社会责任感方面必须高于社会其他人群。首先是德行育人，教师要确立高尚的道德准则。培养社会责任感，摆脱物质诱惑，耐得住寂寞。其次是人格育人，完善人格，发挥能动作用。最后是教学育人。挖掘教育本身蕴含的师德元素。主动发挥课堂教学主渠道作用，充分发挥各学科教材的思想教育作用，使思想政治教育变成师生自身的需要，增强教育的有效性。良好的道德素质，是个人与社会相容的条件。一个人学业上的缺陷，并不一定会影响他的一生，而道德、人格上的缺陷，可能贻害他一辈子。

【案例5】

该不该惩罚学生[①]

陈玲担任小学三年级两个班的语文老师兼一个班的班主任，工作认真，责任心强。她常常担心班主任工作做不好，担心学生作业写不好、考试没考好。每当班里学生违纪时，她便感到焦虑不安，但她因为怕伤害学生，并没有惩罚学生，但积累的焦虑情绪伤害了她的身体，她患了焦虑症和中度抑郁症。她回想自己读小学三年级时，因为上课迟到，老师用书扇了她一耳光，然后叫她站在教室门口，站了两节课。教室门口有老师走过时都会看着她。她下课还站着，同学也过去笑她，她尿急不敢说，只能默默哭泣，后来尿裤子了。老师看了还生气，叫她回去，她不敢回去，就这样在学校待了半天，中午才回家去，一见到爸爸妈妈就哭了出来。爸爸妈妈觉得非常伤心，老师能这样罚学生吗？

案例评析

学生偶尔出现错误是难免的，但老师惩罚学生要掌握度，不能把体罚当作严格要求。罚学生在课室门口站两节课，学生哭了甚至尿裤子了老师也不当一回事，学生一辈子都不会忘记这样的"回忆"。案例中的老师患了焦虑症和中度抑郁症，是否与当年她老师的体罚有关？她成为老师后不罚学生的做法又是否正确？如何坚持"师德师风第一标准"，应引起教师高度重视。

思考题：

（1）为什么说我们要提倡"挺起胸来走路，抬起头来做人"？
（2）试述坚持"师德师风第一标准"的重要意义。

（二）班主任的人格魅力可塑造学生的智慧人格

专家认为，在不同的学科领域，智慧的意蕴异彩纷呈。在哲学领域，智慧是指人迅速、灵活、正确地理解和解决问题的能力。在生理学领域，智慧是指智力、知识、方法、技巧、意志、情感、个性意识倾向、气质与美感要素构成的复杂系统。在心理学领域，智慧是指人的聪明才智。在社会学领域，智慧是指人在社会生活中能够敏锐、明智、合情合理地处理问题。在教育学领域，智慧是指人们运用知识、经验、能力、技巧等解决教育相关的实际问题和困难的本领。

1. 智慧人格与道德人格

古往今来，社会对人才的要求基本都是围绕德行、学识、能力展开的。教师

---

① 选自专家学者的案例。

通常通过道德教育来塑造学生的智慧人格，而现在更注重通过智慧教育来塑造智慧人格。孙绵涛说："教育活动既要促进人的智慧人格的形成和发展，也要促进人的道德人格的形成和发展。"从塑造学生道德人格来说，教师可以通过对学生进行"经济生活""政治生活""文化生活""生活与哲学"等必修课程相关知识教学与管理，让学生形成"博学""多知"的智慧人格；通过提高学生运用知识解决实际问题的能力，让学生形成"多能""通道"的智慧人格；通过对学生进行情感、态度、价值观的教育，让学生形成"崇尚""尚德"的智慧人格。用智慧开启智慧，用人格魅力塑造学生的人格，从而点亮学生的智慧人生，使其以智慧的心态来追求人生梦想，体验人生情怀，坚守人格信念，拓展智慧人格，提升人格力量。即把人格转化为力量，在班级管理中智慧地获得知识，智慧地解决问题，智慧地塑造人格。

2．智慧不是经验的对立面，发展智慧需要经验

智慧型的教师，具备学习、处世、生活、育人智慧，既授人以鱼，又授人以渔，能够在各个方面给学生帮助和指导。管理的智慧离不开广博的专业理论。未成年人的思想道德教育，从本质上讲是人格、生命和生活质量的教育，是整个教育的灵魂，统筹并渗透在整个教育过程中。这种教育是关于道德的心灵叙事，属于生活范式而不是知性范式，它来源于生活、生命教育，也离不开师生和生生之间的交往。作为道德主体的教师，他们的德性修养、言行举止深刻影响并感染着学生的思想道德的养成。

思考题：
（1）为什么说学生学业成绩出色不一定意味着人格就健全？请举例说明。
（2）试谈教师为什么要通过道德教育来塑造学生的智慧人格？
（3）试谈为什么说教师的人格魅力体现了教师对学生的关爱、宽容、尊重和理解。

（三）班主任的理性智慧教育

理性智慧是人类独有的心理品质和认知能力，包括理性认识、分析和解决实际问题的能力。学生的理性智慧就是学生的心理品质与认识能力。对学生进行理性智慧的教育，实际上就是对学生的思想、学习、心理等方面进行教育，使学生化知识为美德，化理性为人格，让学生理性思考、有正确的认知。

1．化知识为品德

教学和实践活动，一般由班主任与思想政治课教师来承担，通过这些活动实现由知识教育走向道德教育，从而使学生的道德品质日益提高。其目的是培养学生的思想品德，可从学生的"知、信、行"做起。"知"是知识、学生求真的目标，"信"是诚信、信念、信任，"行"是行动、行为。

2. 化理性为人格

通过教学活动实现价值理性、科学理性与德性人格的有机结合，从而使学生的德性人格不断完善，实现人的道德精神与道德人格，实现"知识化—德性化—人格化"的教育过程。"知识化—德性化"是教育学生从知识性到道德性发展的过程，目的是使学生不仅要成为一个有知识、有德性的人，还要成为一个有高尚人格的人。

3. 生活道德智慧教育

梁爱蕴认为："道德智慧就是人作为道德主体超越自我，以最大限度地完善自我、他人和社会的大智慧。"对学生的道德智慧教育，就是从学生的道德潜能出发，将学生的道德认知、道德信念、道德体验、道德情操、道德人格、道德情感等统一起来；提升学生的道德审视和道德判断能力，使学生的道德智慧得以生成。

老师应以生活道德教育为前提，用伦理和道德法则来帮助学生认识和处理人与人、人与社会的各种关系，以使学生在寻求道德生活与智慧生活的过程中获得生活道德的智慧。例如，有的学生在面对学习压力、经济压力、情感压力、升学压力、就业压力时束手无策，毫无战胜困难的意志和能力。老师要帮助学生开启智慧和成功的大门，引导学生了解社会生活，认识社会生活，适应社会生活，从而提升学生的心理承受能力和生存能力，培养学生与人沟通的能力，增强其社会责任感和使命感，使其树立正确的人生观和价值观。老师要塑造学生的美好心灵，用自己的生活经验、学识和人格影响学生、感染学生、成就学生，不断提升学生的道德智慧。

4. 人格的守护

对学生精神的关怀，表现在以下四个方面。一是学生人格的守护。可以从两方面入手：首先是尊重学生，摒弃"权威"角色，和学生平等相处；其次是引导同事、家长、学生要守护学生的人格。二是学生个性的张扬。张扬个性是教师工作的主要内容之一，对学生的"错误"要仔细分析，找到"错误"中的"闪光点"，并对其充分肯定，在管理中避免用诸多的条条框框规范学生，要让学生个性得到充分发挥。三是激励。对学生的教育过程更是情感体验的过程。体验学生积极的情感（成功、快乐、喜悦等），对学生生活充满兴趣；体验学生的消极情感（失败、挫折、痛苦等），特别要情系后进生，给他们心理上的慰藉和精神上的鼓励，使之成为学习和生活的主人。四是心理的疏导。心理健康是学生智力活动的基础和前提。帮助学生调节好心理是教师义不容辞的责任。要密切关注学生的学习、生活和思想。

5. 心理情绪问题

学生的心理情绪问题主要体现在以下五个方面。

一是对他人不信任，多疑。
二是师生关系不融洽、摩擦多。
三是以一种消极的、否定的态度看待同学、看待老师，人际关系恶化。
四是以麻木不仁和冷漠的情绪对待周围的人，内心充满孤独感。
五是没有体会到生命的重要、父母的养育之恩。

积极的情感状态，可以提高个体自我效能感。消极的情绪状态不但会降低个体的自我效能感，而且不利于其身心健康。"自信人生二百年，会当水击三千里。"人生的际遇不可能一帆风顺，要正确应对心理情绪问题，乘风破浪，勇往直前。

思考题：

（1）试谈社会人格和心理人格。
（2）为什么教师要充分研究学生的心理特点、变化规律及个性差异？

五、实践与探索：塑造学生健康的人格教育[①]

塑造学生健康的人格教育，对促进学生的全面发展，提高学生的心理素质有很重要的作用。

（一）塑造学生健康的人格教育是德育工作的重要组成部分

塑造学生健康的人格是德育工作的重要组成部分，是学校德育的有效补充，是提高学生心理素质的根本保证[②]。人格发展影响人的心理素质的健全和提高。学生如果形成人格障碍或人格发展不健全，心理健康程度必然受到影响。从学生心理健康的主要内容来看，大多数是情绪调节、人际关系、情感心理、压力应对等方面的教育，而涉及人格教育的具体内容较少，真正采取相关措施与对策的则更少。人格教育认识及研究的缺失，使学生存在不同程度的心理健康问题。常见的有以下几种。（1）对人多疑。很难相信别人，即使要好的朋友，也从不听信，遇到事情总是疑神疑鬼，怕对自己不利。（2）恐惧。不论在学习还是在日常生活中都极度地怕事，似乎自己总面临着什么危险和侵害，处处谨小慎微。（3）焦虑。心理总是为某些事情，如学习成绩、人际关系等焦虑，思想情绪不稳定。

[①] 邱云兰：《塑造学生健康的人格教育》，载《社会科学》2018 年第 3 期，第 335－336 页。
[②] 李由欢：《造就学生高品位人格探索》，载《德育：伟大的基础工程（下册）》，北京师范大学出版社 1998 年版，第 247－249 页。

(4) 考试过于紧张。缺乏良好的心境，致使大脑处于抑制状态，考试很难发挥正常水平。(5) 有较严重的逆反心理。不愿意听老师和家长的劝导，有时甚至会故意对着干，与家长和老师形成对立的局面。(6) 失去信心。不相信自己的能力，情绪消极，对很多事情总是悲观失望，尤其有些"双差生"，更是表现出破罐子破摔的态度。(7) 对他人冷酷无情。不讲友爱，缺乏必要的同情心，遇到问题、和他人产生矛盾时，肆意伤害对方，不顾后果。(8) 孤独忧郁。不善于与人交往，有事不愿意和别人讲，以自我为中心，沉默寡言，多愁善感。(9) 感情脆弱。遇到学习、生活、感情等问题时容易走向极端。(10) 心理承受力差，缺乏艰苦磨炼。认知偏差大，个性强，经不起挫折，情感有障碍，意志不坚强，不能正确认识自己，苛求环境，苛求他人，自私狭隘，惧怕困难，不能面对挫折，不能独立决策，因而导致愈来愈多的情绪或行为问题。其实，其根本原因在很大程度上是人格扭曲。青少年时期是健全人格的时期，如果不合理地引导和培养，最终会影响其健康发展。青少年时期自我意识的分化，使主体开始观察、评价、监督和调节自己，青少年时期也是自觉地改造自己、教育自己的关键时期。只有具备健康人格的学生，才能恰当地评价自我、战胜自我。

健康的人格教育要以学生为本，要从人性化教育入手，体现人文关怀。只有符合学生心理发展和人格构成规律的人性化手段才能有助于人格塑造①。要从学生自身的人格构建、健全发展来追求和实现心理健康教育的目的。即可从以下几方面进行人性化教育。(1) 智力发展。使学生了解智力发展规律、分布特点及自身智力发展水平，通过常规或特殊训练，挖掘学生智力潜能，长善救失，避免感知障碍、记忆障碍、思维障碍的出现，使学生神经系统的功能健康发展。(2) 情绪稳定教育。学生是具有丰富情感的人。要使学生了解人的情绪和正常值及情绪变化特点，通过有效的调控，使学生经常保持良好的心理和乐观的情绪，形成较强的情绪处理能力和较强的抗干扰能力，防止焦虑症状等心理疾病的产生和恶化。(3) 意志坚强教育。使学生了解意志在成才中的作用，有意识培养学生的自信心、成就感，提高他们自我评价、自我控制能力和果断、持久的行为品德，增强抗挫折能力，培养面对困难的大无畏精神。(4) 社会实践与环境适宜教育。使学生了解未来社会的变化趋势和特点，通过模拟性的训练及频繁的社会接触，使学生敢于正视、正确对待现实和未来，不断修正不切合实际的幻想，克服"骄傲""骄气"的性格，以充足的心理准备和弹性的适应能力迎接挑战。(5) 社会和谐教育。使学生逐步认清人的本质特点，通过有意识的训练，使学生掌握一定的交往技能和交往艺术，在群体中能与人和谐相处，善于在群众中发展自己的才干，防止"社交恐怖症"等心理疾病的产生。(6) 人格心理健康教育。使学生

---

① 陈晓东、王辉：《塑造学生健康的心理品质，为21世纪输送有用人才》，载《德育：伟大的基础工程（下册）》，北京师范大学出版社1998年版，第360－362页。

了解健康人格的标准、自身个性的特点，并通过有意识的训练和开展活动，形成开朗、活泼、具有良好的同情心和正义感的性格，克服自卑感、孤独感，避免双重人格等病态心理的产生和发展。（7）重视教师心理健康教育。提高教师的心理素质，是培养学生健全人格、实施心理健康教育的重要保障。教师要缓解学生的精神（学习、经济、就业、人际关系等）压力①，做一些放松训练，如修正认知观念，换个角度看问题；置换情境，放松身心；用倾诉、运动等方式宣泄不良情绪；转移注意力，调整过高的期望值。

（二）健康的人格教育是提高学生心理素质的根本保证

现代认知人格理论认为，健康的人格是基于知、情、意三个子系统，在人格心理结构中高层的、协调均衡的发展。教育目标为：全体学生观念合理、思维正确、行为恰当、人格健全。培养学生健康的心理和健康的信念，要以学生为本，从学生的实际出发，又服务于学生。人格是一个人的人生观、价值观在日常生活中的一种表现。人格的认知理论发现，人格中认知、信念等因素对个体行为有较大影响，个人的人格特征往往取决于他的认知水平和行为观念。健康的人格应具有合乎逻辑、客观、理性、全面和科学验证性的理念、思维模式和认知方法，能促进个体适应环境；片面、狭隘、主观、不合理性的观念或思考方式，则会给个体带来困惑。有的学生的焦虑和自卑可能是由对自我的非理性信念造成的。因而，人格教育首先应培养学生健康的信念、态度和思维方式，即通过科学而系统的知识学习，形成正确而鲜明的观点，具有坚定的信念，指导自己坚持正确的行为，维护健康发展。

老师要有计划地进行系统的心理学、健康心理课的讲授，让学生了解人格的意义和要求。了解健康人格的基本特征，引导学生掌握培养健康人格核心特征的方法，鼓励学生参与人格教育的讨论，如通过情境互动、交流对话，形成正确认知和稳定观念。施加心理影响，利用有关学科知识和思维方法的渗透、理论学习和专题讲座等方式，传授有助于形成价值观、人生观、自我观念的知识，潜移默化地感染学生，帮助学生客观地看待现实，找准自己的位置，从多角度看问题，提高鉴别能力，形成正确的是非观，对自身行为方式进行认真的评价，逐渐矫正或改善自身人格结构，从而实现心理优化，提高心理健康水平和主体幸福感，提高认识水平，形成正确理念。

乌申斯强调必须以人格养人格。这表明人格具有榜样性的特点，也说明人格形成与发展是一个主动过程。当个体处于人格形成和发展过程中的时候，尤其是当他遇到某些不知采用何种方式或行为的陌生情境时，周围具有一定权威的群体的行为方式，很容易被个体学习和模仿。因此，要创设良好的外部环境和模仿样

---

① 南方论坛：《青少年犯罪日增，谁能置身事外》，载《南方日报》，2008年2月29日，A02版。

本，充分发挥隐性教育资源作用，丰富学生的精神生活，满足学生的合理要求，激发学生学习热情，营造良好的群体氛围，使学生形成良好的人际关系，有安全感，能保持健康的人格。要坚持提供相应榜样。例如：（1）直接榜样。让学生在身边的学习和生活环境中寻找榜样，如教师、同学、优秀前辈，分析其人格特征，通过榜样的启示和表率，学生可以将自身认可的部分转化为培养自身人格的动力。教师作为学生的楷模，其角色及人格影响外在形象和内在人格魅力及与学生交往时的态度与观念，对学生健康人格的形成起着潜移默化的作用。（2）间接榜样。经常引导学生阅读和学习名人、专家、英雄人物的事迹，从名人的成长、成功经历中体会其人格力量，为自己树立人格发展的标准。（3）建立人格机制，充分利用人格资源。每年对全体入学新生进行个性测试，对每位新生提出个性调查的建议，健全心理健康档案、重点关怀对象档案，采取积极的心理暗示，在良好的人文环境中陶冶学生健康的心理品质。（4）有针对性地开展辅导讲座，主题鲜明、趣味性强的群体性心理教育活动，如"学生心理训练营""迈向人生健康路""读得轻松，学业成功，心理健康路路通"等。

塑造学生健康的人格是一项伟大、复杂、系统的基础工程，学校、社会、家庭要共同关心，通力合作，帮助学生调节好心理状态，解决学生身上存在的各种各样且程度不同的心理障碍、心理缺陷；共同培养和建立青少年健康、高尚的人格，积极宣传、普及心理卫生知识，改善学校育人环境，倡导健康、积极的人文氛围。以科学严谨的教育活动，教师良好的职业素养、人格魅力，相互尊重与信任的教育氛围，民主和科学的管理方式来影响、塑造学生人格①。以校园心理小报、黑板报、广播、文化长廊等形式营造良好的校园文化。文化是一个国家、一个民族的灵魂，"文化兴国运兴，文化强民族强"。文化能为人民提供坚强的思想保证和强大的精神力量、丰润的道德滋养②。采取有利于将学生自身品质转化为健康人格的途径和方法，启迪心灵，陶冶人性，开发潜能，塑造人格。把健康的人格教育渗透到社、团、队活动中去，认真区别青少年学生人格形成中的优劣、善恶、美丑，耐心细致地对学生进行身心健全发展的引导、诱导、劝导③，使学生能真正摆脱孤独、迷茫、彷徨、空虚等所带来的痛苦与烦恼，形成人生正确理想和抱负。

思考题：

（1）同事在工作中如果出现了失误，你应当怎样做？

---

① 邱云兰：《加强年级管理 提高德育实效》，载《现代教育论丛》2002年第5期，第62－65页。

② 朱鸿亮、鲁宽民：《习近平新时代文化建设思想的鲜明特色》，载《光明日报》，2017年11月20日，第5版。

③ 蔡定寿：《加强师德修养，注意仪表风度》，载《中华优秀科学论文选》第3卷（教育），四川人民出版社1998年版，第98－100页。

A. 尽自己最大的努力帮助弥补；B. 和自己关系好的就尽量地帮助；C. 与己无关，当个旁观者；D. 在旁边看笑话。

（2）当你在工作中遇到不合作的同事或学生，你准备怎样处理？

（3）为什么说低调做人不仅是个体人格魅力的体现，更是对社会公平与正义的一种尊重？

第六章　班主任的基本素养与角色定位

关键词：班主任；新定位；新要求；新任务；"六个要"素质；基本素养；师德修养；师德师风；职业道德；理想信念；角色定位；任职条件；职责权限；激励机制；实践探索；职业院校；案例评析

教师队伍的素质决定学生的素质，决定教育的前途；教育的前途决定国家的未来。国家的未来需要大批笃志力行、矢志不渝、将青春献给教育事业的教师。教师既是构建和谐社会、和谐校园、和谐班级的重要力量，也承担传播知识、传播思想、传播真理的历史使命，肩负着塑造灵魂、塑造生命、塑造人格的时代使命，是国家富强、民族兴旺、人民幸福的重要基石。

一、班主任的道德素养

（一）加强师德师风教育

教育是国之大计、党之大计，教师是兴教之源。师德为本，师德建设决定教育改革的成败。应明确师德师风规范，增强师德师风基本遵循；围绕提升教师的师德素养，筑牢品德底线，践行师德标准。师德师风建设的基本要求：修为立身，以化教人；自力立身，以率正人；明大德，立教之魂；守公德，立师之根；严师德，立身之本。学生处于求知阶段，他们的模仿性、可塑造性强。教师的一言一行，都会给学生带来很强的感染和影响。

道德是人类精神素质的重要构成要素，它决定于社会基础。教师的道德素养是从事教育活动、履行教师职责时所具有的心理意向和所必须遵循的道德规范、行为准则。习近平指出，"一个人只有明大德、守公德、严私德，其才方能用得其所。修德，既要立意高远，又要立足平实……踏踏实实修好公德、私德"。德为才之帅，才为德之资。

教师应该以身作则，在师德养成中铸造自己。一方面，一些老师不同程度地陷入了一种教学误区或困境，他们不敢管教学生，该罚却不敢轻易去罚，"谈罚色变"，不敢轻易指责或矫正学生的错误，唯恐被扣上"失德"的帽子。"多一事不如少一事"的想法成了有些老师隐藏在内心深处的"管理准则"。另一方面，在不当的舆论推波助澜下，少数老师为营造所谓"良好成长环境"还出现过极端的例子。在惩罚和体罚之间形成模糊不清的边界，使有些教师在师德养成中没有"守好一段渠""种好责任田"。

按照教育伦理学的观点，缺乏惩罚的教育是不完整的教育。适度教育惩罚恰恰是教育公正的体现，只不过如何把握惩罚的原则（实事求是、公平合理，真正做到当奖则奖、当罚则罚）、惩罚的度（避免体罚）以及惩罚的方式（把惩罚和尊重有机结合起来，避免伤害人格和尊严）等问题需要进一步引起关注。而其中最核心的便是如何把握惩罚的"度"的问题。相当多的教师在教育惩罚的认识和执行上存在误区，如"严格的要求"常被误解为"严厉的态度"。

所以在有的学校屡见不鲜的是老师对学生的"训斥"，却缺乏对原因的解释，多的是禁止或要求，少的是建议和引导；多的是教师施于学生的"罚"，少见的是学生自己承担后果的"自然惩罚"。如某学生因不喜欢别人出的黑板报，借做值日的机会擦掉了黑板报。老师狠狠斥责了学生，自己牺牲了午休时间将黑板报补上。其实如果让学生来做或承担无法参加评比的后果，是否更能给其留下深刻的印象呢？

善之本在于教，教之本在于师。老师是学生道德修养的镜子。古代的希腊人一直致力于探讨两个基本问题——"美德如何教"以及"美德教什么"。而这里无法回避的核心就是"谁来教"。换言之，教授学生做人的教师，自身应该具备什么样的美德？他又将通过何种"教"的方式来影响学生？

（二）教师要有理想信念和道德情操[1]

才是人的力量，德行是人的灵魂[2]，没有好的德行，就无法追求教师崇高的职业理想。教师的职业，是事关学生身心健康成长的职业，是事关中华民族振兴与繁荣的职业。在学生的成长与发展中，德行是航标灯、护卫舰，教师要树立崇高的教育理念，确立高尚的道德准则、道德情操和奋斗目标。

1. 问题的提出

党的十八届四中全会以来，广大教育工作者精神焕发，以满腔热情投身到振兴中华教育事业上来，他们在平凡的工作岗位上，无私奉献，做出了不平凡的业绩。

但是，也存在一些不尽如人意的地方，有的教师没有履行青少年社会主义核心价值观培养的这一重要使命[3]，理想信念淡薄，物质利益至上，精神追求不够，奉献精神不足，协调意识不强，强调自我，追求个性，使本应该完成的工作任务受到影响；一个守纪律、有修养、有理想信念的教师，必定是一个有较高道

---

[1] 邱云兰：《教师要有理想信念和道德情操》，载《新教育时代》2017年第11期，第180页。
[2] 熊张情：《敬畏之心：教师必备的情愫》，载《教书育人：教师新概念》2016年第7期，第42-43页。
[3] 金春姬：《青少年社会主义核心价值观培养模式的建构》，载《教书育人：教师新概念》2016年第1期，第12-13页。

德觉悟的教师、一个热爱生活的教师。道德觉悟不高的教师不善于学习,疏于钻研业务,工作责任心不强。他们虽然能守住教师职业道德的底线,但达不到事业型的高度,价值思维有偏差,不追求教书育人的境界,把金钱看作最高价值。有的教师以教书谋官,以官为本,一切为了做官,认为有了官职,就有权力,就有地位,就有金钱,因此,以教书为跳板,谋一官半职,上政治舞台。有的走上政治舞台以后,不善于学习,放松对自己的要求,甚至以权谋私,以教书谋名,有了名气,不遵循教学规律,不顾学生的全面发展。

有的教师只谈索取,不谈奉献,只讲名利,不讲仁爱,对待工作、对待学生,尤其是对待后进生,不仅没有给予尊重、细心呵护,而且看见学生违反纪律时当作没有看见。有的教师"苦口婆心"地"教育"学生要努力学习,遵守纪律,热爱劳动,不迟到、不早退,可是连自己都不认真学习,上课迟到,甚至上班玩游戏;有的教师思想品质差、口碑差、工作能力弱、不民主、不公正、自己说了算,不深入群众,指手画脚叫别人做;有的教师无心教学,不认真备课、上课,批改作业、辅导学生走过场。这种有言传,没有身教的"教育",不但对学生起不到好的教育作用,而且负面影响极大,会影响学生的品行。因而,教师要从自身做起,加强理想信念和道德情操的学习,以及树立正确的人生观、世界观、价值观。

2. 教师要有理想信念和道德情操

一名教师要有高尚的师德、师风,要有高尚的思想情操;要有终身学习、从严治学、从严治教的精神;只凭一腔热情是不够的,还要不断提高自身的业务水平、教科研能力,树立正确的教育思想和教育理念,具有为人师表的高尚品质、道德情操、文化修养,具有良好的心境和创新的教育思想、教育方法、教学能力。做先行教育思想的传播者、教育艺术的示范者、教育教学科研的力行者①,应成为每一个教师尤其是班主任追求的奋斗目标和教育理念。

学高为师,德高为范。教师对学生要求严格的同时,要从自己做起,身体力行、言行一致、表里如一、关爱学生、开拓进取,用优良的风范去影响学生,理解学生、引导学生、信任学生,真诚地面对自己,剖析自己的不足,向名师迈进。名师是师德的表率、育人的楷模。教师应以高度的责任感和事业心投身到培养人才、振兴中华的教育事业上来。树立正确的质量观、价值观、人生观、道德观、奋斗观。切实做到立校不忘质量之基,为生不谋一己之私,教书不忘育人之本,成功不忘"思想"之魂。真正做到想学生之想,急学生之急,全心全意为培养社会主义事业的建设者和接班人做出新的更大的贡献。

理想信念是魂。一个有理想信念的老师,才能在学生心中播下理想的种子。一个政治素质过硬、有家国情怀的老师,才能做学生奉献祖国的引路人;热爱教

---

① 邱云兰:《研究性数学课堂教学模式的探索》,载《现代教育论丛》2010年第12期,第83-85页。

班级管理：立德树人

育事业，是每一个教育工作者职业道德的基本要求。班主任更应该如此。老师要严于律己、作风正派、表里如一，做学生的楷模。

在学生眼里，老师"吐辞为经、举足为法"，其一言一行、一举一动都给学生以极大的影响。老师应牢记职业道德底线，提升道德素养和管理艺术。

思考题：
（1）教师要提升道德素养应从哪几个方面做起？
（2）为什么说教师要有理想信念和道德情操？

二、班主任的知识与能力素养

（一）知识素养

习近平指出，"扎实的知识功底、过硬的教学能力、勤勉的教学态度、科学的教学方法是老师的基本素质，其中知识是根本基础。"具有扎实学识、思维新、视野广的班主任，才能做学生知识的引路人。完善、合理的文化知识结构，是达到最佳教育、教学效果的重要条件，在整体素养结构中占核心地位。班主任知识越丰富、造诣越深，就越有威信和教育力量。班主任应利用自身的优势和本领去开创新局面。

班主任要具备精深的专业知识、广博的文化知识、扎实的教育理论、丰富的管理科学经验。无论在知识技能上，还是在行为品质上，都要身体力行。班主任要在教学上树立专业、权威的形象，以此赢得学生的信任和敬佩。无论班级工作怎么忙，绝不能忽视自己的知识素养的提升。要做"人师"，努力使自己成为学术上的专家，有扎实的专业基础知识和专业技能，以自己的一举一动、一言一行影响学生。如果没有扎实的专业基础知识，不思进取，不注重理论知识的学习和更新，不注重知识技能的提升，难免面临知识"老化"。如果对先进的经验视而不见，对失败的教训熟视无睹，对自己工作的成功经验找不到科学的依据，就会影响教师自身的发展和学生的成长。

【案例1】

教师的知识素养[①]

某教师硕士毕业后，到一所中学任教，教授她所学的专业生物。她专业基础知识比较扎实，计算机和英语知识丰富，普通话标准，组织教学能力强，而且长

---

① 选自专家学者的案例。

相好，有气质，使人眼前一亮，但是教学效果不怎么样。领导或同事和她研究讨论时，她不仅不反思，还振振有词，说学校待遇差、规章制度有漏洞、教材编写水平差、学生素质低、班主任不配合、学生家长不懂教育等。她举出各种理由说明她自己没有错，其他老师和学生很难说服她，大家难以达成共识或有效解决问题，影响了她自身知识水平、教学能力的提升。

案例评析

抱怨、指责不是解决问题的方法，要抱怨、指责就抱怨、指责自己，自己才能深刻地反思。教师在课堂教学不仅要教会学生知识，更应该让学生理解知识和运用知识、明白道理、悟出方法，从而激发学生学习的内驱力。

案例中的老师教学效果不突出的主要原因是她没有根据教情、学情，以学定教，没有总结经验，没有虚心向有经验的老师学习，没有听取师生的正确意见和建议。她应自觉主动地提升自己，和师生打成一片，争取领导和老师的支持和配合，才能收到良好的教学效果。

思考题：

（1）教师要提升自己的知识素养，应从哪几个方面做起？
（2）为什么说教师要加强理论学习？

（二）能力素养

能力是顺利完成工作的必要条件。班主任的能力可以分为：组织能力、思维能力、判断能力、语言表达能力、协调能力、科研能力、决策能力、应变能力、宣传能力、观察能力、预见能力、自我调控能力、综合能力等。班主任的能力素养直接影响班级管理工作成效，是班主任素质结构中的重要组成部分。以下对几种主要的能力素养进行解析。

1．组织能力

组织能力是班主任能力素养中的重要内容，分为管理能力、课堂教学能力、因材施教和创建班集体的能力、组织开展各项活动和控制整个课堂教学程序的能力等。

2．思维能力

班主任的思维能力包括：辩证思维能力，如综合应用能力、归纳演绎能力、逻辑思维能力、抽象思维能力；整体性思维能力，如从宏观上把握事物的整体、从整体上把握事物的性质和规律、从事物的整体效应中分析事物；创造性思维能力，如想象、灵感、直觉。

3. 判断能力

与个人品质密切相关、借"定式"做出判断、明察秋毫，把握全局是提高判断力的根本，力求宏观判断与微观判断的统一。

4. 语言表达能力

无论是课堂教学还是班级管理，都需要沟通和表达。班主任的表达是否得当，直接影响教学和班级管理的成效。班主任在班级管理中要驾驭语言表达，说话内容要与时俱进，说话技巧要不断创新。话不在于多，但要精辟、中肯，能拨动学生心弦，开启学生心扉。但有的班主任语言表达能力弱，讲话没有激情、没有趣味、没有活力，难以被学生接纳。要以激情引起学生的激情。有了激情，讲话才会更有影响力，才会被学生喜爱。

一句恰到好处的话语，可以成就一个人的事业和人生，一句不适宜的话语也可以毁掉一个人的梦想和前程。因此，班主任应正确把握语言个性能力，在立德立言中成就自我，实现价值。

5. 协调能力

只有具备适应社会的能力，才能成为有才智的人。苏霍姆林斯基说："教育的效果取决于学校和家庭的一致性，如果没有这样的一致性，学校的教育、教学就会像纸做的房子倒塌下来。"学校教育学生爱劳动，家长却担心自己的孩子吃苦受累；教师教育学生不赌博，家长却说打麻将"三缺一"，叫孩子上阵玩两把。家长不与老师协作，只会使学校教育、家庭教育、社会教育无法发挥应有作用。这充分说明多方协调的重要性，只有学校、社会、家庭相互协调、相互沟通、相互理解、相互配合，班主任的能力素养才能得到充分发挥，学生才能得到更全面、有效的教育。

曾有一位学生由于新到一所学校，对学校的环境和教师的授课方式不太适应，于是有一次他在上这门课时翻阅自己写的画册。下课后老师翻阅了这本画册，觉得画得不错，并说道："如果上课不走神、不偏科、全面发展、突出特色，你将会变得更加优秀。"客观的评价、委婉的规劝、善意的提醒、殷切的期望、亲切的情感沟通，不仅提高了教师的管理能力，而且收到了良好的教育效果。

【案例2】

<h3 style="text-align:center">踢足球①</h3>

少数学生近期迷上了足球，喜欢在校园内踢足球，但出现不交作业，或作业马虎、潦草等情况。班主任只好把足球没收。过了几天，学生又开始在校园踢足球，而且踢得更频繁，班主任又把足球没收，一连收了4个足球，但他们那股足球热仍然没有停止下来。后来班主任改变做法，把"堵"改为诚挚的"导"。他

---

① 选自专家学者的案例。

找到了足球队的组织者,与他深入细致地交谈。班主任首先肯定踢足球有益锻炼身体,然后说明他们迷上足球后学习成绩普遍下降、作业普遍马虎、上课普遍走神、晚上迟迟回家,没有正确处理学习与体育活动的关系。班主任也诚心诚意检讨了自己,表示完全不让他们踢足球,抑制他们的爱好也不对。班主任说:"如果你们把学习搞好了,也能遵守纪律,踢足球促进了学习,那么我还鼓励你们踢足球呢。我现在把没收的足球归还给你们,你们无须再凑钱买,平时在课外活动时间,你们可以自由踢足球。"

案例评析

听了老师的一席话,爱踢足球的学生们口服心服,表示以后会正确处理学习与踢球的关系。当班上学生的思想行为与老师的要求不一致时,班主任和他们心平气和地对话,鼓励他们畅所欲言,与班主任达成共识,使他们体会到班主任是尊重他们、信任他们的,从而收到了预期的教育效果。

从控制论的观点看,管理实质上是一种控制。当管理的决策、计划、组织确定以后,主要的工作就是控制实施,并调控、解决实施中遇到的问题,保证管理目标的实现。

把握学生道德行为的日常控制系统,将"思想认识—行为目标—目标达成考核—行为训练—道德评价"作为每一个学生应有的道德修养和行为目标,可以保证学校教学的正常运转、规范管理。目标达成考核属于形成性评价,目的是使学生及时了解准确的评价信息,并以此为依据不断调整自己的行为。行为训练就是在教师的精心指导下,让学生完成规定的行为并符合行为规范。道德评价是学生道德行为日常控制系统的终端,它要求教师在充分了解学生日常行为表现的基础上,运用较科学的道德测评方法,对学生一学期或一学年的道德行为发展水平作出结论性的综合评价。

思考题:

(1)一名合格的班主任要具备哪几个方面的素养?
(2)班主任的能力结构中,你认为最核心的要素是什么?

三、班主任的心理素养与学生心目中的好老师

心理健康教育是提高学生心理素养、促进其身心健康、和谐发展的教育,心理健康不但贯穿于学生学业的始终,也贯穿于教师的教育教学的始终。

(一)班主任的心理素养

人的心理素养与社会环境、家庭教育、校内外教育以及文化熏陶有关,同时

也深受网络不良信息影响。老师的心理素养如何,影响着学生的心理素养。为此,要坚持创设全方位、全过程的心理健康教育载体,坚持构建多元主体的心理健康工作机制,坚持多措并举来提高心理健康教育水平,师生的心理素养才能得到进一步的提升。

在日常生活中,人们往往只重视生理方面的健康,而忽视心理方面的健康[①]。实际上,心理方面的健康与生理方面的健康同等重要,两者相互联系、互相制约、相辅相成。一般来说,人的心理健康表现为:智力正常、情绪健康、人际关系良好、心理特点符合年龄特征。影响心理素养的内容较多,如兴趣、爱好、性格、动机、信念等。物理学家杨振宁院士说,长寿注重四点,一是保持健康的饮食习惯。二是相信科学,正确治疗,不走弯路。他70多岁时做了心脏支架,能活到100多岁与心脏支架治疗有一定的关系。有些人认为,做完心脏支架手术的人就"废"了,所以不肯做。杨振宁认为生病后一定要科学治疗,不要总是拖着,他做心脏支架后保养得不错,身体好。三是保持良好的心态。如果长期处于高强度的工作压力下,可能导致身体出现高血压、精神涣散等情况,导致人的心理健康与身体健康出现问题。生活中难免遇到一些困难,最好的方法是从容应对。杨振宁在科学的生涯中遇到无数难题,但是他没有因此而颓废,反而是调整心态继续攻克难题。四是读书使人心静,运动使人健壮,动静结合才是最好的状态。班主任承担培养学生良好心理素质的重任,自身必须具备良好的心理素养,有丰富的心理学理论与实践经验;在心理健康教育中采取多种方法、多种途径,充分了解学生的性格、爱好、兴趣、信念等;有针对性地进行学生心理素养的提升。一个具有广泛爱好兴趣的班主任,能与学生找到共同语言,成为学生的好朋友。

【案例3】
轻拂心灵中的敏感问题[②]

体育老师对班主任说:"你班的文娱委员和体育委员,前天下午放学后,关闭课室门窗较长时间,敲门十分钟以后才开门,问他们为什么把门窗关闭,迟迟不开门,文娱委员说,他们在排练节目。""她?"班主任大吃一惊。这位女生开朗、热情、大方、爱说、爱笑,上课积极回答老师提出的问题,是班里的活跃分子。男生长得帅,是体育委员,也是班里的活跃分子,不过成绩一般。班主任有时看到他们俩走得很近,有说有笑,近来也发现女生注重穿着、打扮,似乎更在意自己的"形象"。

[①] 高洪源、刘淑兰:《庙算之道——教育管理的理论与方法》,中国铁道出版社1997年版,第391－396页。

[②] 马新国:《中小学班主任工作案例评析》,中央民族大学出版社2007年版,第108－109页。

第六章 班主任的基本素养与角色定位

班主任摇摇头，想让自己更清醒些，他们是班干部，怎么会干出这样的事来？班主任当作不知道此事，问他们俩，他们异口同声地说，他们没干什么，只是有时在课室排练节目。排练节目就需要一男一女关闭门窗吗？焦虑、埋怨、气愤的情绪一起涌上班主任心头。怎么办？现在才高二，怎么可以这样？狠狠批评他们就可以解决问题吗？他们对自己的情感特别敏感，稍有不慎，他们更可能封闭自己的"心门"。

俗话说："知彼知己，百战不殆。"班主任先旁敲侧击地了解他们的情况，电话联系了家长。女生家长很无奈地说："她在家经常'煲电话粥'（长时间打电话），和我们却没有什么话说，很有个性，我们说的话她很难听得进去。在生活中，和她关系比较亲密的都是一些和她有着差不多爱好的同学，她与班里一个家境较好的男同学走得近，称那是她的'男朋友'，与他来往频繁。她在家时间短，觉得父母唠叨，觉得郁闷。"听了这番话，班主任很不是滋味。他们都是班主任培养出来的班干部，班主任觉得他们有能力，在班里有一定的号召力，比较活跃。她爱好唱歌跳舞，他对体育感兴趣，他们都有做班干部的意愿。没想到，他们沉湎在爱情之中。

班主任回想他的高中时代，那时，"象牙塔"里的少男少女都会有朦胧的情感萌芽，只是更为含蓄和矜持。回到班里，班主任看到女生神情失落，微笑着对女生说："是否不舒服？到办公室喝点热水，可能会好些。"而对在课室里的事只字不提。班主任把她请到办公室，想听听她的想法。班主任说："怎么，有什么心事吗？"她是一个聪明的孩子，马上知道老师的意思，她紧张地抬起头来看班主任一眼："老师，我……"接着就不断地重复一句话："求求您，老师，我知道错了，千万不要把此事告诉班里的同学和我妈妈，我妈身体不好……"

"我发两条微信给你，感兴趣的话，仔细读一读，甚至可以打印出来，有需要时也可以拿出来读。虽然我没有看见你们在课室排练节目的事，但我知道年少懵懂的情感是弥足珍贵的。将美好藏在心底，它随着知识的增长就会慢慢地成熟。所以我把我要说的话发给你，我想你现在可能也有很多话要说，那你就把你想说的话写在信中，把这份情感留存在信里，把信封好，让我们有个新开始！我相信你是能处理好的，对吗？"她感激地看着班主任说："老师，谢谢你，我知道应该怎样做。"老师在微信里说："青春懵懂的情感，我们应该让它深埋心底，将它久久地珍藏起来。因为它现在还只是一颗种子，它需要和煦的阳光和清净的空气，它更需要一块适合它发芽、生长的沃土。而现在还不具备这样的阳光、空气和沃土。在还没有找到爱的种子赖以生存的环境之前，是不能用生物激素来催其发芽的。怎么办？有一个办法，那就是把它珍藏在心灵的保险柜里，而不轻易地开启它，使爱的种子得到心灵的温暖和保护，它也就不会感到寂寞了。相反，它会发出阵阵淡淡的芬芳，你们也能时时刻刻闻到芬香。"

男生来向老师承认错误，表示一定会好好学习，遵守中学生守则，不违反校

规班规，把精力投到学习上来。他辞去了体育委员职务。在生活中，他们不再那么我行我素，并且重新燃起了生命活力，学习表现都有了较大的进步。他们用实际行动来报答老师对他们的精心教育和引导。女生仍然担任文娱委员，变得稳重、成熟了，做事会思考，处理问题果断，管理游刃有余，和同学关系融洽，得到同学的肯定和欣赏，最终成为一名有实力的班长，学习更是大有起色，高考顺利考上了音乐学院。

案例评析

有些学生对寻找灵魂伴侣、获取真挚的爱情非常渴望。情感是人最基本的精神需求，它随着个体的成长不断积累和发展，对学生健康成长有着重要影响。高中阶段是学生的青春萌动期，也是学生学习和成长的重要时期。学生"亲其师"才能"信其道"。班主任通过发微信、写信、联系家长等，旁敲侧击地了解他们的情况，才能够及时引导学生，进行有针对性的情感教育、理想前途教育、生理卫生教育，使他们将精力投入学习中。老师巧妙地、艺术地化解了学生的情感危机，引导学生要控制好自己的感情，不能超越同学情感，收到了较好的教育效果。陶行知说："真的教育是心心相印的活动，唯独从心里发出来的，才能打到心的深处。"老师要和学生交朋友，让学生打开心扉，把老师当朋友。为了更好地减少学生早恋现象的发生，老师可以分别召开男、女生专题教育会议，针对人生、奋斗、纪律、学习、安全、自卫、卫生等方面进行教育，提升他们的道德素养。

思考题：
(1) 阐述班主任的能力结构。
(2) 试谈班主任的心理素养包括哪些方面的内容。

（二）班主任的身体素养

素养一般是指人们后天形成的，结合知识、能力、习惯、思想修养等多种要素建立的综合能力。

1. 健康的身体是做好班级工作的前提

身体素养包括心理素养等。有的教师心理健康问题日益凸显，学校在工作和生活等方面仍需加强对青年教师的人文关怀和心理疏导。有的班主任心理负担较重、教育教学管理任务重，压力大，家中上有老下有小，有抚养和教育压力，工作中人际关系比较复杂，不断遇到新问题的冲突和困扰。因此，班主任情绪要稳定，心胸要坦荡。有的班主任长期超负荷工作，积劳成疾。因此，班主任要注重个人、起居饮食和身心修养。

2. 有关调查数据

四川教育学院教授对 1000 名中小学教师进行调查①，发现约 88% 的中学教师、约 78% 的小学教师在教学工作中有严重的焦虑、烦躁等情绪。有一所重点中学竟有约 92% 的老师感到苦恼，容易情绪波动、发脾气，认为任务重、压力大、生活苦、学生难教等。近年来有关报道显示，中小学教师主要患病：（1）恶性肿瘤，特别是消化道恶性肿瘤，不仅对生命的威胁大，还会使肝、肺等其他器官问题增多；（2）心脑血管疾病，由于工作负担重，一些教师日均工作时间长达 10 个小时，平时参加体育锻炼少，有资料表明，60.46% 的中学老师、70.06% 的小学老师从不参加锻炼，有不少老师想进行体育锻炼，但苦于没有时间，因而心脑血管弹性差，导致高血压患病率高，容易发生心血管疾病；（3）消化系统疾病，如胃与十二指肠溃疡，以及慢性胃炎患病率高达 15%～25%，这与教师平时精神紧张有关；（4）肝病，尤其是乙型肝病，与长时间久坐、缺少运动和饮食结构不合理，以及身心状态不健康有关；（5）痛风，与饮食有一定关系；（6）慢性疾病等。

在心理素养方面，教师可从动机、信念、情感、意志、爱好、性格等方面改善心理健康状态。如善于控制、克服消极的情感，使自己成为目光远大、意志坚强的人，不因小事烦恼。工作只需尽力而为，维护和睦，不要为小事发脾气，要保持有规律的生活作息。

要调整好心态，珍惜今天、正视今天、接受今天、善待今天，善调攀比心理，坦然承认差距，悠然寻求健康的心理。

思考题：
（1）教师怎样才能提升自身的心理素养？
（2）教师要怎样调整好自己的心态？

（三）学生心目中的好老师

管理者与被管理者经常会出现矛盾。在处理这种矛盾时，班主任要有艺术地将两者统一起来，才能取得教育实效。在班级管理中遇到种种问题时，班主任如果不善于协调师生关系，个人形象与学生的期望不一致，不仅会不受学生欢迎，班主任的工作还将陷于危机，使管与被管的矛盾日渐突出。

受学生欢迎的老师的特质一般包括"开朗""理解学生""亲切""平易近人""感情真挚""热爱学生、尊重学生"等。当今，学生喜欢怎样的老师呢？

---

① 高洪源、刘淑兰：《庙算之道——教育管理的理论与方法》，中国铁道出版社 1997 年版，第 385 - 386 页。

请看下面一个问卷调查。在针对两个城市的高中学生的问卷调查中，有一道题目是"你认为一个好老师应该做到：A. 既能教书，又有较强的科研能力；B. 只要教学水平高，科研水平无所谓；C. 既能教好书，也能教做人；D. 不仅教学水平高，而且待学生真诚。"在两个城市 22000 名普通高中生的选择结果中，排在前面的是 D，占比高达 41.5%，而"既能教好书，也能教做人"的占比为 30%。可见真诚在学生心目中的分量。

"真诚"是做"好老师"的前提。"真诚"是沟通的基础，是有效进行教育的必要条件。一个人失去了诚信，就失去了一切。正如赞可夫所说："如果说没有诚信，师生之间真正的相互关系，就缺少了有成效的教育教学工作的必要条件。"

真诚是掺不了半点虚假的，想的、说的、做的始终如一，才能奠定教师人格魅力的基础，才能使学生"信其言，效其行"。

总之，每一个教师都应知道：最受学生欢迎的老师，必须在纵向上有深度，对某一门学科深入研究，在课堂教学中能让学生如沐春风；在横向上有广度，对相关学科博闻强识，在教育教学活动中能授人以渔；在品格上有风度，在为人处世上能够至诚求真，在师生交往中能让人充满希望。教师具有这样的知识、能力和品质，学生就能够在他身上感受到师长的温暖，看到知识的光芒，领悟人生的真谛。

思考题：
请阐述你心目中的好老师。

四、班主任的角色定位

"角色"一词，用在社会生活方面，不仅代表特殊的生活方式，也表示要完成的特殊任务。班主任的角色定位是：学生的引路人、组织者与协调者、幕后的指导员，而不是舞台上的演员。班主任要信任学生，让学生成为班级的主人。有的班主任认为：当一名教师如果不当班主任，就较难感受到当老师的乐趣。有老师说："假如再次允许我选择职业的话，我还会选择当老师，尤其是当班主任。"班主任工作有如此的吸引力，与班主任在学校承担的角色是分不开的。如果责任意识淡薄，班主任就难以管理好班级。

（一）班主任的任职条件及工作职责

列宁说："管理的基本原则是一定的人对所管理的一定工作完全负责。"只有明确责任，才能激发高度的责任心和积极性，才能保证更好、更合理地利用人力、物力，才便于检查工作，实行赏罚。

1. 班主任的任职条件

班级管理工作能否取得成效，与选择、考核、培养班主任有密切的关系。俗话说，有一个好的班主任，就有一个好班。选择和聘用班主任的条件是：

（1）人品好，作风正，善于学习，与时俱进；

（2）有广博的文化、科学知识，基本功扎实，教学水平较高，能力较强；

（3）有较丰富的班级管理经验和教科研能力；

（4）有强烈的事业心，热情高，热爱班主任工作。

教育部发布的《小学班主任工作暂行规定》对班主任工作做了明确规定。基本任务：在学校校长的领导下，按照德、智、体、美、劳全面发展的要求，开展工作，培养良好的班集体，全面关心、教育和管理学生，使他们的身心全面健康发展，长大能够成为有理论、有道德、有文化、守纪律的社会主义公民。

2. 班主任的工作职责

（1）制定本班学期工作计划，对学生进行思想品德教育，教育学生努力完成学习任务。

（2）全面贯彻执行新时期的党的教育方针、学校有关决策和规章制度，建立班级量化管理制度，培养学生德、智、体、美、劳全面发展。

（3）按时召开班会和主题班会课，密切关注学生的思想动态，不断总结和完善班级管理艺术，争取在有关期刊上发表学术论文。

（4）关心爱护学生，协助抓好学生宿舍管理、早操、课间操等，培养学生养成良好的学习和生活习惯。

（5）协助指导班委、少先队、团支部、党支部有序开展工作，积极培养学生入少先队、入团、入党，建立良好的班风和学风。

（6）对本班学生在校内外发生的问题及时采取有效措施，遏制校园欺凌事件，禁止学生带手机进校园，禁止在校内外吸烟，禁止损坏公物等，及时与学校和学生家长取得联系，及时反馈给年级主任。

（7）做好家访工作，取得学生家长和社会等方面的支持。

（8）协助做好三好学生、优秀班干部、优秀少先队员、奖学金等的评定工作。

班主任所肩负的职责既是光荣的，也是有挑战性的。

思考题：

（1）为什么说班主任所肩负的职责既是光荣的，也是有挑战性的？

（2）为什么说只管教书、不思育人是舍本逐末，只思育人、不会教书是天方夜谭？

（二）幼儿园及小学班主任的角色定位

班主任需要具备相应的职业技能，掌握这些技能必须通过实践[①]。

1. 班主任是班集体的组织者，是学生成长的引路人

幼儿园班主任是学生的启蒙老师。孩子入学时接触的第一位老师就是班主任，在学校接触最多的也是班主任。班主任对班集体的形成和发展起着重要的作用。班级风气的好坏，对孩子的成长影响很大。一个良好的班集体就是一种教育的力量，有利于培养学生的集体主义思想、良好的品德和行为习惯，有利于学生发展智力、能力和个性，促进他们身心健康发展等。因此，学生、家长、学校领导，对班主任都寄予希望。

大的方面如引导孩子德、智、体、美、劳全面发展，小的方面诸如怎样正确背书包、怎样扫地、怎样削铅笔、怎样摆放学习用品等，都离不开班主任的引导。有的孩子因为贪玩，忘记去厕所，导致尿裤子的现象时有发生。班主任在班上开展了"如何避免尿裤子"的教育活动，帮助孩子养成良好的行为习惯。孩子良好的生活习惯、思想品德的养成，都需要教师倾注满腔热情；孩子在学习上取得的每一点进步，都需要老师洒下辛勤的汗水，打开孩子智慧的大门。小学班主任将孩子从幼儿的懵懂状态逐步引向理智的人生，担负着思想的启蒙、心灵的塑造、知识的获得、智力的开发、兴趣的培养、习惯的养成、体质的增强等责任。教师需要呕心沥血，全面把握。有班主任将其工作经验归纳为五点：一是希望。对全班每一个学生提出希望。二是信任。师生间相互信任，有诚信。三是关心。对每一个孩子的思想、学习、生活全面关心。四是理解。了解、体贴学生，注重情感交流。五是鼓励。寻找闪光点，指出不足，提出改进方式，促使孩子向健康方向发展。

学生的成长需要教师的培养和教育，新时代对人才培养有更高的要求，诸如独立、进取、创新、热情、合作、负责、自信、诚实等。学生接受能力较强、见识广。社会上形形色色的事物、多元化的社会生活方式、道德观念和思想意识等通过各种途径展示在学生面前。学生对许多问题都有自己的想法和看法。因此，教师要根据学生存在的问题，有针对性地做好学生的思想引导工作，培养学生的自主意识，使其从小养成良好的生活习惯和正确的消费方式等，例如，引导孩子认识到父母口袋中的财富并非取之不尽、用之不竭的，学会从父母的角度去思考，不提过分要求。总之，要塑造学生美好的心灵，加强学习，不断改进工作方法，提高育人实效。

2. 贯彻党的教育方针，促进学生全面发展

班级教育工作目标是培养学生成为德、智、体、美、劳全面发展的社会主义

[①] 李学农：《班级管理》，高等教育出版社2006年版，第235页。

的建设者和接班人。学生的全面发展包括身心和谐发展。班级教育计划需要教师贯彻落实。因此，班主任是班级工作计划的执行者、组织者、管理者、指导者和协调者，是保证班级教育程序正常化的基本力量。

小学班主任是学校和家庭沟通的桥梁，要充分利用家长会、家长学校、家访、家长听课日、接待家长来访等，做好家校间的双向交流。可以组织学生开展"请家长说句勉励话""评选家务劳动小巧手""自己学当一天家"等行之有效的教育活动。班主任要协调科任教师，及时了解和研究学生的思想、学习情况，协调各科活动和课业负担；利用社会有关平台，邀请专家来校指导和进行专题讲座，形成校内外教育合力。

（1）指导思想。马克思认为，人的全面发展需要脑力劳动和体力劳动的相互结合，它是以社会经济发展的运动规律、社会制度进步的必然趋势为依据，科学地被总结出来的。班主任要通过教育培养，促进学生德、智、体、美、劳全面发展，促使学生在人格、认知、身体、社会适应性方面走向成熟。学生全面发展的学说，是中国教育目标的制定方针和依据。小学班主任要认识到这一教育思想与教育内容的意义，掌握现代的人才观、质量观及评价标准，以形成正确的、符合时代要求和青少年儿童发展规律的育人思想，并按这一思想不断发展自己，为实施小学生智慧教育打下良好的基础。

（2）基本内容。根据《小学班主任工作暂行规定》，班主任的主要任务是全面关心、教育和管理学生。班集体管理是最基层的管理子系统，承担这一级管理职责的班主任是班级教育的第一责任人，肩负着重要的责任。有人把班级工作形容作"无底洞"，可见其繁杂，也有人说班级管理无小事，可见其重要。①全面关心学生。叶圣陶说："作为一个教师，只把功课教好还不够，最重要的是关心学生的健康成长。"班主任关心学生是热爱学生的起点，是进行教育的重要基础。班主任只有在思想上、学业上、生活上全面了解学生，才能因势利导地进行有针对性的教育。②全面教育学生。包含两方面内容：一是教育内容的全面性，即对学生德、智、体、美、劳全面发展的教育，主要靠课程设计与教学活动来完成，需要班主任的积极工作；二是教育活动的全面性，要通过开展各种活动进行教育，主要渠道是学校课程设置与教学活动。在教学活动上，对教师提出传授知识、培养能力和思想教育三项要求。教育活动分学校活动、年级活动和班级活动三种。班主任要珍惜每次活动的时间，精心设计、严密组织、系统安排。开展主题教育，是班主任落实全面教育不可缺失的教育形式。③全面管理学生。全面管理是指班级制度建设和组织建设要具有全面性。全面的教育要靠全面的管理来保证。全面管理既包括在整个小学阶段，根据班级的发展与学生身心发展特点而实施的纵向管理。也包括对班级组织结构、人员组织情况、制度贯彻实施的横向管理。纵向管理是过程性管理，要求工作有计划、有目标，并有循序渐进的工作步骤，要对学期、学年的管理全面考虑，有中长期管理计划；横向管理要求根据班

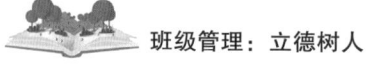

级的具体情况进行常规管理，抓制度化建设，这种管理主要依靠班主任指挥、组织、协调、规范。

纵向管理与横向管理结合起来，就构成了班主任的全面管理。进行全面管理需要抓好以下几点：一是班级日常生活规范化管理；二是班级学生思想管理；三是质量管理；四是纪律管理；五是课外活动的管理；六是班干部的管理；七是后进生的转化工作等，要实现以情动人、以境感人、以理服人。

3. 教育目标

人才的培养靠教育，教育的根本在于教师，教师是人才培养的落脚点和归宿。教育目标是培养"四有"人才。

（1）有理想：使学生有信仰、有追求、有向往、有奋斗，把我国建设成为具有中国特色的富强、民主、文明、和谐的社会主义现代化国家，并决心为共产主义事业而奋斗。

（2）有道德：教育学生遵循社会公德，通过社会主义核心价值观引导学生正确处理个人与社会的关系。

（3）有文化：把提高全民族科学文化水平的思想传递给学生，使他们从小就认识到社会主义现代化所需要的建设者应该掌握丰富的科学文化知识，并具有较高的文化修养水平。

（4）有纪律：教育学生提高公民意识，自觉遵守宪法和法律，在校要遵守校规，在社会上要遵守秩序，做社会的小主人。

要把教育任务的完成与教育目标的实现有机结合起来。教育任务是指班主任在一定教育思想指导下，为达到教育目标而应该"做什么"；教育目标是指班主任通过完成教育任务而达到的最终结果。教育任务是实现教育目标的基础，教育目标是完成教育任务的方向和评价标准。把教育任务和教育目标结合起来，就是要把班主任工作的全过程与教育目标相统一。

思考题：

（1）《小学班主任工作暂行规定》对班主任的主要任务作了哪些规定？

（2）小学班主任将孩子从幼儿的懵懂状态逐步引向理智的人生，主要有哪些工作？

（三）中学及职业院校班主任的角色定位

班主任是学校最基层的领导，承载着承上启下的作用，上有学校领导、年级主任，下有学生及家长等。班主任肩负着培养学生升学就业、提高学生综合素质的重任，是促进学生全面发展的主要角色之一。

第六章　班主任的基本素养与角色定位

1. 班主任要掌握班情，制定班级管理制度

班主任要通过各种方式让学生参与民主管理①，结合学情，制定有效的制度；在横向上搭建管理团队，纵向上形成管理格局，也就是说，既要进行"规范"管理，又要重视心理管理；既要注重定性管理，又要重视定量管理；既要注重管理过程中的思想教育工作，又要注重管理观念、管理能力的培养，要科学和艺术地利用人、物、事、时间、空间、信息等管理要素，引导全体学生运用制度、计划、组织、控制等功能，达到班级教育之目的，培养学生初步形成民主与法治的观念。班级不仅是学生学习的主阵地，也是纪律教育的主阵地。

班主任要与同事、家长和学生建立良好的关系，获取多方信息。尤其是要掌握班情，了解学生的学习、思想、生活、身体等情况。初中阶段是形成良好行为习惯的重要时期，班主任要充分发挥其教育主导作用和学生的主体作用，掌握学生年龄结构、特征及学生在家的情况，了解家长对孩子的教育方式。有的家长采取强制的养育方式规范孩子的行为，对孩子严厉干涉、否定，甚至粗暴指责，或完全不指责、不干涉、放任自流等，这对学生成长有一定影响，班主任应引导家长做到严慈相济、严爱有度。

【案例4】

学生隐性逃课②

隐性逃课是指学生虽然能够按时到课室上课，但注意力没有放在听课上，而是放在与教学无关的事情上。一般来说，高职生隐性逃课率比高中生高一些。但大部分高职生认为自己从未有过隐性逃课的行为，少部分高职生认为自己隐性逃课的时间接近课程时间的一半。不仅在理论课，在实践课、实习、实训课的课堂上，高职生隐性逃课现象都普遍存在。他们无所适从，认为学习无趣，对学习感到无力。隐性逃课不仅浪费了时间和教育资源，而且影响了正常的教学秩序，导致学生形成不良的学习习惯和生活秩序。更重要的是，如果长期处于这种状态下，学生的认知、情感、价值观等方面都会发生扭曲，影响学生的长远发展。

案例评析

解决学生隐性逃课的策略有以下三个：一是从教育管理的角度入手，从心理学、社会学、教育学的视角对其进行分析，了解情感积累、认知态度等主观体验，认识到学生行为背后的意图，提出有针对性的干预方案，提升课堂活力。二是从逃课的体验和感受、结构现象入手，"手把手"指导学生如何理解任务、分解任务，改进教学方法和手段。学生偶尔的"走神"是正常现象，但长时间、

---

① 邱云兰：《班级民主管理的尝试》，载《德育报》，1995年8月4日，第2版。
② 该案例载《职教通讯》2022年第10期，第80－85页。

习惯性的"走神",有意识逃避学习,就会使其学习成绩受到影响。三是了解学生对学习的无力感、无趣感,帮助他们解决学习意义危机。缓解他们对学习的无助、迷茫、失望。

2. 班级管理中的物质、制度、精神

掌握班情有助于教师在纷繁复杂的环境中,把握事物发展动向,纵观全局,权衡利弊,明察秋毫,及时、有效地采取科学决策。决策是影响管理效果的直接因素,能否取得好的效果,决定性的因素在于管理者能否科学地作出决策并实施决策。

班级管理工作涉及的方面较多,但大体上可以归纳为三个层面:物质、制度、精神,且难易程度可以按照从低到高的顺序排列。

苏霍姆林斯基说:"学校的物质基础……是对学生精神世界施加压力影响的手段,是培养他们的观点、信念和良好习惯的手段。"物质层面指的是班容班貌,包括卫生、黑板报设计、墙上海报的张贴等,这是管理的基本层面。例如,卫生打扫得干干净净、课室保持清洁、桌椅摆放整齐、书本放置有序,养成良好的审美能力和卫生习惯。

制度层面包括对学校各项规章制度的贯彻落实。例如,认真落实《中学生日常行为规范》,根据班级实际情况制定具体的实施条例、奖惩制度,使班级管理有统一的准绳,使学生的行为和班级管理更加规范化,从而保证班级各项工作的正常进行。如果班级缺乏一定的规章制度或奖惩制度不完善、奖罚不分明,那么就会出现多方各执一词的混乱局面,使班级产生离心力。有经验的班主任可以根据班情制定行之有效的规章制度。

(四)职业院校班主任的角色定位

1. 激昂前行斗志

有人会给职校生贴上"差生""劣生""素质低、不学无术"的标签,职业学校教育也被认为是"第二教育""失败者的收容所"。有人说,初中学习成绩不好读中职,中职成绩不好上高职。这些说法都是片面的,有的家庭为了让孩子早出来工作、缓解家庭的经济压力而选择让孩子上职中。职校的班主任要激昂前行,对职校生伸出温暖的手,说激励的话,让职校生树立信心、增强自信,提升专业理论水平和专业技能。国家对职业教育非常重视,不断强化平台建设、教师队伍建设、课程建设、品牌建设。

2. 积蓄奋进力量

职校班主任不仅要在道德、思想、心理、法治、生活、就业等方面教育学生,而且要指导学生升学。学生专业基础知识和专业技术扎实,前进有动力、做人有魅力、工作有能力,就业才有实力,升学才有潜力。

3. 启迪立身智慧

树立"以德为先，修身为本"的行为品德。针对有的学生基础差、听不懂、学不会、不会学、身心分离等现象，班主任需要启迪立身智慧，完善管理模式，及时从管理向服务转变，以灵活的服务来满足学生的需求，变控制为服务。"复制与粘贴"式死记硬背的学习方式对有的学生不适用。对学生的教育要从认知能力入手，将"知什么"和"怎样做"融为一体。

（五）大学班主任的角色定位

坚守为党育人、为国育才的初心使命。深入做学生的思想政治工作，关注学生的思想动态，关心学生的学习、生活，参加学校、学院、年级活动，善于处理学生中出现的有关问题，协助辅导员撰写学生操行评语及进行学生奖罚等。严格贯彻执行上级教育行政部门、学校和年级的有关规定，积极配合学校做好学生的升学及就业指导工作等。

【案例5】

班主任接新班

班主任衣着整洁、精神抖擞地走上讲台。他首先表示欢迎大家到该学院深造，然后自我介绍，紧接着告诉大家："从中学到大学是人生一次大转折，你们都带着理想走入生活，但生活展现给你们的不一定是理想的东西。请你们尽快适应大学的学习方式、学校管理方式、生活习惯。"此时，学生感觉到的却是班主任在用各种班规纪律、条条框框约束他们。"演说"结束后，学生没有任何反应，更别提"一石激起千层浪"。一个班级不能没有奋斗目标，但这个目标不是班主任硬性规定、强加给学生的，它应该发挥的是激励和导向作用。因此建立和执行管理制度是必要的，但管理制度只是班级管理手段，其目的不是为了"管住"学生。

开学第一天，班主任不仅把《大学生日常行为规范》张贴在墙上，并给每位学生都发了一份，组织学生学习，还对《大学生日常行为规范》作一些必要的解释和说明。然后，班主任就"怎样把班级建设成为文明班级"和学生进行讨论，让学生建言献策。通过讨论，班主任和学生共同制定评分标准，共同监督，对违反评分标准的学生酌情扣分；对为班级作出贡献的学生适当加分。每天的纪律、卫生、学习等情况由班干部轮流记录在班级日志中，每日公布，每周由班长总结，班主任补充。

案例评析

案例中，班主任注重文明班级考核，发挥学生干部的作用，共同制定评分标准，对被扣分的同学，找出扣分原因，适当惩罚。对获奖者进行适当的奖励和精

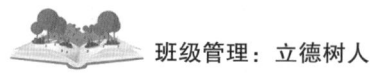

神激励。精神层面的管理强调以尊重人、信任人、依靠人为中心,为学生全面发展创造条件。

【案例6】

班主任再接新班①

开学第一天,班主任表示很荣幸能和大家共同学习和生活。他首先做了自我介绍,然后翻开学生花名册,挨个点名,认识学生,事后和学生聊天。学生说,走进一个新的班集体,他们渴望互相接触、熟悉,但急于知道的不仅是同学的名字,更是彼此的兴趣、爱好、性格等,进而可以选择自己的新朋友。

第二天,班主任根据开学的摸底情况,组织了一次别开生面的活动。进入课室,班主任露出微笑,用关爱、信任的目光扫视了一下全体学生,说:"同学们,现在我们就要学习、生活在一起了。为了这个新集体的组建,为了新同学、新朋友的相识,每个同学都要做一番自我介绍,有特长的可以表演一个节目,作为献给班集体的见面礼,唱歌、跳舞、讲故事、说笑话都可以。"沉默片刻后,一名女生自我介绍道:"我是来自某市实验中学的学生,我叫张小红,原是校武术队员,现给大家打一套拳!"话音刚落,她便表演起来,动作干净利落,赢得了同学们的热烈掌声。随后大家都积极站起来自我介绍,有的讲自己的特长和优点,有的讲自己的不足,有的讲故事,有的朗诵诗,可谓是"八仙过海,各显神通",使学生备受鼓舞。最后同学们请班主任来一个节目。班主任激动地站起来,先介绍自己和学院、年级的有关事宜,指定班、团干部负责开展各项工作,然后,提议和同学们齐唱歌曲《让世界充满爱》。同学们非常高兴,陶醉在其中。

案例评析

案例中,师生之间积极进行情感交流,属于有效沟通。班主任把学生放在受尊重和信任的位置上,为以后奠定了和谐的师生关系,也获得了学生的信赖和纯洁的友谊。班主任要注重有针对性地培养学生,有效开展各项工作,注重与学生协调人际关系,为学生提供自我实现的机会。

思考题:

(1) 简述班级管理的特点。
(2) 试谈民主型教师有哪些特征。

---

① 选自专家学者的案例。

五、实践与探索：论数学课堂教学中的素质教育[①]

面向 21 世纪,《中国教育改革和发展纲要》明确指出:"基础教育的根本任务在于培养和提高受教育者的素质。"如何在数学课堂教学中培养和提高受教育者的素质,笔者认为,加强数学思想方法和实践教学,是在数学教育中进行素质教育的关键。本文就试谈自己的粗浅体会。

(一) 驾驭现代教育手段,改善学生的心理素质

通过驾驭现代教育手段,如幻灯片、投影、录像、计算机等多媒体技术,不仅能使数学课堂变得生动有趣,还能弥补一些课堂局限性和实践条件的不足,更可以增强学生对数学学科的热切向往以及对现代科学技术的了解,这有利于提高教学质量和学生素质。

如何驾驭现代教育手段,改善学生的心理素质?例如,可结合幻灯片,面向学生边讲边操作课件,也可遮盖一部分,局部地按顺序呈现出来,或直接写在透明塑料片上。为了给应用题内容创设情景,为了揭示几何图形,数学练习题及其解答或数的组成、分解以及图形的变换等,可设计和制作情境片、图解片、习题片、题解片。就教授行程问题来说,可播放录像,或汽车行驶、飞机飞行、开挖隧道等情境图,向学生提供高质量、丰富多彩的集图、文、声于一体的课件,提供同时作用于学生各个感官的教学信息,使学生有身临其境的感觉的同时,帮助学生理解知识,提高学习兴趣,激发学习热情,达到感性认识和理性认识的高度融合。

(二) 加强实践环节,培养学生的数学素养

数学教学的主要目的在于培养学生解决实际问题的能力,因此,加强实践环节至关重要。如直线概念,它是不能够被定义的,让学生凭空接受这一概念十分困难。我首先启发学生用生活中可视的棉线,把它拉直。通过实践,学生对"直"有了理解。进一步观察太阳光,它向两方无限远射,使学生知道直线无端点,向两方无限延伸的概念。其次,请学生运用理论解释问题:要在墙上钉牢一根木条,为什么至少要钉两颗钉子?因为两颗钉子可以看成两点,两点确定一条直线。最后在幻灯片上创新内容提要,回答射线、线段、有向线段的定义、表示法、画法,怎样运用画法语言等,以收到良好的教学效果。

数学归纳法是用两步来完成判断与自然数有关的归纳猜想命题的正确与否,

[①] 邱云兰:《论数学课堂教学中的素质教育》,载《教海探珠》,华东理工大学出版社 1998 年版,第 1130 – 1132 页。该文在 1998 年由华东理工大学等单位主办的教育教学论文评选中交流并被评为一等奖。

可以把这两步比喻为攀登无数级台阶的过程，完成第一步，表示我们登上了第一级台阶，完成第二步，表示我们能从任意一级台阶登上更高一级台阶，只有这两步都完成，才能完成登台阶的工作。这种直观的教学法，使抽象的概念变得生动，这不仅培养了学生动手、动口、动脑、观察归纳的能力，而且提高了学生的数学素养。

（三）体现数学素质教育特点，提高学生的文化素质

数学教学就是要让学生的数学素养得到一定的提高，因而，数学课堂教学应体现素质教育的以下四个特点。

（1）面向全体学生，以学定教。备课讲课要结合教纲要求和学生实际情况，因材施教，抓好后进生和尖子生，使后进生能完成基本的教学要求所规定的学习任务，使尖子生能更好发挥专长，让不同起点的学生都能得到发展。

（2）着力开发学生的智力，培养学生能力，把重点转移到发展和培养学生的自学、观察、思维、记忆、表达、研究和组织能力上。

（3）结合数学特点，讲授教材中的德育元素，培养学生良好的思想品德。例如，学习勾股定理时，可以向学生介绍我国是最早发现勾股定理的，以数学在祖国建设中的地位和作用，进行理想教育和爱国主义教育。

（4）培养学生运用数学知识的能力，为了使学生能运用所学的知识解决简单的实际问题，可根据教学内容组织学生开展科技活动，成立兴趣小组，给学生创造实际的环境与条件。例如，结合学生所学的几何知识，要求学生制作几何模型和教具，制作活动演示板、活动口算卡、几何钉板，绘制装饰地板图案，用统计知识检查某项产品的指标等。

（四）挖掘和运用数学中的美育元素，强化学生审美素质和能力

为了使学生在学习数学知识的过程中受到审美教育，笔者把数学知识传授与美育结合起来。因为美育是对美的欣赏能力和创造能力的教育，它具有开发智力、扩大视野、培养思维能力的作用。宇宙间的圆无穷无尽，但唯有 $C=2\pi r$，这个纯粹数学圆最标准、最精密、最美。这个公式说明圆的周长和半径存在着简洁、绝妙、和谐的关系。但令人深思的是其中的 π 只有一个近似值。"圆周率"是我国南北朝数学家祖冲之最早计算出来的，其最佳值为 355/113，在世界上被称为"密率""祖率"。用计算机计算，可以把答案精确到小数点后 800 万位，但最终数字不可容量。这既标准、精密又无限朦胧的圆，真是一首精美无比的诗，一首绝妙的朦胧诗。美育通过美好形象的感知、记忆、鉴别和创造，可以有效地激发学生的创造力。

数学教育通过教师的引导，可以激发学生学习动力、强化认知建构、优化思

维过程，使学生形成高阶思维能力，进而实现有效学习。

思考题：

（1）为什么说在情感上教师要变冷漠为热情？

（2）为什么说因循守旧、重复机械地工作容易导致倦怠？

班级管理：立德树人

第七章　教育教学成果

关键词：教育科研；教育成果；教学成果；班级管理；道德人格；德育误区；调查报告；工匠精神；宿舍文化；备课模式；高等数学；有效使用；德育实效；思想政治；教育教学；有效互动

教育科学研究是指教育工作者在教育理论的指导下，利用科学研究方法对教育教学过程中的现象与问题有意识、有目的、有计划地研究，从而揭示教育现象和客观规律的创造性研究活动。教育科研是指在科学研究中，能发现问题、分析问题、解决问题；或在分析问题、解决问题时能有所创新。有效的教研需要有教育实践中的一手资料做佐证，需要教师对资料的潜心研究。

发表论文、申报课题，是教师"教育教学研究"的重要标志，是教师对自己教育教学的反思，有助于探究更有效的教育方式。

一、教育成果

（一）加强年级管理　提高德育实效[①]

《中共中央关于进一步加强和改进学校德育工作的若干意见》指出："必须站在历史的高度，以战略的眼光来认识新时期学校德育工作的重要性。"德育是树人的伟大奠基工程，是学校管理工作的根本宗旨，也是年级管理工作的永恒主题。下面笔者就围绕主题谈谈自己的一些体会。

1. 加强年级德育队伍的建设，发挥年级德育队伍的桥梁作用

德育是对学生进行政治、思想、道德和品质的教育，是学校年级管理工作的主旋律，是提高国民素质，培养和造就一代新世纪社会主义接班人的一项伟大的基础工程。要抓好抓实这一工程，就必须加强班级德育管理队伍的建设，尤其是班主任队伍建设。学校与学生有关的工作，都或多或少地与年级组长和班主任有关。学校与学生有关的各项任务，最终都直接或间接落到年级组长和班主任头上。因而，学校年级管理工作的成功与否，与年级组长和班主任有密切的关系，关系到学生的品德、智慧、体质、审美能力等方面的健康发展。年级组长是班主

[①] 邱云兰：《加强年级管理　提高德育实效》，载《现代教育论丛》2002年第5期，第62－65页。该文获2003年由吴汉良捐资的广东省教育管理科学优秀成果二等奖、中国理论创新优秀学术成果二等奖。

任的直接组织者、责任领导,是联系学校和班主任的桥梁;而班主任是学校学生直接组织者的最基层领导,是学生在校园里朝夕相处的慈母、严父、良师、益友。学校要抓纪律、抓卫生、抓学习,要组织教育并进行教研等各项活动,一切都少不了班主任和级组长。级组长、班主任是学校最辛苦、最重要的教师,一个学校级组长、班主任队伍的素质高低,可以反映这个学校年级德育工作状况及工作成效。学校是由领导、老师和学生等组成的集体,如果把学校比作一把雨伞,年级组长就是轴,班主任就是其中的龙骨,没有轴和龙骨,伞就无法折合和撑开。加强班主任队伍建设,提高班主任素质是前提,严格选择、考核、精心培养班主任是关键。俗话说:"有一个好班主任就有一个好班。"所以,选择和聘任班主任,要强调四个基本条件:一是人品好,作风正;二是基本功扎实,教学水平高;三是能力强,有丰富的班级管理经验;四是有强烈的事业心,热情高,热爱班主任工作。在选择和聘任班主任的过程中,需要深入调查和了解、反复研究、讨论和比较,不能胜任班主任工作的人员要及时替换,力求所有班主任都能独立地、行之有效地开展德育工作。

  年级开展的德育工作,是对学生进行高品位人格教育和培养的主要渠道。如果教师,尤其是级组长和班主任自身的品德、人格素质与新时代的要求不相适应,或忽视自身品格、人格的修养,缺乏社会公德、文明习惯,缺乏爱生热情,缺乏爱岗精神,缺乏积极、认真负责的工作态度,没有爱心、恒心、耐心和事业心,不学无术,就无法对学生进行道德人格教育。一个年级如果没有严格的纪律,没有严谨的级风、班风和教风,就无法把年级工作做好,把学生教好。因而建立一支信念坚定、品德过硬、业务精湛的班主任队伍是搞好年级德育工作的关键。要把德育工作者的高大形象、高尚人格树立起来,实现挑选年级班主任从"严",落实年级班主任工作从"实"、从"细",指导和培养班主任从"高",关心年级班主任从"爱",树立年级班主任典型从"稳"。因为班主任有良好的道德人格素养、崭新的教育理念、良好的心理素养、较强的工作能力是时代发展的要求。假如没有从高、从严要求班主任,怎能从高、从严要求学生;假如班主任不坚持辨实情、办实事、求实效,怎能有求真务实的工作作风;假如工作不细致,班主任就难以发现问题,难以取得工作成效;假如班主任不用爱心去理解、尊重、信任、爱护学生,怎能培养出团结互助的班集体、友善相待的好学生?因而,班主任开展每一项工作,不仅需要满腔热情,而且需要如丝般的细心。只有这样,班主任才能用良好的言行举止感染学生,用高尚的人格精神感化学生,用丰富的知识教育学生。

  2. 落实年级的德育章程,规范年级的德育管理

  制定年级工作计划和管理章程不是目的,执行计划并落实章程,规范年级的德育管理,最终养成学生自觉遵守纪律的习惯是根本,造就学生高品位人格和健康心理是目的。但是,如果仅把德育工作理解为"管住""管好"学生,仅把德育的内容理解为"要学生怎么做""不准学生怎么做",实际上是以偏概全,避重就轻,其后果将是形成简单化、表面化,甚至是粗暴化的教育方法。例如,当我发现班主任对违纪学生罚款、罚劳动、罚站,甚至以盛气凌人的口气训斥和谩骂学生时,我对这些班主任说:"大胆管理、严格要求学生固然重要,因为一个学生没有严格的组织纪律、严谨扎实的学风就难以成才,但不能以训斥、谩骂等惩罚代替教育,有时宽容引起的道德震动比谩骂、罚款、劳动更强烈,班主任要以平等的身份去教育和对待学生,要用真诚的爱心去感化学生的行为、温暖学生的心灵、启迪学生的智慧,达到教育学生、规范年级管理工作之目的。"后来,当该班学生犯了错误,班主任能及时进行正面教育和正确引导,并把之前的罚款退回给学生,严格规范学生行为,在严格有序的管理中使学生的错误得到不断矫正。

学生的管理工作要从"小、细、实、活、勤"抓起。一是抓规范要从小抓起。从小事做起,从自己身边的事做起,从文明礼貌做起。礼貌的本质是尊重别人,尊重别人应从尊敬父母、尊敬师长、友爱同学做起,从一件小事的思想、行为、态度、言谈做起。二是内容要细。细是制度落实的重要环节。为了加强和改进年级管理工作,可制定有关规章来考核班主任和约束学生,从学习、纪律、劳动、卫生等多方面考评班主任和学生。以细为原则,以规范管理为龙头,以思想教育为先导,以规范制度建设为保证,以严格管理为手段,实现周、月、学期和学年量化管理,做到在宏观上有计划、有要求、有检查、有指导、有评估;在微观上细化活动内容,体现教育效果和教育目的。例如,每学期要求班主任量化考核学生思想素质、道德品质、言行举止等方面的表现,对学生进行品德操行评定。学生的思想品德评定要坚持实事求是的原则,实行民主评定的方法,班主任要在学生自评和小组评定的基础上,给学生写操行评语,评定学生操行综合成绩。三是规划要实。实是导行的标志,是做人的基本准则。求实要创新,导行要实在。学生观念更新快,求知欲强,但他们生活阅历不多,有的处在生理、心理、社交等方面尚未完全成熟的过渡时期,在接受新事物、新思潮中,容易良莠不分。教育如果墨守成规,止步不前的话,是难以奏效的。因此,导行必须联系实际,教育要敢于面对现实,倘若只是空喊口号,学生即使有美好的愿望和正确的动机,也难以形成良好的习惯。四是方向要准。抓毕业班的思想政治工作是工作重点。过去有毕业班的同学在离校时,把桌子、椅子、门、窗破坏得残缺不全,甚至扔酒瓶、吵闹得让人无法休息,使老师感到心寒且痛心。为此,在毕业班学生进行教育实习前,我狠抓毕业生的思想政治工作,狠抓出勤率,做到天天有检查、有记录,周周汇报有统计,月月评比有效果。由于选准了以毕业班为突破口,毕业班的学生处处注重自己的言行。例如,2000届毕业生实习和离校时,做到了关好门窗,将黑板、桌、椅、门、窗擦得干干净净,将课室、宿舍、包干区也打扫得干干净净,不少学生还给学校领导和老师留下赠言。毕业生给非毕业班的学生树立了榜样。在毕业典礼和晚会上同学们依依不舍、泣不成声，真挚的师生友谊、同学感情感人至深。五是方法要活。不同后进生的特点不同，对他们进行思想工作所需的具体环境、内容、情态也不同。因此，应采用的思想教育方式和措施也不尽相同，转化后进生思想工作的具体做法有很多，而且随着学生成长的变化及时代发展而不断变化。作为德育工作者，要认识到一种方法和内容变化的有效性、适应性、灵活性，不在于方法和内容本身，而在于所采用的方法和所选择的内容是否适合当下的环境。育人的方法、内容、环境很重要，形式要多样，方法要灵活，视野要宽广，内容要新颖，这样不仅能激励学生前进，而且能指正学生的方向。

在年级管理工作中，级组长要正视现实。善于引导、巧于言辞固然重要，但只靠"引导""言辞"是远远不够的，更重要的是要勤于行动，身体力行，做到"五勤"：手勤、眼勤、口勤、脑勤、脚勤。这样班主任才能愉快地把级组长作为榜样效仿，才能产生尊重。在这种美好的情感的催化下，我逐步形成了知识传授、品德培养、言传身教于一体的教育风格。在加强学生人生观、世界观、价值观、集体观、劳动观、法制观、纪律观教育的同时，级组长要教育和指导学生会、班团队开展内容丰富、形式多样的集体活动。学校领导重视班主任后续力量，每年都安排一批高校毕业的优秀年轻教师，做班主任工作。学校召集他们开座谈会，邀请有丰富经验的获省、市优秀班主任称号的老师作经验介绍。年级指定有经验的班主任带新班主任，逐个进行指导、落实培养；每周召开班主任例会，定期召开班主任经验交流会，进行总结、交流、研讨，还召开专门会议布置工作和组织学习有关报纸、杂志的文章。我还把自己撰写的在省级以上报刊上发表或获奖的论文有针对性地与班主任交流，挑选与年级班主任有关的学术论文，如《班级管理工作中的七步曲》《走出德育误区》等有较大影响力的学术论文，与母校华南师范大学、增城师范、韶关市第十一中学以及本校的领导、老师和全体班主任交流，并把自己担任20多年班主任工作的经验和教训提供给他们借鉴，得到了华南师范大学党委副书记梁国熙等专家、教授、老师的认可。通过学习和交流，不少班主任老师进一步提高了班级管理艺术，掌握了班级管理工作的方法和经验。有些年轻的班主任深感自己班级工作经验不足，并虚心向有经验的教师学习。

3. 体现时代呼唤的道德精神，提高道德人格的德育实效

学生能形成良好的道德品质、良好的心理素质，是其事业成功的重要条件。一个人学业上的缺陷，并不一定会影响他的一生，而道德、人格上的缺陷，可能会贻害他一辈子。人格不仅体现在政治理念、思想意识、道德品质方面，同时也熔铸在千差万别的个性、气质、能力等心理素质的特征之中。学生的人格形成是一个十分复杂的心理构建过程，依据心理学、生理学、人才学的理论，可划分为隐性型（分为孤僻类、冷酷类、沉思类）、显性型（分为开朗型、自信类、奔放

类)、兼性型（分为善思类、自豪类、固执类）等类型。例如，当学生生病时，登门看望和安慰；当学生生活遇到困难时，能积极资助；当学生成绩退步时，不冷嘲热讽，而是善意提醒；当学生受委屈时，不火上浇油，而是安慰劝勉；当学生违反纪律时，不大声呵斥，而是春风化雨，耐心教育。

道德人格是民族精神的重要内容，道德水平是社会文明程度的重要标志，学生是道德人格教育的重点人群，高尚的道德是凝聚和激励学生的重要力量。社会实践是年级宣传思想教育和校园文化的自然延伸，是学生认识社会、成长发展的必由之路。缺乏实践环节的德育不是完整的德育。多年来，由于年级把学生寒暑假回家乡调查民情、乡情和了解当地改革开放取得的成就纳入教育计划，同时，每学期组织学生开展各式各样的活动，如修理桌、椅、门、窗，装修电灯，义务理发，无偿献血，学雷锋、比奉献、献爱心活动，学生由他教变为自教，他律变成自律，他动变为自动，通过实践锻炼了能力，增长了才干。如今，年级不少老师分别被评为广东省优秀班主任，南粤优秀教师，广东省普教系统省、市级"百千万人才工程"教育专家培养对象，教育专家，名校长，名教师，获得市劳动模范、市教改先进工作者、优秀共产党党员等荣誉称号30多人次，400多篇论文在市级以上刊物上发表和获奖，一批中青年班主任脱颖而出。不少班主任能培养一批批好的班干部，带出一个个好班，发表了不少较高质量的论文，一批优秀班主任成为学校有关部门的中层干部。年级管理之所以能取得实效，很重要的一点就是组织机构讲求实用，管理手段讲求实效，德育阵地讲求实体，真正体现了把和谐、高雅、健康的文化氛围与开展"与文明握手，与陋习告别，争创文明宿舍、争做文明学生"行动结合起来，真正体现了年级德育目标的实现和管理制度的规范。

总之，要搞好年级的管理工作，要提高年级的德育实效，要提高学生的道德人格，就必须不断完善年级的管理方法，不断优化年级德育队伍，提高年级德育工作者的素质和管理水平，只有这样，才能把握年级德育内容的实质，实现学校教育、家庭教育、社会教育的一体化，转变学生空虚、迷茫、彷徨的心态，使学生形成较完善的人格和健康的心理。

（二）走出德育误区[①]——动之以情、晓之以理、导之以行、持之以恒

我当班主任10多年，在实际工作中，虽然有做好班主任的强烈愿望，也很

[①] 邱云兰等：《走出德育误区》，载《德育报》1994年10月20日、11月1日，第2版。该文在1995年全国中小学德育工作研讨会暨德育论文评选中交流并被评为二等奖，载《中国当代教育教研成果概览》，中国青年出版社1996年版。

努力，但往往效果不好。为什么？反思以后，深感教训不少，但实践使我渐渐地掌握了德育规律，慢慢走出误区。

1. **当学生说而不服时，请不要说：口水讲干，就是不听**

说服是对学生进行思想品德教育的基本方法。然而，我在做说服工作时，总会遇到学生不愿听的情况。我最初没有找原因，认为讲多了学生总会听一点吧！于是采取"你不听，我照讲"的办法，不仅上课时结合教学讲，课余也把学生留下来继续讲。但实际上事与愿违，愈讲得多，学生愈反感。极少数学生还背地里封给我"长舌阿婆"的绰号，我也总是埋怨学生："该讲的都讲了，口水讲干，就是不听。"

为什么？因为学生的"知"转化为"行"需要"情"做桥梁。所谓"通情达理"，即要学生接受老师讲的话，首先要"通情"，使师生关系融洽。所谓"亲其师，信其道"。如果师生关系淡漠、对立、紧张，老师没有倾注爱心，缺乏爱生之情，或学生缺乏理解，师生没有感情沟通，哪怕老师讲的道理再好，学生也听不进去。后来我注重把大量的时间用在交往上，师生关系自然、随和、亲密之后，我也不那么刻意地选择思想教育的场所了，可以是教室内，也可以在教室外，可以在操场旁的一条长石凳上促膝而坐，也可以在路边随便交谈。这样一来，我讲的话学生爱听、愿听，这是因为我与学生建立了朋友般的师生情。我体会到，要做学生的思想工作，首先要与学生建立互相信任、互相尊重、友好和谐的师生关系。情是动力，说理时要动之以情，后来那位为我起绰号的学生还主动地向我道了歉。

2. **当学生违反纪律时，请不要说：制度严明，坚决执行**

有一段时期，我曾突出抓学生行为的管理与矫正，强调操行评分"量化"，把学生的品德规范化为各种规定。我让班委制定公约和违反纪律的制裁办法，如用扣分、罚款、罚劳动等来约束学生，还美其名曰"制度严明，坚决执行"。虽然这样可以见效于一时，但效果往往不能持久。

为什么？因为"知"是基础，道德认识在思想品德形成过程中有着十分重要的作用，它是行动的先导。一个人只有懂得为什么要这样做，才会自觉自愿地去做。学生也不例外，当他知道遵守纪律是学生良好的品德，他就会自觉地遵守纪律；当他知道劳动的意义，他就会参加力所能及的劳动。提高道德认识，要结合学生的思想实际，言传身教，晓之以理，使理易于为学生所知道而接受，在注意学生的行为管理与矫正的过程中，更要注重逐步提高其认识，在抓行为训练的同时，必须抓道德认识的提高。这样形成的思想品德才能有牢固而坚实的基础。过去我当高中班主任时，曾对一个经常迟到的学生罚留堂，但效果不佳。之后我改变了做法，并着重为他讲迟到影响学习、破坏纪律的道理，使他真正提高了认识。后来这位同学改掉了迟到的毛病，学习有了明显的进步，并考上了重点大学。

3. 当学生犯错误时，请不要说：屡教不改，不可救药

我在思想品德教育过程中，也犯过急于求成的毛病。当看到学生在经过耐心教育后又重犯错误时，我更不耐烦，甚至认为这些学生"屡教不改，不可救药"。急于求成的做法其后果往往不堪设想，不尽如人意。

为什么？因为思想品德教育过程是长期的、曲折的、反复的，良好的道德品质的形成要求学生将"知"转化为"行"，这绝不是一朝一夕便能奏效的。学生毕竟还处在长身体、长智慧，逐渐形成思想品德的阶段，经验少，是非观念淡薄，容易冲动。影响学生思想品德的几个要素的发展之间经常出现不平衡，学校、家庭、社会对学生的影响有时不一致，社会上的一些不良现象还可能对学生产生一些消极的影响，这些都有可能导致学生思想的偏差、行为的过失、情绪的错乱，使学生的道德形成出现反复和曲折。后来我极富耐心，例如，对一个有小偷小摸行为、无心上学、在被"开除"边缘的学生执意挽留。哪怕学生犯了严重错误，也决不一棍子打死，而是从他身上发现"闪光点"，尽管我的内心"恨铁不成钢"，但行动上还是满腔热情地"把铁炼成钢"。在他留校察看期间，我给予他更多的热情关心，加强教育。他痛改前非，并协助公安部门破了一件大案，将功补过，各方面表现都有明显进步，还当上了班干部，被评为优秀班干部。这一事例说明，当学生反复出现错误时，请不要说"屡教不改，不可救药"。要冷静地分析学生犯错误的原因（主观与客观），积极地找出学生思想上的积极因素，有针对性地进行耐心、细致的教育，真诚地提出期望和要求，导之以行，使学生把反复、曲折变成新的起点，扬起前进的风帆。

4. 当学生遇到困难时，请不要说：太难了，我来帮你

许多学生是独生子女，不少家长总是把孩子紧紧地抱在怀中，企图把孩子面前的一切困难全扫光。我虽然也教育学生爱劳动、做好事，但最初只是让学生简单地打扫卫生，规定电不能动，火不能玩，刀不能玩，别上高处，特别不让学生走出校门参加社会实践活动，怕学生受社会上不良思想影响。结果学生什么都不会，经受不起任何挫折。当学生遇到困难时，我常常心慈手软，担惊受怕，生怕出乱子，往往会说："太难了，我来帮你。"这样其实非常不利于学生成长。

为什么？因为学生思想品德的形成离不开社会实践活动，离不开学生思想内部的矛盾斗争。学生的思想品德是在活动和交往中形成的，应该把组织活动与交往作为思想品德教育的基础，把学生思想内部矛盾斗争的过程看作思想品德发展的途径之一。如果把学生限制在考分和升学的圈子里，禁锢在不见风雨的温床上，甚至是泡进蜜罐，给予过多的"关怀"、过多的"呵护"，只能培养出缺乏生活常识的"书呆子"。因此，我们要为学生的成长创造、提供更多的实践机会，持之以恒地，有计划、有组织地让学生感受大自然，参加社会公益劳动，访问工厂、企业、农村，让学生经受磨炼，最终成为社会上强有力的竞争者。

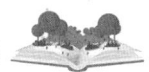

思考题:
在现代学校德育管理中,决定学校德育管理效果的三个重要因素是什么?

(三)弘扬工匠精神与做好学校思想政治工作①

教育部强调,提高教学质量是教育改革的关键,是高等教育发展的中心任务,是建设高等教育强国的基本要求。提高教学质量,离不开教师丰富的学识和能力,更离不开教师正确的为人处世方式,以及于国于民、于公于私所持的价值观。教师应弘扬工匠精神,坚持正确的核心价值观,努力精雕细琢,精益求精地提升教学质量和育人水平。

1. 问题提出

工匠精神的目标是打造本行业最优质的产品、其他同行无法媲美的卓越产品。教育工作者要追求卓越的创造精神、精益求精的品质精神。精神是历史的升华,历史是精神的展开。历史川流不息,精神代代相传。树立质量观是学校立根之基、是教师立身之本的理念。教师应不断雕琢自身的知识、能力、学识,使自身的知识、能力、学识专业水平达到应有的高度,由此育人质量也会升华。

广大教育工作者满腔热情投身到为振兴中华的教育事业上来,他们在平凡的工作岗位上辛勤耕耘,无私奉献,做出了不平凡的成绩。他们为实现中华民族伟大复兴中国梦而呕心沥血,忠于职守,兢兢业业,思想纯真,淡泊名利,精益求精地提升自身的思想素养、道德素养和专业素养,对待工作一丝不苟,把自己的职业视为最光荣的事业,把自己的青春年华、聪明才智乃至毕生精力都献身于这一事业。

但是,也还存在一些不尽如人意的地方。(1)教师方面:教学质量问题、教科研问题、心理问题、道德人格问题、工作责任心问题、价值观问题等。有的教师价值思维有偏差,履行青少年社会主义核心价值观的培养义务不够②,而受经济利益的驱使,使本应该完成的工作任务和达到的质量受到影响,如缺乏工匠精神、奉献精神、精益求精的精神,上进心不强,教学水平低,品质差,能力弱,甚至师德行为失范,严重侮辱学生或家长的人格。因此要把弘扬工匠精神,加强师德建设,做好思想政治工作,提高育人实效,纯洁教师队伍,净化育人殿堂作为一件大事来抓,抓出成效。这样有利于保护教师的工作积极性、主动性、创造性;有利于激发教师的创新能力和竞争活力;有利于促进教育教学改革的不

---

① 邱云兰:《弘扬工匠精神与做好学校思想政治工作》,2017年9月,该文在由教育部关工委举办的"工匠精神与职业院校德育工作"征文研讨活动中荣获二等奖(广东最高奖项之一)。

② 金春姬:《青少年社会主义核心价值观培育模式的建构》,载《教书育人》2016年第1期,第12-13页。

断深入和健康发展。

（2）学生方面：据《南方日报》题为《花季大学生缘何轻生》的报道，校园学生面临四大压力——学习、经济、就业、人际关系。学生人生面临的一次大转折是从中学到大学，他们一般都带着理想走入校园，但生活展现给他们的不一定是理想的东西。学习方式、学校管理方式、生活习惯、文化背景都可能和以前有很大不同。有的大学生在面临人际交往、恋爱、心理、思想政治工作等问题时，做出极端行为。这类学生常常有困惑不愿与人交流，有问题不愿意解决，心理承受能力差，经不起挫折，受不了打击，心理压力得不到释放；缺乏磨炼，自控能力、社会意识、责任意识差，为人处世不够成熟。他们只想寻求解脱，不考虑会对社会、家庭造成多大的损失，给亲人带来多大的伤痛。人是在社会关系、社会空间中生存的个体，其心理、情绪、思想与个体对社会环境的理解、把握有关。

青少年犯罪日增，谁能置身事外？[①]。何谓"成才"？这再次对应试教育、学校、家庭和社会敲响了警钟。大学生自杀事件[②]，虽然发生在极少数人的身上，但影响很大，要引起老师的高度重视。老师要重视引导学生，提高他们自我调适能力和化解矛盾的能力，使其掌握科学的思想方法、人生态度，学会人与人之间的关怀与相互沟通，重视抓思想政治工作、心理健康教育、法治教育。对家庭困难、个性有特殊性、与人交往容易有矛盾、有不良思想、在成长中有挫折经历的同学，学校要进行跟踪，特别是负责大学学生思想政治工作的教职工，要明确自己所承担的任务，抓学生的思想教育，密切关注学生的思想动态，给予学生更多的关注、关怀，给予心理援助，正确疏导，帮助他们缓解不良情绪和改善不良心理。

2. 价值思维及政治思想工作

教师有两种当法，第一种是事业型，即讲求精神追求与社会性劳动的统一，精神性追求是其内涵和灵魂。事业型即教书育人型。其表现包括：（1）热爱教育。对教育工作，有高度的职业责任心和职业自豪感，把自己的毕生精力奉献给教育事业。（2）热爱学生，严格要求学生。（3）学而不厌。努力学习政治和理论知识，努力提升教科研水平。（4）诲人不倦。注重细节，不断地追求完美，不断提升自身的思想素养、专业素养和能力素养，不惜花费时间和精力，孜孜不倦地提高教育质量和育人水平。（5）为人师表。身体力行，献身教育，甘为人梯，严谨治学，一丝不苟。

第二种是"和尚撞钟"型，即教书就业型。其表现为：把教书看作安身立命、养家糊口的职业。他们虽然能守住教师职业道德的底线，但达不到事业型的

[①] 南方论坛：《青少年犯罪日增，谁能置身事外》，载《南方日报》，2008年2月29日，A02版要闻。
[②] 《疑因学习压力大学生跳楼》，载《羊城晚报》，2014年9月10日，A4版。

高度，不追求教书育人的境界。个别极端的从业者甚至教书谋私，包括谋钱、谋官、谋名。教书谋钱是指把金钱看作最高价值，认为金钱是万能的，是人生追求的唯一目标。利用教学之余广开第二职业，"学校挂个号，教书报个到，广开生财路，另辟谋钱道"。甚至进入赌场，寻找发财机会。教书谋官是指以官为本，一切为了做官。认为有了官职，就有权力、地位、金钱，因此，以教书为跳板，为谋一官半职走上政治舞台。有的走上政治舞台以后，不注重学习，放松对自己的严格要求，甚至以权谋私等。教书谋名是指有了名气，不遵循教学规律，不顾学生的全面发展。

这一类教师只求索取，不谈奉献；只图名利，不讲仁爱。对待学生，尤其是后进生，不但不重视、细心呵护，而且看到学生违反纪律也当没有看见。有的"苦口婆心"地"教育"学生要努力学习，热爱劳动，遵纪守法，不迟到，不早退，可是自己都不学习，有时迟到，甚至上课打电话、上班玩游戏；有的思想品质差、口碑差、工作能力弱，不民主、不公正，不深入基层，指手画脚叫别人做；有的无心教学，不认真备课、上课，批改作业、辅导学生走过场；这种有言传而没有身教的"教育"，不但对学生起不到好的教育作用，反而影响极大，影响人的品行。"学高为师，德高为范。"教师要以淡泊之心对待名利，脚踏实地、勤勤恳恳，谋在深处、干在实处，不做表面文章，以敬畏之心对待工作、对待学生，坚持原则、守住底线、抵住诱惑，坦坦荡荡做人、干干净净做事。

学生是国家的未来，学生的思想政治工作如何，直接关系到国家的振兴。做思想政治工作，是一项艰巨的基础工程。教师要有工匠精神，常抓不懈。既要讲原则、讲规矩、讲方法、讲艺术，又要有人文关怀、"仁爱"之心，平等、友善地对待每一个学生。不能偏爱优秀生，歧视中等生和后进生；对后进生及犯错误学生的关心、爱护、信任和尊重不是迁就而是挽救。后进生得不到师爱，得不到家庭和班集体的温暖，其心灵受损必然造成上课睡觉、旷课、辍学、离家出走等情况，甚至打架斗殴、违法犯罪都有可能发生。

3. 做思想政治工作要突出"六个字"

国以人立，教以人兴。做思想政治工作要突出"六个字"，即"严、爱、细、准、诚、实"。

"严"是做好思想政治工作的前提。做思想政治工作与教师自身的思想素养和严格要求有很大关系，关系到学生的品德、智慧、体质、审美能力等方面的健康发展。一个学校的教师如果不严格要求自己，就不可能有严谨向上的班风、学风。

"爱"是做好思想政治工作的基本准则[①]。做学生的思想政治工作需要倾注

---

① 邱云兰：《班级管理工作中的七步曲》，载《德育：伟大的基础工程（下册）》，北京师范大学出版社1998年版，第344—366页。

爱，教师需要有"仁爱"之心，这样教育的科学性和艺术性才能体现出来，做思想政治工作才能取得实效。

"细"是做好思想政治工作的重要环节。以细为原则，以思想教育为先导，以理论学习为保障，量化学期和学年思想政治工作。

"准"是做好思想政治工作的关键。教师要看准问题，对症下药。做学生的思想工作比较复杂，需要准确地把问题弄清楚，然后采取有效的方法加以解决。如自身修养问题、承担工作任务问题、思想态度问题、竞争机制问题、执法效率问题等。即使看准问题，也未必就能解决问题，教师仍需要在诸多方面下苦功夫、多管齐下、综合治理、用准规章、以法治校、以人为本。

"诚"是做好思想政治工作的重要举措。诚信是社会主义核心价值观的重要内容，是中华民族的传统美德，是经济社会的行为准则，是法治社会的基本要求，而老师是建立诚信社会的中坚力量。以诚待人，不弄虚作假，诚心诚意关心爱护学生，切实为学生排忧解难。坚持公开、公正、公平的原则，平等待人，以心交心，不徇私情，不摆架子，不以势压人，不诓骗人，不标榜自己，不幸灾乐祸，不奚落人，不乱揪辫子、乱扣帽子、乱打棍子、乱装袋子、乱砍位子①。要以理服人，言传身教。

"实"是做好思想政治工作的重要标志。做思想政治工作，要坚持辨实情、说实话、办实事、求实效。要用事实说话，尊重事实，尊重客观，从实际出发，力避主观、片面性，把讲道理、办实事有机结合起来。老师要在工作作风上，做到认真严谨、讲求实效，切忌马马虎虎、拖拉推诿；在思想作风上，努力做到实事求是，表里如一；在生活作风上，端庄稳重、亲切大方，切忌不拘小节、举止轻浮，切忌把实际问题搁在一边而空谈大道理，要讲诚信，抓落实、抓关键、严要求。

4. 弘扬工匠精神，激励奋发向上

学校做教师的思想政治工作，要与现实生活、社会生活联系起来。就从有的教师未在学术期刊上发表论文来说，学校领导既不能袖手旁观，也不能用粗暴的态度、"卡""压"的方法要求这些教师，这样会把有逆反心理的教师推向情感的极端②。某校曾有一位领导就是如此，对没有发表论文的老师，采取冷淡他们、歧视他们的态度，结果效果更糟。后来他改变了做法，与他们促膝谈心，帮助他们找出差距，确定目标，认识到发表学术论文的意义。

当老师备课不认真、上课没有激情、讲课不到位、学生评教差的时候，学校领导不能用指责、训斥的态度，更不能公开点名批评或处分，但也不能置之不

---

① 段开和：《思想政治工作要突出"五个子"》，载《中国优秀教师文粹》，中国文化出版社2004年版，第231–232页。

② 邱云兰、邱伟华：《新课程下数学教育科研的思考》，载《曲阜师范大学学报（自然科学版）》2016年第42卷第4期，第123–128页。

理。要适时引导，用"以理服人，以情感人"的方法缓解僵局。要用情管理人、用制度约束人，不用威严恐吓人、用权力逼迫人，还要用心感动人，用情温暖人①。这样不仅可以使教师接受学校领导的真情和善意，而且可以产生巨大的感召力和推动力，从而使教师更加积极向上，热爱学校，增强其集体荣誉感。

做思想政治工作，难免遇到反复和曲折。因此，要弘扬工匠精神，苦干、实干，要有头悬梁、锥刺股的精神。学校领导和教师要掌握科学的思想方法，正确认识自己、认识社会、认识交往、认识工作、认识学习。做政治思想工作和心理健康教育时，要针对不断变化着的新情况、新问题，提高学生适应社会、生活的能力，促进心理素质与思想道德素质、文化素质、身体素质的协调发展。

（四）营造宿舍文化氛围，提升道德心理素养②

文化能为学生提供坚强的思想保证和强大的精神力量。营造良好的宿舍文化氛围可激发学生蓬勃向上的精神，提高学生思想道德素养和文化素养。大学学生宿舍是学校对学生思想政治教育的一个重要着力点，要发挥着力点的作用，就务必加强学生思想道德教育，加强宿舍文化建设和制度建设。

1. 问题提出

文化不仅是一个国家、一个民族的灵魂，而且是引领人民前进、推动事业发展的重要力量。文化是人类一切行为和精神活动的总和，包括物质、制度和精神意识形态三个层次的内容③。文化包括学校文化，而学校文化又包括宿舍文化。由于宿舍文化、宿舍管理与思想政治教育不足等原因，学校在对学生的思想道德教育中出现了几对主要矛盾关系④：一是养成教育与生本教育的关系；二是主导教育与自我教育的关系；三是分类教育与全面发展的关系；四是分层教育与德育持续发展的关系；五是渗透教育与人的和谐发展的关系；六是宿舍管理与思想政治教育的关系。这几对关系处理得如何，事关道德教育的针对性、规范性、实效性、科学性，以及宿舍文化建设与思想教育的重要性。目前有的大学宿舍管理存在一些问题，一是有极少数的学生道德认知与道德行为不对称，明知有规章制度约束却不服从。例如，禁止异性学生进入宿舍，但有的学生不仅无视规章制度进入异性宿舍，而且在宿舍不守规矩。老师没有按照有关制度条例处理，使宿舍管理制度和规定没有起到作用，成为空头文件。二是一些学生的文明礼貌和诚信度

---

① 邱云兰：《高等数学备课模式的研究》，载《曲阜师范大学学报（自然科学版）》2014年第40卷第4期，第123－128页。

② 邱云兰：《营造宿舍文化氛围，提升道德心理素养》，载《牡丹江教育学院学报》2018年第8期，第23－26页。

③ 刘建秋：《论都市报与区域文化的融合与渗透》，载《江汉大学学报（社会科学版）》2014年第31卷第1期，第93－96页。

④ 李小鲁：《论道德教育向道德教化的转进》，载《现代教育论丛》2007年第4期，第2－7页。

严重下降，出现不良思想和精神麻木等。学习不刻苦，考试作弊，欺骗师长。三是一些学生沉迷网络并沉迷"网络英雄"。对人不关心、不诚信，对老师的教育不接受、不感恩，对宿舍环境的改造不感动。宿舍环境改造人、熏陶人，人可以改造环境、保护环境。宿舍环境的优劣，直接影响学生的心理和行为，而学生的心理和行为又直接影响宿舍环境。环境可以分为"内部环境"和"外部环境"，也可以分为"恶性环境"和"良性环境"。道德素养的提高与学生宿舍环境、宿舍管理有密切的关系，关系到学生能否健康成长和发展智慧①。

2. 营造宿舍文化氛围的作用及途径

国家教育委员会原副主任柳斌说："学生宿舍过关了，学生管理大体上就过关了。"② 学生宿舍是学生学习、生活、交往、休息、成长的重要场所，是培养学生健康成长和对学生进行思想道德教育的第二课堂。学生在校期间，有一半以上时间在宿舍度过，学生宿舍是学生在校生活中的一个封闭的较自由的空间。在这个空间里，学生往往以其较真实的面貌展现自己的言行，或多或少地、潜移默化地相互影响，并构成宿舍文化。宿舍文化大致可以分为物质文化、制度文化、精神文化和道德文化。就从精神文化和道德文化来说，要找准精神文明和道德教育的结合点。道德教育，要从"小、细、实、激"抓起，从学生宿舍氛围抓起，从学生思想政治教育和生活琐事抓起。如果生活琐事处理不当，宿舍管理就会出现问题。例如，林某因生活琐事与黄某关系不和，心存不满，在寝室内饮水机槽下毒，使黄某饮水后中毒死亡；马某宿舍杀人碎尸案，为学生情感问题导致的故意杀人事件；高考状元杀死同学案；13岁少女杀害同学案；硕士研究生周某，被同校学生李某诱骗至阳光家园的出租屋内残忍杀害；初中一年级学生在宿舍偷偷生下男婴后，惊慌失措，将其抛下五楼；等等。这些案件体现了宿舍管理制度的缺失，亦充分说明加强学生的思想道德教育有着十分重要的作用。如果不加以正确的引导教育和积极应对，思想政治教育取得的效果就有可能大打折扣。现代心理学家认为，人的情感、情操是环境与个体生理状态的认识过程相互作用的结果。美的环境可以影响人、塑造人，坏的环境可能会伤害人。如暴力、淫秽的书籍会刺激、引诱学生，如果不严格管理、限制这些书籍进入校园，就会严重地污染宿舍环境。

不良的宿舍环境可能导致学生出现心理恶性反应，心理恶性反应导致行为恶性反应，行为恶性反应又导致更加不良的宿舍环境，就这样以螺旋式轨迹发展。如果宿舍环境受到破坏，学生心理受到负面影响，学生的良好习惯就无法形成，学习就无法得到保障。例如，学生把垃圾倒入卫生间水池内、把脏水倒在地面

---

① 冯增俊：《办一所智慧教育新学校》，中山大学出版社2014年版，第161–166页。

② 杨玉珍：《优化宿舍环境，加强学生思想教育》，载《教学与研究论文集》，海南出版社1996年版，第8页。

上、用完厕所不冲水等不良行为习惯，可能引发同学之间争吵，甚至打架、伤人、走向极端等。反之，良好的宿舍环境可以促进形成心理上的良性反应，心理上的良性反应促进形成行为上的良性反应，行为上的良性反应促进形成更加良好的宿舍环境。为了营造良好的宿舍文化氛围，为了使学生的心理得到净化、文明行为得到不断提高，学校必须完善制度，加强对学生的思想道德教育。

　　任何了解学校管理制度如何运作的人，都不会低估学生宿舍规范管理的重要性。要加强宿舍文化建设管理制度的完善和思想道德教育，营造良好文化氛围，优化道德环境①，制订行之有效的管理制度。一是禁止在校园内尤其是在宿舍区的一切非法经商，严禁商贩进入宿舍区。二是彻底整治宿舍内脏乱差现象，保持宿舍内外的整洁、美观。三是严格实施学校制订的宿舍管理规定和实施方案，如禁止学生在宿舍内使用不安全的电器，用制度管人，用环境育人。四是开展丰富多彩的富有教育意义的系列活动，即开展创建文明宿舍和评选标兵宿舍活动，在宿舍内保证被子、枕头、蚊帐、水杯、牙膏、鞋子等生活和学习用品的摆放统一。五是强化以人为本的管理理念，以学生的智慧和能力发展为本。六是实行"多渠道管理"，争取老师及家长的支持配合。七是完善评价机制，每天由学生会干部和内宿管理老师检查及核定分数，将分数列入学生操行分。八是奖优罚劣，限期整改。九是把思想道德教育、法治教育、安全教育、心理健康教育、文明礼貌教育、人生观教育、革命传统教育、专业思想教育、理想前途教育和人生观、价值观的教育放在重要的位置上来抓；理想信念是培养和践行核心价值观的灵魂，思想道德是培养和践行核心价值观的着力点②。同时要广泛开展理想信念教育、集体主义教育、公民道德教育。十是加强宿舍网络监控。针对网络文化发展传播规律，引导学生文明上网，适度上网，安全上网，养成合理上网的习惯。十一是加强组织建设和辅导员队伍建设，组织建设包括学校学生会、系学生会、年级学生会、党支部和共青团队伍建设，加强组织的监管和引导。十二是在健全学校宿舍管理制度的基础上，充分发挥学生的主体性和参与意识，让民主管理收到实效。十三是提升管理队伍包括辅导员、宿管老师的素质。积极构建良好的育人环境，真正做到用文明的言行感染和熏陶学生。

　　宿舍文化是校园文化建设的一个重要组成部分③。学校的文化建设，包括宿舍基础环境建设、道德建设、管理制度建设、组织建设、网络监控建设等，对学生的成长和成才以及提高思想道德教育的实效具有极其重要的作用。宿舍文化建

---

　　① 邱云兰：《营造管理氛围，提高学生素质》，载《当代班级管理艺术论》，中国教育出版社2006年版，第26—31页。
　　② 朱鸿亮、鲁宽民：《习近平新时代文化建设思想的鲜明特色》，载《光明日报》，2017年11月20日，第5版。
　　③ 黄广顺：《宿舍文化建设与思想政治教育》，载《牡丹江教育学院学报》2013年第1期，第96、128页。

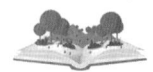

设不仅涉及制度建立，制度的细化和落实执行也尤为重要，不但要重视"导"，而且要重视"育"。用环境育人、用氛围育人、用言行育人。老师美好的言行会使学生产生愉悦的感受。教师美的语言，既是教师才华的体现，也是师德的表露。反之，教师粗暴的语言，在挫伤学生的自尊心的同时，还可能引发学生的逆反心理，压抑学生的个性发展，损害教师队伍的形象，为校园文化涂上不光彩的一笔。因为教育的对象是人，而且是处于发展之中具有极大可塑性的活生生的青少年。他们有思想、有感情，有着符合他们年龄特征的个性。他们不仅希望独立，更希望建立自己的思想空间。这都需要教师做深层次的思想教育工作，和学生沟通，做到动之以情，晓之以理，导之以行，持之以恒①。

3. 宿舍管理的成效

优化宿舍环境，加强道德教育。学习环境与学习效率成正比②。优美的宿舍环境，可以形成浓厚的文化氛围，让学生感受氛围、习得规律、生成智慧，从而养成良好的道德品质③。学生宿舍可以分为"躯体宿舍"和"灵魂宿舍"④。不能简单地将宿舍管理工作理解为"躯体宿舍"管理，而忽视学生感受，淡化师生之间主体性的关系，认为学生入学后把他们安排在宿舍有个床位就行了。其实，更重要的是要看到"灵魂宿舍"管理这一重要方面。宿舍管理不仅是安置和管理学生的"躯体"，更重要的是安置、管理好他们的"灵魂"，应把宿舍看成培养人才的重要基地。在这个基地里教师要做好"管理育人""服务育人"的楷模。

良好的宿风宿纪，会激发起师生蓬勃向上的活力。和谐的人际关系是学校文化建设的重要内容。师生、生生之间的关系，间接或直接影响着学生的健康成长。干净、整洁的校园、校道，宿舍周围的花草树木能够催人奋进。学校精心筹划，响应着志在美化、务在育人的宗旨，书写着符合学生特点的催人进取的标语。黑板报、宣传栏可以展示充满智慧的文化艺术、完备而深刻的道德伦理，发挥警示、激励的导向作用，陶冶、熔铸学生的道德品质。学校浓厚的文化氛围，可以培养学生的爱国思想，造就学生的坚强意志，从而激发学生强烈的内驱力。这种良好的内驱力和浓厚的文化氛围对学生道德教育和养成教育起着重要的作用。

营造良好的宿管氛围，提升道德素养。教师只有一腔激情是不够的，还要不断地提升自己的育人能力，做先进教育思维的传播者、学生管理的力行者。宿管

---

① 邱云兰等：《走出德育误区》，载《德育报》，1994年10月20日、11月1日，第2版。
② 邱云兰：《学习环境与学习效率成正比》，载《德育报》，1995年10月9日，第2版。
③ 高金文：《校园文化建设及其德育功能》，载《中国优秀教师文粹》，中国文化出版社2004年版，第256–258页。
④ 孙若南：《学生宿舍管理在学生管理工作中的作用及任务》，载《教学与研究论文集》，海南出版社1996年版，第259–260页。

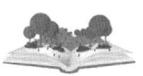

老师要明确自己所承担的任务和职责,找准道德教育的切合点,抓学生的思想教育,密切关注学生的思想动态。宿舍管理的艺术不在于要求,而在于激励、启发、引导;宿管老师的职责不在于"导",而在于"育";宿管老师的角色定位不应是一个好"演员",而应是一个好"导演"。如何引导学生参与宿舍管理?关键在于建立平等、和谐的师生关系和管理氛围,引导学生积极思考、主动探索、自觉合作。"自觉"是指宿舍成员的自觉,自觉维护宿舍纪律,自觉执行宿舍的规章制度,养成善于管理、善于合作、善于反思的良好习惯。

宿管老师要引领学生建立更科学、更理性、更开阔、更包容、更有活力的文化理想和文化期待,立志实现社会的创新和人类文明进步。从宿舍的规范管理做起,从现在做起,不断落实修身养性的目标,使道德教育变成学生自身的需要。要增强道德教育的实效性,必须使教育对象——学生认识到,良好的心理素质,是自己学业成功的基础;良好的道德素质,是个人与社会相容的条件。

在各部门的协调和密切配合下,变多重管理为统一管理,解决以往学生宿舍管理上的一些争议问题;变单项管理为综合管理,使学生宿舍管理机构的职能得到进一步强化;变单渠道管理为多渠道管理,使学生自我管理的作用受到重视;变被动管理为主动管理,使有关学生宿舍管理的各项制度逐步完善,例如,规范班主任、宿管老师和辅导员工作职责要求,建立家庭、社会、学校三方结合的教育网络,形成齐抓共管的良好氛围。在系统管理、分级、分层、分系管理中做到六个到位:全员管理到位、年级建设到位、常规管理到位、宿舍目标管理到位、个人责任到位、宿管活动到位。为确保工作成效,相关责任部门要加强组织领导,加强部门配合形成合力,包括在政策法律制度、道德伦理规范、管理监督机制、经济资源、人力资源和支持性设施体系等方面。加强政府、学校和家长的参与,使社会舆论发挥积极的作用、促进企业社团力量的支持,以及公益性资金的多方扶持,互帮互助、共同营造良好的宿舍文化氛围,提升学生的道德和心理素养。

通过开展丰富的业余文化活动,增强学生的集体荣誉感。通过举办各种富有高雅情趣又充满竞争气息的比赛,如各类宿舍环境设计大赛、书香寝室建设活动、创标兵宿舍和文明宿舍评比活动、夏令营活动、读书演讲演唱活动、辩论赛、文化体育活动等,开阔学生的视野,提高德育实效[1],提高学生的思想政治觉悟,锻炼学生意志,培养学生的集体主义、爱国主义的信念,从而净化校园环境,营造道德氛围,陶冶学生的人格品德,提高教育实效。

总之,文化是一种力量,是人类生活的重要表征,直接影响个人成长、民族

---

[1] 邱云兰:《加强年级管理 提高德育实效》,载《现代教育论丛》2002年第5期,第62-65页。

进步以及人类社会的和谐发展①。因而要把宿舍文化建设当作与学生发展息息相关的大事来抓，持之以恒，抓出实效，不能放松任何环节的教育管理，特别是对学生的主体意识教育、思想政治教育、道德教育和行为规范教育，要不断提升道德心理素养和宿舍管理艺术，明确职责并义不容辞地承担起相关职责和义务。为学生构建个性化与合作化的学习和生活环境，使学生做有道德的智者、能作为的行者、敢担当的仁者。

思考题：

教育科研为新时代教师的自我修养、自我提高提供了良好的途径。试谈教师教育科研的目的。

二、教学成果

（一）新课程下数学教育科研的思考②

教育部强调，提高教学质量是教育改革的关键，是高等教育发展的中心任务，是建设高等教育强国的基本要求。数学课程改革的关键是课堂，课堂改革的关键是教师的素质。怎样进一步提高教师的素质是人们共同关注的问题，21世纪需要大量"专家型""科研型"的教师。在反思中国教师队伍的现状时，不禁要思考教师在专业成长过程中是否做到了教学科研"一体化"。特别是在教育均衡发展的大背景下，不少教师对数学新课程下的教育科研的认识存在偏差，没有认识到数学教育科研不仅是自身教学的需要、专业发展的需要，而且是教学的源泉。没有高质量的科研，学校便没有活力③。教学研究不仅要解决问题，而且要通过问题的解决，总结出带有启发和规律性的东西，从而更好地引领教师的教学实践④。

1. 概念的界定

教育科学研究是指教育工作者在教育理论的指导下，利用科学研究方法对教

---

① 吴小鸥：《新课程改革教科书之文化标准研究》，载《课程·教材·教法》2016年第36卷第2期，第31-38页。

② 邱云兰：《新课程下数学教育科研的思考》，载《曲阜师范大学学报（自然科学版）》2016年第42卷第4期，第123-128页。

③ 王明建：《新课程数学课堂教学必须重视的五个问题》，载《数学通报》2005年第44卷第7期，第12-13页。

④ 鲜体元：《新课程理念下的学校教育科研》，载《中国优秀教师文粹》，中国文化出版社2004年5月版，第173-174页。

育教学过程中的现象与问题有意识、有目的、有计划地研究，从而揭示教育现象和客观规律的创造性研究活动①。教育科研是指在科学研究中，能发现问题、分析问题、解决问题，或在分析问题、解决问题时能有所创新。数学新课程的实施更新了教师的教育观念，改善了学生的学习方式，在数学课堂教学中，师生焕发了生命的活力②。数学教育科研指的是一线数学教师针对数学教育教学实践中的现象和问题，有目的、有计划地深入研究，而不是单纯地做高考、中考的研究，这些研究仅仅是教研的一部分。教育科研是以提高教学质量和效率为目的，旨在解决教师在教学中出现的问题、困惑的一种应用性研究。

2．数学教育科研的现状分析

加强教研常规管理，提高教科研质量。有效的教研需要有在教育实践中取得的一手资料做佐证，需要教师对资料的潜心研究。伴随着校本教研制度的兴起和建立，教师研修意愿空前高涨，教研创新呼声越来越高。各类课堂教学模式与方法改革，尤有燎原之势，正在全国开展；各种教师业务竞赛和评比活动，犹如雨后春笋，让人应接不暇。说课、论文评比等活动，对提高教师的专业素养和教研意识有一定的促进作用。科研兴校逐步被广大教师认可，从重教材研究、教法研究逐步转变为对学法和对数学教育整体优化的研究。例如，对数学素质教育的研究，数学学科性质的研究，数学教学模式的研究，教学设计、教案、学案和教法的研究，都逐步趋向科学化，而且涌现了许多有价值的研究成果，促进了教育研究及学科的科学化发展。研究呈现出欣欣向荣的景象。这一现象背后的主要支撑力量除了教师自身专业发展需求的内驱力，还有研究领域、方法、内容等方面的不断丰富和完善。但教科研由于缺乏常规化管理，大多数中小学教师没有在期刊上发表论文，没有申报课题，有些教师虽然写了一些教学论文、教学案例、教学感悟等，但大多是为了参加评比。不少单位和教师的教育科研能力比较薄弱，体现了一些问题③。一是没有科研带头人，缺乏常规化科研管理制度，缺乏科研氛围，难形成科研团队。二是教师的自觉性和勇气不够，表现不积极、不主动，认识片面，有的教师做科研仅是迫于外部压力，如评职称、晋升、晋级、评优的需要。三是科研动机功利化，把注意力集中在发表论文所带给自己的社会声誉和好处上，有的教师没有结合教育教学和学生的实际，没有从解决教学问题、提高教育质量上去写文章，导致偏离数学本真，少数青年教师更是缺乏全面研究教材、教法、研究学生和提高教学基本功的动力。四是研究型教师少，科研成果少。部

---

① 张生春、王变变：《农村初中数学教师教育科研现状调查》，载《数学教育学报》2013年第22卷第4期，第58—61页。
② 王宽明、夏小刚：《关于中学数学教育研究的元研究》，载《数学教育学报》2011年第20卷第2期，第78—81页。
③ 何如栋、朱敏：《小学数学教育科研的现状》，载《小学数学教育科研》2001年第5期，第1—3页。

分教师强调客观原因多,说没有合作团队、没有时间、没有合适课题,学校不支持,缺少经费;有些管理者也认为教师如果将精力投入到教育科研,就会影响教学质量,因而有的教师和管理者几年甚至几十年都没有一篇文章在正规刊物上发表,而且对别人的研究成果持有种种看法;教师发表论文、出版著作是教师"教学研究"成果的标志,是教师对自己教育教学行为的反思,进而探究更有效的教育教学方式。五是对数学教育研究的理论、方法、技术掌握不够,缺乏理论高度、逻辑分析和科学论证,仅停留在类比性思维和经验性思维上,没有深入探讨事物的本质,没有总结出普遍的规律,不虚心学习,不重视在前人和同伴研究成果的基础上提炼总结。在自己的教育教学实践中,没有提出自己的见解和进一步深化别人的成果,总是在原地转圈,没有采取更进式研究,从而大大制约了研究的思维方式的发展和深化。六是想搞教科研但不知怎样开展,有些老师虽然对数学新教材、教法设计进行了研究,但目标内涵及层次要求不清楚,目标串位空洞,目标与学生实际不符,未能作出教法上的有效加工,方法单一,缺少现代的、专业的教法设计目标,达不到一定高度;有的期刊文章的参考文献数量缺乏,不能清晰地反映出哪些是别人的成果,哪些是自己的成果,甚至可能是重复别人的研究。这也从某个层面上反映了研究者的学术水平在严密性和创新性方面还存在不足。七是有心态误区,不认真、爱找借口、嫉妒心强、自命清高。少数教师不要说理论思辨的文章,连经验性总结的文章都没有,有畏难情绪和依赖思想。八是落实教科研的对策和措施不完善、不得力,学校和上级主管部门责任不明确,支持教育科研的力度不够,在工作中仍然未得到很好的落实,存在这样或那样的内部原因和外部因素,影响教科研质量的提高。九是教育科研的能力和水平不足,教师的培训不足。在培训中,有少数培训者本身的科研水平和科研能力都没有达到应有的水平,未能从研究论文的选题、教育科研方法到研究论文的撰写着手,在培训中引导培训者进行课题研究不到位。导师跟踪指导学员研究和论文的写作,可用微信、电子邮箱、QQ群等方式互相交流①。十是数学教育科研在方法上"程序简单的多""综合性设计的少"。要提高教师的教学科研能力,以科研促教学②。繁乱的教研形式和评价项目的针对性、实效性、科学性不足令人感到担忧。一些学校的课堂教学改革、教学成果展示、教研共同体活动、课题研究等方面存在乱、假、虚现象③。国家课程校本化、校本教材课堂化的口号在一些学校十分响亮。一些重视自身内涵的发展、重视教育科研的学校,为了锻炼和培养教师队伍、促进年青教师的成熟成长、促使骨干教师成名师,要求各年级

---

① 王爱珍:《省级中小学数学骨干教师培训调查研究》,载《数学教育学报》2007年第16卷第3期,第68-71页。

② 阎德明、李东辉等:《河南省农村小学数学青年教师教育科研现状调查分析》,载《数学教育学报》2011年第20卷第3期,第54-58页。

③ 张永超:《教研创新的反思与对策》,载《数学通报》2013年第52卷第4期,第28-31页。

第七章 教育教学成果

数学备课组或教研组研究和编写校本教材。一些地方的教研部门也着手开展校本教材的征集与评审工作，值得提倡和肯定。但是，不可否认的是，在研究和编写的教材中，仍存在着不少问题，有许多地方需要反思①。

加强教研群体管理，实现教科研过程一体化。学校教科研主要采取自上而下的教研机制，学校的教科研活动主要围绕上级教科研部门的工作安排，学校教科研的重心偏离了学校，研究的有些问题不是学校自身和教师在教育教学中遇到的真实问题。在这种机制的影响下，学校和教师逐渐丧失了教育科研的自主性、自觉性和现实性，依赖或等待上级教研机构布置教研任务，有的脱离自身的教育教学实际申报课题，为教研而教研，"扯虎皮、作大旗"，盲目引进或参与所谓的省级、国家级的科研项目，搞形式摆花架，徒有虚名。有的虽然围绕学校和学生实际，编写教材、课外辅导练习等，但由于对课程的研究和认识不到位，受教师的业务能力和科学水平的限制，所编写的校本教材呈现形式的科学性方面还有许多值得推敲的地方。有的被省部级教育行政部门组织评选的获奖论文，却被校论文评选的老师说成观念陈旧，创新不够等。有的地区开展了学案导学的改革和实验，学生只使用学校编写的学案，未使用教材或省级教研部门组织专门力量编写的学生用书，学校认为学案导学、校本教材更符合本校学生的实际，体现校本特色。不可否定，这些改革和实验的想法与展望都是积极的，但并不是完全可取的，这些改革的目的是充分体现学生的学习的主动性和积极性。虽然主张和建议并不一定正确，但学校编写的学案、校本教材、评出的成果，真正有价值、有特色、体现应有科学性的很少、采用也很少。这种教研风气不利于学校教科研氛围的健康发展。

教育科研是以揭示教育现象中潜能的本质、必然联系及其发展规律为目的教研活动，教育科研能力是一种高级的、来源于教育实践而又有所超越和升华的创新能力②。2010年，广东省教育厅组织了全省普通高中教师进行了全员培训，教师的教育科研是其中培训的内容之一，目的是激发教师的教研意识和参与热情，基本方法是以包容的心态、民主务实的作风给广大教师搭建平等交流的平台。大部分高中教师在教育科研的认识上和能力上存在较多的问题：教育科研的意识淡薄，教育科研水平不高，教育方法研究滞后等。提到教科研，一些教师就有各种各样的拒绝理由：平时工作忙，根本没有时间搞科研。这些问题导致教师无法正常开展教育科研工作，给教师专业发展设置了屏障，教学质量的提高也受到了一定程度的影响。教师专业化是现代教育发展的需要，目前已成为世界教育发展的

---

① 邱云兰：《对高等数学"十二五"精品规划教材中一些问题的商榷》，载《曲阜师范大学学报（自然科学版）》2014年第40卷第3期，第124-128页。

② 刘金容：《高师学生教育科研能力的现状分析及其培养对策探新》，载《当代教育论坛》2005年第1期，第100-101页。

潮流①。教科研活动，围绕课堂教学，应着眼于引导教师研究教材、研究学生和学法。研究数学教师专业化发展的现状、存在问题和解决办法，无疑是极有价值的②。教育科研素质是实现我国基础教育由"应试教育"向"素质教育"转变的先决条件。因而，加强教育科研，着眼于科学性、实效性、务实性和可操作性，要通过丰富的内容、新颖的形式和务实的研究，激发教师的参与热情，唤醒教研意识，提升科研能力，让他们能够从参与的教学研究活动中，有所思、有所悟、有所获。

3. 数学教育科研的新理念、新跨越

以多样活动为抓手，丰富教研内容，提升科研能力。学校教科研的主要组织机构是教研室。从传统的学校教科研组织功能来看，学校教研室，主要管学校的教科研工作。学科教研组组织教师集体备课、听课，共同研究教学问题，对促进教师科研能力的提升有一定的作用。数学教育科研的能力是数学教育工作者的必备条件，也是数学教师必备的素质③。数学新课程改革对传统的课程组织模式提出了挑战。数学新课程内容新、模块多、变化大，教师应进行大胆的改革和探索，删繁就简，增添新内容、新方法。数学新课程强调通过校本教研改善教师教学行为，推动教师教科研活动。树立教研创新理念，目的是激发教师参与教研的热情和智慧，促进他们积极优化教学方法，不断提高教学效率和水平。因此，应开展教研活动，创新教研形式，以多样活动为抓手，找准立足点和大方向，切实把握活动的重点和目的，引导参与者以研究的心态、务实的作风，实实在在地探究和解决提高教学效率的核心问题，而不是只求形式，不重实效。

教师如果不重实效，不搞科研，对自身的教学经验就不能自觉地进行总结，对教学规律就不能自觉地进行探索，对教学中出现的问题就不能作出科学的回答，那他的教学活动就会有极大的盲目性，提高教学质量、教学效益和教科研能力也只能是一句空话。良好的教育科研素质包括具有渊博的专业知识，具有及时发现、科学分析教育教学问题的能力，具有资料搜集和信息处理的能力，具有良好的文字表达能力和创新精神等。要把教科研工作作为自己教学工作和生活的重要组成部分，将提高教科研质量作为提升生命质量、实现生命价值的事情来对待，摒弃消极、被动的教科研心理，以对生命的热爱和追求去拥抱教科研。

发挥领头雁的作用，形成浓厚的教科研氛围。一个好的数学科研带头人，能够组建优秀的数学科研团队，带动学校数学教师科研能力的提升④。学校不仅要

---

① 教育部师范教育司：《教师专业化的发展的理论与实践》，中国轻工业出版社 2002 年版，第 23 页。

② 杨高全、曾玉华等：《小学数学教师专业化发展现状的调查研究》，载《数学教育学报》2011 年第 20 卷第 1 期，第 31 – 34 页。

③ 曾峥等：《数学教师与专业发展的理论与探索》，暨南大学出版社 2004 年版，第 86 – 87 页。

④ 阎德明、李东辉等：《河南省农村小学数学青年教师教育科研现状调查分析》，载《数学教育学报》2011 年第 20 卷第 3 期，第 54 – 58 页。

注重科研团队的建立,更要培育一批具有创新精神的科研带头人,促进学校科研氛围的形成,特别要提倡以发表论文和课题研究为抓手。教育科研是教师成才、开发师资资源、实行教育专业发展的重要手段。但是,有的学校不重视领头雁的快速成长和学校教科研的健康发展。新课程要求学校建立学习型学校教研组织,增强学校教科研组织的凝聚力、认同感、归属感,建立新的教科研制度,充分发挥领头雁的作用,形成浓厚的教科研氛围,使学校教科研组织真正成为教师专业成长的摇篮。

教科研工作,要把握好"教""研""写""新"之间的关系。"研"是关键,既要教,又要"研",还要"写","教"是"研"的前提和基础,"研"是"教"的延伸和提高,而"写"使"研"的实践转化为传播成果。为保障"研"的效率和成果质量,需要建立有效的奖罚机制,要有目标追求,有价值认同,有凝聚力,有核心成员。这些成员要身体力行,特别是领头雁,要率先垂范。领头雁是教科研方案的总设计师,是带动全局的关键。领头雁应是研究型、学习型的人才,这样他才能具有示范性和号召力。一个不爱学习、不会学习、不爱科研、不会科研的领头雁,是无法带来生机与活力的。因此,学校教育科研的前提是领导重视、部门协调、群众参与。要充分发挥科组、教研室的作用,抓制度、抓落实,营造一种人人爱学习、爱科研的氛围是关键。切不可以学霸与权威自居,更不能以势凌人、以权压人,因为在学术上,没有绝对的对和错,人人都能表达自己的见解。

创造新的教研生活,实现教科研过程一体化。教而不研则浅,研而不教则空[1],学而不思则罔。无论是理论知识的学习还是实践知识的研究,都需要从多角度、深层次进行思考和研究。身处教育情境中的教师围绕自身教育实践开展教育研究,这是一种真正意义上的"原生态研究",体现了教育研究源于"教研生活"。教研生活是教师生活,特别是教师精神生活的重要组成部分[2]。数学新课程的实施为提高教师教研生活质量、创造新的教师教研生活提供了广阔的空间。他们每天置身于复杂多变的教学情境,面对各种各样的教学环境,实施各种教学方法与策略,不断经历教学相长的过程,所以,他们对教学问题更加关注,而且他们对教学本质的理解更现实和直观,因而更能掌握教研生活中的对象、内容以及各种教育因素之间的关系。

教育科研能带给教师幸福和快乐。要创造新的教师教研生活,坚持教科研相结合,特别是开展教育教学改革的理论和实践的研究。要形成教师通力合作的研究氛围,形成一种共同的教师教研生活方式。尤其要加强教师在开展数学教学活

---

[1] 杨田、王广辉:《透视高效数学课堂教学行为:基于优秀初中数学教师的个案研究》,载《数学教育学报》2011年第20卷第2期,第37-40页。

[2] 曾楚清:《课程改革大背景下改进学校教研的思考》,载《现代教育论丛》2005年第1期,第57-59页。

动中的互动、交流、对话、协作等，防止和克服教师各自为政和孤立无援的现象，加强彼此之间的专业切磋和协调合作，实现教师之间共享经验，共同成长。

通过课堂教学向学生传播知识很重要，但通过教育科研让他们学习、探索、获取数学新知识、锻炼新思维和创新能力同样重要且非常迫切。要加强横向、纵向的对比和联系，采取"送出去""请进来"的方式，主动争取校外的专业支持，与高校建立教研合作关系，建立学习型学校教研组织，学习先进经验，促进教师重视"教""研""写"。探索以教师为本，以提高教学质量为本的具有本学科特色的教研之路。这些做法都是可取和肯定的，但我们也要看到，外聘专家大多为高校学者或教育理论工作者，有的对中小学数学课程与教学改革缺乏了解，导致他们在培训讲述中理论多，关注课堂教学少；宏观层面的意见多，直接面对中小学教学实际少；空洞说教多，具体的、可操作性建议少。因此，这些校本研修活动，对一线教师缺乏应有的实用性和指导。一些教师虽然采用了同伴互助的校本研修形式，组织学生和科任教师相互讨论和交流，但是，由于准备不充分、要求不严格、反思时间少、同伴引领和指导力量针对性不强，导致教科研或校本研修深度不够。更重要的是，由于一些学校对教科研或校本研修缺乏应有的考核评价机制，其教科研或校本研修难以取得实效，得不到领导和业内认可。斯坦豪斯说："如果没有得到教师这一方面对研究成果的检验，那么就很难看到如何能够改进教学，如何能够评定课程规划。"因而，重视数学新课程下的教育科研是我们所处的知识经济时代的要求，是为适应知识经济而进行的教育改革的渴望，是为未来社会培养建设者的需要[1]。要在培养学生观察、发现、比较、类比、分析、综合解决问题能力方面挖掘素材，找准切入点，创建新的数学教研生活和自我反思机制。

4. 教科研成效

提高教学质量，取得教学实效。教学质量的提高，取决于教研质量和教科研能力的提高。途径是多方面的，其中，最基本、最重要的手段之一是鼓励教师积极参与教育科研，在教育科研中注重自我反思和自身素质的提高。反思的方式有"问题研究"和"叙事研究"，通过反思自己的教育实践，教师可以提高教学能力、教学质量、管理能力、决策能力和交往能力。大学教科研是大学生命力的重要表征，是为社会服务的主渠道，是教师成长的重要途径，是培养新世纪创新人才的重要手段[2]。说题、解题、评课比赛等作为教研活动的基本形式，对激发教师研究教学的热情、提高教师专业素养作用明显，意义深远。但是，我们也要看到，这些比赛虽然组织和实施简便易行，从形式上看有的比较新颖，但是他们的功能与价值比较单一，内涵和影响也十分有限。单用某项比赛结果作为考核与评

---

[1] 郭思乐、邢最智：《中小学教育科研基础》，广东人民出版社1999年版，第1—2页。
[2] 王燕军、张可村：《论大学科研与教学》，载《中国优秀教师文粹》，中国文化出版社2004年版。

价教师的手段，未免有失公允。要全面考核和综合评价教师课堂教学水平和教科研效益。

要深化课程改革，建构教育理念，打造不同的教学风格，达到把新知识融入旧知识体系的目的①。有效的教学是通过优化教学行为，将各个教学环境逐渐整合，促进学生有效地参与数学学习，并获得优秀的学习成绩、良好的认知结果、积极的学习情感、浓厚的理性思维、较强的数学学习能力的行为②。数学课程知识包括教材知识和资源知识③。教师教学资源、教学问题等均可成为教师教科研的素材或对象，为教师教科研活动提供宽阔的平台，使教科研成为教师享受愉快生活的精神园地，最终提升教师的生命质量。

以教改信息为指导，促进教科研质量的稳步提升。坚持理论学习，形成教学特色，才能收到良好效果。一是以多样活动为抓手，丰富教研内容，实现教研活动一体化，促进教学质量的稳步提高。教学质量的提高要以教育科研为先导，从而增强教师自我效能和职业认同感，使教师找到职业的尊严和生命的价值。二是运用现代教育科学理论，抓教研质量的提升和教学质量的提升。三是以校本教研为推手，形成教学特色，结合教学工作的实践搞科研，写论文、著作，得到社会和业内人士认可。四是以学术讲座为依托，培训跟进研究，为教师解决在教育、教学、教科研工作中遇到的疑难问题。教科研的收获无疑是对社会和对学生今后成长所产生的积极影响，提高教师自身的科研素质和调查研究能力，收获理智、情感，提供人格提升所需要的"营养"，这样，数学新课程才能催生新的教科研素养。

（二）高等数学备课模式的研究④

1. 问题提出

数学课程改革的关键是课堂，课堂改革的关键是教师的素质，包括备课素质。备课要全员参与，骨干引领，突出个性。要保证教学目标完成，做到扣本固源不超纲；保证难易程度合适，做到适度前行不越位、不错位；保证学科思想的渗透和能力的培养，做到有机渗透不累赘⑤。备好课是上好课的前提，是提高课堂教学质量的关键。重视备课模式的探索，对学生获得学习成功体验有着重要的

---

① 曾超益：《关于数学教师课程知识来源》，载《数学教育学报》2011年第20卷第1期，第39－41页。
② 王光明：《高效数学教学行为的归因》，载《数学教育学报》2010年第19卷第5期，第75－78页。
③ 程晓亮、刘影：《高等数学教学策略再思考》，载《数学教育学报》2012年第21卷第2期，第78－80页。
④ 邱云兰：《高等数学备课模式的研究》，载《阜师范大学学报（自然科学版）》2014年第40卷第4期，第123－128页。
⑤ 钮兆岭：《关于新课程背景下教研组活动的思考》，载《数学教育学报》2014年第23卷第1期，第75－78页。

意义。波利亚说:"一个专心认真备课的教师能够拿出一个有意义的但又不重复的题目,去帮助学生挖掘问题的各个方面,使得通过这道题,就好像通过一道门户,把学生引入一个完整的理论领域。"

教案是为教学服务的,教师是为学生服务的。备课要考虑学生的知识基础、接受水平,并根据课堂的实际情况来灵活把握。有的教师自身素质高,教学能力强,从备课到课的导入、衔接、板书、教学方法的选择,称得上"完美"。但上课时仿佛在唱独角戏,忽视后进生的存在,忽视和他们交流、合作、互动和研究①,忽视课程设计要建立在学生已有知识的基础上。这样的"备课"就失去了本意,因为很多时候,"掌声不是送给老师,而是送给学生的"。没有引导学生质疑、探究、归纳、判断和概括,脱离"以学生为本"的备课,是难以提高教学效率的。教师要不断地反思自己的教案是否有开放性,是否包含策略和方法的暗示,是否进行了分级提问和给了直观图形的启发,是否及时解答学生所提出的问题②。对于同样的班级、同样的学生,有的教师备课非常认真,上课非常严格,深受学生欢迎,而有的教师备课目标不明,不知道数学对学生未来职业有什么益处,使学生缺乏学习兴趣和积极性③,教学效果可想而知。数学教育的根本目的是发挥学生的数学潜能,全面提高学生的数学素养④,而不是说学生未来不在数学相关的领域工作就可以不用提高数学素养。其实,无论从事何种工作,铭刻在头脑中的数学素养即数学思想、推理方法、研究方法和求知能力,将伴随学生终身,促使其不断地探索新的知识⑤。

2. 备教材

教案是教材和学生的中介⑥。教材是数学知识的载体,是教师向学生系统传授数学知识、进行数学活动和使学生掌握数学知识的基本工具,也是课堂教学中师生之间互动交流的范本。要把握范本的个体性、动态性、开放性和生成性。范本通常很难考虑到各种学生和不同的课堂,每个人实际用到的范本,既有固定的统一要求部分,更有适合其个体的部分。一项教学内容,需要依据学生学习的需要变换它的形态,可以是一个问题、一个课题、一个游戏或是一个有趣的活动,同时可以把若干内容组合起来,容纳在某节课或某个课题的研究活动之中。范本

---

① 邱云兰:《研究性数学课堂教学模式的探索》,载《现代教育论丛》2010年第12期,第83-85页。
② 宋晓平、杨建华:《基于"数学课堂学习动力系统"的课堂教与学框架》,载《数学教育学报》2010年第19卷第6期,第32-33页。
③ 林峰:《对职业技术教育数学教学改革的几点思考》,载《数学教育学报》2009年第18卷第2期,第97-99页。
④ 何勇、曹广福:《数学课堂如何兼顾学生数学素养与应试能力》,载《数学教育学报》2014年第23卷第2期,第60-62页。
⑤ 杨渭清:《对数学史在数学教学中作用的思考》,载《数学通报》2013年第9期,第21-23页。
⑥ 钮兆岭:《关于新课程背景下教研组活动的思考》,载《数学教育学报》2014年第23卷第1期,第75-78页。

的开放性,不仅由知识的宽广性决定,更体现在鼓励学生自主学习。教材常常只是一个引子,提供的仅是知识的结论,省去了数学发现的思维过程,学生看不到创造知识过程中的波澜壮阔。教师和学生可以由此生成新的内容,使课堂内容丰富多彩①。

用批判的发展眼光备教材。高等数学通常按照函数与极限—导数与微分—微分中值定理与导数的应用—不定积分—定积分—定积分的应用等顺序展开。这些内容的处理、设计和学生知识的储备与潜能是不可分割的整体②。教师应掌握教材的部分与整体之间的联系,认识教材在本学科课程体系中的地位和在实际工作中的应用,了解它与其他课程的联系,并能够在课堂教学中体现出这些联系。其中极限能体现其严密推理性。如果对极限了解不深、理解不透,或知其然,不知其所以然,备起课来将模棱两可。那么备课时教师如何通过对个别现象的分析提出合适的问题?如何通过对这些问题的分析建立相关的概念以及发现解决问题的可能途径?关键在于学生对学习的知识能否提取与应用,应用的一个渠道就是能够把它作为交流的语言,能够基于概念阐述自己的观点③。应以教材内容和学生学识积累为依托,引导学生分析教材。如引导学生发现某教材中,例题把关系式"$L(x)=150+120x-x^2$",误写成"$L(x)=150+120x+x^2$",答案"$L(20)=3750$"误写成"$L(60)=1350$"。可以让学生用批判的发展眼光看教材,跳出教材看教材,跳出学科看教材。

用恰当的语言阐述教材的重难点。重视文字话语的层次性和逻辑性表述。对重点备准、备透;对难点既要知"难之所在",又要明"难"的原因,做到难而有度、难而可攀。对抽象之处,要形象描述,创设思维切入点和思维的最近发展区。好的创设、好的合作学习模式,都必须有教师课堂话语的支撑。应补充一些生动恰当的例子,或配物说明,使抽象之处贴近生活、通俗易懂。例如,极限的定义既是教学的重点,也是教学的难点。教师可以结合感性和理性的描述破解教学难点④。数列极限 $\lim\limits_{n\to\infty}a_n=A$,自然语言定义为:数列 $\{a_n\}$ 的项数 n 无限增大时,一般项 a_n 无限接近于常数 A。两个事物的接近程度用距离来表示,距离大的远离,距离小的接近,故 a_n 与 A 的接近程度用 a_n 与 A 距 $|a_n-A|$ 来表示。无限接近即要多接近有多接近,接近程度的无限性用 ε 的任意性来刻画。一般项 a_n

---

① 郭思乐:《以生为本的教学观:教皈依学》,载《课程·教材·教法》2005年第25卷第12期,第14-22页。

② 魏国强、杨永清:《基于研究性学习理论的大学数学"两课堂"教学》,载《数学教育学报》2010年第19卷第2期,第70-72页。

③ 程晓亮、刘影:《高等数学的教学策略再思考》,载《数学教育学报》2012年第21卷第2期,第78-80页。

④ 高兴佑、向长福:《如何破解极限定义教学难点》,载《数学教育学报》2011年第20卷第5期,第96-99页。

无限接近于常数 A 可解释为：任意一个很小的正数 ε，无论它有多么小，a_n 与 A 的距 $|a_n - A|$ 比 ε 还要小。用理性定义表示为：$\forall \varepsilon > 0$，$|a_n - A| < \varepsilon$。感性描述性定义，虽然形象直观，易于理解，但不能用于推理论证；理性定义，抽象复杂，但能用于推理论证。把两种描述定义结合起来，可以达到优势互补的效果。关键是要把好"翻译"关，将用自然语言叙述的定义准确翻译为用数学语言叙述的精确定义。但自然性话语不能脱离实际，不能片面追求自然性话语和电化教学手段。对难备之处，要集体备课、集体研究、介绍方法、抓住类型，避免囫囵吞枣、食而不化。

例如，函数 $y = \sin^2 x$，求 $y^{(n)}$。学习导数，疑点是诱导公式的灵活应用，其实，这疑点可以激发学生对已有知识和经验的回忆与升华，引发学生的探索和创造灵感。关键性的问题，教师在备课时都要紧紧抓住。因为它对学生理解和掌握其他问题起决定性的作用。教师在备课时就要考虑如何采用相应的预防措施[1]。对于相似及有共同点的概念，特别是新教的概念，教师不能忽视对这些概念的深入解析。一个概念具有一般性和无穷性。教师应探究怎样启发、导入这些内容，怎样概述、提炼出这些概念公式才能活跃课堂气氛、引起学生兴趣，才能符合学生的认识规律，使学生更好地掌握，并在此基础上提高学生的抽象逻辑思维能力，实现通过刻画、观察走近新知，通过模仿熟记新知，通过领会、应用享受再创造新知的过程[2]。

3．备目标

目标可以分为知识目标、能力目标和情感目标。目标是否备准，是否能实施主要取决于教师。数学教师有着深厚的数学基础，对数学有着深刻的理解[3]。应对教材内容进行知识概括和归纳，进而激发学生的学习积极主动性和对新知识的探索精神。

模式是再现现实的一种理论性的简化形式。它有三个要点：第一，模式是现实的再现；第二，模式是理性的形式；第三，模式是简化的形式[4]。要使学生能较好地掌握模式，就必须了解课程的知识目标。如，定积分概念的知识目标为：使学生掌握定积分概念的本质是求和的极限运算，了解构建定积分概念的"最初目的是计算被曲线围成的区域的面积"[5]。在求其面积的过程中，需要运用"以

---

[1] 徐贵松：《备课的艺术与方法》，载《教学与研究论文集》，海南出版社1996年版，第301-302页。

[2] 张学润、王中东等：《研究型教学在高等数学中的实施和浅析》，载《数学教育学报》2012年第21卷第1期，第85-87页。

[3] 王光明：《高效数学教学行为的归因》，载《数学教育学报》2010年第19卷第5期，第75-78页。

[4] 冯克诚、西尔枭：《实用课堂教学模式与方法改革全书》，中央编译出版社1994年版，第3页。

[5] 中华人民共和国教育部：《普通中学课程标准（实验）》，2003年。

直代曲"和"逼近"的思想。如何让学生在体会这种思想的过程中，将这种思想转化为解决问题时可以具体操作的方法和步骤，是教学的难点，是学生难以感悟的。所以通过背景设立①，求曲边梯形的面积，寻求类似经验，就可提出以下问题：（1）你还记得圆的面积公式是怎样推导的吗？学生就会想到在圆内作正多边形，通过求正多边形内的三角形面积之和来确定圆的面积公式。（2）这里运用了哪些数学思想？你能归纳推导公式的步骤吗？学生很快说出"以直代曲"和"逼近"的思想，大致分为：分割、近似代替、求和、取极限四个步骤。求变速直线运动的路程，也是定积分的一个重要背景。这两个背景虽然不同，但解决问题时所用到的方法是相同的。为了让学生进一步体会定积分背景、思想和方法，可以引导学生类比例题的两个解题方法，提出以下问题：（1）解法1主要运用了哪些思想？求解的基本步骤是怎样的？目的是回顾"以直代曲"和"逼近"的思想，以及四步骤。（2）两种解法有相同之处吗？目的是引领学生找出它们的相似点，从而实施类比，解决问题。（3）你能叙述求解步骤吗？目的是通过类比，应用四步骤，写出表达式 $s = \lim_{\Delta x \to 0} \sum_{i=1}^{n} v(\xi_i) \Delta x_i$，为引入定积分概念的构建做好铺垫。

能力目标涉及数学概念原理、基本的数学事实结论的运用，回答"做什么"的问题的陈述性知识，它属于认知技能。还有数学操作性技能，它属于动作技能。技能目标可以分为四个层次：了解、理解、掌握和综合运用。例如，作图技能，会操作简单一般图形与空间图形的草图。设计微型课的精品教案，可以为教师搭建一个平台、树立一个观念，使教师明白一个道理、学到一种方法。通过不断创新的教学设计，为教师的专业发展和能力提高找到便捷之路。

情感目标方面，备课需要高超的技能技巧，但如果仅仅为了发挥技能技巧，而忽视学生的感受，淡化师生之间主体性的关系，必然使教学活动走向低效。乌申斯基说："教师的情感，对学生心灵上的影响是任何教科书、任何道德箴言、任何惩罚和奖励制度都不能代替的一种教育力量。"这里的情感是指，在数学活动过程中比较稳定的情绪体验。刻画情感态度的术语有：感受、体会、领悟、形成……观点、养成……习惯、欣赏……之美，如对称之美、精确之美。教学总是以情感人的，体现出人的情感交流。一个小小的提问、一页作业纸的批改，都可以体现老师对学生学习的关怀。如果忽视情感交流，教学是难以取得实效的。提问和作业能反映教学中的问题，包括备课有效性、学生掌握知识情况、学习态度和学习方法等问题。教师的情感交流在教学中像一条纽带，使师生紧密地联系起来。在和谐、民主、平等、融洽的氛围中，师生心领神会、配合默契才能取得实

---

① 邱云兰：《试谈高职数学说题模式的探索》，载《新疆师范大学学报》2012年第31卷第4期，第79—83页。

效。具有教师独创性的备课模式才能真正体现出教学的美。所以教师要更新备课理念，注重培养和提高学生情感交流能力、反思能力，以及提出问题、分析问题、解决问题的能力，使学生掌握提出问题和解决问题的方法。应把课堂当作师生交流思想感情、启迪智慧灵感的平台。

备课时要重视情感目标的投入，授课时给学生营造一个宽松的课堂氛围，尤其是要多关注学习成绩差的学生，尽量减轻他们的学习压力和考试焦虑，使其保持积极的学习态度和较强的学习动机，使他们愿意在数学上下功夫，对数学感兴趣，从而实现情感目标。

4. 备学生

备学生必须研究学生的学习基础、已有的知识经验、学习方式、心理和情感倾向以及往届学生学习相关内容时存在的问题，做到基于学生的"学"确定方案。引领学生从史学视角审视高数的发展史与数学文化，以数学内容、思想、方法、精神来影响学生的思想、观念、行为和态度。

智力因素是取得良好学习效果的必要条件，学生年龄和智力等因素制约教学方法和学法。有的学生数学学习能力较弱，吸收知识较慢，心理负担较重、思维方法较窄，大多只停留在记住结论并直接应用的程度。因此要研究学生的知识基础、发展水平、能力、经验、学风、惯用的学习方法，对于班上的优等生与后进生，要尊重他们在发展水平、能力、经验、学习方式等方面的个体差异。这样学生学习的动力和能力才能得到增强[①]，否则难以获得学习的成功体验。

调动学生的学习积极性和主动性，增强其学习本领。教学的本质是学，但没有教的支持，学生的学可能要走更多的弯路，而且，也不能组织和激励更多的学。学就是在教师的支持下，激起、强化、优化学生的互动学习的过程。教师的使命不是取代、压抑、削弱学生的互动，而是承认他们自己的权利和成果，提供支持和引导。但当学生的探索与教师的预设不一致，学生探索的方法和成果的潜在价值得不到珍视，学生的困难与问题也得不到分析和解决时[②]，教师要引导学生创造性地运用知识，自主性地发现问题、研究问题和解决问题，并在研究中积累知识、方法，培养能力和锻炼思维[③]。学法要围绕问题展开，如学习导数在经济中的应用，对学生进行点拨。通过点拨使学生发现某教材中，把平均相对变化率符号"$\bar{\eta}$"，误写成在某点处的弹性符号"η"；把乘积"$36 \cdot 5^{-5}$"和"$36 \cdot 3^{-2}$"，误写成"36.5^{-5}"和"36.3^{-2}"。应把学习过程看作发现问题、提出问

---

① 邱云兰：《高职高专高等数学教学的探索》，载《江苏教育学院学报》2013 年第 29 卷第 1 期，第 87 - 88 页。

② 郭思乐：《以生为本的教学观：教皈依学》，载《课程·教材·教法》2005 年第 25 卷第 12 期，第 14 - 22 页。

③ 王存荣：《在反思性数学教学中培养学生提出问题的能力》，载《数学教育学报》2009 年第 8 卷第 1 期，第 45 - 47 页。

题、分析问题和解决问题的过程。

5. 备教法

教法是为教学活动制定蓝图的过程。教法的呈现形式是教案，教案中的教学过程一般都按照课堂话语的形式来书写。无论文字书写还是语言描述，都要做到准确、精练、生动有趣。将归纳类型、揭示本质、举一反三、触类旁通、联系实际、显示应用、揣度心理、防患未然，贯穿于整个教学过程，渗透于教学活动的各个环节和方面。书写教案要做到：条理清楚、分析缜密、由浅入深、由易到难、循序渐进、结构紧凑、层次分明、思路清晰、分析透彻、逻辑严密、重点突出、过渡自然。

课前教学预设是执行教学行动的"指南"，是达到教学"理想"与精彩"生成"的基础。预设应围绕教学目标，让学生学到的知识得到吸收、思维得到训练、能力得到发展。要周密分析教学预设是否有开放性，是否包含策略和方法的暗示，是否进行分级练习，是否进行直观图形的启发。教学预设可分为整体预设和过程预设。整体预设是依据教材分析和教学目标设计的，过程预设是指某节课的教学过程，其围绕"剖析概念—充分挖掘例题的教学功能—回顾与反思"这一流程。反思是课后对教学自我审视、自我提高的过程。通过反思，检查课前预设有哪些不足，有哪些不当，需进行哪些调整，需补充哪些经典案例。教师在反思中提升水平，达到缩小教师处理教材的差异、提高教学针对性和有效性的目的[1]。教学预设水平的高低，直接影响教学效果的优劣。如果认为教学预设可有可无，或只注重预设的传授，忽视思想方法的孕育，就很难调动学生的学习积极性，学生的创造性也就不可能得到发挥。为了使教学预设的目标可以促进教学最优化，我对我所在的学校 2012 级会计专业的 134 名学生进行了问卷调查，主题是：老师要怎样设计高数教法？65.2% 的学生认为教学预设要转化为学法预设，思维方法要细；4.3% 的学生说无所谓；30.5% 的学生认为对繁琐之处的预设要条分缕析，对枯燥之处要补充素材、配点"小插曲"，引起学生的兴趣和注意。

教学预设的形成是教师的主体性在教学实践中的体现，而非刻意的表演、模仿。现代教学预设标准为：在理念上必须以学生发展为本，在技术上要有检测学生发展变化的理论依据，在操作上要有具体的、体现学科特色的预设标准。教师要学会把自己的经验、理解、智慧、困惑、问题、情感等融入教学过程。对各难点的教学进行预设，要考虑分散的途径、概念公式的给出、如何创设情境、如何预设互动。互动，是课堂必不少的重要活动，如果没有互动，课堂不但缺少氛围、缺少动力，而且教和学会产生分离；互动是激发学生学习动力的源泉，是师生相互交流的主要渠道，是营造良好课堂氛围、提高教学效益的重要手段。但互

---

[1] 曾宪林：《加拿大高中数学课程标准和教学评价的启示》，载《数学教育学报》2011 年第 20 卷第 3 期，第 87-89 页。

动不是处处可用，不是时时有效，过多的是非型简单互动可能会使学生不动脑、不加思考回答问题。那么要怎样互动才能够最大程度发挥互动激发兴趣、拓展思路、启迪思维的功能①？课堂互动要选择时度，控制难度，掌握广度，巧设难度，巧设角度，创激亮度。例如，3个和尚有几担水可以喝？设置这个互动的目的是制造学生认知冲突，使课堂出现观点的交锋、智慧的碰撞，使课堂的热闹不仅表现在学生肢体的活动，更体现在学生的思维活动中。例题、习题和互动的设置都有特定的教学功能，是实施有效教学的重要条件。例题的设置要具有示范引领、激发兴趣、揭示方法、介绍新知、巩固新知、思维训练和文化育人的功能。教案的主体通常包括：教学目的、内容及重点、难点、教具、学具、板书设计、情景设计、讲解程序和方法、时间分配及思考题等。这些内容的具体写法，可因人、因课而异。

教学预设要关注学生的能力发展。现代教学论认为：教学应按学生原有的知识结构进行；以问题为载体；着眼于学生的潜能发展②。端正教学态度，提升教学质量。应把教学内容吸收到自己的脑子里，把自己代入实际课堂的意境之中。力求做到讲课时不看教案，脱离教案。不然的话，若手不离教材，眼不离教案，照本宣科，讲课就会没有情感，难以进入角色，枯燥无味。讲课内容力求做到少而精。有些可以"旁征博引"；有些可以开门见山，平铺直叙；有些可以画龙点睛，简明扼要交代清楚；有些则要故意设疑，给学生留出思考空间；有些可以创设情境，穿插趣例和妙语，精心预设，统筹兼顾③。做到点点相连，环环相扣，衔接自然。用教学热情打动学生的心灵，善唱者使人和其声，善教者使人寄其志，教师在课堂教学中不仅要教会学生知识，更让学生明白道理，悟出方法，形成习惯，从而激发学生学习的内驱力。

习题处理是备课中的软肋和短板，应研究习题搭配与编者的意图，突出了什么？强调了什么？哪些习题巩固知识、形成技能；哪些习题是课本知识的研究与深化；哪些习题为后面的学习做铺垫；哪些习题培养学生的某种技能。教学要关注习题的适宜度和解题的规范性，并以典型错误为样本寻求矫正策略。例如，求$e^{1.01}$的近似值。让学生进行互动交流研究④，就会出现这样的解：$e^{1.01} \approx 1 + 1.01 = 2.01$。误认为1.01很小，而出现错误。备课是一项艰苦细致而富有创造性的劳动。教案正是这项劳动的书面记录，它为课堂教学实践活动提供参考。教师从自我学习体会及自我知识体系出发，系统性地对所备知识进行概括，可以让

---

① 林革：《浅谈数学课堂教学提问"十性"》，载《教学与管理》2003年第29期，第40－42页。
② 马利军：《试论高等数学课程建设中的三种意识》，载《数学教育学报》2009年第18卷第2期，第94－96页。
③ 廖训乔：《完成备课的四个工序》，载《教育研究》1994年第2期，第20－22页。
④ 邱云兰、曾峥：《高职高等数学课堂教学中的互动解题研究》，载《数学教育学报》2013年第22卷第3期，第39－43页。

学生从思想和方法上对所学内容有全景性领会①。

关注概念的特征、成立的条件、适用范围和变化形式；关注定理的条件与结论的内在联系、适用范围和定理的变化形式，逆命题、否命题、逆否命题是什么？是否可以推广？特殊情况如何？将其建立在学生的知识发展水平和已有的知识经验基础上，例如，极限的夹逼准则，根据学生的知识基础，不要求学生掌握准则的证明，只要求学生了解这一准则并能利用这一准则求相应的极限或证明。备课要从学生实际水平出发，使内容符合大多数学生的实际水平。但是，课堂不应成为"教案剧"的"舞台"：教师是主角，学生——主要是学习好的学生则是"配角"，多数学生只是观众和听众。不能以教案为本位，因为以教案为本位就是以教师为本位，教案反映的是教师的教学过程，而不是学生的学习过程。在提倡"学生为主体"的今天，教师的主体地位降低了，学生的主体地位提高了②，导致课堂往往由几个学习成绩好的学生主导，所以重视主体间性可以避免上述情况的发生。不应片面强调以学生为主体，而忽视教师主导性的发挥，出现少部分学生成为课堂的"学习中心"的情况。

6. 结束语

写教案、用教案是教师必备的素养。有素养的教师注重打磨教案，其特点是突出实践性、启发性和过程的动态性。备教材、备学生，做到教案是教材和学生的中介；备教法、备学法，做到教法重设计，学法重点拨；备教学预设、备教学反思，做到教法更加切合学生实际。以照本宣科式的教案一般不能上出合格的课来③。因此，教师每次上课前仍然需要重新写教案。写教案要做到：一是对每节课的内容进行深层次思考，合理重组教学内容，使教学环节之间、知识点之间实现自然的、有机的联系与过渡；二是能够对科学思想、科学研究与应用方法进行点拨，用最简单的例子、最直接和朴实的语言让学生掌握深奥的道理；三是找出哪些高数知识可以培养学生的学习意识和学习能力，哪些知识点可以适当拓展，启发学生的创新意识，提高其协调创新能力，使学生在高数课堂教学的舞台上不仅是积极配合的观众，更是积极参与的演员；四是要敢于跳出教材，跳出教案，精心预设，但又不能局限于预设而不敢越雷池一步，不能固步自封于教案之中，要关注课程目标和学生的情感需求，以学定教，因需施教④；五是要把握非预设生成的课堂资源，及时调整教学计划，抓住激活学生思维、愉悦学生身心、张扬学生个性、激励学生创新的契机，使个别学生的亮点变成全体学生的亮点，使星

---

① 王永建：《与青年教学一起备课》，载《数学通报》2006年第8卷第45期，第19 – 20页。

② 周兴和、叶惟寅：《实践中的好课与好课的实践》，载《数学教育学报》2005年第14卷第2期，第80 – 82页。

③ 王永建：《与青年教学一起备课》，载《数学通报》2006年第8卷第45期，第19 – 20页。

④ 赖樟根：《备课预设诚可贵，意外生成更精彩》，载《数学通报》2007年第8卷第46期，第36 – 38页。

星之火成燎原之势。

思考题：

（1）专家型教师应具备的知识类型包括哪几个方面的内容？

（2）试论述主持科研项目和撰写学术论文对教师有什么重要意义。

第八章 班主任的职业道德

关键词：班主任；职业道德；师德建设；师德师风；以德立身；以德施教；第一标准；言传身教；人格力量；以人为本；法律；案例；道德环境；管理氛围；实践探索；工作协调；事业心；意识淡薄；权钱交换

教师是人类历史上最古老的职业之一。我国曾把教师称作"教书匠"，只当作传授知识的一般职业来看待。习近平指出，要"使教师成为最受社会尊重的职业"，并提出了"坚持教书和育人相统一，坚持言传和身教相统一，坚持潜心问道和关注社会相统一，坚持学术自由和学术规范相统一"的"四个相统一"的师德要求。这些具有科学性、战略性和针对性的重要论述，既高屋建瓴，又鲜活生动，给广大教师提供了基本遵循，指明了前进的方向。

一、班主任职业道德的含义

习近平指出，"教师的职业特性决定了教师必须是道德高尚的人群。合格的老师首先应该是道德上的合格者。"道德以感召力和劝导力来规范人的行为，靠的是自觉，靠的是"良心"。但是，在当今的社会生活中，有的"良心"是靠不住的，有的人说话不文明、行为不讲秩序、喧闹不怕扰人、脏物到处乱扔。职业道德的含义是指教师按照一定的社会道德要求进行的道德认识、道德情感、道德意志和道德行为习惯的培养，是教师所必须具备的足以影响学生、指导和帮助学生成长的品德。它体现为思想态度、政治觉悟、文化素质、生活习惯等，是教师道德的内在素质。它的具体要求是热爱教育事业，爱岗敬业，热爱学生，严谨治学，勇于创新，依法执教，廉洁从教，以身作则，为人师表，团结协作，尊重家长。由此可见，教师要以德立身、以德立学、以德施教、以德育德。道德既是民族精神的标尺，更是时代精神的标志，要用高尚的道德情操感染学生。

职业道德是一个由不同的一系列反映道德现象的基本概念构成的范畴体系。从某种意义上讲，职业道德已不是个人意义上的品德问题，而是具有深刻社会意义的问题，关系到千百万青少年一代的健康成长。新时代教师职业道德的新含义如下。

（一）教师职业道德的永恒主题——"爱与奉献"

"落红不是无情物，化作春泥更护花。""爱与奉献"意味着教师对学生的理解、尊重和热爱。不能用成年人成熟的心态去苛责孩子天真的想法和无拘无束的行为，要保护、引导稚嫩的心灵，创造和谐、宽松、民主、平等的教育氛围。

（1）"爱与奉献"意味着教师职业不期待"收支平衡"，因为你对学生的付出无法测量，成果很难量化。

（2）"爱与奉献"意味着教师职业不期待"立竿见影"，因为你所从事的是"百年树人"的事业，付出后得到的结果如何，不是一时可以见分晓的。

（3）"爱与奉献"意味着教师职业不期待"掌声、鲜花"。

内化教师的价值追求，外化教师的行为自觉，是教师职业道德的重要内容。道德是真实的、具体的，体现在教师的一言一行之中。

（二）教师职业道德的新含义——尊严和发展

教师是学生道德修养的镜子。职业道德是创造安全、愉快与和谐的学习环境，营造充满赞扬和肯定的环境，使师生感到安全，受到鼓励，得到尊重，富于挑战和发展。有了目标和奋斗志向，教师才能在工作中得到发展。

（三）教师职业道德的时代性

新时代的教师，要有道德情操。职业道德是教育的重要议题，它既是一个古老的命题，传承着中华优秀传统文化的基因，又经受着现代文化的挑战。以德立身，筑牢品德底线，树立底线意识，践行道德标准。育生之德，使学生能追问真理之德，善于涵养大美之德。

思考题：
（1）法律和道德有什么区别？
（2）教师为什么要以满腔热情唤起孩子主动学习的积极性？

二、班主任职业道德的主要问题

什么叫师德？师德是教师的职业道德。献身教育、甘为人梯、严谨治学、为人师表是师德的主要内容，是决定教师其他素养的前提，是建设好教师队伍的根本，面对复杂多变的社会价值观，教师道德自律极具重要性。但有极少数教师的师德出现以下主要问题。

（一）"人在曹营心在汉"——缺乏事业心

过去一段时间内，社会上有一股"经商""下海"热，有些教师"跳槽"下海或兼职，导致教师队伍人才流失。更让人担忧的是"隐性流失"，即教师缺乏

第八章 班主任的职业道德

事业心，与事业型的教师有距离。事业型教师的特点：一是热爱教育，孜孜不倦，对教育工作有高度的职业责任心和职业自豪感；二是热爱、关心、严格要求学生；三是学而不厌，积极进取；四是诲人不倦，脚踏实地；五是为人师表，身体力行；六是献身教育，甘为人梯，严谨治学，一丝不苟。

（二）"做一天和尚撞一天钟"——缺乏进取心

和尚撞钟型教师特点：教书就业、教书谋私、教书谋官、教书谋名。他们虽然能守住教师职业道德的底线，但达不到事业型的高度，把自己看作"打工仔"，不追求教书育人的境界……俗话说："给学生一碗水，教师需要一桶水。"这要求教师有教到老、学到老的精神，要认真学习教育教学理论，有意识地获取教改新信息，不断更新知识，努力提高教育、教学水平。但极少数老师自从跨进了教师队伍以后就如进了保险箱，不思学习，"做一天和尚撞一天钟"，没有进取心，不追求教书育人的境界。

（三）对待后进生冷漠无情——缺乏爱心

有的老师偏爱尖子生或偏爱家庭背景较好的学生，冷漠对待、歧视后进生的现象比较严重；特别在片面追求升学率的影响下，有的老师认为后进生影响了班级的名次，丢了老师的面子，不从正面加以教育和耐心辅导，而对他们放任自流、冷漠忽视。有的甚至采用讽刺挖苦、心理施暴、体罚或变相体罚的方法对待后进行，严重影响学生的身心健康。

仁爱之心是情。爱是教育的灵魂，没有爱、缺乏爱就没有教育，教师要热爱学生，不冷落后进生，要正确调整自己的心态，执行对自己、对学校的承诺。

（四）对学习成绩优秀的学生，要加强身心健康教育

在一例"少年杀双亲"案件中，该学生曾担任过团支书，爱好广泛，电脑、篮球、绘画、写诗等样样精通。班上的活动大多由他来组织完成。在班主任眼中，他是众多学生之中天赋最高、学习最好的一个，将来考上大学是毫无问题的。但是，他最终却走向犯罪道路。不禁让人想到他的家庭与学校教育的不足之处。教师和家长在关心孩子学习的同时，千万不能忽视对学生的品行教育。学习成绩优秀不意味着品行健全。

（五）经不起金钱诱惑，物欲熏心

有的老师由于受社会上金钱至上、权钱交换思想的影响，人生观、价值观发生了偏差，以教谋私，利用教师这个崇高的职业，挖空心思赚学生的钱。有的甚至故意把课内的教学任务留到课外，吸引学生参加课外有偿家教，或泄露考试的内容，用权力换取利益，以博取领导、家长、学生欢心。

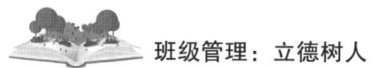
班级管理：立德树人

（六）师表意识淡薄，形象扭曲

教师的形象直接影响学校的校风、教风、学风、班风，从而影响学校和自己的发展。教育的意义在于弘扬人的善，遏止人的恶。有少数教师职业道德缺失，人格魅力不足，不注重培养自己的德性和教书育人的责任感。

评价教师队伍的第一标准是师德师风，要将害群之马清除出教师队伍，并依法进行惩处，对侵害学生的行为必须"零容忍"。教育是一门科学，它的有效实施必须符合一定的原则和教育规律；教育是一门艺术，它需要以热情与创造来引起人的内心的震撼，并以最稳定的状态驻存在学生的内心世界，伴随着学生终身。

思考题：

（1）为什么在对待和化解学生过失的问题上，应多一些理解，少一些指责，多一些宽容，少一些歧视？

（2）试谈师德与道德有什么区别。

三、以人为本及案例剖析

教师是道德人格的生成者和培育者、美好生活的建设者和创造者。要建构"以人为本"的师德体系："以人为本"是一个十分重要的师德建设的新观念、新思路。

（一）"以人为本"师德建设的时代背景

（1）就教育和班级活动而言，"以人为本"的提法古已有之，今天为什么又要郑重、明确地提出来？这是因为从世界范围看，现代工业文明带来物质财富的同时，教育的人文精神仿佛有所失色，教育中"见物不见人"的现象时有发生，因此，应提倡"以人为本"的师德。

（2）《公民道德建设实施纲要》和《中华人民共和国教师法》标志着中国在社会制度建设时期对公共生活秩序、公民和教师道德素质的关注。把"以人为本"作为师德建设的理念，凸显出教师队伍建设的鲜明特征。

（3）在全球化、民主化、数字化趋势以及我国正在发生的社会转型的影响下，教育正处在从传统教育向现代教育转变的过程。教育对象从面向部分人转向面向全体人民；教育内容从确定知识的传递转向整体素质的生成；教育形态从封闭转向开放；教育方法、手段从单向式转向互动式。教育的基本任务是：提供教育条件，促进人的自主成长，并为其终身发展奠定基础。这就需要一支道德高

尚、业务精湛、结构合理、充满活力、德才兼备的高素质专业化教师队伍。

（二）对"以人为本"师德具体内涵的认识和把握

（1）"本"是指追根溯源。"本"字有本源、本体、本性、根本之意，即追求教育的根本所在、本质所存、本性所依、本体所固，而不能本末倒置、舍本求末。

（2）"人"，即追求对人本身的关照、关怀。关怀"人"，旨在完整、全面地关怀、关照人，发展、提升人。它追求人的自然性与社会性、物质满足与精神享受、理性锻炼。

（3）"以人为本"，需要在几对关系中审视和定位以何为本，比如，人与物、师与生、教师与管理者，这样才能决定"以人为本"的具体内涵。"以人为本"既包含以关怀学生发展为本，又包含以关怀教师发展为本。无论关怀学生发展还是关怀教师发展，都有三个新的时代性的价值取向，即关怀全体学生和全体教师发展、关怀学生和教师的整体性生命发展、关怀学生和教师的终身持续性发展。

（4）以学生发展为本，将建立全面的学生发展观、人才观、价值观、成才观作为教师职业规范制定的价值取向。发展与成才的创造性层面、情意层面，以及发展成才的个性差异等，都是当代要凸显出来的新成分。

（6）以教师发展为本，是新时代拓展的师德内涵。以教师发展为本，要重视教师对职业的自我尊重，以及对职业价值与前景的信念和希望。做理想信念的启蒙者、守护者，以及国家、民族进步兴旺的推动者和建设者。以发展教育为本，关怀教师的工作、生活幸福和终生发展，不断地创造制度、物质和心理上的支持和保障。

（6）教师与学生的发展决定教育的前途，教育的前途决定国家的未来。社会主义现代化强国需要大批笃志力行、矢志不渝、前赴后继地将青春贡献给社会主义事业的后备军。因为以发展为本，师生之间不是二元对立的关系，而是两者合理并存的关系。两者具有互为依存、互为转化发展的关系。

（7）"以人为本"的师德本质精神，可理解为新时代的教育人文精神。它以鼓励人的自主发展为旨趣；以正确认识人、理解人、尊重人、信任人，积极开发人的心智，提升人的德性人格为根本。要认识新时代教师工作的特点，从而合理规范行为，建构新时代职业道德的新体系。

（三）"以人为本"师德建设的建构思路与原则

（1）基础性。教师职业道德建设要有底线，即人人都能做到的基本职业要求。不能把教师的角色神圣化或把职业要求泛化，要求教师个个超凡入圣，致使师德建设走入误区。

（2）继承性。要继承、肯定和弘扬"以人为本"理念，从战略的高度深刻认识师德构建的思路和原则。例如，严于律己、乐于奉献、言传身教、关爱学生。

(3) 时代性。中国进入新时代，更离不开"以人为本"的理想信念。要增强师德定力，秉承师德原则，执行师德标准是新时代教师的核心要求。

(4) 自主性。突出教师对师德的自愿接纳、自主遵从。新的师德体系应具有自我体验性、内在约束性。

(5) 层次性。师德是教师职业依从的价值体系，它应包含不同层次、不同形态、不同功能的价值文化。比如，包含具有激励作用的职业理想，具有指导作用的职业原则，具有约束、遵从作用的职业准则等。

（四）"以人为本"的实践

"以人为本"师德建设要围绕明大德、守公德、严师德的维度展开。

(1) 它体现和预示着新时代师德建设理论和思路的根本转型。

(2) "以人为本"的提出，是新时代师德在核心理论上的重要突破和开拓，使师德建设提升到理论建设的高度。

(3) 它在实践上将产生深远广泛的影响。相信按照具有人文关怀的思路建构师德，对师德教育的思路、模式的转换与调整都会产生重要的影响。在师德建设中要讲求艺术。

【案例1】

疤　痕①

小学三年级1班上体育课时，有一个学生背上的疤痕被其他同学看见了。"真恶心，像两只大蛆虫！""好可怕呀，怎么回事呀？""你不会是个怪物吧？"有些调皮的男生甚至取笑他，刻意疏远，导致关系僵化。

如果老师遇到这种情况，会怎样应对？请看体育老师是怎么做的——老师慢慢地走向男孩，露出诧异的表情："老师想起一个美丽的传说，同学们想不想听？"大家一致点头，围在老师身边。

老师指着男孩背上的疤痕说："你们知道吗？每个小朋友都是天上的小天使变成的。天使变成小孩时，得把他们美丽的翅膀脱落下来，可有的小天使动作稍微慢点，来不及完全脱下翅膀，这个时候，那个天使变成的小孩，就会在背上留下两道疤痕。"

"那这就是天使的翅膀吗？"孩子们望着男孩的背，又惊奇又感叹。突然，一个孩子天真地说："老师，我们可以摸一下天使的翅膀吗？""这要问小天使肯不肯了。"老师微笑着向小男孩眨眨眼睛。男孩停止了流泪，羞怯地点了点头。

---

① 选自专家学者的案例。

那个孩子轻轻地摸了摸男孩背上的疤痕，高兴地说："我摸到天使的翅膀了。"这么一来，其他的同学也都拼命喊："我也想摸一下小天使的翅膀。"

后来，这位小男孩长大了，他深深感谢这位让他重振信心的老师，使他有了归属感和荣誉感。他高中时还参加了全市的游泳比赛，获得了亚军。他勇敢地选择了游泳，是因为他相信，自己背上的伤疤，是被老师的爱心所祝福的"天使的翅膀"。

案例评析

案例中的老师彰显育人底色，得到了学生的认可。其坚持思想铸魂，坚持立德树人，在追求卓越、教书育人等方面给学生树立了榜样。足以说明了老师的职业属性，既是传道者，也是授业解惑者，既是管理者，也是研究者，需不断提升思想政治素质和职业道德素质。

（1）师德与发展同行。教师师德发展，国家才能前进。师德的基本内涵是明确师德规范和基本遵循，明确以德立身、以德施教。师德教育从其根本旨趣来促生存、促发展。发展必须是师生和谐自主的发展。

（2）让师德在互动中构建。职业道德的建构，教师不应闭门思考，而应当通过师生、生生之间的交流与合作，在寻求共识的交流与互动中调整与重构自己的职业品德认识。有了共识，需要从多维度去互动、积极推进。需要强化组织领导，加强平台构建。

【案例2】

送橡皮泥回家①

幼儿园大班的小敏聪明活泼、人见人爱，有一段时间，班里的橡皮泥经常失踪，而孩子们也多次告诉老师："是小敏把橡皮泥拿回家了。"作为老师的你，遇到这种情况如何处理？

小敏最喜欢橡皮泥，他用橡皮泥捏出来的小鸭、小鸡非常逼真。老师经过多次"观察"，并没发现"可疑"情况。那天离校时间已过，有几个孩子还在课室里，小敏也在其中，老师就和他们整理美工区域。老师拿着几盒分量很少的橡皮泥盒子说："盒子妈妈好难过，因为它的橡皮泥宝宝不见了。"老师观察小敏的表情，发现他脸上掠过一丝不安。

于是，老师继续说道："就像你的妈妈一样，如果找不到你，妈妈是多么伤心啊。"小敏一听，马上从口袋里掏出一大团橡皮泥说："老师，我把它放回家吧。"老师激动地抱住他说："好孩子，谢谢你。"第二天，老师当着全班孩子表扬了小敏，老师没有说橡皮泥是小敏拿了，而说是小敏帮助盒子妈妈找到了它的

---

① 选自专家学者的案例。

宝宝。事后，老师对小敏说，如果想把橡皮泥带回家玩，就和老师说一声，第二天再带来。从这以后，班里的橡皮泥再也没有丢失过。

学生有着不同于成年人的特征，如果不了解学生的特征，而用成年人的行为规范去衡量学生的行为，容易认为学生是在"犯规""惹祸"。其实，学生"惹祸"行为的背后大都隐匿着其年龄特征。小敏的行为就是自制力差这一年龄特征造成的，而并非所谓的"偷"。

孩子虽小，但同样有自己的人格，同样需要理解与尊重。幼儿园老师既要爱孩子、教育孩子，更要用心去观察孩子，读懂孩子这本"书"。

案例评析

理念是变革的先导。孩子在成长过程中发生的一些事情、出现的一些问题，都是其在特定年龄下的表现，只是有的表现强一些，有的表现弱一些。小敏的行为正是孩子过于自我中心化的体现，教育者应该淡而处之，对孩子报以宽容的微笑，并俯下身来，真诚地引导他、帮助他，孩子很快能迈过这个坎。如果把问题看得过于严重，反而会在孩子心里留下烙印，影响孩子的健康发展。有的时候，"不教"正是为了更好地"教"，这是教育的艺术，更是教育者的智慧。

教师的素质决定教育的质量。课堂教学既是教学工作的中心环节，也是教师职业道德实践的主要阵地。它不仅是教师职业道德养成的主要内容之一，而且是教师德性修养水平及其教育效能集中显现的主要平台，因此，无论是出于对教师职业道德发展、教师专业成长的关注，还是出于教师德性的教育效能实现、促进学生的发展，都应聚焦于课堂教学中的教师职业道德问题。

【案例3】

讲台上的水①

上课铃响了，老师走进八年级1班教室，准备将教科书和教案放在讲台上，却发现水浸湿了大半个讲台，教案和教科书根本无法摆放，只好放在第一排同学的桌上。"这是谁干的？"老师问了一句，教室里鸦雀无声。怎么办？

要是追问下去，会影响本节课教学任务的完成；要是不再追问，不了了之，又会放纵了学生。可老师冷静一想，何不就此导入新课呢？于是拿起粉笔在黑板上写道：请看命题，"讲台上的水不是从楼顶上漏下的"，是否为真命题？有几个同学举手回答："是。""为什么？你怎么知道是真命题？"同学们你看看我，我看看你。"老师知道你们在想什么，现在我不追究水是谁弄的，只探究水是不是从楼顶上漏下来的。"

由于老师的态度诚恳，教室里的紧张气氛立即缓和下来，同学们也积极进入

---

① 选自专家学者的案例。

思考状态。老师提议，大家一起来分析，此命题的题设是什么？结论又是什么？一个同学答道："题设是'讲台上的水'，结论是'不是从楼顶上漏下的'。""很好，大家想一想，假设水是从楼顶上漏下的，那么房顶会有什么现象？"老师接着启示。"楼顶是湿的""有小洞""有裂缝"——显然，老师已经激发了学生的思考，课堂气氛也随之活跃起来。

最后老师总结："这种不是直接从题设推出结论，而是从命题结论的反面出发，经过推理论证，得出与正确的事实相矛盾的结论的证明问题的方法，就是这节课我们要学习的一种新的证明方法——反证法。"

导入新课后，老师和同学们一起分析了两道例题，接下来让学生阅读反证法的定义并完成课文分析及课堂练习。最后，强调运用反证法的三个步骤。本节课的教学任务完成得很轻松。

下课后，有个学生走进老师办公室："老师，讲台的水是我……，我原本是想老师出洋相……老师，我错了……"

本节课老师将"讲台上的水"这一事件作为命题，很巧妙地将其导入新课，既化解了课堂上师生之间僵持紧张的气氛，又为导入新课寻找了一个良好的素材。

案例评析

案例中有几分巧合、几分幸运，教师得以将计就计、临场发挥而智取成功。我们也不排除其他教师还有另外的应对策略，可以取得同样精彩、成功的效果。但是，不可否认，在现实课堂教学中，面对同样的情景，不能将其视为教育契机而加以利用者，也不乏其人。因为案例中的教师凸显出的教育机智与专业功底，如果没有平时的潜心修炼与长期积累知识是不可能有的，如果教师对教育教学缺少执着和责任感，也是不可能有的。

众所周知，教师的基本职责是"教书育人"，教师职业道德的核心内容首先在于：在教育教学工作中，尽职尽责，不但要教会学生"学会学习"，而且要教会学生"学会做人"。那么，教师如何履行职责，既教好书又育好人，尤其是如何在课堂教学中将二者有机统一，需要每位教师从课前、课上到课后持续不断地努力探索。

首先，以课前充分准备为基础，不但要包括每节课前的"三备"：备教材、备学生、备方法，其中备方法包括教法和学法，而且要坚持对专业理论进行学习并借鉴他人的教学经验。其次，更为重要的是，在每节不可完全预设、不可重复的课堂上，教师需根据自身特点与状况、学科内容与教学目标、学生的一般特征和现实表现以及鲜活的教育情景灵活把握，而不必拘泥于对课前准备方案的机械执行。最后，可以充分利用课后时间，教师及时总结、反思每节课上师生互动的过程与结果，这是教师积累职业经验、求得专业发展的关键所在，也是教师职业

道德发展不可或缺的基本素养。

教师面对讲台上有水，而无学生认错或解释的情景，不占用课堂教学的有限时间一味地追究"讲台的水"，而是在不放弃既定教学目标的前提下，因地制宜，就地取材，以"讲台上的水"设置命题，将预设的导入环节内容灵活调整、重新组织，巧妙导入新课内容"反证法"，避免了教师尴尬、学生难堪甚至受伤害的场景出现，并以诚恳的态度，减少、消除了学生对教师"兴师问罪"的疑惧心理；进而，自然而然、顺理成章地达成了教学目标，使学生掌握了"反证法"的内涵与运用。课后，学生主动到办公室向老师承认了过错，教师对其给予了谅解与宽容；事后，教师对整个事件作了反思与总结。

我们看到的不仅是教师教育智慧的展示，更是教师人格魅力的彰显。一节课结束，学生在知识上学有所获的同时，领受了教师的一份宽容与厚爱，增进了师生情感。这样，一方面，教师以鲜活的实例支撑学生将书本知识学以致用；另一方面，教师以身示范，启迪了学生学会做人，待人坦诚宽容。整节课上，教师教得自如有序而身心愉快，学生学得主动轻松而记忆深刻，师生受益匪浅，实现了超越。

从该案例中，我们看到在课堂教学中教师如何巧妙应对突发事件、成功导入新课，也看到了在课堂教学中，教师如何从导入环节开始，自觉践行职业道德规范。当然，一节课不但有导入环节，还有学习新课的中间环节以及结束环节，这都需要教师始终不忘职责，自觉履行职业道德。

思考题：

（1）对于"讲台上的水"，要做到既不影响课堂教学正常进行，又能教育学生，你认为教师还可以采取哪些不同策略？

（2）如果案例中这节课的内容无法与"讲台上的水"联系起来，你会如何处理？

（3）在你的教学经历中，是否有记忆深刻的课堂突发事件和应对做法？

（4）教师在课堂教学中，既要履行传递科学知识的社会职责，完成既定教学任务，又要以人为本，促进人的健康发展，履行教书育人的天职，尊重、关爱学生。然而，课堂具有不可预设性，教师如何在课堂教学中体现科学精神与人文精神？

（五）以德为先，以诚为要

对于教师的职业道德，我国当前提出了八个方面的要求：依法执教、爱岗敬业、热爱学生、严谨治学、团结协作、尊重家长、廉洁从教、为人师表。这八个方面的每个方面都和教师所从事的教育职业息息相关，以教师与学生的交往为切入点来体现。教师在履行教育教学职责过程中，时刻都与学生联系在一起。没有学生的参与、没有师生的交往，特别是师生之间的互动和有效交流，根本谈不上教师职业道德的体现。教师与学生的关系，是整个教育教学过程中的重要因素。

【案例4】

楼上扔下一条红领巾①

为了培养学生良好的学习、生活习惯，学校从周一至周五每天都要进行一日生活、纪律评比，佩戴红领巾是其中的一项评比内容。孙老师对学生各方面严格管理，要求自己带的班不能落后，不能比别的班差。但发生了一件事以后，他觉得教育学生诚实比评比获奖更重要。

那是开学一个月后的一个早晨，上课铃声刚响，一个女同学气喘吁吁地闯进办公室报告说："老师！张晋升没戴红领巾给班里扣了分……"她急得语无伦次。孙老师走上前问清原因，原来是张晋升同学没戴红领巾，同班的已到校的另一名同学怕他进校时被扣分，就从楼上扔下一条红领巾给他。张晋升不但不马上戴好红领巾，反而把这件事报告给值周生。听到这儿，孙老师的第一反应是今天的评比他们班扣分了，这是张晋升造成的，于是孙老师"命令"这位女同学："把他叫过来！"

孙老师带着指责质问张晋升"为什么这样做？你知不知道你没戴红领巾，学校值周生要给咱们班扣分？你为什么上学不戴红领巾？别人给你还不马上戴上？"等一连串的问题时，他却坦然地说："老师，他们弄虚作假，是他们不对！老师您说呢？"

孙老师一下子就愣住了，几分钟后有气无力地说："你先回去吧。""老师，再见。"

案例评析

教师事后反思了自己当时的做法，找到了症结——一味地想避免班级被扣分，却忽视了得满分的前提。学校评比的目的，是为了培养学生生活、学习的良好习惯。满分并不能完全证明工作做得好。于是老师就这件事情在班里表扬、肯定了张晋升同学的做法，公开向他道歉："张晋升同学今天的言行提醒了老师，谢谢你。"同学们向张晋升投去了赞许的目光，为他鼓掌。

班会上，老师让同学们就这件事展开讨论，大家开始各抒己见。最后，大家共同受到教育，达成共识：不管什么情况，发生什么事情，对集体、个人有什么影响，我们应该始终坚持"诚实第一，做人实实在在，做事踏踏实实"。

由于及时充分肯定学生的正确做法，并予以表扬，公开道歉，承认错误，虽然这次检查班集体没得满分，但老师的行动深深地教育了全班学生。学生从教师

---

① 选自专家学者的案例。

身上学到了做人要实实在在。陶行知说:"千教万教,教人求真;千学万学,学做真人。"从此,班里学生在各方面都坚持以踏实、认真、诚实、守信为行动准则。学生都用自己的实际行动积极维护班集体荣誉,杜绝了弄虚作假的现象,各项工作走在全年级的前列。老师非常欣慰:"张晋升同学提醒了老师,也教育了全班同学!"

案例中,师生在班级管理过程中有思想认识上的差异、道德水准上的差别。从教师处理学生问题的具体做法来看,老师开始时与全班大多数同学意见一致:只要不给班上扣分,采取什么方式都行。张晋升被老师叫去挨批评后,与老师争辩:"我没错,他们弄虚作假,是他们不对!老师您说呢?"这样的话语,使教师一下子愣住了。你能分析出老师当时在想什么吗?

班级学生向老师告张晋升的状,老师批评张晋升,张晋升却理直气壮地说出自己做法的理由,并用征求意见的语气问老师。这样简单的几句对话交流,使老师深感惊讶并被学生的诚实打动,认识到作为教师,出于对结果的追求,忽视了学校评比活动的宗旨。于是,老师及时进行了反思,将此事在全班同学面前讲述,并作了自我批评,向张晋升同学道了歉。此时,教师是在与学生思想的碰撞中受到感染。语言交流、思想碰撞,让教师及时纠正了错误的做法。

老师利用班会课,让全班同学针对这一问题展开讨论,倡导向张晋升同学学习,肯定张晋升做法的正确之处。教师的这一做法,以自己的实际行动、诚实的态度、有错就改的精神风貌,让全班同学受到了教育:一是做事要诚实,实事求是;二是不管谁有错,都要勇于承担,及时改正;三是淡化名利,坚持原则;四是鼓励学生大胆交流,互相帮助,学会做个正直的人。

老师的这种做法是我们应倡导的,也是师生共同成长的真实写照。教师还有哪些需要改进和补充的地方?

思考题:

(1) 这个学生不戴别人的红领巾该不该被批评?

(2) 老师应把学生作为自己任教班级评比的工具,还是以学生成长为本?

(3) 老师应当采取下面的哪种处理方法?

A. 详细地给学生讲班集体荣誉的重要,作为班集体中的一员,应该怎样维护集体的荣誉。

B. 给学生介绍学校值周生的作用,学校为什么要进行评比,扣分将给本班带来什么后果,全班同学会怎么对待被扣分的同学。

C. 对该学生的表现给予合适评价。该肯定的地方给予肯定,该指正的地方给予指正。

D. 借此机会,和学生进行交流,帮他分析这件事的利弊。重点帮助学生培养良好的组织纪律性,明确佩戴红领巾是少先队员应该养成的良好习惯。指出今

第八章 班主任的职业道德

后要争取严格要求自己,各方面要按学校的具体要求去做。

E. 面对面的批评后,学生不承认自己有错,老师要对学生进行严格教育。如果总听学生的强词夺理,班集体良好风气就无法形成,以后很可能出现"乱班"情况。为此,要对此事给予足够的重视,让大家从此做到处处为班集体着想,维护班集体荣誉,争创优秀班集体,借此培养学生的集体荣誉感。

还有哪些好的方法和措施?

【案例5】

嫩绿的小草①

回想自己上小学二年级时,王老师那节语文课的情景仍时时出现在我的脑海中。

上课铃响,全班同学立刻走进教室坐好,等待班主任来上语文课。全班同学好像比以往任何一天都精神、都兴奋!因为今天有上级领导来我们班听课,其中就要听这节语文课。我是班长,在上课之前老师就已经动员大家要多举手、多发言、发好言。

大家认真地听老师讲解。课进行到最后,老师让大家用"嫩绿"一词造句。全班同学积极踊跃地举手回答。"张森同学你来说。"他用响亮的声音回答:"嫩绿的麦苗。""不……对!坐下!"老师用拉长的"不"字,强调着对这名学生答案的否定。此时老师的面部表情带有几丝轻蔑。其他同学仍把小手举得高高的,意思是:我能正确回答,争先恐后地抢着要回答。老师这时叫到了李明。"嫩绿的树叶。"声音仿佛比刚才同学的发言更加响亮。该生用很自信的神态等待老师的夸奖。"不……对!坐下!"得到的却是相同的评价。这时,其他同学仍举手想要回答,但手举得都没有原来那样高、那样急切了。老师又叫了一名同学,她的音量和音调显然不如前两名同学那样高昂、自信,"嫩绿的小葱。""不……对,坐下。"还是同样的评价!老师这时还带有几分不耐烦了:"怎么都不对?"从其他同学的表情中可以看出他们的疑惑。

这时老师说:"你们好好想想,谁还能回答?"这时又有同学举起小手,但举起的手又缩回去了,显得很不自信。老师点到了一名男生。"嫩绿的柳芽。""不对,坐下吧!"老师更着急了。得到同样评价的学生一个个你看看我,我看看你,仿佛不解地问:我们的回答错在哪里?这时班上鸦雀无声。兴致勃勃、争先恐后的学习气氛消失了,同学们那种激情此时也荡然无存。

作为班长的我,心里很不安。按平时老师该叫我了。"别怕,大胆说。使劲想!"在老师的再三鼓励下,我把手从课桌斗里慢慢地向上举,一点点儿露出指

① 选自专家学者的案例。

185

尖。这时老师看见了，立刻叫起了我。

我忐忑不安地用很微弱、夹杂着颤抖的声音回答："嫩绿的小草。"老师立刻拍了一下讲桌，紧接着听到："哎，你们看看，你们看看，人家是怎么学的！非常好！非常正确！请坐！"

老师的兴奋，开始吓了我一跳，后来我慢慢地感觉到，我终于答对了，没有挨批评！当时老师后面还说了好多表扬我的话，我什么也没听见，只知道自己没有答错。

案例评析

下课后老师自我感觉良好，边走出教室门边对学生们说："到关键时刻，还是班长得劲，不然我下不了台啊。"言外之意是班长圆满结束了这节课。而被老师定为答案"不对"的几名学生，仍不知错在何处，莫名其妙地相互看着。课下，当其他老师问及"您为什么对前面几位同学的答案都持否定意见"时，这位老师很认真地拿出教学参考书指给大家看：教学参考书里就只有这个唯一的答案。

这件事已经过去二十年了，但每当班长想起那节语文课，总有一种说不出的感觉。那节课究竟教给了学生什么？在课堂对话交流中，老师究竟培养了学生什么，使学生学到了什么？

思考题：

（1）教师在教学中，如何正确处理好传授知识与培养能力的关系？结合这节课，谈一谈怎样将德育寓于教学之中。

（2）授课教师，需要在哪些方面加强？应该怎样加强？我们如何在新课程改革中避免此类问题的出现？

（3）课堂教学中怎样实现师生的平等交流？怎样通过课堂学习加深师生的感情？真正让学生"亲其师，信其道"？

（4）怎样使课堂成为师生互相学习、交流的场所？

【案例6】

<h3 style="text-align:center">班主任与学科教师的协调①</h3>

今天是两校合并后第一次上课，张老师精神抖擞地向七年级9班走去，他的心情有些激动。自从毕业参加工作以来，他一直在生源学习基础薄弱和办学条件、资源不足的学校任教。之前的学生问题比较多，令他身心疲惫。但让他非常高兴的是新学期他所在的学校与区重点学校合并了，同时让他感到有些许不安的

---

① 选自专家学者的案例。

第八章　班主任的职业道德

是学校领导分配他教七年级9班实验班。一想到要教实验班，他就感到肩上的担子沉甸甸的。

他心中难免有些紧张，因为他很清楚，随着社会的进步和教育的发展，学生以及家长对教学质量的要求在不断提高。

现在各地都有基础薄弱学校与重点学校整合的现象，有些学校合并后，部分重点学校师生对薄弱学校教师有排斥的心理，从主观上认为薄弱学校的生源"差"、教师水平不高，导致学校合并后教师之间不团结、不合作，从而影响了教学工作，对学生造成了不良的影响。甚至有的教师把自己的对某教师轻视的态度有意无意地在学生面前表露，导致学生在心理、行为上对该教师产生排斥。

张老师没有想到的是，当他刚刚走进七年级9班的教室，班里立刻响起了热烈的掌声，只见班主任正站在讲台上，微笑地望着他，黑板上用彩色粉笔写着"欢迎张老师"几个大字，全班学生也精神抖擞地坐在位子上，一双双眼睛注视着新老师。此时，班主任微笑着向全班说："同学们，我们首先欢迎张老师担任咱们班的数学老师，张老师虽然没有给你们上过课，但责任心非常强，对待工作认真负责，希望同学们积极配合，在张老师的带领下，咱们班的数学成绩在年级中还能保持遥遥领先。"

教室里此时安静，全班学生齐刷刷地看着新来的数学老师，似乎在盼着老师快点讲课。张老师的顾虑、紧张一扫而光，感动地说："我首先感谢全班同学和班主任对我的工作的支持、信任，我要用我的行动来说明……"课程就这样在轻松、愉快的气氛中顺利地进行着。

案例评析

从案例中不仅可以深切地感受到班主任在协调学生与科任教师关系中的重要性，还可以看到，来自基础薄弱学校的张老师在学校合并后被分配到实验班教学，尽管做了充分的准备，但心理上还是有些疑虑，包括能否胜任教学工作、重点学校的老师和学生对他能否接纳与认可。然而，让张老师没想到的是，班主任早把工作做在他上课之前。第一次上课时，班主任和学生的热情不仅消除了张老师的疑虑，为他创造了一个良好的上课环境，更为他今后的教学工作奠定了很好的基础。

一个鼓励的眼神、一句赞美的语言、一个会心的笑容，都会让学生备受鼓舞、勇气倍增。班主任是班级的组织者、领导者、管理者，是班级的灵魂，只有把灵魂的作用发挥好，班级工作才能有正确的导向。在诸多工作中，班主任非常重要的工作之一就是协调好科任教师与学生之间的关系，他们之间的关系在一定程度上受班主任的影响。班主任首先要从心理上接纳任课教师，并满怀热情地、真诚地向全班介绍任课教师的优点，甚至介绍教师的业绩，帮助老师在学生面前树立科任教师的形象和威信，这对学生有着潜移默化的影响。

教学质量提升与科任老师有着密切的关系，而班主任在其中起着决定性的作用。当科任教师工作出现失误或者学生与科任教师之间出现矛盾、误解等问题时，班主任需要做好弥补工作、协调工作，要通过各种方式方法，树立任课教师的威信。班主任是学生与科任教师的桥梁。学生喜欢一门课，往往是从喜欢任课教师开始的。班主任要注重与科任教师合作，及时交流学生的情况。

班级中的科任老师是班级教育工作中最重要的力量，他们不仅是科学知识的传播者，也是塑造学生美好心灵的主力军。班主任与科任老师建立良好的合作互助关系，能促进科任教师对教育目标达成共识，也有利于学生的发展和班级的进步。

情感是人最基本的精神需求，它伴随着个体的生活经历不断积累，对教师的健康成长有着重要的作用。

思考题：

（1）在教育资源不断整合的大背景下，有些地区利用名校的品牌资源带动薄弱学校的发展，还有的直接将薄弱学校合并到名校、重点学校中，使得有些重点学校的教师对薄弱学校的教师持怀疑、排斥的态度，班主任也不例外，薄弱学校的教师应当以怎样的心态面对现实？怎样调整以便尽快地适应新的环境和新的挑战？你认为张老师这样想有必要吗？

（2）在处理与任课教师的关系上，在维护任课教师的威信方面，你有哪些经验教训？

【案例7】

帮助新教师[①]

在新学期的全体教师大会上，校长介绍了新来的赵老师，学校分配她教八年级3班、4班的英语。经过一段时间的接触后，大家发现她性格内向，比较孤僻，不善言谈，与同事没有沟通。教研组长多次主动请她参加学校教研室的活动和区里的教研活动，询问她在工作上有没有困难，但赵老师总是回以"没有"。赵老师性格比较封闭，在学生面前严肃。赵老师刚参加工作，由于缺乏教育教学经验，使学生对英语学习渐渐失去了兴趣。其他老师都非常着急，想让学生从思想上重视英语的学习，还经常提出严格要求。赵老师知道此事后非常生气，认为同事的这种做法是对自己教学的不信任，导致赵老师更不愿与同事沟通，也更加封闭自己。

对于赵老师的教学问题，学校教研组经过研究，决定从多个方面帮助她。心理老师经常找她聊天，与她同级的英语老师主动与她商讨教学内容，教研组长和

---

① 选自专家学者的案例。

第八章 班主任的职业道德

她结成师徒,相互听课。慢慢地,赵老师变得开朗起来了,能主动与同事交流。在学校里时常见到学生早已放学,而教室里依然亮着灯。只见赵老师站着说课,下面坐着几位教师倾听。等到讲课结束后,老师交换了意见,有的指出了优点,有的提出了改进意见,有的还拿出自己的教案、课件与她分享。在和同级几位教师共同备课、讲课的基础上,赵老师反复修改课件与教案,不断改进教学设计。此外,当其他老师和她交流经验时,她虚心地学习并与同事交流自己的想法。经过两年的努力,性格孤僻、封闭的赵老师终于改掉了自身的不足,她时常感慨地说:"我的进步与成长凝聚着学校教师的心血和智慧,离不开同事的帮助……"

案例评析

"金无足赤,人无完人",每个教师都有优点与不足,教师应当悦纳同事意见并在合作、互助中取长补短、相互激励、相互支持、共同提高,这些都是师德的要求。案例中,学校其他老师用宽容的心接纳赵老师,用优势影响她,使她逐渐成长为一名合格的人民教师。

如果教师之间相互拆台,"文人相轻",当别人有了失误后在学生面前流露出不满、抱怨甚至鄙视,对学生的团结教育,就会大打折扣。

教师之间的合作最常出现在同级同学科教师之间,可以在教学内容、教学方法、教学计划上平等交流、相互观摩、建议、学习、探讨,在相互听课、评课中毫无保留地交换意见,提升思想水平,形成新办法、新招数。教同一学科的教师,由于毕业的学校不同,所学的知识和教育理念可能不同,教师的智慧水平、思维方式、认知风格等也可能有一定的差异,但可以通过相互启发、相互补充,实现思维、智慧的碰撞,取他人之长,补自己之短。

尺有所短,寸有所长,应以谦逊的态度相互学习,共同探讨本学科的教学方法。不能为了保持自己在教学和研究中的"优势地位",而对同事搞资料封锁、保密、"留一手"等。不同学科的教师之间也存在合作与互助的关系,应相互配合、相互支持。陶行知说:"做戏爱做好角戏,做了角色懒负责。别人串得好戏来,暗中却把戏台拆。"教师在合作中应做到以新促老,以老带新,互尊互敬,"文人相亲"。一般来说,有经验的班主任知识渊博,年轻的班主任有朝气、思维敏捷、接受新事物快。杨振宁指出,进入20世纪80年代以来,尤其是进入信息社会以来,没有人们的共同参与、相互合作,任何重大发明创造都是不可能的。学生的成长和学校教育教学的成败取决于教师,教师之间的合作与互助是做好教育教学工作的前提。

思考题:

现代教育是一种全新的开放式教育,它表明培养人才的过程是一个多方协作、共同努力的过程。教师们只有团结一致、合作互助,才能有效地开展教育教学工作。然而，有的教师在性格方面也许会存在一些问题，比如清高、孤傲、以自我为中心，自尊心、虚荣心强等。面对性格比较孤僻、封闭、不合群的老师，你该怎么办？

A. 主动与他沟通，多看他的优点；

B. 他不合作，我也没办法；

C. 不喜欢这样的人，最好离他远点。

【案例8】

扭曲的责任心①

余老师是小学一年级5班的班主任，她小时候父母对其要求比较严格，她从上学到工作一直规规矩矩，对工作一贯非常认真负责。她常担心、害怕自己班的学生被其他家长接错，甚至走丢，或被坏人劫持。过度的担忧造成她上课走神，反复点名。有时在检查几次后，仍不放心。下班到家了还在想着学生是否回到家，逐个给学生家长打电话，给学校的传达室打电话。每天如此她自己也疲惫不堪，教学水平下降，导致学生考试成绩不理想。她还经常向学生发火，情绪很暴躁，感到很痛苦，有时虽然也明白自己的核查没有必要，可就是控制不住。

案例评析

自古以来，中华民族就很重视教师的职业道德修养。教师的职业道德修养引起重视是否就能解决问题？恐怕也未必。如果我们仅仅从外部环境寻求解决教师职业道德修养的途径，这是不现实的。

教育的根本在于育人，育人的根本在于立德。习近平指出，"道德之于个人、之于社会，都具有基础性意义，做人做事第一位的是崇德修身"。老师要培养立德为先、修身为本的行为品德。从某种角度讲，教师的职业道德修养事关教育事业的发展，事关教师事业的发展，事关教师队伍的形象，不但事关教师本人的职业塑造，还关乎教师的自我成长。教师需要做到内外兼修，一方面，教师需要有外部的环境加以约束、加以促进；另一方面，教师需要自我定位，给自己寻找目标、实现目标。因此，教师的职业道德的自我修养就成了一个至关重要的课题。

究竟怎样才能完成教师职业道德的自我修养呢？这是每一位教师都需要认真思考的问题，以在讲台上抒写自己的壮丽诗篇。

新时代教师应当具有的师德修养包括：

（1）与时代相通的教育理念；

（2）爱学生的情怀；

（3）广博的知识；

---

① 选自专家学者的案例。

（4）高超的专业技能；
（5）现代的技术修养；
（6）出色的管理才华；
（7）协同工作的胸怀；
（8）自我反省的气魄。

思考题：
（1）老师的教育教学工作为什么受到了干扰？
A. 对教育教学工作的重要性缺乏足够的认识；
B. 师德修养不够；
C. 对教学业务钻研不够，没有认真备课；
D. 缺乏自控力，担心没有必要担心的事情。
（2）你认为导致余老师心理异常的原因是什么？
A. 个人的成长经历；
B. 好强、谨慎、墨守成规、刻板的性格特点；
C. 学校以及整个社会对教师的过高要求，导致压力过大；
D. 对某些突发意外事件或隐性事故的发生缺乏心理准备和应对策略。
（3）病态人格的表现有很多类型，比如，冲动型人格、偏执型人格、癔症型人格、分裂型人格、反社会型人格、妄想型人格等，在你的周围有出现类似情况的老师吗？
（4）为什么说教师的素质决定教育的前途，教育的前途决定国家的未来？
（5）为什么说教师要将高尚的品德、深厚的情怀、深刻的精神体现在言行举止中，向周围的人传播正能量？

四、实践与探索：营造管理氛围，提高学生素质[①]

要全面提高学生的素质，营造良好的教育管理氛围是根本。笔者就如何抓住根本，提高素质，谈谈自己的初浅体会。

（一）优化思想道德环境

1. 班主任要转变对学生思想道德教育的观念

有的老师认为，思想工作是软任务，教学才是硬任务，思想政治工作抓与不

---

① 邱云兰：《营造管理氛围，提高学生素质》，载《当代班级管理艺术论》，中国教育出版社2003年版，第26－31页。该文在现代中小学素质教育论文评选中被评为二等奖。

抓，抓多抓少不易看出。没有两手抓，表现为只顾传授业务知识和技能，忽视对学生思想品德、职业道德的教育与培养，忽视了学生的学习目的和动机的提高，只管教、不管道。这对培养社会主义的建设者与接班人有一定的影响。因此，应把政治思想教育与学校教育、班级教育、社会教育有机融合。抓好常规管理工作，学习各项规章制度，制订严格管理制度和监督措施，如班规、宿舍、值日、自习课与劳动课规定。落实责任目标管理制度，不能只把这些制度停留在口头上，也不能只将其写在纸上、说在会上，而要把这些制度逐渐完善，真正落实到每一个学生，落实到各岗位。哪个部门出了问题，就由哪个部门的班干部出面解决，该部门的班干解决不了的，由班长解决，班长解决不了了，由班主任出面解决，并按岗位职责实施目标量化：以各项规范和守则为依据，结合学生实际进行考核，每周、每月公布考核结果，学期结束时将考核结果与学生的操行评分结合起来，与评选三好学生、优秀学生干部、劳动积极分子结合起来。在评选过程中坚持自评、小组评、班委评，最终由班主任和年级主任确定后报学校审批公示，发挥了量化考核在学生思想和学习中的作用。

2. **营造学习氛围**

学风的好坏，直接影响教育质量的提高，学风是学生完成学习任务的保证。我每接一个班，都重视开展形式多样的教育活动，做到每年有新主题，每学期有新系列，例如，一年级举行"专业思想教育""明确使命，奋发成才"的演讲比赛；二年级举行"专业知识与技能比赛"等；三年级进行"基本功展演"。如果不注重营造学习氛围，可能会导致班风、学风不正，影响教学质量和学生的素质的提升。

3. **更新管理方式**

随着教育改革的深入，师生思想变得活跃，民主意识逐渐增强，班级需要实施民主管理。班主任作为学校班级管理工作的组织者，要加深对民主管理的认识和理解。现代信息传递快，知识更新快，班主任不可能无事不知，要想高屋建瓴，就要广开言路，集思广益。我常对学生说，班不只是班主任的班，也不只是学生干部的班，而是每一位同学的班，班里发生的事情或多或少都与同学有联系并影响着同学。因此，每一个同学都要支持班主任和学生干部的工作。根据同学的建议，我在班里设立了"意见箱"，要求同学们向班主任、班委会、团支部提意见与建议。我们收到这些意见后，找时间和有关同学交谈，对合理意见给予采纳。有些同学说，班主任虽然每天上课、出操、辅导他们，找他们谈心，了解他们的学习和思想，但和他们谈生活少。我看后接受了学生的意见，开始深入宿舍和他们交谈，进一步了解他们的思想、学习和生活等情况，收到了明显的教育效果。又如，有些同学谈到某些同学轮到自己值日时，做事不细，喜欢压人，有打压、诋毁他人的不良思想。针对这些情况，我对班干部进行严格培训和教育，使他们真正领会到自己的职责、任务和言行要求。

班干部作为班里的带头人，一举一动、一言一行，包括说话、声音、气质、动作、思想工作方法等，都给其他学生带来一定的影响。他们感慨地说："班干部只有处处严格要求自己，才能树立起自己的威信，产生强大的教育感染力，同学们才会由衷地敬佩。"有些同学谈到班会课、团组织生活单调时，我会邀请学校领导、优秀校友、学生家长到班里和同学交流思想或开讲座，组织学生外出参观学习，充实学生的精神生活，陶冶情操，从而达到教育学生之目的。如果学生对班主任或学生干部提的意见有失偏颇，班主任要说明理由，和学生讲明道理，用心平气和的态度做好解释。

4．抓舆论，树正气

舆论工作很重要，好的舆论能鼓舞人的意志，激发人的工作热情，而消极的舆论能极大地压抑人的积极性，阻碍工作的开展，如果班里积极向上的舆论薄弱，而消极的舆论不断蔓延，班里的风气就可能不正。要做好舆论工作，必须坚持实事求是，站在公正的立场，尽可能客观地评价学生的学习和表现，对好人好事及时表扬、宣传、奖励。对违反规章制度的行为不能姑息迁就、是非不明，否则，班级管理工作无法开展，良好的班风学风也无法形成。

（二）优化人际关系，变逆反为相容

马克思认为，人是社会关系的总和。社会是人的群体，凡是有人的地方就存在人与人之间的关系。人与人之间的关系正常与否会影响工作效率的高低。正常的关系可以帮助形成团结向上的氛围，促进学习效率的提高，不正常的人际关系会影响工作的开展。具体来说，班里的人际关系，是科任教师和学生之间的关系，其中班干部与非班干部之间的关系、班干部与班干部之间的关系、班主任与学生的关系尤为重要。而班主任在用人问题上不重视，没有选好和培养好班干部，班干部自身素质不高、工作效率低、开展工作内耗大，都会影响班级管理效益，导致人际关系紧张。针对这些情况，我通常采取如下措施。

（1）要选好、培养好班干部，教育他们学会做人，学会生活，学会育人，做到严格要求学生先从严格要求班干部做起，提高学生的思想素质、文化素质、心理素质、能力素质和身体素质。

（2）对学生开展思想教育，使学生能真正认识到，班干部无论职务高低，都是为了提升学生的素养和能力。

（3）在学生中提倡互相理解，互相尊重，互相学习，互相帮助。

（三）优化自然环境

所谓自然环境，是指学校班级所处的地理位置等。班级课室、桌椅、宿舍内外的整洁、书籍的规范摆放，对提高教学质量有很大的影响，应对此高度重视。环境对提高工作和学习效率有一定的影响。因此应加强课室、宿舍、包干区卫生

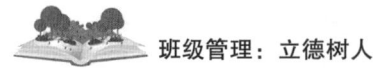
班级管理：立德树人

的整洁和规范，以及保障各项制度完善化、系统化。

例如，我班进行了课室、宿舍的净化，对包干区进行美化、绿化，在宿舍保持"八个一条线"的基础上，强化课堂教学的目标。正如我班团支部所介绍的那样，从班级诞生之日起，班里的同学就在高手云集中脱颖而出，每学期获评文明班，各项竞赛榜上有名，省统考成绩优秀，学科考试在年级排名前列。

营造管理氛围，对提高学生素质尤为重要。思想与道德环境、思想观念尤为重要，管理方式的更新是关键，抓人际关系建设、抓学风是根本，抓知识结构的更新是基础。只有抓住关键，优化育人环境，突出工作重点，培养学生扎实的知识功底，不断探索班主任管理方式的更新之路，才能使班级管理工作事半功倍，才能使教育质量得到更深层次的提高。

思考题：
试谈教师为什么要营造民主、和谐的管理环境和育人氛围？

第九章　学生操行评语的撰写与班会课

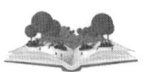

关键词：班主任；学生操行评语；基本要求；褒扬个性；尊重生命；"评"如其人；道德品质；评语案例；班会课设计；班会课类型；养成教育；良好习惯；情感体验；实践探索；学会做人；感恩教育；安全教育

学生操行评语的撰写、良好的行为习惯的养成与班会课组织，是班主任工作的重要内容。

写学生操行评语要遵循发展性、激励性原则，以"一切为了学生发展"为出发点和依据；对综合素质予以整体描述，突出特长和发展潜能，做到目标明确，肯定成绩，指出缺点，不用讽刺挖苦的语言伤害学生的自尊心；要恰如其分，"评"如其人。

良好的行为习惯的养成是道德教育的重要内容之一。教育家叶圣陶说："教育是什么，简单地说，就是养成良好的习惯。"要强化养成教育，让学生养成良好的习惯。

班会课可以分为主题班会课与普通班会课，它们有着较大区别，而普通班会课又可以分为固定班会课和临时班会课。

一、学生操行评语的撰写

深入了解学生的思想、学习、行为、爱好。突出学生特点、特长和发展潜能。目的明确，实事求是，突出个性，准确简明。

（一）写学生操行评语的要求

期待成长与发展是操行评语所秉承的基本原则和一般要求。班主任视学生为与自己平等的生命个体是需要胸怀与勇气的。应给予学生温暖、仁慈与宽容的目光，履行助力其成长的诺言，让每一个稚嫩的生命从班主任身上感受到希望的曙光，从而激励学生勇敢地创造和实现自己的价值。

1. 实事求是，客观公正

一份评语，是班主任对学生一学期学习和行为表现的书面评价，它像一面镜子，能照出每个学生的"容貌"、心态，使学生看了心悦诚服，家长看了觉得恰如其人。要综合看学生的思想、行为、态度，包括校内外的表现，切忌对优等生只夸长处，不谈短处；对后进生只写缺点，不谈优点，或千人一面，众貌同语。

学生操行评语的撰写是一项重要的思想教育工作，班主任应掌握评语的客观依据，深入了解学生的思想、学习、行为、爱好等各方面的变化，勤于观察，详细把握评语的材料，注重学生的实际表现，防止以对学生的主观好恶代替客观评语。不要对偏爱的学生只谈优点，过于拔高；要情系后进生，找到后进生的闪光点。不要将品学兼优的学生写成十全十美，也不要把后进生写得一无是处。不要把操行评语当作讨好学生家长的手段，报喜不报忧，也不要把操行评语当作报复学生的手段，报忧不报喜。因此，班主任在写学生的操行评语时，要切实做到恰如其分，"评"如其人。

例如，对学习成绩和表现较好，但不太喜欢上体育课的学生，给予评语："本学期你的学业成绩完成得比较漂亮，创造了成绩在年级'三连冠'的纪录，成绩在班里排名第一。你的德行更加漂亮，你负责的场地扫得干干净净，你在庆'六一'文艺汇演中为班争光，在平时小组合唱中甘当铺路石和领头羊，你稳重朴实。但是，如果你的体育成绩也漂亮的话，将会更受师生欣赏。美好的明天靠你去努力塑造！"① 该评语具体简明，通俗易懂，富有感染力。

2. 注重引导，以鼓励为主

班主任撰写的评语，要反映学生的性格、身体情况、兴趣爱好、运动技能等方面的特征，符合学生的年龄特点。这既是对学生进行品德教育的过程，也是师生之间情感交流的过程。目的在于教育学生、鼓励学生，点燃学生心中的希望火花，"鼓励"那些天赋较好、能力较强、自觉性较高的学生，提出更高的期望，在激励其上进的同时，促进其关注自身缺点；对后进生给予尊重，唤醒他们的上进心，激发他们的自信心，让他们深刻领悟老师的用心，不断进步。

人有悲欢离合，月有阴晴圆缺。例如，一位学生母亲逝世，父亲担当不够，孩子与爷爷奶奶在一起生活，家长平时放任不管，孩子在校不那么爱学习，表现不佳。班主任评语："你能克服一切困难并坚持读书，这就足以说明你有顽强的意志。要知道，每当你取得点滴进步时，我都暗暗为你高兴。振作起来吧！你如果能提高自身品德修养，刻苦学习，并以崭新的面貌出现，班里同学会为你感到自豪，老师会为你感动。"这评语会使这位学生的心灵受到震撼，重新树立信心，鼓起希望的风帆。该评语遵循了发展性、激励性原则，将学生发展作为出发点和依据。

3. 语言准确，内容具体

班主任要用辩证的眼光全面、客观地看待学生。评价学生时不仅应防止学生走极端，也不能因为学生品学兼优而忽视其体、美、劳发展，更不能因为学生成绩差，而忽视其思想品德上的闪光点。班主任的评语要准确简明，通俗易懂，富有感染力。所谓"准确简明"就是针对性强，不含糊其词；"通俗易懂"就是符

---

① 选自专家学者的案例。

合学生的知识水平;"富有感染力"即评语亲切、生动、形象。例如,班主任在给一位母亲入狱、学习极差的学生的评语中写道:"你落后过,不过那是过去,不是将来。还记得期中考试吗?你数学得了61分,虽然跟成绩优秀学生相比还有一定的距离,不过,老师看得出,这是你重新起步的开始。那次激动人心的长跑,你忍着病痛,顽强地夺得第三名的好成绩,为班争光,这些一点一滴说明,你是一个自强、自立的好孩子。对你的未来,老师充满信心。"学生家长看到评语非常高兴,他在反馈意见中这样写:"我的儿子是缺母爱的孩子,今天他在这个新班集体中得到老师的关爱,他有什么理由再落后?我们为有这样的班主任而感到幸运!"

在操行评语撰写过程中,要注重内容具体,所谓具体,即不笼统、不抽象,细节明确,真实反映学生的实际情况,如"热爱班集体"。有的表现在做好班级工作,当好班主任的助手;有的表现在为集体做好事,积极参加竞赛活动,为集体争光。诸如此类,班主任不能一言以蔽之,而应作具体分析,细致描述。例如,班主任写道:"虽然你的年龄在班里最小,但帮助同学、尊老爱幼、义务劳动时都少不了你的身影,老师喜欢你。"这就把"热爱集体"的空泛结论具体化、情景化和个性化了。该生收到评语后异常欣喜,发现"原来自己这么能干"。可见,班主任越是善于描绘学生的微妙之处,越能在学生的内心深处激起奋进的力量,收到以小见大的功效。例如,对各方面表现出色的同学给予评语:"这学期你各方面做得挺好,在新增加的竞赛项目中你以绝对优势夺得年级女生组第一名。你上电视台与著名主持人亲切交谈,语言幽默,特别值得老师和全班同学学习,你还对学习发起了总进攻,冲到了年级期末考试第一名。期望你能带动全班同学共同进步,继续一步一个脚印走下去。"该评语个性鲜明,目标明确。

4. 有的放矢,突出个性

操行评语要针对学生的个性特点,给予恰如其分的评价,切忌过分笼统,出现"众人一面,千人一词,简单划一"的现象。有的班主任撰写的评语千篇一律,先写思想表现,后写学习情况,再写遵守纪律情况,最后写希望,对很多学生都适用,成为一种僵化的模式,教育意义不大。要力戒空泛的政治说教和找学生干部"代写"。有的学生干部写评语,不仅标点符号使用不准确,错别字较多,而且不符合学生实际,常常闹出不少笑话,评价对象分不出张三还是李四。这种只有共性没有个性的评语只会削弱评语的功能。其实,无论是小学生还是中学生,行为表现和个性都是千差万别的,评语应该而且完全可以写得各具特色,不应变得模式化。

一则好的评语,好比一幅漫画特写,要抓住特点,有的放矢,突出个性,避免面面俱到。只有这样,班主任才能正确引导学生认识自己,指导行动。比如,有一个学生既逞强好胜,又管不住自己,表现出自私、爱管闲事、自由散漫等诸多不足。班主任评语:"你是一个有强烈上进心的孩子。事事想争先是你的最大

班级管理：立德树人

优点，如果你能把好的想法通过自己的努力去变为现实的话，你就会真正成为事事领先的优秀生。"① 班主任没有一一列举该学生的缺点，求全责备，而是用一句"事事想争先是你的最大优点"，肯定了他的本质；另一句"如果你能把好的想法通过自己的努力去变为现实的话，你就会真正成为事事领先的优秀生"，指出他的不足之处是想得好但缺乏实际行动。这样写，有的放矢，针对性强，易引起学生内心的震动。

班主任对一个文静而不喜欢体育活动的女生这样写："如果你能够重视体育活动，多参加体育锻炼，文静、聪明的你将增添朝气和魅力"。对一个喜欢夸夸其谈的男学生的评语："著名科学家爱因斯坦说：'成功＝勤奋＋正确方法＋少说空话。'请你想一想这句话，或许对你学习成绩的提高是有帮助的。"这两则评语，具有较强的针对性，以丰富的哲理点拨学生的心灵。

思考题：

（1）试述撰写学生操行评语的一般要求是什么。评语具有哪些功能，应遵循哪些原则？

（2）为什么撰写学生操行评语不能"众人一面、千人一词、简单划一"？

（二）评价学生的方式

1. 收集资料

资料是评价的依据，任何一种评价都必须建立在有客观资料实证的基础上。评价资料可以从个人和集体两个方面着手，注重资料的积累。

（1）信息资料；（2）教学计划资料；（3）组织建设资料；（4）行政事务资料。

2. 评价方式

对学生的评价，可分为书面与非书面两类。书面评价又可以分为言语的和非言语两类。当众表扬与批评、个别谈话等是言语评价；而以表情、眼神等表示肯定或否定，则是非言语评价。

非言语评价是最简单、最直接的，是一种随时都可以采用的评价方式。班主任有时可以利用非语言评价暗示学生。例如，当学生取得好成绩，取得进步时，用赞许的眼光、肯定的手势，会使学生受到鼓舞。所以有人说，教育的目光，就像阳光一样，它的投向应该是全方位的，应该兼顾到全班的每一个学生，否则，那被遗忘的角落会因照不到"阳光"而失去信心。

学生非常关注老师的神态、语言、目光、手势等。教师的一言一行、一举一

---

① 选自专家学者的案例。

动，都会给学生带来影响。例如，有一名学生在作文中写道："老师，您好像本来就不喜欢我，每次上课，您总把眼光投向别人，很少看我，尽管我坐在第一排。我很难受，成绩已经掉下来了，我真怕……"可见学生对老师的眼神、目光、语言，十分在意和敏感。

言语评价要求有较高的艺术，评价的方式是通过言语表达出来。无论采用哪种评价方式，班主任都应该让学生有一个能全面认识自我、反思自我的机会，特别要让学生发挥自己的特长和能力，尤其对表现一般、甚至有自卑心理的学生，也要发现学生的长处、特长和才能，有时自信心可以从别人的评语中生发出来。

（三）操行评语的撰写

撰写学生操行评语要有艺术性、教育性和情感性。以"一个孩子一本书"为前提，使评语亲切生动、针对性强。

1. 以小见大

以细致、具体的事例鼓励学生发扬优点、克服缺点。例如，某班体育委员比较调皮，喜欢动手动脚，导致他的威信不高。老师这样写评语："你是否记得班里那次拔河比赛，你胳膊有伤，但仍然含着泪拼命地拔。老师看了不知有多感动，你带伤参赛，为班增光。同学桌子染满了墨水，你提水给同学擦桌子，关心同学，爱和同学开玩笑，但如果你和同学相处时，不动手动脚，老师和同学会更喜欢你。"

2. 以"真"含情

班里有一名女生学习认真、自尊心强，但是在家自己的事情都依赖别人帮她做，自理意识差。班主任评语："你做事认真，字体漂亮，有时调皮得可爱。但你'捏'人的功夫让同学害怕，不过，老师认为你可以改变。老师常说：你能向'三好学生'迈进该多好！你也会这样想。老师教你：独立，自食其力，自己的事情自己做。相信你能做到，老师等待你的行动。"

3. 以"活"显美

（1）以生动活泼的笔触增强艺术感染力，赞扬学生的优点，淡化学生的缺点。

班主任给一名贪玩的学生这样写评语："你在运动场上赛跑就像踩着飞轮，为班里拿了一个又一个荣誉。你喜欢玩耍，这并不是你的缺点。但是，如果只贪玩不学习，知识会自己飞到你的脑袋里吗？老师赠你一句话：要学就要认真学好，玩也要有度。相信你不会让老师失望。"

班主任给一名成绩一般、作业马虎的学生的评语："运动场上，你得了双项第一；优秀少先队员评选，你仅差一票；同学间的小事，你常常谦让。老师希望你把字写漂亮，继续努力学习，争取评上优秀少先队员。"

充分挖掘学生的闪光点，并发挥闪光点的作用，这无疑是班主任需要关注的

一项重要内容。有的班主任写操行评语时比较拘束，应深入研究学生操行评语的撰写，使其以新的姿态呈现在学生和家长面前，充分发挥学生家长的作用并受到学生家长的关注。

有的学生自我意识处于朦胧的时期，在一定程度上缺乏自我评价能力，比较认同老师的评价，把老师视为"绝对正确"的真理。但有些老师的评语造成孩子心理失控、自暴自弃，可见操行评语需要具有很强的教育性和科学性，因此，在撰写操行评语时班主任要严格按照操行评语的客观依据。

（2）听取科任老师、学生家长的意见。

只有深入学生的心灵深处，方能写出有真情实意的评语，才能使学生在内心深处产生强烈的共鸣，对学生的进步起到"催化剂"的作用，到学生中去，与学生同呼吸、共命运。班主任要注重观察学生的日常生活和学习活动，研究学生的思想、品德状况等，并做好记录。

要兼听，忌偏信。学生的操行评语撰写要本着实事求是的原则，充分肯定成绩，适当指出缺点，诚恳提出改进意见和希望。评语既是对过去的总结，又为学生今后的发展指明前进的方向，应充分发挥评价的教育功能。操行评语不仅是对学生的全面评价，而且是检测班集体发展水平的重要内容。

二、养成教育的实践研究

班主任是学生养成良好习惯的指导者和引路人，学生善模仿、可塑造性强，老师的一言一行，都会给学生很强的感染和示范影响，学生要养成良好的学习习惯和生活习惯，离不开老师的正确引导。

习惯影响着人的行为，影响着人的工作效率和质量，制约着人才的发展方向。好习惯是人才素质形成的基础，离开良好习惯的培养，就无法造就未来社会的高素质人才。坏习惯会形成不良的甚至是卑劣的灵魂，因而，人应从幼儿时期开始培养良好的习惯。良好习惯的养成需要学校、家庭、个体形成共识，良好的家教家风对促进孩子的成长、文明、进步有很大的帮助。要让孩子养成良好的学习习惯、生活习惯、卫生习惯、文明习惯、求真务实的习惯、勤俭节约的习惯等，更重要的是，要注重对学生不良行为习惯的矫正。孩子形成良好道德观念和道德行为，主要依靠教师的指导和家长的配合。教师认识的深度决定着学生认识的深度，教师的行为习惯决定着学生的行为习惯。教师群体规范化的广度和深度，决定着学生群体规范化发展的广度和深度。

（一）道德行为习惯的形成

道德教育通常包括"行为强化—道德内化—道德外化"。道德行为习惯的形成离不开道德行为的强化，通过道德行为的强化逐渐形成道德习惯，道德习惯形成后需要固化为自我道德思想，最后通过行为转化为道德行为外化出来，让学生养成良好的学习、生活、文明、品德、为人处事的行为习惯。

道德品质的形成不仅是一个认知过程，而且是一个情感塑造、性格陶冶、整体精神涵养、行为习惯养成的过程。班主任不仅要重视学生良好的行为习惯的培养，更要重视培养学生良好的学习习惯、生活习惯和交往习惯。例如，为了使学生养成良好的学习习惯，应着重培养学生独立思考，独立发现问题、分析问题和解决问题的能力。

（二）学生交往习惯的培养

交往是指人与人之间相互传递信息、沟通思想和交流情感的过程。学生在小学高年级到中学这个阶段里，对家庭、老师和他人的精神依赖逐渐减少，自主意识逐渐增强，进入了所谓的"心理断乳期"，而对学生之间交往的兴趣也在逐渐增加，对社会、对集体有了更多的感受。他们从对家长、老师的模仿逐渐转向对社会的模仿，交往的社会化程度提高，交往的意识、能力、习惯等差异增大。老师对中学生的交往需要加强关注和研究。尤其是有的男女生交往过密，恋爱风气盛行，有的无所事事，不求上进，甚至不讲公德，导致出现校园欺凌事件。

男女同学适度的交往能鼓舞人的精神，培养其自尊心和自信心，提高社会价值感，增强社会适应能力，使其形成乐观的人生价值观，使个性健康发展得到保证。而不良的交往，会影响人的心理健康，甚至造成行为的偏差，影响发展。因此要对交往素质、交往习惯等作出界定，调控交往的功能、手段，以形成学生交往习惯的自我养成机制，开发交往活动策略，促进学生良好交往习惯的形成，探索出合理、相对完善的男女生交往习惯养成模式。

男女生的生理、心理、智力、能力倾向、发展等都存在差异，还存在个性差异。良好交往习惯的培养是班主任要探讨的重要内容，学生有了良好的学习习惯，才能独立思考，独立解决问题。班主任还要使班中形成良好的学习风气，通过学习，掌握本领，增强能力，解决班级管理中遇到的种种新问题、新矛盾，促进班风学风建设和教师自身发展目标的实现。

（三）养成教育的特点与方法

养成教育具有渐进性、长期性、普遍性、反复性等特点。即使对养成教育的价值有了足够的认识，也不等于掌握了养成教育的方法。但是有足够的认识是掌握教育方法的前提。在实践中落实日常行为规范有多种方法，但无论采用什么方法都必须遵循养成教育的规律，任何希望在一朝一夕奏效的想法都是幼稚的。

1. 目标明确

行为规范内容广泛，涉及方方面面，不可能一步到位。应采用重点抓"一、二"条，要求学生按照规范，努力改正缺点，只有目标明确，才能强化训练，才更容易见效。

【案例1】

学生行为规范①

根据《学生行为规范》中的一条——"不挑吃穿,不乱花钱;爱惜粮食和学习、生活用品,要节约水电",老师要求学生对照检查,结果发现有的学生有几支圆珠笔经常乱丢。通过执行这一条后,他们主动把多余的圆珠笔放在家里,只带1支或2支。这时老师在班里对这些学生进行表扬,使其他同学也受到教育,纷纷效仿。

案例评析

班主任利用《学生行为规范》,针对学生在生活中遇到的问题如挑吃、挑穿,乱花钱,以及不爱惜粮食和学习、生活用品等进行教育。教育需要学生家长的密切配合,也需要坚持,只有持之以恒,才能让学生养成良好的学习和生活习惯。

2. 督促检查

在班级内部成立多个检查组:纪律检查组、卫生检查组、爱护公物检查组。各检查组常对所有班级检查或抽查,做好记录、反馈、小结,每月或每学期开展评比,对优秀者公布表扬。检查组和全体教师共同遵守严格标准、严格要求,严格管理。

3. 说服引导

在做说服工作时,会遇到学生不愿听的情况。需要向其说明原因,因为学生的"知"转化为"行"需要"情"做桥梁。俗话说要"通情达理",要学生接受老师讲的道理,首先要"通情",情是动力,说理时要动之以情。学生日常行为习惯是道德认识的外在表现,而道德认识的发展是在落实行为习惯过程中逐步完成的,说服引导是提高学生认识行为习惯的有效方法。

4. 分类突破

分类别、分岗位、分层次制订、实施管理方案,对共性的、难以落实的条款,可组织学生制定切实可行的"行为标准",班主任帮助学生分解成具体、细致的"规章制度",并且按照这些法规和制度执行。

---

① 选自专家学者的案例。

【案例2】

作业本整洁、不撕一页①

不爱惜学习用品是学生普遍存在的问题，老师要求学生作业本整洁、不撕一页，指导学生制定这样的行为标准："×月×日我的作业本整洁，不在作业本上写与作业无关的字。已用铅笔写上页码，到用完这个作业本为止，我保证作业本整洁，一页也不撕，并保持这本作业本的完整。"

案例评析

要保持各科作业本的整洁，老师可以在第一节课中就向大家提出这个要求，并在课堂上展示做得好的作业本，对做得好的同学进行表扬。建议科任老师配合，由班主任收集反馈，在班会课上提出鼓励、表扬和指出不足，使学生及时改正、做小结。

5. 自我教育、自我约束

培养良好的行为习惯的过程，是教育者、被教育者在信息传递反馈活动中的协调过程，只有充分发挥被教育者的主体作用，形成合力，才能收到良好效果。如果教育者缺乏主动性、经常性、针对性的教育，学生自我教育、自我约束的能力就难以形成。进行养成教育要借助一些具体的、便于观察和说服的内容和手段，这样教育才有说服力，学生才能效仿。

（四）养成教育的成效测定

养成教育成效的测定有一定的难度，这就决定了养成教育反复性和持久性的特点。成效的测定一般可以从广度和深度两个方面着眼。制定科学方案，一般来说，应做部分肯定和部分否定，不宜绝对化，不宜追求"皆大欢喜"的局面。因为在实际生活中，行为提升的标准是没有止境的，更何况行为的变化受时间、地点、条件的影响。不能以为在正常的情况下能做到的事情，在特殊情况下也能做到，反之亦然，不能认为在某种特定条件下能做到的事情，在一般情况下也能长期坚持。效果测定具有如下四个功能。

1. 总结功能

以效果的方式进行阶段性的小结，是养成教育的组成部分而不是终结。班主任要精心策划，家庭成员要积极配合。成功始于习惯养成，习惯养成源于坚持行动。

---

① 选自专家学者的案例。

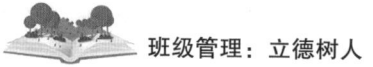

2. 导向功能

用自我评价的方式重温《学生行为规范》，制定新的评价标准，明确行为引导的新要求，评价学生的行为表现，要求学生朝着目标要求努力前行。

3. 诊断功能

以发现问题为导向，正如人的体检，其目的不在于发一张健康证书，而是为了发现疾病，及时治疗。当然，测定的过程也包括发现好的方面，不能只找毛病，对值得肯定的方面应当场给予肯定和鼓励。

4. 强化功能

学生得到肯定的评价时，能得到愉快的感受，反之，会产生内疚、羞愧的感受，这些体验无疑会使养成教育的效果得到强化。

（五）养成教师自身发展的习惯

1. 养成终身发展的习惯

班主任要养成自身发展、终身发展的习惯。从职称方面来说，中小学教师职称发展道路为：从初级晋升到二级，从二级晋升到一级，从一级晋升到副高，从副高晋升到正高。大学教师职称发展道路为：从助教到讲师，从讲师到副教授，从副教授到教授。这条发展道路对于广大教师来说比较艰难，但只有走好这条路，教师才能胜任新时代对人才的要求。从做一名学者型、专业型、研究型、写作型、创新型教师开始，一名新时代的教师要养成"教""研""写"的习惯。

2. 自觉养成笔耕的习惯

教是研的前提和基础，研是教的延伸和提高，而写使教与研的实践转化为可传播的成果。班主任要养成笔耕的习惯，充满信心，立定脚跟，肯下功夫，不怕困难，不怕失败，勇往直前。要善于控制、克服不良习惯，把自己锻炼成为目光远大、意志坚强的人。

养成教育是德育工作的重要组成部分，涉及德育工作的方方面面。广大教育工作者需要潜心研究，努力探索，确保养成教育取得实效。

思考题：

（1）为什么养成教育要注重持久性和协调性？

（2）一份好的学生评语，应该反映学生哪些特点？

三、班会课的设计艺术

班会课可以分为主题班会课与普通班会课，它们有较大的区别。从一般意义上讲，普通班会课又可以分为固定班会课、临时班会课，而主题班会课承载着

"育人"的职责,教师应发挥其育人的功能。

(一) 班会课的意义

班会课融思想性、知识性、哲理性和趣味性于一体,深深地影响着学生的人生观、价值观,影响之大,深受师生重视。

一节成功的班会课,设计合理,针对性、真实性、创造性强,语言生动形象;能针对不同年龄的学生采取不同的教育方式,如对小学、初中学生大多用游戏、故事、小品、讲授等形式,对高中、职业学校、高等院校学生大多采用讨论、辩论及演讲等形式。对学生进行情感教育、诚信教育、责任担当、集体主义、爱国爱乡、文明礼貌、勤俭节约、人生观、价值观、安全、疫情防控、网络道德、人际交往和心理辅导等教育。如何上好班会课?熟练地驾驭班会课形式和内容,发挥班会课的教育功能是班主任工作的一项重要内容。

(二) 主题班会课的类型

主题班会课是班级活动的重头戏,是围绕特定的主题对学生进行思想和道德品质教育的一种形式,也是学生进行自我教育的有效途径,班主任必须精心设计和组织。成功的主题班会课的设计,是班主任教育艺术和教育素养的集中体现。用智慧教育人,用人格感染人,用心塑造人,用真情感化人,用榜样激励人,用制度约束人。班主任通过班会主题在学生心灵中留下深刻的印象。要掌握主题班会的类型及注意事项,班会课才能取得实效。

成功的主题班会课,是班主任教育艺术的重要组成部分。主题班会课是通过班集体教育影响学生的一种教育形式。主题班会课形式多样,内容广泛,可以激发学生的政治热情,挖掘学生潜力。主题班会课大致可以分为十种类型:模拟式、咨询式、文娱式、展览式、竞赛式、视听式、联谊式、演讲式、材料式、聚餐式①。

1. **模拟式主题班会课**

模拟式主题班会课根据班集体在一定时期的教育要求,设计某种集体的生活情境,让学生扮演生活中的角色,使其身临其境地感受生活的丰富多彩,并从中受到感染和启迪。

2. **咨询式主题班会课**

所谓咨询,是你有问题,我来解答。咨询的作用就是解难释疑,当好参谋。咨询式主题班会课有它的特殊内容,比如,有些学生因成绩下降而困惑,因家务繁多而怨恨,因不能妥善处理同学关系而焦虑,因父母反目而伤心,因被人误解而痛苦,因找不到奋斗目标而彷徨等,班主任可以让他们把自己的问题以及对问题的感受讲出来,并对问题予以解答或指导。

---

① 邓云州、童小明:《班主任工作的理论与实践》,东方出版社1999年版,第172-177页。

3. 文娱式主题班会课

文娱式主题班会课旨在调节学生过于紧张的生活节奏，松弛学生绷得太紧的大脑神经，丰富学生课余的精神生活。教育不必总以严肃的面孔出现。因为生活是丰富多彩的，包括学习、工作、娱乐，甚至聊天等。文娱式主题班会旨在调节学生人际关系、生活节奏等。

4. 展览式主题班会课

展览式或参观式主题班会课是借助实物展示的方式，让学生得以互相了解、互相学习、相互借鉴、互相激励。通常准备时间较长，可设主持人或讲解员。展览式主题班会课可以帮助学生找到想象之门、思考之门，培养学生对科学的好奇心与想象力，充分发挥学生的各种特长，如书法、美术、刺绣、写作等。

5. 视听式主题班会课

视听式主题班会课是借助现代化教育设施及工具，如PPT、电影、电视、互联网、录音机等，开展德育活动的班会课形式。要注重形式新颖、短小精悍，内容充实、针对性强，有一定的教育性。

6. 联谊式主题班会课

联谊式主题班会课是以自愿联合为原则，由同年级两个班在同一时间、同一地点举行，一般设两个主持人，每个班一个，还可以邀请领导、老师、校友或家长等进行联谊。

7. 竞赛式主题班会课

竞赛式主题班会课是基于某种有价值的和比较高雅的内容让学生进行竞赛。要制定竞赛规则，选派公正的裁判员，预防多种情况的出现，主持人要善于营造浓厚的竞赛气氛。竞赛规则可由学生一同讨论后制定；裁判员要公正、公平。要预设可能出现的情况，防止发生突发事件，否则可能会不欢而散，收不到预期的效果。

8. 演讲式主题班会课

演讲式或表演式主题班会课，对高中、职业学校、高等学校的学生来说，是一种高尚的、益智的活动。感情充沛、言之有物、观点新颖的演讲，能给学生一种美的享受和教育。演讲可分两类：一类是有准备的演讲，另一类是即兴演讲。后者比前者要求更高，因为演讲者事先不知道演讲主题，需要有广泛、扎实的基础理论知识，或文艺性表演，如歌、舞、器乐等技能技巧。

9. 材料式主题班会课

材料式主题班会课，需要一定的辅助材料，使课程题材新颖，内涵丰富。学生通过"讨论"题材内容，获得启迪，受到教益。辅助材料或图片的内容要真实，要有一定的教育意义。例如，班主任可以搜索有关早恋的典型事例，说明早恋中情投意合的少，真正能促进学习的更少，让学生受到教育。

10. 聚餐式主题班会课

聚餐式主题班会课，可以是为庆祝国家规定的、富有纪念意义的佳节，或当班级获得较大成绩时，全班一起聚餐，主要由学生主持策划，班主任做好参谋，让学生获得经验，提升实践能力。

（三）主题班会课要注重的几个问题

专家认为，主题班会课要注重以下八个问题。

1. 主题词要"小"而"明"，确保准确性

成功的主题班会课首先要有一个好的主题词。主题词是班会课的灵魂，"小"指主题词要具体，要让学生看得见、摸得着，不要"大"而"空"；"明"指主题词的导向要鲜明、不含糊，有凝聚力和引导性。

2. 目标要明确，注重规律性

"大处着眼，小处着手"，目标应明确，应注重规律性；围绕学校、年级或本班的德育目标和奋斗目标去设计、去实施；遵循学生心理特点、认识事物的规律和思想品德形成的规律。例如，学校和家庭不能忽视学生青春期心理疏导，要教育学生既要珍惜情感，也不能把情感当儿戏，不能超越底线。

3. 内容要"新、近、实"，注重实效性

真诚面对时代，积极面对现实。"新"是指现实且新鲜的材料，"近"是指近来发生在学生身边的具有强烈说服力、感染力的现实典型事例，"实"是指选择事例真实、可信度高。

4. 形式要生动活泼，注重群体性

形式要生动活泼、喜闻乐见。无论采取哪种形式，都要围绕主题，防止偏离主题、单纯追求"热闹"和花哨的形式。一般要掌握两个原则：一是表现主题，二是使学生乐于接受，符合他们心理发展需要。

5. 学生要积极参与，注重群体性

学生要积极参与，要注重群体性，活动不能只面对几个学生，而是要面对全班学生。群体性要求充分调动学生的积极性、主动性，多让学生展示自我，鼓励其登台表演，防止主持人或班干部包揽的现象。

6. 组织过程要严谨，注重完整性、逻辑性和系列性

主题班会不是开完就结束了，它是由设计、准备、实施、巩固、延伸五大环节组成的完善的教育过程。在充分发挥它的教育作用的同时，要把深化主题贯穿始终。

7. 有效互动要注重"三忌"

互动是课堂必不可少的一种重要活动，没有互动，课堂不但缺少氛围、缺少动力，而且会使教和学产生分离；互动的目的是提升学生学习动力、启迪思维、拓展思路、使教与学融合。

（1）切忌表演式互动。切忌偏离主题，仅有表面的互动而离开实质的"传递"，或仅与个别学生互动，忽视其他学生。

（2）切忌造假互动。互动要真实，要"接地气"，贴近学生生活实际，切忌以"热闹"掩盖实质。

（3）切忌肤浅互动。若互动的问题肤浅，不痛不痒，其意义和价值不大，会使学生兴趣乏然，不能真正让学生在互动中产生思想的火花。

8. 主题班会课要重视"六度"

"六度"即选择适度、控制难度、掌握广度、巧设难度、巧设角度、创激亮度。

有效的主题班会课是营造良好课堂氛围、提高教学效益的重要手段。但主题班会课不是处处可用、时时有效的，过多的主题班会课可能会让学生觉得多而不精。

思考题：

（1）成功的主题班会课应注意哪几个问题？

（2）试谈班主任的育人格言对学生有什么教育意义。

（四）主题班会课案例

百善孝为先，孝乃德之本。感恩是中华民族的传统美德，更是社会主义核心价值观推崇的主流社会思潮。感恩是一种美好的情感体验，也是一种回馈的行为。班主任应有目的、有计划地培养学生的感恩品质。

【案例3】

我爱爸爸妈妈[①]

教育目的

爱是教育的灵魂，没有爱就没有教育。要使学生了解爸爸妈妈养育的辛劳，爱爸爸妈妈，孝敬爸爸妈妈，用实际行动报答爸爸妈妈；使学生有爱心，有孝心，有责任担当，理解他人，获得丰富的生活经验和情感积累，体验亲情的无私。

重难点

重点是学生学会感恩爸爸妈妈，孝敬爸爸妈妈，用实际行动报答爸爸妈妈。难点是如何坚持用实际行动孝敬爸爸妈妈。

教育对象：中小学生

教育形式：讲解、游戏、唱歌、表演

准备：图片、材料、歌曲、动画、小品、舞蹈

---

① 选自汕头市潮阳区文光街道镇第二小学张志蓉老师的案例。

主持人：两名学生

教育过程：

（1）播放音乐、引入活动。

主持人甲：明亮的星星真美，但更美的是爸爸妈妈的眼睛。

主持人乙：高大的松树真美，但更美的是爸爸妈妈的手臂。

甲：爸爸妈妈的身躯为我挡住风沙。

乙：爸爸妈妈的手臂领我向前行。

合：我爱爸爸妈妈，我们有一个幸福的家，"我爱爸爸妈妈"主题班会课现在开始。

（2）现场调查、表演，感悟爸妈的爱是伟大的。

乙：首先，请同学们思考，请说出父亲节、母亲节及爸爸妈妈的生日是什么时候。

甲：不难发现，大多数同学对爸爸妈妈还不太了解，而爸爸妈妈对我们却非常了解。但也有部分同学在母亲节、父亲节给爸爸、妈妈讲感恩故事，给爸爸、妈妈买礼物。

甲：那是因为爸爸妈妈对我们的爱多于我们对爸爸妈妈的爱，爸爸妈妈对我们的关心有很多很多！

乙：请看《猜猜我有多爱你》。

（3）游戏、合唱，体会爸妈的无私。

乙：看完精彩的表演，我们一起来做一个有趣的游戏，我有几个问题想请大家讨论一下！

①鸡妈妈看见老鹰来了，为什么把自己的宝宝藏在身后呢？

②鸡妈妈怕被老鹰抓走吃掉吗？

③看了这个游戏，你有什么感想？

学生讨论，自由发言。

乙：其实，我们的爸爸妈妈也像鸡妈妈那样，全力保护我们、呵护我们，让我们从小就生活在幸福的环境中。

甲：爸爸妈妈把我们抚养长大，从小不让我们受委屈，我们的爸爸妈妈都非常爱我们，下面就让我们以动听的歌声来感谢爸爸妈妈对我们的爱吧！

乙：请听小组唱《好爸爸坏爸爸》。

（4）情境表演。

甲：听完动听的歌曲，下面让我们用心去爱爸爸妈妈，用自己的实际行动去证明自己的爱！

乙：是啊，同学们，让我们以实际行动，去爱自己的爸爸妈妈！下面请看几个小片段。

片段一

妈妈的生日[①]

一位学生自言自语:"今天是妈妈的生日,我一定要给妈妈一个惊喜。"他边扫地、擦桌子,边高兴地说:"家里真干净,妈妈看见一定很高兴。"妈妈回来后很高兴,夸奖孩子:"你长大了,真是妈妈的好孩子。"学生说:"妈妈,我长大了,应该为你做点事情,祝妈妈生日快乐!"

甲:同学们,你们觉得这位同学做得怎么样?那么,我们平时还可以为爸爸妈妈做些什么?

乙:同学们说得真好。下面播放《我爱爸爸妈妈》动画片。

(5)朗诵、舞蹈,升华情感。

甲:妈妈带我们来到这个世界,爸爸教我们走路、做人,成长中的每一个脚印都有爸爸妈妈的汗水。下面请欣赏诗歌朗诵《妈妈的爱》。

乙:是啊,正如诗歌里所说的,妈妈的爱数不完、讲不尽,妈妈的爱无处不在,请欣赏歌曲《世界只有妈妈好》。

(6)展示家庭合影,赞爸爸妈妈。

甲:请同学们依次上台展示自己和爸爸妈妈的合影,并讲述相片里的故事。

甲:相片里的故事告诉我们,金色童年是多么快乐,爸爸妈妈无限关爱着我们的成长,今天的生活是多么美好。

乙:爸爸妈妈在学习、生活上无微不至地关怀我们,爸爸妈妈不仅给了我们的生命,还为我们日夜操劳。他们每天不顾自己的劳累,无论刮风下雨都送我们上学,接我们回家,辅导我们温习功课,为我们做美味营养的饭菜,而且无怨无悔。

(7)总结。

挖掘感恩内涵,"懂得珍惜、学会感恩"。爸爸妈妈的爱是无价的,爸爸妈妈不但给了我们生命,还把他们全部的爱给了我们,从我们呱呱落地到牙牙学语,无不经过爸爸妈妈的精心哺育。爸爸妈妈给予我们那么多,我们又该怎么来报答他们呢?感恩亲情并不在于轰轰烈烈,回报爸爸妈妈最重要的是要真心,有正确的态度,有一颗孝心。关爱爸爸妈妈可以体现在平时的一言一行、点点滴滴中,从现在做起,从小事做起,去爱爸爸妈妈,去爱我们身边的每一个人。我相信,通过这一节班会课,同学们已经知道了如何做才是爱爸爸妈妈。那么从今天起,请用实际行动去爱爸爸妈妈!

乙:同学们,爱爸爸妈妈,你们觉得幸福吗?让我们一起来唱吧!

合唱《我们的生活多幸福》。

甲:伴着这首动听的歌曲,我们的主题班会课将落下帷幕。

[①] 选自汕头市潮阳区文光街道镇第二小学张志蓉老师的案例。

合：把我们的爱大声地告诉爸爸妈妈！

齐读：爸爸妈妈，哺育我长大，扶我学走路，教我学说话，教我学做人，把我牵挂。我爱爸爸妈妈！

通过这节班会课，学生知道了爸爸妈妈养育自己的辛劳，明白了爸爸妈妈的爱体现在哪里，懂得了自己应该如何去爱爸爸妈妈。

片段二

猜猜我有多爱您①

有一天，小兔子和妈妈在草地里玩，她突然紧紧抓着妈妈的长耳朵，她要妈妈好好地听她说。

小兔子说："妈妈，您猜猜我有多爱您。"

妈妈微笑着说："噢，我的小宝宝有多爱妈妈呢？"

小兔子把手臂张开，开得不能再开："妈妈，我爱您有这么多。"

兔妈妈有一双更长的手臂，她张开一比，说："可是，我爱你有这么多。"

小兔子想，嗯，这真的很多。

"妈妈，我爱您，也像我手举得这么高，高得不能再高。"小兔子举着双手说。

"孩子，我爱你，也像我手举得那么高，也高得不能再高。"兔妈妈也举起双手说。

这真的很高，小兔子想："希望我的手臂比妈妈的手臂更长。"

小兔子又有一个好主意，笑起来了，说："妈妈，我爱您，像我跳得那么高。"她跳过来又跳过去。

兔妈妈笑着说："孩子，我爱你，像我跳得那么高。"兔妈妈往上一跳，耳朵都碰到了树叶子。跳得真高，小兔子想："真希望我也跳得像妈妈一样高。"

小兔子大叫："妈妈，我爱您，一直过了小路，在远远的河那边。"

兔妈妈笑着说："孩子，我爱你，一直到了小河，越过山的那一边。"

小兔子想，那真的很远。她看着头上的那片蔚蓝的天空，想没有东西比天空更远了。

小兔子说："妈妈，我爱您，从这里到太阳公公那里。"

"噢，那么远，"兔妈妈说，"真的非常远、非常远。孩子，妈妈爱你，从这里一直到太阳公公那里，再绕回来。"

小兔子认为，自己爱妈妈，她现在明白了，原来，妈妈爱她，要比她爱妈妈多很多很多！

---

① 王颖：《中小学优秀班会课案例选》，广东高等教育出版社2006年版，第9页。

片段三

回家路上①

一个小朋友走在大街上，独自回家。迎面走来一个陌生人。

（A 表示陌生人，B 表示小朋友。）

A：小朋友，我是王叔叔，你爸爸的朋友。

B：王叔叔？我怎么没有听爸爸说过呢！

A：噢，是你爸爸让我来接你的。

B：既然是我爸爸让你来的，那你说我爸爸是长怎样的？

A：嗯，脸长长的，鼻子高高的。

B：有胡子吗？

A：没有。

B：戴眼镜了没有？

A：戴了。

B：姓什么？我家住什么地方？

A：之前还没问过。

B：哦（走到一边），肯定是个骗子，我爸爸从来不戴眼镜，而且，今天早晨他叫我自己回家。（急中生智，对着路边一个陌生的阿姨喊）妈妈！你来了。那个骗子慌忙走了。

甲、乙：看了这个片段，你认为这位同学做得怎样，好在哪里，如果这种情况发生在你身上，你会怎样做呢？

片段四

大火无情，警钟长鸣②

甲：火与电，是我们大家都熟悉的，因为我们生活在火和电的重重"包围"之中。在家里，打开煤气炉，一股蓝色火焰便升腾起来，要正确接上电源开关，安全用火用电；走进教室，脚下的水泥、瓷砖是"浴火而生"的；出门时乘坐的飞机、火车、轮船、汽车、摩托车都是靠"内燃"的发动机才动起来的。电是不能碰的，容易发生生命危险。实际上，人类正是熟练使用了火和电，才逐步走向成熟社会。今天，日常生活已经离不开火和电。

乙：是的。火与电，是人类的朋友，但是它们一旦发起脾气来，会失去控制，会烧毁房屋、夺去生命，成为我们的敌人。每次同学看见呼啸而过的红色消防车，那一定是发生了火灾，消防队的叔叔们赶着去救火。他们是灭火的能手，是安全的保护神。

---

① 选自梅州市梅江区江南育才小学谢桂珠老师的案例。

② 选自河源市东源县第一小学谢小纷老师的案例。

甲：但是不可能什么都依靠消防队，我们要学会防火灾的本领，了解在日常生活中如何用火、防火、灭火，预防火灾、电灾，而且知道当它们发生时要如何自救和逃生。

播放东莞市石排镇田边区兴业雨衣厂和深圳市葵涌镇致丽玩具厂特大火灾片段。

乙：火灾会导致财产损失，甚至造成家破人亡，1990年以来，全国平均每年有2000多人死于火灾，而广东省平均每年就有200多人死于火灾。

甲：火和电，既是光明的使者，也是灾难的化身。火与电在造福人类的同时，也带来了无穷的祸患。古往今来，火和电使多少财富灰飞烟灭、多少生命惨遭涂炭。

乙：一半是天使，一半是魔鬼。我们要摸准火和电的两面性，与它们做和平共处的好朋友。

甲、乙合：2024年2月23日，江苏省南京市雨花台区西柿路9号明尚西苑小区居民住宅6号楼发生重大火灾事故，造成15人死亡、2人重伤、42人轻伤，经济损失3300余万元。大火无情，电也无情，警钟长鸣，远离火灾。

【案例4】

我的网络游戏[①]

教育目的

合理使用网络和手机，使学生能认识到沉迷网络游戏会严重影响身心健康和学习，应适度感受网络世界带来的乐趣。

教育过程

1. 实话实说

甲：相信很多同学对网络游戏都有自己的亲身体会和感受。网络游戏不仅可以带给我们欢乐，还会带给我们烦恼和困惑。

乙：请大家思考下面问题。

（1）你喜欢哪个网络游戏，为什么？

（2）网络游戏对你的诱惑力大吗？大到什么程度？

（3）你对网络游戏的最大感受是什么？

（4）你玩网络游戏或观看手机短视频时是否受到家人的反对？家人对你玩手机、网络游戏的态度是怎样的？

（5）你与同学交流过对网络游戏和手机短视频的看法吗？

（6）你对"网瘾"和手机怎样看？你觉得你身边或周围是否已经有患"网瘾""手机瘾"的人呢？

[①] 选自广州市越秀区小北路小学黄惠兰老师的案例。

（7）你觉得网络游戏和手机对你的心理产生了怎样的影响？

（8）听了同学的一些真实的体验与感受，你有什么想法或问题吗？

学生根据主题谈心得。

2. 班主任小结

刚才大家非常坦诚地诉说了自己对玩手机、对网络游戏上瘾的感受，认为手机短视频、网络游戏带给了我们快乐，也带给了我们的烦恼和困惑。网络游戏会影响学习和视力等。

《羊城晚报》报道，天津市一名13岁少年因沉迷网络从24楼跳下自杀。中央电视台网站上的"今日说法"对此也有报道，老师把它下载了下来。（出示课件）请同学们联系自己的实践，各抒己见。

乙：其实，像这样由于玩网络游戏而影响身心健康的真实故事还有很多。现推荐大家看中央电视台的"今日说法"栏目，从中吸取别人的教训，引以为鉴。

中小学生可以适度、适时、适量上网，但要有自控力，要控制好时间、内容。合理上网，合理利用好手机，可以放松身心，体验快乐，否则会伤害身心健康，严重影响学习。曾有一些学生说，某同学从优秀生变成双差生的根本原因就是沉迷在网络游戏和手机之中，没有控制好玩手机的时间。有同学说，短视频虽然给我们带来了一些欢乐，但一时的愉快过后出现的是对未来的迷茫和无助。大家都知道网络游戏和手机瘾对学习和身体有一定的影响。那么我们应怎样保护自己呢？

网络和手机是把双刃剑，用得好是娱乐和学习"共赢"，两全其美，用得不好，则会伤人害己。需要把控好和利用好网络和手机。请同学们通过坚持网络道德营造和推动实现道德新风尚。相信同学们在今后的实践中能知行统一，消除网络和手机带来的"隐患"。

要玩益智的网络游戏，用好网络阵地。通过老师和主持人以及同学们的分析，大家不但能够教育别人，更能进一步教育自己，培养良好的心理素质和意志品质。

【案例5】

<h2 style="text-align:center">男女生交往之道①</h2>

教育目的

让中学生认识到正常的、适度的男女同学之间的交往是必要的，要与异性同学健康交往，认识到不健康交往的影响，预防和减少中学生早恋现象的发生。

教育对象

中学（职）学生

---

① 选自佛山市南海区石门中学何轩老师的案例。

问题1

有的男同学很少和女同学说话,也不和女同学交朋友,请同学们发表自己的看法和意见,谈谈男女同学正常交往的益处。

有同学认为中学生的主要任务是学习,少和异性同学交往可以集中精力学习,没有体会到男女同学交往的好处。刚才的那位男同学说,打球的时候如果有异性的同学欣赏,球会打得更好,还有一名同学说,和异性同学一起学习,时间过得快,感觉不累。这就是"异性效应"。从心理学的角度看,男女同学之间的正常交往有如下几方面的优势。

(1) 能力方面

男女生在能力类型方面是有差异的。男生通常善于逻辑思维,一般理科成绩较好;女生通常擅长形象思维,一般文科成绩较好,男女同学经常在一起互相学习、互相影响,可以取长补短,互补差异,提高自己的能力水平和学习效率。

(2) 情感方面

男女生在情感特点方面也有差异。女生通常情感比较细腻温和,富有同理心,具有使人宁静的力量。男生的苦恼、挫折感可以在女生平和的心绪与同理心中找到安慰;而男生通常情感外露、粗犷、热烈而有力,可以带动含蓄内敛的女生多表达其想法。这种在差异交往中获得的情感和感受,往往是在同性朋友身上寻找不到的。

(3) 个性方面

性格多元化。有的学生在社交场合不善于言谈,有的学生只与同性交往,他们的心理发展可能不够全面,而既与同性又与异性正常交往更能丰富学生的个性。多样的人际交往,可以使差异较大的个性相互影响,使个性更为豁达开朗,意志更为坚强。

问题2

针对学生中出现的一些不良思想苗头,召开主题班会课"不认真读书,何为潇洒"。请学生抄录一些格言,开启他们的心窗,以格言树人生目标,引发他们积极向上。例如,有学生认为,考上大学后,目标便只有"找到理想单位",对待学习则是带着学不学、学多学少照样毕业的态度,混天熬日,游戏人生,美其名曰潇洒走一回。教师这样寄语:"缺乏智慧的灵魂是僵死的灵魂,若以学问来加以充实,它就能恢复生机,犹如雨水浇灌荒芜的土地一样。"

在主题班会课上,学生们积极发言,各抒己见,学生在同学们的发言中认识到时代大潮正在汹涌澎湃、势不可当地向前奔涌,新时代急需大批德才兼备的高素质的人才,如果轻易荒废了学习的黄金时间,一无所获,就将被时代大潮冲刷掉。学生懂得了潇洒是一种精神的升华和心灵的洒脱,只有勤奋才能潇洒,只有做出成绩,才能潇洒。

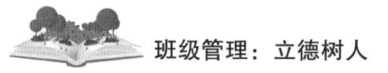

班级管理：立德树人

四、学生的情感体验

感恩既是一种美好的情感体验，也是一种回馈的行为。感恩教育是指有目的、有计划地培育和发展学生的感恩品质的实践活动。有学者认为，感恩由感恩认知、感恩情感、感恩意志和感恩行为四个要素组成。

（一）学生来信

不辜负老师的一片好心

邱老师：

提笔之前，先向您说声：对不起，邱老师，我差一点辜负了您的一片苦心。昨天您找我谈心，对我进行指点、开导。经过深思熟虑，我深深地认识到我错了。

为了争取您的宽容，也为了使自己不至于此时断送自己的前程，我愿意把自己所经历的一切和与此事有关的事情向您诉说，因为我相信您，您是我班同学公认的第二父亲。

记得我们刚开始交往时，是去年的元旦，他莫名其妙地送我一张卡片，不过，卡片里并没有写什么令人动情的话，我当时也不在意，只当作普通同学之间表达友谊的一种方式而已。自那以后，他便时常跑到我面前和我闲谈，并表示愿意与我共同学习，取长补短，我觉得这只是普通同学之间的正常交往，便愿意与他交谈。后来，他写信给我，表露出爱我的意思。当时我回信说，我们年纪尚小，不宜谈恋爱，应以学业为重，否则，后果将不堪设想。他又回信说赞同我的看法，但说归说，人的感情一旦付出去又怎能即刻收敛，他一直念念不忘，并且还很留心观察我的一举一动，在我获得奖励时向我祝福，当我遇到困难时向我伸出援助之手，这些都令我十分感动，我就一步步地陷入情网之中。

现在，听了您的教诲，我醒悟了，当然，我以后（在大学读书期间）也不会再陷入别的同学和社会上青年设置的情网了，我会慎重地处理这种事。当我无力解决这种事时，求得到您的帮助，我相信邱老师是乐于助人的。

邱老师，事情的发生实属不该，但请您不要一味责怪阿鸣（化名）同学。他和我一样，希望有一个异性朋友关心自己，不过他千不该万不该，偏偏在校期间就表白他的爱意。现在我深深地认识到这违反了中师生的规章制度，我决心痛改前非，邱老师，相信我吧！

这件事使我深深地认识到自己是何等的脆弱、幼稚。以后，我在刻苦学习的同时，也要克服自己性格上的弱点，做一个生活的强者。

最后，让我对您的关怀献上最诚挚的谢意！

敬礼！

安好！

学生：阿凭（化名）
1996 年 4 月 19 日

第九章　学生操行评语的撰写与班会课

谈　心

邱老师：

　　您好！

　　我在您面前说了谎，没有如实地反映情况，也不知道事情会如此严重。我就是跟她好上了，但没有您想象的那么严重。现在我知道我错了，也不必隐瞒我和她的关系。我和她出去逛过两次街，开始想都没有想过会和她好起来，只是毫无顾忌地聊天，只觉得她很好说话，并没有其他意思。这次和她出去，就是想说说升大学的事，保持同学良好的关系。没想到一下子很激动，我就牵起了她的手一起散步，但并没有其他越轨的行为，这点我可以保证，只是有了喜欢她的心理。我懂的，如果喜欢一个人，首先要尊重一个人，我不想伤害自己喜欢的人，只是想，如果有可能，毕业后再谈这些敏感的事。

　　邱老师，您批评我重了一些，正处在青春期的我喜欢上我很欣赏的女孩，并跟她出去两次，就给您发现了。不可否认，正在青春期的我还很朦胧、很幼稚，甚至无知，但是，我愿意接受您的批评教育，近来，我的心情特别烦，又说要出黑板报，当时，我又不好说什么，这是我的本职工作，我不想因为自己的心情而影响自己的工作和学习。我知道，如果再这样下去，不但会毁了阿凭（化名）的前途，同样，也会毁了自己的前途，我的思想太复杂了，不但想搞好工作和学习，也想爱上一个女孩子，使工作、学习和生活没有那么寂寞。但事实告诉我们，中师生不准谈恋爱，尤其在邱老师您这个班谈恋爱更行不通。从此以后，我会严格遵守学校和班里的各项规章制度。

　　现在，我只希望邱老师和同学们原谅我，让我已受伤的心冷静下来，不把学习和工作耽误了。

　　　　此致

敬礼！

您的学生：×××
1996 年 4 月 20 日

（二）守好一段渠，种好责任田

　　师生之间的情感不能超越师生感情。上海某知名中学一名女教师和自己班高中一年级男生的感情超越了师生感情，超出了红线，出现师生恋。其实这种心理现象并不一定是爱情，而是一种朦胧的好感。教师应正确处理和引导，学生应学会驾驭各种错综复杂的人际关系，懂得控制好自己的感情，自尊自爱，将美好埋藏在心底，随着知识的增长，慢慢成长、成熟。

思考题：

（1）怎样区别中学生正常的异性交往和恋爱交往？

（2）如何引导学生进行正常的人际交往？他们交往的形式主要有哪几种类型？

五、实践与探索：学会做人，提高素质[①]

我国现代教育家陶行知说："千教万教教人求真，千学万学学做真人。"这里的"真人"是指具有良好思想品德素质的人。笔者就教育学生学会做人，培养学生良好的思想品德，浅谈自己的几点体会。

（一）把爱国主义教育与中师生日常行为教育结合起来

《中等师范学校学生手册》指出："热爱祖国，努力学习专业，立志为小学教育服务。"这既是学生日常学习规范，也是爱国主义精神的具体体现。

我班曾有一个学生，学习不认真，作业抄袭应付，考试企图作弊，说什么"功不在深，会看就灵""中师寒窗苦，不如个体户""反正学完三年去做生意，学好能干嘛"。他上了中师后热衷于武打小说、爱情小说、电影录像并且开始吸烟、喝酒。我抓住问题症结，对他进行了中师生日常行为准则教育。例如，在中师生行为准则中，我选出有关爱国主义教育的内容，做深层次的讲解和有意识的灌输，帮助他进一步提高认识，自觉地规范自己的学习和生活，培养他求实、求真、求知的科学进取心和刻苦顽强、努力拼搏的精神。

总之，进行爱国主义教育要结合学生实际，明确在日常学习中该做什么、不该做什么、具体要求是什么，努力创造积极向上的学习氛围，将爱国主义教育与建设中国特色社会主义教育，人生观、价值观的教育，中国优秀传统文化教育，主题系列教育结合起来，使学生具有爱国之情、报国之志、建国之才、效国之行。

（二）把加强公民意识教育与增强学生社会责任感结合起来

要把学生培养成有能力面向现代化，有实力面向世界，有魅力面向未来的当代中师生，教师要爱岗敬业，以自己良好的师德和优异的成绩回报社会。

针对有些学生责任意识不强、不尊重长辈和老师等不良习惯，举办尊敬师长、尊重父母等主题班会，采用学生表演和宣传学生中的典型事例的形式，让学生观摩并评出文明学生和优秀值周生。通过礼貌教育和深层次的讲解，明确提高社会责任感的重要性，加强学生的责任意识、精神面貌、道德品质，使其养成良好习惯，自觉关心祖国的荣辱兴衰，增强学生的社会责任感。

---

① 邱云兰：《学会做人，提高素质》，载《德育：伟大的基础工程》（上册），北京师范大学出版社1998年版，第312－314页。该文在1998年第二届全国校园文化建设论文评选中被评为二等奖。

（三）把加强集体主义教育与强化学生自我管理结合起来

教师的劳动是教师集体按照社会要求，对学生身心进行有目的、有计划、有组织的影响。只有当教师集体中的每一个成员协调一致地工作，教育工作才能有效进行。这就要求每一个教师必须发扬集体主义精神，按照集体主义原则调节个人与集体的关系。教师的劳动对象是学生，他们是能劳动的、独立的社会人，有自己尊严的人，他们有各自不同的个性，尤其是在新时代下，中师生价值取向发生了较大变化。比如，在处理集体与个人的关系上，有的片面地主张发挥个人的能动性，当两者发生冲突时往往先想到个人的利益。我班曾有一个学生集体主义观念淡薄，在一次班集体活动中，高喊："让集体去吧，走自己的路"。这无疑给班风、学风带来负面影响，不利于学生的健康成长。

集体活动是一种潜移默化的学生自我教育活动，开展有益的集体活动有利于培养良好的集体主义精神，是加强学生自我管理教育的有益途径。一个充满凝聚力、团结进取的班集体，对学生自我教育起到督促作用。而集体主义观念的培养、形成，往往需借助各种客观载体。于是，我每月利用文明班、团支部评比，课室、宿舍雅室评比，校园包干区绿化评比，技能比赛，一年一度的省统考及学生田径运动会比赛等活动，对学生进行集体主义教育，培养学生的集体主义精神。只有形成集体意识，学生才能真正认识到，班级竞赛要取得好成绩，需要师生团结一致，相互配合，要从大局着想，处处想着集体，不断约束自己。由于调动了全班同学的积极性，发挥了个人潜能，我班在各项竞赛中取得了良好的成绩。后来那位喊"让集体去吧，走自己的路"的学生也改变了看法，并表示要为来之不易的班集体荣誉尽己所能。学生在这样的气氛中受到熏陶，增强了自我管理能力，培养了集体主义精神。

（四）把加强革命传统教育与教育学生艰苦奋斗、勤俭节约结合起来

如今不少学生不知持家的辛苦，不知创业的艰难。我班曾有学生不顾自己的实际，追求"名牌热""洋货热""时尚热"，吃要讲口味，穿要论名牌，行要求舒服，玩要上档次。为此，我通过组织学生看电影，开展影评讨论活动，邀请理论水平较高、教学经验丰富的党政领导、专家开讲座，举办学生演讲比赛"勤俭节约是美德"，教育学生养成勤俭节约的习惯、发扬艰苦奋斗的精神，让学生从珍惜每一粒粮食、每一张纸、每一分钱、每一滴水、每一度电做起，尽量乘坐公共交通工具、少进酒楼和饭店，自觉养成朴素节俭的习惯。

社会实践是班级宣传教育和校园文化建设的自然延伸，是学生认识社会、锻炼能力、成长的必由之路。几年来，在学校组织的利用寒暑假回家乡进行社会调查活动中，我带领学生到农村、企业、工厂中去了解和体验生活、磨炼意志。通

过教育和社会实践,不少学生在周记中写下:从革命传统与艰苦奋斗教育和社会实践活动中,我们受到了深刻的教育。

思考题:
试谈《学会做人,提高素质》的读后感。

第十章 班主任的专业成长

关键词：班主任；专业成长；专业发展；教育科研；学习培训；专家引领；专业情感；专业品质；专业技能；专业领域；专业素养；实践探索；数学教师；现状调查；课堂教学；有效互动

专业成长包括专业知识与能力、理论修养、教科研等。专业成长是班主任的自主成长，成长动力源于自己，缺少自我驱动的专业成长是被动的，其取得的成效也是有限的。

一、班主任要吸收多学科专业知识

班主任要吸收和融合多学科专业知识，促进专业成长、专业发展，用专业成长引领教学质量提升。专业成长是教师个体成长的必由之路，也是教育改革的必然要求，教师应在自己的职业生涯中自始至终完善新知识。

社会学家利伯曼认为："有效的教师专业发展建立在需求、反思和参与者需求驱使的尝试上"。专业发展是班主任实现自身价值的内在需求，是促进专业发展的重要保证，是保证学校内涵发展的核心要素，是推动社会持续发展的必然要求。因此要加强班主任专业成长的积极性，了解专业成长的特点，搭建专业成长平台。

（一）实践总结与反思

专业成长需要一个过程，需要带着思考成长，才能获得精神和物质的回报，推动教学质量的提升。

1. 班主任专业成长的新要求

构建专业成长机制。找准专业成长中存在的主要问题，及时更新专业知识结构，促进终身学习和专业发展。专家认为，教师专业发展是一个隐性过程，呈渐行渐进的状态。在专业发展中要注重专业知识理论的应用性。应坚持多措并举来促进班主任专业发展，专业发展要贴近工作实际，尤其要加强最需和急需的专业知识内容。

2. 班主任专业成长的新理念

卡罗尔·德韦克在《终身成长》中说，具备成长型思维模式的人，坚定自己的天赋是起点，认为人需要不断努力接受新挑战才能提升专业水平和专业技能，把挫折和失败看作成长和发展的机会。教师是践行新时代专业成长的模范者、见证者和实践者，是专业成长的示范者，是先进思想文化的传承者和传播者，是理想信念的启蒙者和守护者，是国家、民族兴旺的推动者和建设者。

营造良好氛围，创造成长条件，培养优秀专业成长榜样，这样能激励教师努力拼搏，尽快成长挑重担，不断提升专业水平和能力，从而减少和避免在专业成长中出现的种种困惑和局限。

3. 助推班主任专业成长

要制定专业成长的路径，找准突破点。一是明确自身专业发展状况，二是找准专业成长的短板，不断完善专业成长框架，提高专业成长素养，丰富专业成果，领悟专业成长的提升。

例如，要从专业发展的眼光看问题，专业发展是一个持续的过程，教师专业化成长也是一个发展的概念。专业发展就是要发展知识、技能，掌握一定的教育学理论知识。教师的专业技能是教师在教育、教学、科研、实践的活动中所需的能力，应达到新时代教师专业素质的基本要求，要做到政治素质过硬、师德师风高尚、业务素质精湛、育人水平高超、专业水平高。

4. 班主任专业发展的评价

把握专业成长的特点和专业成长的评价标准。随着专业化成长模式的深入推进，逐渐建立健全教师专业成长评价机制，分类别、分岗位、分层级制定、实施专业成长提升的方案，将班主任、辅导员、年级主任等管理队伍纳入专业提升实施范围，使班主任的履行能力、素养水平等得到进一步加强。

应创新评价模式，强化人工智能、大数据等现代信息技术融合；重视评价的指导性与发展性价值；树立正确的专业成长与专业发展的理念，评价是手段，其目的是有效促进教学质量。

思考题：

（1）试谈班主任在专业成长中遇到的主要困惑。如何克服困惑？

（2）试谈专业成长的个人计划。

（二）理论与实践相结合，促进专业成长思维

班主任是专业化的管理者[①]。要依照自身专业的知识结构、专业知识、基础理论，对在专业成长中遇到的问题进行系统性、科学性、多向性的分析，更好地将个人专业知识框架融入教育教学工作中。

---

① 李学农：《班级管理》，高等教育出版社2006年版，238页。

1. 理论学习是促进班主任专业成长的有效途径

专业成长主要指在专业发展过程中由较低层次水平向较高层次水平跃进。当教师积累了一些实践经验，其经验基本能够应对教学，但未必能够做好班级管理工作，有的教师关于班级管理的新鲜感减少，成就感缺失，职业倦怠感比较明显。专业理论学习可以让人保持思想活力，让人得到智慧启发，让人滋养浩然之气。

2. 打造"六大工程"，引领班主任专业成长

"六大工程"可以促进班主任专业成长平台的搭建。一是打造"温暖工程"，让教师在关爱中成长（物质、精神）。二是打造"青蓝工程"，让教师在互动中成长（传、帮、带）。三是打造"读书工程"，让教师在读书中成长。四是打造"人文工程"，让教师在活动中成长。五是打造"名师工程"，让教师在发展中成长。六是打造"双师型工程"。"双师"包括专职教师和兼职教师，理论功底深厚的老师通过这个平台可以增长更多专业领域的实践知识，拓宽知识面，为专业成长奠定基础。

思考题：

（1）理论学习对专业成长有哪些作用？

（2）为什么说提升教师的教科研水平是促进专业成长的必备条件？

二、找准专业成长的突破口

为了找准专业成长的突破口，班主任可以全面梳理自身专业发展存在的问题，追根溯源，如专业成长的动力、学习毅力和学习方法问题。专业成长也是专业发展的瓶颈，之所以会形成瓶颈，一方面是因为视野有限；另一方面是因为受本身水平和素质所限。

（一）选择适当的教育专家

教师在专业成长中要选择适当的教育专家。教育专家虽多不胜数，但专业水平有高低之分，且不同的专家长项各有差异，班主任应根据自身的需要和各专家的特点，选择适合的教育专家，以满足自身个性化的学习需求，应挑选具有互动性、针对性，多样化的专家资源。

班主任可利用基础性课程资源，形成专业化的课程体系。围绕"我要成长，我要学习"提升技能。乐于获取专业成长知识，做敏而好学、与书为伴的好老师，积累经验，汲取成长"养分"。专业化已成为时代发展的必然诉求，教师一般能够认识到自己专业成长存在的一些问题，但是这种认识往往比较宽泛，没有

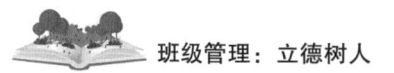

指向具体问题。因此，往往会在较长的时间范围内重复训练，有的训练得不到明显效果。因此，需要把相关问题归结于特定行为或特定问题，找出需要训练的具体方面。

（二）通过多途径向专家学习

高素质专业化教师队伍，既要求教师道德、知识、能力的统一，又要求专业素养、专业精神、专业能力的统一。班主任需要适当与专家交流沟通，就自身的问题直接向专家请教。实际上，在当今信息社会，向专家学习有多种途径，如浏览专家开设的公众号、博客，或者观看专家的讲座视频，阅读专家的有关著作、论文等学习资料，从多方面学习、掌握专家在某些专业发展问题上的观念。

班主任要真诚面对现实，敢于大胆质疑，勇于追求卓越。"自信人生两百年，会当水击三千里"。人生的际遇不可能一帆风顺，既要在新时代乘风破浪、大胆作为，也要善于搏击风浪、乐观前行。因此，班主任在专业成长中遇到问题时，要虚心请教，谦逊有礼。专家往往有比较深远的认知和中肯的建议。通过向专家学习，在成长路上找到学习榜样，取长补短，不断解决新问题。

思考题：
（1）试谈班主任专业成长的困惑。
（2）试谈班主任应怎样融合教育专家的教育理念？

三、加强教学实践，尝试互动解题

加强教学实践，要付出很大努力，并且对问题的解决要有针对性和技巧性。

（一）有针对性地进行训练

1. 精准培训

班主任平常的教学任务和班级管理工作比较繁重，要经常抽出时间来参加培训或脱产学习是不可能的，但有些问题已经形成了思维惯性和方法定势，因此，训练的时间和内容必须结合班主任的实际情况，训练必须注重针对性和有效性。及时追踪和获取全国乃至全球的教育理论和教育实践的最新研究成果和发展动态，自我调整、自我适应。针对性地持续进行行为实践训练，弥补自身不足，掌握正确的问题解决方法，不断寻找专业成长的生长点，并能够将其应用到实践中去。否则，就会直接影响专业成长和管理质量的提升，或使专业成长和管理水平停留在经验层面。因此，有针对性地训练和培养班主任的专业素养是当务之急，可以帮助其谋求自身的生存和发展空间。

无论是职称的晋升还是专业的成长,都需要教科研成果。成果包括教学成果、科研成果、管理成果等。加强实践训练有助于把班主任在专业成长中存在的问题从宽泛的实践中分离出来,分类别、分学科、分层次制定专业成长与专业发展提升的工作方案和训练方法,这样才能有利于问题的针对性解决。

2. 专业成长与职业情感

专业成长、专业发展与职业情感,是一个系统性、复杂性、综合性的基础工程,是提升学校竞争力的必然要求,具有深厚的学术内涵和广阔的学术前景。职业情感的形成并非由某个因素所决定,而是多方交织、共同作用的结果。班主任要增强专业成长的归属感和获得感,努力实现专业成长。

判断一个人专业水平如何,竞争力是其中一个重要的考量因素。班主任只有不断提升自身的专业素养、能力素养,才能在新时代下更好地生存和发展。因此,班主任要充分利用自身的专业知识着力研究、解决自身专业成长与专业发展遇到的新情况和新问题,实现自身的专业成长与专业发展。专家提出专业成长的基本框架:一是岗位职责标准;二是日常行为标准;三是专业能力标准;四是培养载体基本条件;五是人才培养主要环节的工作标准;六是内外各类教学活动的测评;七是内涵成果的认定标准;八是服务工作的质量标准;九是主要场所的环境标准。

思考题:
(1) 专业成长与专业发展有何区别?
(2) 教师的专业技能指的是什么?

(二) 高职高等数学课堂教学中的互动解题研究[①]

高等数学课堂教学的首要任务是培养学生的数学思维能力,使学生善于解题。学生在课堂上能听得懂,但不会解题,要分析是学生的个人原因,还是教师讲解重点、难点、关键之处时不到位或强调不够。不妨尝试互动解题,共同探索解题思路、解题过程、解题方法、解题规律,寻找解题的切入点,监控解题过程的调节点,审视解题后的反思点[②]。这有助于促进教学质量和学生素质的提升[③]。

1. 问题的提出

传统的高等数学课堂教学的解题模式,大多是老师"一言堂",学生只是被

---

① 邱云兰、曾峥:《高职高等数学课堂教学中的互动解题研究》,载《数学教育学报》2013年第22卷第3期,第39-43页。
② 黄淑风、黄加卫:《议数学解题中的三个关键点》,载《数学通讯》2007年第12期,第6-9页。
③ 黄荣金、陈月兰等:《专家教师评数学课》,载《数学教育学报》2005年第14卷第1期,第52-56页。

动地接受知识,这大大降低了学生上课的积极性,不利于培养学生的学习兴趣和创新思维。研究型的互动解题,可以调动学生上课的积极性,培养创新思维,活跃课堂气氛,增强学习兴趣,减少师生隔阂,提高教学质量。这种模式要求老师与学生之间互动,学生与学生之间互动,而教师只起指导作用,帮助学生提出问题、分析问题、解决问题,在整个教学过程中,使学生从思想和方法层面首先踏上台阶,使独立探索精神以及相应的能力和实践习惯得到有效培养[①]。

当今的学生两极分化严重,有些学生志向远大、目标明确、奋发向上,但也有少数学生奋斗目标不明,对前途和就业前景感到困惑,学习浮而不实,知识面窄却不知如何去拓宽、整合、描述和应用。这与当前中国中学数学教学以教师为中心,以中考、高考为目标,以单向传输为主要方法的课堂教学模式有关,在这种教学模式下难免出现以下情况。

(1) 学生情况及原因分析。有的学生,课上老师一讲就懂,课下自己一做就错,甚至对有些综合题不知从何入手,导致作业迟交、不交或做不完整。学生普遍认为高等数学抽象难学。高等数学在大学第一学期开课,学生未适应大学学习方法和养成自我钻研的学习习惯,课上由于课时任务量限制,提问交流环节相对较少。一方面,学生的心理、智力、认知风格、学习态度和学习方法制约着学生的学习兴趣;另一方面,学生的知识基础、学习态度、发展水平、能力、经验、质疑与解题过程中的反思制约着学生的学习效果,还有一些特殊的原因,例如,生病、工作忙、忘记带作业,其他学科作业也多,出现挤压现象;有些学生习惯不好、学习方法不当、时间抓得不紧、基础差;缺乏灵活运用概念公式的能力,学习动力不大,应用性、实践性不够,难以找到解题一般规律。

教学是一个发现问题、分析问题、解决问题的过程,高等数学的课堂教学应围绕问题展开。如何通过个别现象分析、提出合适的问题?如何通过这些问题的分析建立相关的概念,以及发现可能解决的问题和途径?如何学会猜想、归纳、解题?这些都是教材上没有的[②]。

(2) 教师情况及处理方式。中学数学中一些与大学高等数学息息相关的内容被删除或列为选学内容,老师要补充的内容和题目越来越多,老师越讲越细,如果学生对讲过、做过的题目还不会做,老师就会埋怨学生不刻苦、脑子不灵、不会模仿。一些教师认为高等数学的作业难以批改,便只提供正确答案,这种方式并不可取。教师可以从作业中看到问题,了解学生掌握知识的情况、学习态度和学习方法。学生可以从老师的批注中感受到教师的敬业精神和高度的工作责任感,从而感受到老师的关怀,燃起努力学习的热情。

---

① 张学润、王中东等:《研究型教学在高等数学教学中的实践与浅析》,载《数学教育学报》2012年第21卷第1期,第85-86页。

② 曹广福:《说课》,载《数学教育学报》2009年第18卷第1期,第8-9页。

高等数学中的概念大多抽象程度高，教学内容多而深刻，知识点密集；认知过程中障碍较多，知识衔接欠佳，中学数学新课标对原有的内容做了较大的调整，删除了不少内容，如反三角函数与三角方程的主要内容中，三角公式减少了许多，对和差化积、积化和差公式等不作要求。但一些教材，仍然保留了不少与删去或选学内容有关的传统题目。如果教师授课时不适当补充这些内容，推导反三角函数的导数公式和有关计算，计算$\lim\limits_{x \to a} \dfrac{\sin x - \sin a}{x - a}$有一定难度。建立高等数学学习小组，组织学生轮流互动讨论，互动讲授已学知识和未学知识，可以使问题得到基本解决。争执不下的问题可以通过全班互动解决，组内学习能力强的学生有责任教会后进生，后进生有机会代表小组在全班交流本组讨论的结果。每个组员都承担一份责任、获得一份收获、得到一份尊重，使被动学习变为主动学习，重复、单调的讲题变为启发性、开拓性的互动解题。

2. 在课堂教学中实施"互动解题"的尝试

教学的本质是学，教要转化为学①。教学就是在教师的支持下，激起、强化、优化学生互动学习的过程。教师的使命不是取代、压抑、削弱学生的互动，而是承认他们自己的能力和成果，提供支持和引导。高等数学课程的教学有其自身的特点②，要适当减少繁难的理论证明和计算，让学生理解高等数学的思想，强化应用。所以，在互动解题时要恰当控制数量，难度要适中。

（1）转变观念并消除顾虑是实施"互动解题"的前提。所谓"互动解题"是指在教师的引导下，生生、师生之间在课内发生的各种形式、各种性质、各种程度的相互作用与影响。也就是教师与学生、学生与学生角色相互作用和影响的过程。"互动解题"能否在课堂上发挥主体性作用，能否将互动性研究的思想渗透到教学的各个环节，能否保证教学进度和质量，能否对原教材中的问题通过条件变换、引申推广等方式挖掘教材的研究型的学习因素等，这些往往是广大教师关注的问题。其主要顾虑包括以下几方面③。

一是认为单向教学方法的传授、模仿效益高，担心如果学生自主探索，耗费时间长，教学质量下降。首先，教师要克服浮躁心理和急功近利的思想。从短期看，单向教学方法的传授、模仿效益似乎较高。教师对传统解法得心应手，学生用其对付各种考试效果不错。站在教师的角度看，把课讲懂是教师最起码的功

---

① 郭思乐：《以生为本的教学观：教皈依学》，载《课程·教材·教法》2005年第25卷第12期，第14－22页。

② 马利军：《试论〈高等数学〉课程建设中的三种意识》，载《数学教育学报》2009年第18卷第2期，第94－96页。

③ 程晓亮、刘影：《高等数学教学策略再思考》，载《数学教育学报》2012年第21卷第2期，第78－80页。

夫①。但是，在高等数学课堂教学中，要注重对学生数学思维深刻性的培养，使其掌握丰富的学习方式。重要的是鼓励学生对学习方法的探究。如果教师一定要让学生模仿自己的教学方法，学生的学习可能显得被动。新的课堂教学应该是由学生主导的，学生自主地参与学习，而不是被老师牵着走，直到知识目标完成。教师应注重实例引入，揭示知识背景，让学生围绕学习目的、小组讨论、全班交流，提出更好的学习方法和建议，这种方法的效益同样会好。例如，求arctan1.02近似值。通过师生互动，老师简略概括计算正切函数近似值的几种方法，如微分公式 $f(x_0 + \Delta x) \approx f(x_0) + f'(x_0)\Delta x$，学生同样可以解答。

当今社会要求高职院校不仅要培养技术工人，还要培养有整体视野和知识迁移能力的高素质劳动者，培养学生的整体观与知识迁移能力。高等数学教育大有作为，高等数学作为人类科学发展的一个里程碑，其内容（包括微积分、概率、向量等）既在中学也在大学讲授，它的基础知识、基本思想对学生未来的职业发展无疑是必要的，对培养学生的能力起积极的作用。因此，必须以促进学生全面、和谐、主动发展为价值取向。从中长期角度看，虽然学生自主参与互动解题一开始可能效益、效率低，但随着学生的积极性提高、主动性增强，学生的能力和智慧能得到充分发展，学生的成就感能得到满足，自信心不断增强，这对提升学生的数学素养有着不可估量的影响。

二是担心在建立民主、平等的师生关系以后，学生思维误入歧途。如果注重求异式思维和逆向思维，注重个性，传统的思维方式和教师的威信可能会被削弱，规范统一的教学要求难以实现，使用不同解法的学生难以达成一致。但如果没有给学生提供平等的机会，没有让学生说出真实的看法、提出自己的疑问，没有让学生在实践中去体验、去感悟，传统的解题模式难以培养中国式现代化建设所需要的创新型高素质人才。教师不一定是至高无上的权威和评判是非的无情法官，也可以是学生的伙伴、朋友和导师，与学生融洽相处，为相互探讨和研究教法、学法提供机会，使学生在互动解题、自主探索和合作交流的过程中真正理解和掌握基本的解题技能、思维和方法。

三是担心学生真的动起来后难以调控。学生解题的方法多种多样，在过程中许多意想不到的问题会突然冒出来，给教师的课堂调控带来很大的挑战。当课堂活跃起来了，教师可能要更精细地钻研教材、研究学生、设计多套预案。调控是教学的艺术，这里的知识性自我调控，是指在课堂教学中教师控制自我知识发挥的有效性。针对具体课堂教学而言，学生所掌握的知识一般不会超出教师的知识范围。因此，教师的知识性自我调控显得尤为重要，有针对性和适度的发挥能促

---

① 陆慧菊、卢明：《数学教学中引入"互动教学"理念的尝试》，载《数学通讯》2007年第2期，第15-17页。

进有效的教学。艺术地调控课堂教学，使教师即使遇到突发事件，也能对学生出现的情况应对自如。教师关于教学反馈理论的丰富经验，可以随时调节实际解题过程与解题设计有出入的地方，将解题引导到完成教学目标的轨道上来。

例如，讲授求解方程的近似解时，如果这样引入："今天我们要介绍的求解方程的近似解有两种方法，一种是二分法，另一种是切线法，不过教材未介绍二分法"，学生问什么教材有介绍，哪一种方法好时，教师就可以引导学生阅读"十一五"国家级规划教材高等数学上册（第六版），此时，考虑的是知识性自我调控的针对性。

教学的调控与反思是数学解题最优化的关键之一。教学反思是指在教学中随时针对学生掌握的知识与技能中反映出来的情况进行分析，并及时采取措施，分析已学的知识网络、解题方法和步骤、常用的数学思维方法的使用、易混淆概念的区别与联系。在教学过程中，学生所学的知识不全是在教室由教师传授的，教学效果也不是由教师传授知识多少来决定的，而是由学生学得多少来决定的。那么教师的调控是关键。调控得好，互动解题始终处于良好的状态，可以取得好的效果。调控得不好，就会前功尽弃，教师的劳动甚至变成无效劳动。因此，教师要正确把握互动解题反思的及时性、层次性、适宜性、多样性。要做到以探索和创造性地解决教学问题为出发点，注重知识点和思维方法的学习、理解的同时，有意识地让学生记忆关键点和重点，以追求教学实践合理性为动力，以形成教师的教育智慧为突破口，以促进师生共同发展为根本目的。

（2）"互动解题"让学生探索、经历过程并体验实践感悟。波利亚说："教师在课堂上讲什么当然重要，然而学生想什么更是千百倍的重要。"仅就习题课而言，如果不能很好地发挥互动例题的榜样及培养功能，不重视凸显学生的思维过程，学生悟不出解题思路和技巧，掌握所学知识就是一句空话。学生常常惊诧于教师解题的"准、简、巧、奥"，不知教师一题在手，何尝不是"十月怀胎"，才"一朝分娩"。绝对不能只讲一招一式，而应该把教师是怎样摆脱困境，达到"柳暗花明又一村"的理想效果的求解过程教给学生。只有这样，学生才能学到教师高明的解题思维方式。清代数学家华蘅芳主张"一切算法无不坦白示人"，一切解法"不求简奥，不避粗俗，唯使人易明而已"。有时要使学生领悟教师或教科书的意图，需要让学生探索解题过程，体验实践感悟。

例1：计算 $\int_0^\pi \sqrt{1-\sin x}\,dx$

解法1：

$\int_0^\pi \sqrt{1-\sin x}\,dx = \int_0^\pi \left(\cos\frac{x}{2} - \sin\frac{x}{2}\right)dx = 2\left[\sin\frac{x}{2} + \cos\frac{x}{2}\right]_0^\pi = 0$；

解法2：

$\int_0^\pi \sqrt{1-\sin x}\,dx = \int_0^\pi \left(\sin\frac{x}{2} - \cos\frac{x}{2}\right)dx = 2\left[-\cos\frac{x}{2} - \sin\frac{x}{2}\right]_0^\pi = -4$；

解法 3：

$$\int_0^\pi \sqrt{1-\sin x}\,dx = 2\left[\sin\frac{x}{2}+\cos\frac{x}{2}\right]_0^{\frac{\pi}{2}} + 2\left[-\cos\frac{x}{2}-\sin\frac{x}{2}\right]_{\frac{\pi}{2}}^{\pi} = 4(\sqrt{2}-1)。$$

教师应发挥学生的主体作用，努力挖掘课堂教学的潜能，精心安排教学结果。由上述例子可知，解法 1、2 错误，解法 3 正确。学生学习的知识关键在于能够提取与应用，应用的一个渠道就是能够把它作为语言，能够基于所学知识阐述自己的观点①。

（3）"互动解题"不排斥简单快捷的巧解妙法，其问题在于教师要让学生体会到"简得合理，巧得自然"。最巧妙的是最好的，这可能只是老师自己的想法。对于学生来说，最合适自己的才是好的。好的解法应该符合大多数学生的实际水平。因此，教师在钻研题目、研究解法时，要站在学生的角度，不断反思自己的教法。要使学生从漂亮的解法中感受到人类智慧的力量与创造精神，即要追求的并不是形式上的简和巧，并不是毫无悬念的解题实践，而要揭示思考过程，启迪学生心智，解析达到成功的整个过程。学生要了解从挫折到成功、从繁到简、从劣到优、从粗糙到完善的不断发展的过程，才能吸取智慧和力量，从而变得更加聪慧②。

例 2：计算 $\int_0^2 \sqrt{4-x^2}\,dx$。

引领学生互动，学生通过互动得到如下两种解法。

解法 1：换元法，设 $x=2\sin t$，则 $dx=2\cos t\,dt$，当 $x=0$ 时，$t=0$，当 $x=2$ 时，$t=\frac{\pi}{2}$。

$$\int_0^2 \sqrt{4-x^2}\,dx = 4\int_0^{\frac{\pi}{2}}\cos^2 t\,dt = 2\int_0^{\frac{\pi}{2}}(1+\cos 2t)\,dt = 2[t]_0^{\frac{\pi}{2}} + [\sin 2t]_0^{\frac{\pi}{2}} = \pi。$$

解法 2：由定积分的几何意义可知，$y=f(x)=\sqrt{4-x^2}$ 即 $x^2+y^2=2^2$。它是一个以原点为圆心，以 2 为半径的圆的面积的 $\frac{1}{4}$，即 $\int_0^2 \sqrt{4-x^2}\,dx = \frac{1}{4}\pi\times 2^2 = \pi$。

通过对两种解法的比较，让学生理解定义公式的同时，感受到学习高等数学要充分挖掘几何直观，实现从几何直观发现概念，到理解和应用概念，再到探讨概念的严格性，并在此基础上提高抽象逻辑思维能力。

3. 尝试"互动解题"，形成师生共同进步的学习共同体

互动解题包括四个基本环节："提出问题—自主探索—合作交流—适时评价"。提出问题是指引入实例及习题；自主探索是指根据实例及习题展开讨论；

---

① 林夏水：《数学观对数学及其对教育的影响》，载《数学通报》2007 年第 4 期，第 5 页。
② 李淦林：《怎样才算好的解法》，载《中学数学研究》2007 年第 5 期，第 3－6 页。

合作交流是指对各自探索的结果进行交流;由于例习题的题型多种多样,难以找到有效的万能解题模式。教师应把握解题或证题切入点,监控解题或证题过程的调节点,审视解题后的反思点,评价自主探索、合作交流的生长点。例题和习题的引入与设计要把握两点:一是通过互动解题使学生有身临其境的感觉,从而实现对数学知识的自主构建;二是解答问题要达到"激疑"的效果,使学生对所提问题"意想不到",有利于他们运用初等数学和高等数学的有关知识对问题进行研究,使他们认识到,不一定能正确认识感觉到的东西,而只有认识了的东西才能更深刻地去感悟它[1]。

(1) 尝试"互动解题",重视解题错误并揭示解题病因。高效的教学是通过优化教学行为,将各个教学环境高效整合在一起,促进学生高效参与数学学习,并获得优秀的认知成绩、良好的认知结果、积极的数学学习情感、较强的教学效率意识、浓厚的理性思维、较强的数学学习能力的行为[2]。高等数学的思想和方法高于初等数学,在教学中要注重初等数学与高等数学的融合,结合学生已有的知识培养学生,用科学的方法引导学生。这就要求教师从自我学习的体系以及自我知识体系出发,系统性地对所讲授的知识进行概括,使学生从思想和方法上对所学内容有全景性的领会。

例 3:计算 $\int_{-2}^{5}|x^2-2x-3|\mathrm{d}x$

引导学生互动,通过互动学生得到如下三种解法。

解法 1:$\int_{-2}^{5}|x^2-2x-3|\mathrm{d}x = -\int_{-2}^{5}(x^2-2x-3)\mathrm{d}x = -\left[\dfrac{x^3}{3}-x^2-3x\right]_{-2}^{5} = 1$;

解法 2:$\int_{-2}^{5}|x^2-2x-3|\mathrm{d}x = \int_{-2}^{5}(x^2-2x-3)\mathrm{d}x = \left[\dfrac{x^3}{3}-x^2-3x\right]_{-2}^{5} = -1$;

解法 3:$\int_{-2}^{5}|x^2-2x-3|\mathrm{d}x = \int_{-2}^{-1}|x^2-2x-3|\mathrm{d}x + \int_{-1}^{3}|x^2-2x-3|\mathrm{d}x + \int_{3}^{5}|x^2-2x-3|\mathrm{d}x = \dfrac{71}{3}$。

计算 $\int_{1}^{3}|x-2|\mathrm{d}x$。让学生纠正解题错误,优化解题方法。

解:$\int_{1}^{3}|x-2|\mathrm{d}x = \int_{1}^{2}|x-2|\mathrm{d}x + \int_{2}^{3}|x-2|\mathrm{d}x = -\int_{1}^{2}(x-2)\mathrm{d}x + \int_{2}^{3}(x-2)\mathrm{d}x = 1$。

学习并非学生对教师所讲授知识的被动接受,而是以学生已有的知识和经验

---

[1] 刘耀斌:《〈数学教学论〉研究性教学模式的探索》,载《数学教育学报》2010 年第 19 卷第 6 期,第 89-93 页。

[2] 王光明:《高等数学教学行为的归因》,载《数学教育学报》2010 年第 19 卷第 5 期,第 75-78 页。

为基础的主动建构。所以学生的认知错误往往有着深刻的认知根源,教师应理解、宽容学生的错误。当学生说错或解错时,不能说他们"不认真""脑子笨""幼稚"等。纠正学生的认知错误不可能通过外部的强制和管束轻易地实现,关键是怎样在学生的头脑中区分概念,从而使学生自觉地实现知识的必要重组和重构[①]。回到计算 $\int_1^3 |x-2| dx$ 的解法上来,给出的解法过于简略,区间的分界点 $x=2$ 被简单求出,但一般学生并不一定理解这一步,所以出现解法1、2的错误。教师不妨先设置一道习题,解方程 $x^2 - 2x - 3 = 0$,求出区间分界点,就可以得出正确的解法3。互动解题的关键点是审题,即解题思路,但是,本题的精华在于去绝对值后前面是"+"还是"-",必须根据绝对值的定义。

(2) 尝试通过"互动解题"拓宽解题思路。"互动解题"可以增加新旧知识的联系,促进知识的同化和迁移,可以拓宽思路,优化解法,完善思维过程,提高问题意识,优化思维品质,培养思维的灵活性和深刻性、批判性和发散性、适合性和创造性。

例4:计算 $\sin 30°30'$ 的近似值。

引导学生互动,通过互动,学生得出如下四种解法。

解法1:根据常用的近似计算公式,当 $|x|$ 较小,x 为弧度时,$\sin x \sim x$ 得,

$$\sin 30°30' = \sin\left(\frac{\pi}{6} + \frac{\pi}{360}\right) \sim \frac{\pi}{6} + \frac{\pi}{360} \approx 0.5321。$$

解法2:根据特殊角的正弦函数值,

$\sin 30°30' \approx \sin 30° = 0.5000$。

解法3:查表或用计算器求得 $\sin 30°30' \approx 0.5075$

解法4:$30°30' = \frac{\pi}{6} + \frac{\pi}{360}$,根据微分近似计算公式,设 $f(x) = \sin x$,则 $f'(x) = \cos x$,取 $x_0 = \frac{\pi}{6}$,$\Delta x = \frac{\pi}{360}$,$\sin 30°30' \approx 0.5076$。

反思四种解法,解法1和解法2正确吗?如果 $\sin 30°30' \approx 0.5000$,那么,$\sin 29°30' \approx 0.5000$,而 $\sin 30°30'$ 与 $29°30'$ 显然不等,误差太大,则解法1、2错误,解法3、4正确。错误的原因是学生没有很好地把握近似计算公式应用过程中 $|x|$ 很小所凝聚的思维过程,这是数学思维方法的基本形式之一。学生误认为 $\frac{\pi}{6} + \frac{\pi}{360}$ 很小,其实不小。计算 $\sin 30°30'$ 的近似值,要经历一个"凝聚"的过程,即包含多个步骤的运算过程——求近似值。教师要充分发挥组织者和引导者的作用,对于有些解法可以先顺着学生的思维,让其去经历解题的过程,再群策群力

[①] 王存荣:《在反思性教学中培养学生提出问题的能力》,载《数学教育学报》2009年第18卷第1期,第45-47页。

进行诊断、改进、补充、完善，然后出示简捷解法，不断地捕捉、选择、判断、重组各种有研究价值的新问题。

（3）"互动解题"促进了教学质量和学生素质的提升。在尝试互动解题的教学过程中，通过"启发式课堂""数学微博""论坛提问""课堂试解""互动交流""电子邮箱""数学QQ群"等方式解惑答疑，不仅突破了时间与空间的限制，缩短了师生间的距离，而且促进了教学质量和学生素养的提升。

尝试互动解题，不仅优化了课堂教学环节，有助于明确学生未来的职业发展、培养目标及专业培养要求①，而且学生的综合素质得到了训练和培养。主要表现：一是学生的资料查阅、文件检索、组织和写作的能力得到训练；二是学习高等数学兴趣浓，课堂互动有序，使学生得到了较大的满足感和成就感；三是学生的语言表达能力和交流沟通能力，审题、解题能力，以及提出问题、发现问题、分析问题、解决问题的能力得到提高；四是学生的团队精神和合作能力得到培养；五是师生之间的情感交流和学生的创新意识得到体现，从而，让学生在互动中解题，在发现中获取，在成功中升华。

四、实践与探索：欠发达地区农村初中数学教师专业成长现状调查——以粤北地区部分中学为例②

教师专业成长与以专家引领、同伴互助和自我实践与反思为主要形式的教学研究活动，包括新教师培训、在职教师培训有密切关系，不仅关系到基础教育改革和新课程的实施是否成功，而且关系到一线教师能否提高教学质量。如今粤北农村初中数学教师专业素养不断提高，专业成长价值认识明确，但专业技能和教科研能力有待提升，学习理念、方式有待改进，应着力更新观念，搭建专业平台，提升专业水平，凸显专业成长。

---

① 刘幸东、张占亮、王兴志：《高师数学教学技能训练体系的构建与实践》，载《数学教育学报》2011年第20卷第4期，第45-47页；蔺云：《基于弗氏教学理念下高等数学教学模式探索》，载《数学教育学报》2012年第21卷第1期，第88-91页；邓勇、吴宏：《线性代数课程教学的探索与实践：以数学证明教育价值实现的课堂教学为例》，载《数学教育学报》2012年第21卷第2期，第74-77页；王兴国：《独立学院学生在高等数学学习中"行为参与"的调查研究》，载《数学教育学报》2011年第20卷第3期，第51-53页；田仕芹：《高等数学学习自我效能感的调查分析》，载《数学教育学报》2011年第20卷第5期，第66-67页；吴亚娟、朱晓欣：《对高等数学作业系统的多元统计分析》，载《数学教育学报》2011年第20卷第1期，第69-71页。

② 邱云兰、邱伟华：《欠发达地区农村初中数学教师专业成长现状调查：以粤北地区部分中学为例》，载《曲阜师范大学学报（自然科学版）》2015年第41卷第4期，第121-128页。载《初中数学教与学》，中国人民大学书报资料中心2016年第3期，第7-14页。

（一）问题提出

教师专业发展问题是近年来国内外研究的热点。按照《国家教育事业发展"十一五"规划纲要》，要建立健全教师专业能力发展的长效机制，提高教师的综合素质。怎样提高教师的专业素质和能力是人们共同关注的问题，对此，数学家杨乐指出："要帮助年轻的、经验不多的教师提高他们的水平的话，我觉得应该让他们的数学知识能够更深入一些，数学修养和水平更高一些，这实际上不仅是我个人的看法，也是整个数学界的看法"①。这反映了他对数学教师学科知识上的要求和期望。在反思中国教师队伍的现状时，不禁要问教师在专业成长过程中是否做到了教学科研"一体化"？特别是在教育均衡发展的大背景下，不少教师，尤其是欠发达地区的初中数学教师，其专业成长和对教育科研的认识仍需要提升。在提升学科知识的理解和学科知识技能方面，教师将自己所理解和获得的学科知识和技能转化成有益于学生理解、掌握的知识和技能。教师是提升教育质量的关键角色，这已成为国际社会的共识②。教师及其专业发展也因此成为各国教育改革的重点，许多发展中国家在普及基础教育的同时，尝试通过新的模式和途径为欠发达地区教师提供支持，从而提高其教学质量。以专家引领、同伴互助和自我实践反思为主要形式的教学研究活动，是教师专业成长的基本途径，是教学质量提升的重要支撑，已得到广大教育界人士的高度关注和普遍认同。数学教学质量的提高，关键在于课堂质量，课堂质量的关键是教师的素养。素养包括教师的理论素养、专业技能、专业成长、专业发展。教师专业发展最早由社会学家卡尔·桑德斯于1933年提出③。教师专业化是现代教育发展的需要，目前已成为世界教师教育发展的潮流④。但我们不能简单地追随潮流，应立足国情和学校实际。教育部师范教育司原司长马立2001年在讨论"关于教师教育专业化问题"时指出："教师专业化是指教师在整个职业生涯中，通过终身专业训练，获得教育专业知识技能，实施专业自主，表现专业道德，并逐步提高自身从教素质，成为一个良好的教育专业工作者的专业成长过程。有良好素养的数学教师，必须有广泛的知识背景，而不只是数学知识。也就是一个从'普通人'变为'教育者'的专业化发展过程⑤。"教师专业成长与教学风格的形成，正是这种个性化处理经验不断积累、教学能力不断提升的结果。

教师的专业成长是教师专业化发展建设的重要组成部分，是教师队伍建设的

---

① 中华人民共和国教育部：《关于进一步加强高等学校本科教学工作的若干意见》，教高〔2005〕1号。
② 刘静：《农村教师专业发展支持体系》，载《比较教育研究》2014年第1期，第25—30页。
③ 兰英：《美国教师专业化运动述评》，载《外国教育研究》1996年第4期，第42—46页。
④ 教育部师范教育司：《教师专业化的理论与实践》，中国轻工业出版社2002年版，第57—62页。
⑤ 马立：《关于教师教育的专业化问题》，载《中国大学教学》2001年第6期，第6—7页。

逻辑起点①。从调查现状来看，教师专业成长研究大多停留在理论层面上的探究，联系解决数学教育教学的现实问题较少，如教学内容、标准、模式等。在实际中，仅少数教师能针对数学教学实践中的现象和问题或本土的数学教学进行有目的、有计划的深入研究，大多教师在一定程度上缺乏自己的研究特色，特别是在研究课题上，经常出现盲目追随"潮流"的现象，缺乏对基础、目标和本课题理论与现实意义的深入分析。教师应高度重视对于本土的数学教育有着重要现实意义的问题，这与教师专业成长、专业素养有一定关系。由于地域、信息、资源等方面的限制，农村乡镇中学的学生逐渐减少，中老年教师占比较多，他们不少是 20 世纪八九十年代从中师毕业的学生，如今成了教学骨干。有些学校近几年基本没有新教师的加入。教师不配套，专业不对口，有非数学专业的教师任教数学的现象；经验丰富的教师大都集中在城市，有些年轻的教师被派往农村偏远中学任教②。教学面临新的挑战，如家长对学生的期待低、教育教学资源的匮乏、较少专业成长的机会等。专业培训一般依靠上级教育行政部门安排的国、省、市培计划。这些培训是围绕培养高素质专业化教师队伍和实现教师专业化的重要战略目标，旨在实现教师的专业成长。许多教师对培训的效果有较高的期望，期望能够通过培训提高他们的学科教学能力和专业水平。无论是哪一种培训，他们都能积极应对、参与，基本达到有关规定要求。骨干教师对培训的满意度较高，体现了培训的价值。但也有教师认为，培训机构需要改善服务质量，优化培训模式、培训方法。以粤北山区为例，粤北山区属多民族聚居地区，不能脱离文化特色来开展教师培训，而"要了解他们的专业基础知识、语言、习俗、宗教、传统科学知识等，尊重他们的民族知识、人格和情感"③。教师参加专业活动时，常被定位为"文化弱势者"，这表明培训机构没有充分考虑到"骨干教师"可能遇到的生活和学习中的各种问题，即培训过度与培训不足现象并存。在培训过程中学员与培训者之间的深入交流不多，因此应以需为本设计培训内容，形成立体化教师培训模式，促进教师专业成长。从培训对象的结构来看，接受培训的老师大多是新教师和骨干教师，副高职称教师的专业培训甚少。有些教师认为完成学历的达标和全员培训就算达到了专业成长的目标，且不提校本研究、申报课题、撰写论文，连平时对教材、教法、学法深入研究的教师也不多。有的项目形同虚设，活动没有中心发言人，缺乏理论引领与个人奋斗相结合，缺乏集体智慧与个人专长相结合，缺乏理论与实践的有机融合，缺乏把教学当作一门学科来研究，缺乏以教学实践中的一手资料为佐证。上课有照本宣科现象，有极少数

---

① 王子兴：《论教师专业化的内涵》，载《数学教育学报》2002 年第 11 卷第 4 期，第 63 - 66 页。
② UNESCO. Teachers and Education Quality: Monitoring Global Needs for 2015. Montreal: UNESCO Institute for Statistics，2006：35.
③ 代钦：《多元文化形态下的中国数学教育：对中国少数民族数学教育的一些思考》，载《数学教育学报》2013 年第 22 卷第 2 期，第 1 - 4 页。

"撞钟型"教师,对数学新课程难度问题深入研究不多。可见,不少教师对教材的深层次挖掘和理解需要下功夫,其对教材内容的深刻理解不到位,挖掘不出实质性的问题,提不出问题方法等①,其数学专业化水平有待提升。其次是不少教师对数学新课程下的教育科研的认识存在偏差,对数学的认知、情感方面的表现等需要加强,没有认识到数学的认知、情感、行为。教育科研不仅是专业成长的需要,而且是教学的源泉,教改的先导,教育深化改革的动机。没有高质量的科研,学校无活力②。教师发表论文、主持课题,是教师"教学研究和专业成长"的标志,是教师对自己教育行为的反思,有助于其探究更有效的方式。因此加强教学研究和独立思考很有必要。这些研究和思考不仅能解决问题,教师更能通过这些问题的解决,总结出一些有启发性和规律性的东西,从而更好地引领自己的教学实践③,从而提高数学专业化水平,实现教师专业成长。学校应建立学习型学校教研组织、教科研制度,增强学校教科研组织的凝聚力、认同感、归属感,充分发挥领头雁的作用,使学校教科研组织真正成为教师专业成长的摇篮。

良好的教育科研素质包括具有渊博的专业知识,具有及时发现、正视问题,科学分析教育教学问题的能力等。一些学校虽然采用了同伴互助的校本研修形式,组织教师相互讨论和交流,但是,由于准备不充分,要求不严格,反思时间少,同伴引领和指导力量弱,导致教科研和校本研修深度不够。更重要的是,由于对教科研或校本研修缺乏应有的考核评价机制,教科研和校本研修难以取得好的效益。因而,一线教师要以不变为万变,"立足专业成长,关注基本问题,重视教育科研"。这是我们所处的知识经济时代的要求,是为适应知识经济而进行的教育改革自身的渴望,是为未来社会培养建设者的需要④。

(二) 研究对象和方法

1. 研究对象

2013年9月至2015年2月,笔者选择粤北地区的韶关和清远两地教师进行抽样调查。粤北是一个多民族聚居的地区,有700多万常住人口,其中少数民族主要居住在乳源瑶族自治县(以下简称乳源县)、连山壮族瑶族自治县(以下简称连山县)、连南瑶族自治县(以下简称连南县)。研究范围包括韶关市下辖的浈江区、武江区、曲江区、乐昌市、南雄市、翁源县、乳源县、仁化县、始兴

---

① 邱云兰:《对高等数学"十二五"精品规划教材中一些问题的商榷》,载《曲阜师范大学学报(自然科学版)》2014年第40卷第3期,第124-128页。
② 王明建:《新课程数学课堂教学必须重视的五个问题》,载《数学通报》2005年第7期,第12-13页。
③ 鲜体念:《新课程理念下的学校教育科研》,载《中国优秀教师文粹》,中国文化出版社2004年版,第173-174页。
④ 郭思乐、邢最智:《中小学教育科研基础》,广东人民出版社1999年版,第1-2页。

县、新丰县；清远市下辖的清城区、清新区、英德市、连州市、佛冈县、阳山县、连山县、连南县。在18个县市区各抽取一所学校的数学教师进行调查，共185人；共发放试卷185份，收回有效问卷180份；调查采用统一答卷、统一收回的方式，以避免其他因素的影响。18所学校180名数学教师调查的基本情况见表10-1。可见，教师职称对教师的专业成长有较大的促进作用；善于学习和研究的教师，专业成长较快，造诣较深；不善于学习和研究的教师，专业成长较慢，职称较低，副高以上职称的教师占比较低。

表10-1 调查教师基本情况统计表

性 别		教 龄			
男	女	5年及以下	6～10年	11～20年	21年以上
127人	53人	17人	25人	96人	42人
70.6%	29.4%	9.4%	13.9%	53.3%	23.4%
职 称					
中学副高		中学一级		中学二级	其他
8人		135人		26人	11人
4.4%		75.0%		14.5%	6.1%

2. 问卷设计

教师专业成长现状调查问卷表是在文献分析的基础上，通过访谈、问卷、征求有关领导专家的意见等一系列过程汇总而成。问卷分为三大部分，第一部分涉及调查对象的教龄、职称统计表。第二部分为单选题，如表10-2至表10-5所示，主要涉及如下四个方面的内容：教师对专业成长的认识、专业成长平台的搭建、专业成长模式、教师专业成长的管理与评价。第三部分是简答题，"试谈对教师专业成长的认识、专业成长的作用及影响专业成长的因素和对策，试谈促进教师专业成长多元化的途径，试谈你对新课程改革的感想，如教育理念、教学方法及存在问题等。有哪些看法和意见。"调查采取无记名方式，随机抽取调查对象。

（三）调查结果与分析

1. 教师对专业成长的认识

调查对象对教师这一职业感到满意和比较满意，比较认同自己的专业，有较好的专业认同感和归属感。特别是广东对乡镇教师实施山区补贴以来，教师安教、乐教、兴教，对专业成长经常思考，对自己的发展有计划；认为促进专业成长的主要动力是提升专业水平，职称晋升，争当行家里手、学科带头人；带动学校数学教师专业水平的提升，带动学校教师专业成长；他们认为制约教师专业成长的主要因素是缺乏动机和激情。这说明有些教师对自己的专业成长不明确或动力不足，有些忙于繁重的教育教学日常管理事务，难以挤出时间思考专业成长问题；从某种程度反映出有相当一部分教师的职业动机带有明显的功利性。有的认为自己目前最需要发展现代教育技术和数学专业素养、教科研素养。

表10-2 教师对专业成长的认识情况

对教师的专业满意情况			
非常满意	比较满意	基本满意	不满意
52.2%	32.4%	13.2%	2.2%
教科研方面奖励情况			
物质奖励	精神奖励	听从组织安排	从未思考
62.5%	33.5%	2.0%	2.0%
促进教师专业成长的主要途径			
争当学科带头人	教学反思	职称晋升	教育科研	在职培训
19.0%	18.2%	30.5%	20.3%	12.0%
制约教师专业成长的主要原因			
工作压力大	缺乏动力	培训不足	其他
30.4%	38%	20.7%	10.9%

调查对象认为，为了促进教师的专业成长，应建立培训课程管理制度，加强培训师资队伍建设，请造诣较深的专家、教授任课，通过"专家、教授引领"等形式开展活动。在倡导教师专业成长的今天，对在教学改革、教科研方面取得成绩的教师，除了精神鼓励以外，期望能适当给予一些物质奖励，促进教师专业成长平台的搭建。

2. 教师专业成长平台的搭建

关于教师对专业成长平台的搭建的想法，调查结果如表10-3所示。

表10-3 教师专业成长平台的搭建情况

外出听课、教科研等学习活动情况			
非常支持	比较支持	不大支持	不支持
45.3%	42.7%	10.0%	2.0%

续表

哪个阶段参加专业学习时间最多			
前5年	6～10年	11～20年	21年以上
67.6%	16.0%	9.5%	6.9%
开展业务学习情况，有无请专家教授指导			
经常，效果较好	很少，有一些效果		基本没有
52.1%	45.4%		2.5%
订阅数学杂志（包括书）数量			
1～5种	6～10种	11种以上	基本没有
64.0%	19.0%	11.8%	5.2%
学校为你的专业成长搭建了哪些平台			
学习环境	奖励机制	业务进修	学历提高
25.0%	22.7%	30.0%	22.3%
专业成长的学习方式			
探究学习	合作学习	自主学习	体验学习
32.0%	21.4%	32.8%	13.8%

学校领导对教师外出参观学习非常支持或比较支持；教师获得荣誉后，学校给予物质和精神奖励；教师在参加工作后的5年间参加专业学习时间较多；他们希望学校为教师专业成长搭建平台。这说明学校在教师专业成长进程中给予重视和支持是很重要的，应重视对刚参加工作不久的年轻教师的培训，以提高其业务水平。工作时间长了，一些教师参加专业学习的主动性就变弱了，期望能有效组织教师培训，探索教师专业成长的模式。

3．教师专业成长模式

关于教师的专业成长模式，调查结果如表10-4所示。

表10-4 教师专业成长模式

业务学习形式			
听课研讨	专家指导	外出学习	其他
62.2%	14.2%	12.7%	10.9%
网络学习与交流			
非常喜欢	比较喜欢	一般	不喜欢
29.6%	30%	21.2%	19.2%

续表

专业发展得到帮助的主要来源			
图书资料	网络信息	校内同行	教研人员
33.8%	21.6%	25.9%	18.7%
专业成长的主要途径					
脱产进修	在职学习	个人钻研	同行交流	考察学习	专家讲座
18.1%	18%	33.2%	10%	5.2%	15.5%

由表10-4可知，教师业务学习的形式比较单一、保守，不能适应教师专业成长的多元需求。业务学习形式主要还是听课评课，实际得到的帮助主要来源于图书资料和校内同行、网络信息；大部分教师都具备了基本的网络操作技能，可以利用互联网开展教育教学交流等活动，通过网络学习、专家引领交流获得前沿教育信息，了解教育发展动态，学习优秀教师的教学经验。教师应关注校本研修、自觉提升专业水平的评价机制和激励机制不足。"教师的专业成长，不应求全，而应求实"，宽松的学术环境对于教师的专业成长，以及整体性研究水平的提高非常重要。不仅应当允许不同观点的发表，而且应当积极地倡导①。

教师专业成长模式包括以下方面。（1）学习：学习的过程是一个人成长的过程，书籍是教师的精神家园，只有爱学习的教师，才会从书籍中汲取力量，使自己"腹有诗书气自华"。（2）反思：教师成长的必经之路，发表论文、申报课题是教学反思提高专业水平的重要标志。（3）课堂：教师成长的舞台，通过备课、上课提升教学能力。（4）研究：不断提升自己，完善自我。（5）"学习型"教研组："学习型"教研组是指能支持和帮助教师个人学习和交流的教学研究小组，由具有学习能力的学习型教师组成，是具有互动和学习共享特征的教研团队。（6）公开课、课题研究：促进教师专业成长，通过听课提高专业素养和教育质量。（7）培训：建立优秀数学教学网站和网络交流学习平台，培训方法多元化、个体化，具有弹性和灵活性，并能着重提高教师解决实际问题的能力。（8）思考：在教学中善于举例、提问、研究。用问题促使知识的生长，使问题激发智慧的潜能，用问题呈现研究思想。

---

① 杨高全、曾玉华等：《小学数学教师专业化发展现状的调查研究》，载《数学教育学报》2011年第20卷第2期，第31-34页。

4. 教师专业化成长的管理与评价

表10-5 教师专业成长的管理与评价表

业务档案管理情况			
年度考核记录	工作计划总结	评教记录	其他
42.0%	21.2%	25.7%	11.1%
专业水平的评价			
学生考试成绩	课堂教学	论文课题	综合评价
26.9%	12.1%	11.0%	50.0%
专业成长的评价			
教学能手	科研先进	专业培训	其他
35.1%	28.2%	21.0%	15.7%

由表10-5可知，一些学校虽建立了教师的业务档案，但并不完善。档案的内容主要是工作计划、总结和年度考核记录。有的学校只用学生考试的成绩来评价教师的专业化水平，缺乏对教学与管理的具体的环节和过程的研究，不利于教师研究能力的培养。这种评价形式、方法单一，对教师激励不大，不利于促进教师职业道德和专业水平的提高。有的教师认为学校围绕"教学"的单一的教育评价，对教师工作的辐射面较小，存在明显的局限性；希望学校对教师进行多元化、多角度的评价，构建科学的人才管理与评价体系。

问卷中对教师专业成长的感想包括：（1）深感教师与学生角色的转变；（2）教师由"教书匠"转向为"研究型"的教师；（3）教法学法的更新和评价；（4）教学能力、理论水平得到提升。

（四）结论与对策

1. 结论

通过调查发现问题、寻找对策、把握规律、提升素养、倡导理念，对教师的专业成长、促进教学质量和教科研水平的提升有一定作用。

一是教师的专业素养和专业情感亟待提高。（1）专业情感不理想。有极少数教师处于生存型状况，对个人专业成长与深化教育改革持有观望或等待的态度，缺乏长远的计划。（2）自觉学习意识不强，缺乏刻苦学习精神，有些培训进修针对性不强、效果欠佳，有的教师专业成长较慢。（3）缺乏学习积极性。工作矛盾突出的问题有所改善，忙于日常繁重的教学和管理事务的教师逐渐减少。积极参与教科研活动的教师增加，能独立思考，有认识、有反思、有行动的教师增加。值得反思的是，有的教师的教育教学管理任务并不重，但也缺乏学习的积极性，潜心钻研教材、深入地理解教材内容不够，没有追求教学的艺术性效果,难以促进教学能力的提升,造成实际教学能力不高,教育科研能力弱的结果。(4)有的教师对工作只求过得去,不求技术硬。有些教师专业不对口,没有经过系统的专业学习,但大多能够努力进取,提高专业素养。

二是学校在教师专业成长中发挥的作用有待加强。学校是教师学习、工作的场所,是教师教育学生也是自身接受教育的场所。在教师专业水平的提升中,学校应该发挥非常重要的平台作用。现实中,有的学校给予的支持极其有限。(1)教师管理理念陈旧、效能不佳,人本意识淡薄,适应教师专业成长的多元化需求有差距。(2)教师的培养渠道、培训形式、质量有待改进、提高,培训内容需要更新。(3)教育教学评价体系有待完善,评价内容、评价标准单向化等。要尽快适应发展的需要,积累和储备更多数学学科教学知识。

三是新课程教师大多乐于采用新的学习方式和教学方法,正在从传统的学习方式和教学方法向新的学习方式和教学方法迈进,有逐步开发多种教学资源的想法。这些想法也许可以影响师生的学习方式的转变。学习方式转变的一个重要因素是数学课程资源的开发与利用的状况。在传统的数学教学中,教师将教材视为唯一的课程资源,缺乏开发和利用多种课程资源的意识,把学生的学习环境局限于教室,学习内容局限于课本知识,学习方式局限于教师的讲授。学生学习方式的转变离不开多种多样的课堂资源,多种多样的课堂资源离不开教师对研究学习、体验学习、合作学习和自主学习的实践与探索,而且教师要能够表现出比较高的热情和兴趣。但教师在体验学习的得分低于其他三种学习方式,说明目前仍采用传统教学方法的教师不少。在性别方面,男、女教师学习方式与教学方法的采用差异不明显。

四是在地域方面,不同地区学校的教师数学学习方式存在一定的差异,学习方式的差异对教师的专业成长有一些影响。学习型、事业型的校长,可以使学校学习氛围浓厚,教育理念更新快,渴望专业成长的教师多,发展大;而在学习氛围不浓厚的学校,教师专业成长较慢,发展不大。这从某种意义上来说,与校长的教育理念、专业成长有关。相对而言,在学习气氛和教研氛围浓厚的学校,教师的学习方式和教育理念更新快。学习方式和教学模式的转变排序是区级、县(市)级,说明教学条件、师资水平等与学习方式,教育、教学理念的转变有一定的关系。自主学习与研究学习、合作学习的相关性较大。学习方式本身并无优劣之分,只有适合与不适合,所以实现多种学习方式的转变和开发多种教学资源的有效结合,不仅可以促进校本课程的开发,而且可以引领教师专业成长[1]。

2. 对策

(1)转变教育理念,进一步提高教师专业成长的认识。教师专业成长的过

---

[1] 胡典顺、王静等:《新课改背景下数学学习方式转变的调查研究》,载《数学教育学报》2013年第22卷第5期,第47-51页。

程，是一个不断学习，不断积累数学学科知识、教育科学知识和一般文化科学知识的过程①。作为教师，首先要树立长远的专业理想。专业理想的具体体现是事业心、责任感和工作积极性，其核心是对学生的爱，进而是对教育事业的爱；其次要对所教的内容有深刻理解，潜心钻研教材、教法、学法。教师只有完整、系统、扎实掌握所教学科专业知识，才能在教学中处理好教材的内容，追求教学的艺术性效果，才能使知识在教材中不只是以符号的形式存在，以推理、结论的方式出现，而能展示知识本身发展无限性和生命力，能根据不同的教育对象选择有效的教学方法，在教学中真正实现人文精神和科学精神、理性和实践、知识和人生的统一。新一轮数学课程改革进展虽然并非一帆风顺，但对教师提出的要求应该是没有争议的。"教师应当扣紧教材"，这与传统提法不同。课改后出版的各种教材的一个共同点就是为教师创造性工作留下了较大的空间，要求教师根据具体教育对象、内容和环境等创造性地运用教材，包括在必要时适当地突出教材。显然，这就要求教师具有扎实的数学专业基础知识。因此，欠发达地区教师的专业成长，离不开对数学专业理论知识的学习。

（2）注重校本教研，搭建教师专业成长平台。校本教研是教师专业成长的重要途径。在教师专业成长中，要立足提高教师的专业素养、校本实际和实效，以学校和教师当前发展中的问题为出发点，以提高实效和专业素养为目标，在研究内容上注重针对性、实效性、稳定性和逻辑性。校本教研方式有以下几种。一是"请进来，走出去"。请专家来校讲学，现场对教师进行教育教学的指导；组织骨干教师到名校参观学习，聆听名师讲课，开阔教育视野，更新教育理念，提升教育实践能力。二是构建学习型教研组。教研组是学校的基础组织，在培养年轻教师方面采用"以老带新"的方式，而学习型的教研组主要采用听课、评课、集体备课和课题研究、论文撰写等促进教师的专业成长。三是建立教师成长制度。教师的成长档案，主要记录教师的工作计划、总结、教学案例、教学反思、教学实践、获奖证书、科研成果等相关资料。这样可以使教师比较全面地了解自己的发展过程与发展状况，同时可以通过不定期的成长档案展示活动，让教师在回顾、总结与反思的过程中，感受到自己的成长与进步。四是加强网络合作交流，可以利用网站、网络学习论坛，寻求课程资料共享，进行教学经验交流，互相提供帮助。在经验交流中，可以把自己成功的经验或失败的教训讲出来，也可以学习别人的经验或吸取别人的教训。

（3）构建教师专业成长评价体系，促进教师专业成长。20 世纪 90 年代初，英国教育部开始推进新型的发展性教师的评价制度②。该评价制度主张以评价教

---

① 杨高全、李学全：《对小学数学教师专业化发展问题的思考》，载《数学教育学报》2007 年第 16 卷第 1 期，第 93 - 95 页。

② 陈宗彬：《发展性教师评价机制的基本理念及其实践》，载《教育与职业》2009 年第 8 期，第 51 - 53 页。

师专业成长为目的，帮助教师提高自己的专业能力。评价内容突出综合素质，评价标准突出层次性、个体性，不以学生成绩作为评价教师水平的唯一标准。应从新课程对教师自身素养和专业发展的要求出发，提供符合教师素质要求的多元化内容，促进教师专业素养的提升，创新发展评价体系的构建。因此，评价体系的设置要注重考核教师综合素质，强调教师在评价中的主体地位和民主参与，重视教师的个体差异和评价主体的多元化等，使评价者、被评价教师、学生都能从中受益①。

中国的发展性教师评价正在逐渐建立和完善中。实际上，以发展性理念为指导的教师评价并不排除教师教学效能的核定，因此，不能把发展性评价作为与传统的管理相对立的某一种具体的评价方式。在实际评价中，可以通过对不同评价对象与不同成长阶段的细致把握，尝试结合利用两种不同评价制度，如对年轻教师的成长性评价，可以利用岗位聘任、职称评审、合同期考核等关键性的考核评价标准，选择适当的考核方法和奖励机制进行直接激励。要促进教师专业成长，一是通过研"教"让教师把握自己的角色定位②，通过研"教"提升教师的教学能力、专业水平并促进其专业成长。研"教"涉及的内容很广，"教"涉及教什么、怎样教、为什么这样教的问题；研"教"的活动应着力于对教材的准确理解和把握，着力于教育教学理论指导下的教学方法的应用，着力于学科教师专业水平更高层次的提升。研"教"的主旨是让教师成为学生潜能发挥的推手，成为学生"发现数学"的引路人，使学生重教学过程、应用、体验和全员参与③。二是通过研"学"让教师走进学生的心灵世界，通过研"学"提高学生的学习效益和教学质量，通过研"学"提高学生互动合作、交流研究的积极性④。研"学"的核心是了解学生需要学什么、目前能够做什么、不会做什么，了解学生的思考方式、基础知识水平、发展水平、能力、经验、学习方式等方面的个体差异以及班级的学风、班风等⑤。

（4）提升教科研水平和专业成长的对策。一是建立农村中学教师科研管理

---

① 武江红：《促进教师专业化的数学教育实习改革研究》，载《数学教育学报》2010年第19卷第1期，第89页；魏理平、马晓燕等：《谈数学教师专业化培养的改革："MM（HT）教育方式"的启示》，载《数学教育学报》2006年第15卷第2期，第97页；康世刚、吕世虎：《数学教研组在数学教师专业化成长中的作用与对策》，载《数学教育学报》2005年第14卷第1期，第89页。

② 钮兆岭：《关于新课程背景下教研组活动的思考》，载《数学教育学报》2014年第23卷第1期，第75-78页。

③ 邱云兰：《研究性数学课堂教学模式的探索》，载《现代教育论丛》2010年第12期，第83-85页。

④ 邱云兰、曾峥：《高职高等数学课堂教学中的互动解题研究》，载《数学教育学报》2013年第22卷第3期，第39-43页。

⑤ 邱云兰：《高职高专高等数学教学的探索》，载《江苏教育学院学报》2013年第29卷第1期，第87-88页。

机制。学校和上级主管部门要激励教师积极申报课题、撰写论文和调查报告，为教师提供和创造必要的物质条件，如图书资料、数据库资料、资金支持等；提高教师的科研意识，形成崇尚科研的风气，重视把教师的科研成果应用于实践，做好推广工作。教育科研基于教育中的实际问题，服务于教学，从而促进教学质量的提高[1]。可以邀请教科研先进教师展示研究成果，讲述自己的奋斗历程和乐趣，加大教育科研培训的力度和建立必要的精神激励和物质奖励机制。上级管理部门不能仅关注学生的成绩和升学率，还要大力表彰在教育教学尤其是在科研方面取得突出成绩的教师。二是转变观念、提高认识、加强学习、培养科研带头人。农村教师不仅教研能力需要提高，而且科研观念亟待转变。教研能力的提高是教师专业成长和专业发展的重要标志。因而农村中学不仅要注重科研团队的建立，更要着力打造一批具有协同创新精神的科研带头人，促进科研氛围的形成，从而促进教师的专业成长和教育质量的提升。三是教师专业成长是一项系统工程，不仅需要各级领导为教师提供切实的支持，而且需要规划设计、资金、人员、设备等支持，以持续的研究来确保这一工程的有效性。可靠的资金和人力、物力资源保障也是支撑教师专业成长支持体系可持续的基础。教师培训不只是一项任务，而是由专业人员从事的专业活动；不仅需要物质投入，更需要专业情意投入。最终目的是使教师成为真正的参与者与学习者，使培训真正成为促进教师专业成长的"助推器"[2]。四是依托教师学习资源中心开展专业成长活动，主要包括：教师在职培训以及培训后的跟踪指导；巩固完善"市—县—乡—校"四级听课评课体系以及同校教师之间的听课评课体系；增加专门针对农村一线教师的培训，增加欠发达地区农村教师培训经费的投入，平衡各种资源的合理配置，加强培训机构能力建设，提升培训机构的专业能力，切实提升培训质量，包括教科研论文和课题实验报告的撰写培训、新课程解读。此外，要提升支持者自身能力。支持体系是指在一定行政区域内，调动和利用本地区教育资源，以教师专业成长为核心，以提高教育质量为目标，为区域内农村教师专业成长提供便捷、持续、公平、有效的支持和服务的机制[3]。

思考题：

（1）你认为教师专业成长平台应怎样搭建？
（2）请叙述如何促进教师的专业成长。
（3）请拟定一份新生入学调查问卷。

---

[1] 张生春、王变变：《农村初中数学教师教育科研现状调查》，载《数学教育学报》2013年第22卷第4期，第58—61页。

[2] 吕世虎、叶蓓蓓：《西部民族地区中小学数学教师培训的"现状""问题"及"对策"》，载《数学教育学报》2013年第22卷第5期，第78—81页。

[3] 刘静：《农村教师专业发展支持体系》，载《比较教育研究》2014年第1期，第25—30页。

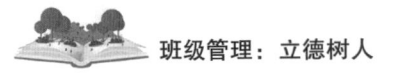 班级管理：立德树人

第十一章　生命教育

关键词：生命教育；安全教育；挫折教育；品格教育；情感教育；有效沟通；儿童；青少年；偶发事件；德法兼修；处理方法；预防犯罪；典型案例；学校教育；班级教育；家庭教育；社会教育；性教育；心理问题；校园欺凌；防微杜渐；道德发展；实践探索

中国的生命教育一般分为安全教育、品格教育、挫折教育、生死教育、性教育五个方面。学校安全教育关乎千家万户，理应成为学校工作的重中之重，但不能患"安全忧虑症""事故恐惧症"。过度的安全教育、生命健康教育，难免导致学生自身素质、主体性发展和社会适应力弱化。学校安全教育、生命健康教育的适度性原则一般有四个：一是坚持对学生活动的最低限度阻碍性原则；二是坚持对教育活动的从属性原则；三是禁止性规则的颁行应恪守必要性原则；四是目标实现性原则。

一、生命教育的意义

生命教育旨在教人理解生命的真谛，促进个体生命价值的实现。美国是实施生命教育最早的国家。德国实施的是"死亡教育的准备教育"和"人性善良教育"。安全教育的目的是使孩子具备安全意识，了解生命健康和安全常识，掌握基本的生存技能，避免伤害与被伤害。品格教育的目的是使孩子悦纳自己，懂得关心、关爱他人，养成健康的生活方式和正确的学习习惯。挫折教育的目的是使孩子具备积极乐观的心态和应对挫折的能力，懂得调整自己的心态，缓解自己的情绪和压力。生死教育的目的是引导孩子认识自然的生命现象，树立正确的生死观，了解生命的价值，珍视、敬畏自己和他人的生命。性教育的目的是引导孩子了解自己的身体，理解性别差异，认同自己的性别角色，懂得应对和防止性侵害。

教育管理工作者应将安全教育时刻铭记心中。安全包括人身安全，交通安全，网络安全，饮食安全，财产安全，疫情及用电、用火安全，意识形态等方面。安全教育内容的制定事关社会发展和稳定，事关家庭和谐、幸福和孩子成长。应教育孩子注意安全、防止溺水，不到山塘水库、河里游泳，远离水灾、火灾；注重用电、用火安全，防盗、防诈骗，人身安全、疫情防护；珍惜生命，尊重生命，健康快乐成长。

第十一章　生命教育

青少年自杀、自残事件，已引起学校、社会、家庭的高度关注。失去朋友、亲人是人生历程中最痛苦的经历。学者对青少年自杀行为已探究了一百多年，青少年自杀的原因通常不是单一的，生物学、心理学和社会文化等因素都会对其心理健康产生影响，而精神障碍因素往往是最容易被忽视的重要因素之一。教师要引导学生树立生命共同体意识、人类命运共同体意识，立"生命之德""家庭之德""社会之德""国家之德"，引导和帮助学生把握正确人生方向，严慈相济教育学生，身体力行影响学生。

【案例1】

从精神卫生视角看青少年抑郁症自杀问题①

赵英是独生女，她的父母是中学老师，对孩子要求特别严。赵英从小乖巧听话、品学兼优。但是，上了初中后父母开始觉得管不了孩子了，"每天很晚睡觉，自己在房间玩手机。如果不让玩，就又哭又闹"。家长做了很多工作，但收效甚微。她对父母的不满情绪越来越大，班主任也向家长反映，她在学校难以管教，与同学关系紧张，甚至有攻击行为。家长对此感到无能为力，觉得自己的教育方法失败，非常伤心。在万般无奈的情况下，父母带着赵英找了几次心理老师后，孩子与父母顶嘴少了，在学校也没有那么冲动了。家长认识到长期以来用拒绝、强制的养育方式规范孩子的行为，对孩子严厉干涉、否定，甚至粗暴指责的教育方法是不正确的。后来家长对这些教育方式做了调整，在家里对孩子不控制、不指责、少干涉、多陪伴、多微笑。这样做虽然孩子和家长的正面冲突减少了，但交流也越来越少了。

高中期间，问题仍没有解决。孩子只愿意和心理老师交谈，回家后，和父母几乎不说话，有时眉飞色舞，有时高冷沉默，还染了黄头发，交了男朋友。父母难以接受，多说几句，她就声称"不想活了"，还在手臂上划了几道血印。上大学以后，她有时夸夸其谈，称自己是才高八斗，有时萎靡不振，称自己一无是处，不思学习、闭门不出、不与人交往。家长带她去旅游，请孩子和老师、同学沟通，但这些做法似乎都不见效。女孩觉得自己是父母的负担，让父母操碎了心，如果自己不在世的话，父母会轻松很多。在清明节扫墓之后，女孩突然变得轻松，对父母说，人到最后都要死的，与其痛苦地活着，不如轻松死。不久之后，女孩写好遗书，打算自杀。

情急之下，父母只好带女孩到精神医院看医生，最终诊断出女孩患上的是双相情感障碍的精神疾病，这种疾病可以预防和治疗。于是医生对女孩进行了药物和心理治疗。经过一段时间的精心治疗，女孩身心状况逐步恢复正常，两个月后回到了学校。一年之后复诊时，女孩笑着对母亲说："我现在真正体会到正常人

---

① 本案例载《心理与健康》2021年第1期，第11—12页。

不会好高骛远，也不应该消极悲观，而是应该平静地快乐生活。"女孩变了，变得情绪稳定、善解人意。家长说，这孩子除了童年时代，从来没有这样好过，多年的阴霾一扫而光。

案例评析

青少年自杀、自残问题在临床上较难处理，需要家庭、个体、学校、社会的积极配合和关注。这位女孩经历了三个过程：教育、心理治疗、精神医学治疗。其实心理治疗与精神医学治疗是被比较多人忽视的，尤其是精神医学治疗更容易被人忽视，这些都应该引起人们关注。人们通常采取教育的方式解决这些问题，有些人认为儿童和青少年的行为异常，与教师的教育方式与家庭的教育模式有一定关系，这说法有一定道理。但是如果行为问题是由于心理疾病，这就不再是单纯的思想问题和教育问题。教育的作用就变得相对微弱，教育不能完全改变孩子的行为，更不能改变疾病的状态。例如，对一只翅膀受伤的小鸟，不管怎样加强教育和改变教育方式都不可能使它飞起来。

心理健康教育，是提升人的心理素质，促进其身心健康、和谐发展的教育。心理健康教育要贯穿于学生学业始终，涉及心理健康课程建设、师资队伍建设、咨询场所建设等。该案例中，学生的心理问题受到家长的高度重视和关注。有的心理问题与家庭、社会因素的影响有关。父母的教育方式、网上不良信息、校内外教育、文化熏陶、校园和家庭生活、人际交往、升学、就业、情感交流的障碍等都容易造成学生心理问题，甚至使其产生自残、自杀的行为。为此，应坚持创设全方位、全过程的健康教育载体，家长、学校和社会要高度关注、促进学生的全面健康发展。

思考题：
（1）试谈我国的生命教育可以分为哪几个维度。
（2）如果你是班主任或辅导员，应怎样对学生进行生命教育？

二、学校、班级、家庭的生命教育

习近平指出坚持"四个面向"的战略导向，以全面增强科技实力和创新能力。"四个面向"之一便是面向人民生命健康。这不仅诠释了新时代科技工作者的价值使命，也为现代医学发展指明了路径、坚定了方向。

（一）学校的生命教育

青少年阶段是心理和身体发展的重要过渡时期，需要学校、家庭、社会的共同引导和教育，才能为青少年今后的学习和工作打下良好的基础。生命教育对于儿童和青少年学生的世界观、人生观、价值观的塑造，以及生命意识、安全意识、良好的行为习惯的培养有举足轻重的作用。老师作为孩子的启蒙老师，家长作为孩子的首任老师，是孩子成长的舵手。科学开展生命教育极为重要，家长和老师作为生命教育的重要实施者，应当承担起生命教育的义务，对孩子的生命和健康成长负责。有的学生情绪浮躁、不稳定，注意力不集中，迷恋手机、网络游戏，导致成绩下滑，并与家长对抗。面对这样的学生，老师要用平和的心态去看待他们，引导学生正确看待网络信息。老师和学生，有责任在网络空间发正声、纠偏语、扬正气、遏暴力、揭真相、止虚安，以网络人姿态投入网络道德建构和维护中，以网络道德营造和革新推动实现道德的新风尚。

学校要加强和改进德育工作，预防学生违法犯罪，利用法律、行政、道德、舆论等各种手段，扶正祛邪。学生处于独特的发展阶段，自我意识不断增强，并逐渐形成独特的性格特征，精力充沛，思想活跃，但也存在意志力薄弱、自我管理能力不强、容易被外界环境和事物影响的特点。教师要特别关注性格内向、有逆反心理的学生，他们中有的遇到困难和挫折不愿意与人沟通，情感脆弱，觉得生活没有意义，出现自杀的想法，认为自杀就可以解脱自己，却没有想到这会给社会带来多大的损失，给亲人带来多大的痛苦。

要加强学校、家庭以及社会生命教育，搭建完善的生命教育模式。其中，尤其要重视校园外的生命教育、家庭生命教育以及社会生命教育的拓展。要不断创新教育环境，改革教育体系，为生命教育源源不断注入活力；细心观察生活，注重关注学生。

【案例2】

学生打架造成一人身亡

甘肃某专科学校学生小高、小李，年满18周岁。一天小李回教室时不慎撞到小高，但小李没有道歉，小高大怒，双方扭打在一起，小高向小李的腹部捅了一刀，小李随即向小高的前额拍了一砖头。事后，小李经医院抢救无效死亡。双方家长和学校对此产生争议，家长将学校起诉到了法院。

案例评析

不正确的思维方式以及社会阅历尚浅，是大学生杀人事件发生的重要原因。大学生杀人事件折射出当代青少年在健康人格、政治思想和心理教育方面存在不足。

依据不同情况，学校归责原则大有不同。无论学校和老师是否尽了必要的保护义务，是否已多次落实过各项安全措施，都可能杜绝不了校园内伤害事件的发生。本案例与同学在当场是否有劝阻，平时小李、小高是否有矛盾等都有关系，如果他们平时关系自然、和谐、亲密，如果他们有困惑能立即与老师同学交流，把问题暴露出来，此次恶性事件就可能不会发生。

（二）家庭的生命教育

孩子的成长需要正确的方向，需要合适的舞台，更需要有人指明人生方向，注入前进动力。父母的育儿方法对孩子的一生都有着深刻的影响。家长应有生涯观，做到严慈有济，但是，家庭教育容易出现两种极端，一种是毫无原则，即总是说"孩子你真棒"的过度宠爱；另一种是狼爸虎妈，即"棍打出孝子"的过度严苛，这两种极端常在日常生活中轮番上演，对孩子爱得过于泛滥，严得有些胡来。孩子成长的很多问题都源自家长没有遵循"有教无类"。严慈，切不可僵化。表扬要实事求是，批评要就事论事。例如，一些家长批评孩子时说："就你这样的成绩，还有脸见人？不如去死！"谈论孩子的成长，话语却落于生死。无论是老师还是家长，对孩子的人格和未来"盖棺定论"，对孩子的打击无疑是非常大的，这对自我教育、自我认知处于彷徨阶段，容易走向极端的叛逆期孩子来说，更是灭顶之灾。

家庭是社会的细胞，是国家的基本单位，是学生校外教育的重要组成部分，是实现稳定、文明、进步的重要基石，不仅关系到孩子的幸福，也与学校的安全及和谐息息相关。因此，家长要根据孩子的实际情况，自觉履行家教的职责，坚持对孩子进行生命教育，不提出一些不切合实际的过高的学习要求。如果孩子出现心理问题，不能粗暴施压、强迫他接受。首先，应对孩子进行心理疏导，找出问题的根源和症结所在。其次，告诉孩子，"犯错就是犯错，对于学校可能的处分，可以通过搞卫生、辅导同学、学习进步等获得加分来撤销处分"，"应尽早摆脱那些不开心的事情，相信自己，正常投入学习生活，未来总有一片属于自己的天空"，让孩子逐渐步入正常的学习、生活轨道，多尊重、倾听、疏导、鼓励孩子，加强与学校老师沟通。

良好的家庭教育是班级学生健康成长的重要条件。生命教育对孩子的学业有明显的影响。家长在适当地"物质化"满足孩子的需求的同时，不能忽视孩子的喜怒哀乐。孩子都是活生生的、有个性的生命体，需要适当的陪伴，应关心孩子的生命和生活、学业。儿童和青少年阶段是心理和身体发展的重要过渡时期，父母，尤其是妈妈的作用更重要，无人能替代。一个称职的妈妈要有足够的敏感性，尽量让孩子消除依赖性，有面对挫折的意识或能力。温尼科特认为，一个足够好的妈妈只需要做到60分的状态。有的孩子意志力薄弱、情绪浮躁、注意力不集中等，家长选择强势或示弱都不是最好的方法，用尊重、温柔和坚决的态度教育或许会更有效果。要帮助孩子消除叛逆情绪，告诉孩子遇到困难是成长的开始。例如，作业要在晚上9点之前做完并检查一次，在晚上10点前睡觉。孩子正玩得意犹未尽，想讨价还价，为什么要10点前睡觉，家长可以平和地解释因为你还在长身体，需要足够的睡眠时间。

人的一生大约三分之一的时间是在睡眠中度过的，我国10%～15%的成年人有失眠困扰，且失眠现象呈增长趋势。睡眠质量关系到身心健康和生活幸福感，什么样的睡眠问题需要被干预？世界卫生组织调查显示，自杀的人群中，失眠者不断涌现，或许是因为他们认为只有结束生命才能从失眠的痛苦中解脱出来。这充分说明睡眠对生命至关重要。家长作为生命教育的重要实施者，应当承担起生命教育的义务，确保孩子的睡眠时间和睡眠质量，对孩子的健康成长负责，对生命教育负责，对社会负责。

睡眠对健康至关重要。专家提出，为了身心健康，睡眠应注重如下几点。一是若超过15分钟以上无困意，就离开卧床，等有困意时再回卧室睡觉；二是早上睡醒后马上起床。午休30分钟左右。睡眠好坏不以8小时为标准，应合理使用含有咖啡因食品、饮料；避免喝酒；吸烟会影响睡觉；别把问题带到床上讨论。

（三）社会的生命教育

1. 社会生命教育

社会的生命教育，是家庭和社会稳定的重要保障。随着社会的快速发展、市场经济环境的变化，学生对教育的需求不断增大。一些社会公共资源长时间的短缺已导致一些未成年人的成长出现问题。可以通过社会力量给学校、班级和家庭提供资源，通过家、校课堂，健康讲堂，社区课堂等方式，向学校或家庭传授生命教育的相关知识，开展校内外生命教育活动，以促进学生树立正确的生死观和生命价值，珍惜、敬畏自己和他人的生命。应重视学生精神层面的教育，包括加强琐碎的事务、情感、人际关系处理等方面的教育，引导学生不打架、不赌博、不发生不正当的两性关系等。

行为心理学指出，鼓励可以有效提高孩子的积极性。"鼓励大法"是引导孩子健康成长的灵丹妙药。孩子在不同阶段，获取评价的需要也不同。生命教育的目的是引导孩子认识自然，调整自己的心态，缓解自己的情绪，树立正确的生死观，了解生命的价值，珍惜、敬畏自己和他人的生命。

2. 朗读安全警句

（1）学生上学时，走路要走人行道，过马路别乱跑，走斑马线，红灯停，绿灯行。

（2）刀、火、水、电不能玩，使用电器和煤气，阅读说明再开启。

（3）上下楼梯不拥挤，集体活动守纪律。

（4）发生火灾不要慌，快叫大人来帮忙。

（5）放学回家快快走，回家晚了爸妈愁。

（6）遇上骗子要报警，抓住机会赶快跑。

(7) 一人在家关好门，与人说话要谨慎。

(8) 发现坏人来撬门，赶快拨打110。

(9) 遇到突发意外受伤，马上拨打120。

3. 收获与思考

要让学生明白水灾应对、保障人生安全的重要，路上要注意安全、谨慎。但是，学生尤其是小学低年级学生缺乏社会经历和一般的安全知识，即使要求学生牢记，学生也比较容易忘记，教师需要经常性地教育和提醒学生，引起他们的高度重视。

（四）班级的生命教育

班级开展生命教育，需要胸怀与智慧。每一个孩子都是独一无二的生命个体，人的生命只有一次，无法重来。人生应该是一场接一场的短跑，而不是永不停歇的马拉松。要学会适当调节，让身体、生活持续赋能每一个孩子的成长。由于环境不尽相同，个体生命在性格、习惯、态度等方面存在着差异，因此，教育的手段和方法要因人而异。学生要调整心态，养成良好的生活习惯。老师要有教育的智慧，如果把对一个学生的成功教育经验生硬套到另一个学生身上，不但没有教育效果，可能还会适得其反，给学生留下心理上的阴影和伤害。要关注个体差异，因材施教。

"每个孩子都是花的种子，只不过花期不同，有的花一开始就很灿烂，有的花还需要漫长的等待……"让我们秉承对生命的尊重、对教育规律的认同，静待春暖花开。

教师平常要重视抓安全教育、品格教育、挫折教育和性教育等，要懂得防微杜渐，将严慈相济、关心、爱护与严格要求结合起来。守初心、慧民心，让心灵之花盛开。学校的教学和管理，离不开社会和家长的参与，高尚的师德是学生心灵的归宿。

【案例3】

学生抢救落水儿童[①]

某教师满脸怒火地走进班主任办公室，上气不接下气地对班主任说："你班的课我不上了，××学生上课迟到，我批评了他，他哭着走了，其他学生也跟着起哄。你要多管教他们！"

班主任安慰了这位老师几句，他就气冲冲地走了。班主任陷入了苦闷之中，难道每一节课都要班主任当保镖？任课老师虽然越想越烦恼但仍回到了课室。课室里有唉声叹气的，有怒骂××的，也有指责老师的："××违反了学校纪律，

---

① 选自专家学者的案例。

第十一章 生命教育

我们可没有违反……"同学们一看到老师，叽叽喳喳朝老师"轰"得更凶了，这位老师扬手示意同学们安静下来，说："同学们，你们要求上课没有错，但老师要求你们遵守纪律，不迟到，不起哄，也是对的呀！老师是关心你们呀！请放心，老师一定会来上课的，你们不要着急！"教室里安静一些了，老师又接着说："你们对老师有意见，不能叽叽喳喳，可以向我反映，或通过科代表、班干部、班主任反映，不要埋怨老师，不尊重老师也会影响自己的学习和发展。"

听了老师的这番话，同学们激动的情绪平静下来了，有的脸上露出愧色，有的悻悻地坐下来自习了。之后班主任告诉大家："今天下午的班会课按照学校的安排，总结上半学期的工作，我会把今天的事情也结合起来，班会课主题就叫'理解，比什么都重要！'开班会课时，老师会把领导和任课老师请来。"

班主任安排的内容与学校安排的有些不同，要请示领导才行。正巧，校领导找来了，班主任连忙赶上去。谁知得到的是一顿训斥："你们班怎么搞的？老师竟敢不来上课。为什么？加强教育！××这号人，非要处分不可……"虽然领导的批评有些主观，有点过火，但班主任知道这位领导是"铁嘴糍粑心"，他也是想把我校管好。"一定把问题搞清楚，放心吧，我绝对不会袒护××同学的。为了沟通师生的感情，统一思想，把班级工作搞好，我计划今天的班会课主题就叫'理解，比什么都重要！'，并邀请学校领导和任课老师参加……"

"怎么，你想唱什么调？"领导停了一下，看到老师态度坚决，就说："你们班的班会课无论唱什么调，总结工作不能变，这是学校统一安排部署的。"

班主任觉得领导的话有道理，便点了点头，立即准备班会课的内容了。首先，班主任让班委拟定好班会日程，并写好邀请书，特别要请任课老师来。然后，班主任找迟到的同学个别谈话，了解他迟到的原因。但是这位同学只是笑着说："老师，我没有做坏事，请放心，我不会给你丢脸的。"究竟发生什么事情，他不肯说下去。班主任突然产生一个念头：到他家走访一下。这样可以了解他的情况，而且可以邀请家长也参加今天的班会。但是，家长说："那小子一早就吃了饭去学校了，不知道在路上搞什么。"

班会课开始，黑板上写着"理解，比什么都重要！"。八个大字格外苍劲有力，学校领导、老师与同学齐聚一堂，迟到的学生低着头，任课老师仍然不开心。会上，班主任先对上半学期本班学生的学习生活情况作了小结，再以今天出现的问题为话题，谈人与人之间的理解、相互尊重："社会安定需要理解，学校生活需要理解、同学之间需要理解、师生之间更需要理解……"班主任说完，就有几个同学接着发言，他们都向任课老师道歉，说自己误解了老师的一片苦心，表示以后要尊重老师，理解同学的真挚感情，理解家长和领导的关心。话题一打开，学生、老师、领导都以自己的体会谈了对理解的认识、要求与愿望。

此时教室门突然被推开，学校门卫和一位老大爷走进来，门卫问班主任："你们班今天有迟到的学生吗？"班主任心里不由一惊：不是××在外面出事了

吧？哎，昨天老师还在教师大会上表扬他，说他有进步，建议学校领导在总结会上表扬他，当时还有老师说："要表扬他？等过了'三伏天'再说吧！"谁料到他今天又出事了。这时，老大爷也在找学生，突然喊出来："是他，是他！"门卫也跟着叫起来："他是××！我想起来了，他今天来得最迟。"

"他是××，老大爷出了什么事？"班主任话音是颤抖的。

"不，老师我要感谢你，你的学生真好！要不是他，我的孙子没命了。"啊，全场被惊动了！几十双惊喜的眼睛一齐看向满脸通红的××。老大爷连忙说，他带着孙子外出，孙子走在前面，一不小心掉进了池塘里，大爷人老体弱，又不会游泳，在池塘边高声喊着，眼巴巴地看着孙子在水中一浮一沉，不知如何是好。正好这位同学听到呼叫声赶来，他书包一甩，扒掉衣服，跳下池塘去，把落水的小孩抢救上来，又赶紧抱他到医院。

老大爷的话给走了"调"的班会带来了高潮：鼓掌声、赞叹声、呼喊声交织在一起！任课老师拉着这位同学的手，走到班主任面前，又紧紧握住班主任的手，哽咽着说："对不起，老师！"他又转向全体同学："同学们，明天我给大家补课！"顿时，同学们中爆发了雷鸣般的掌声，还有人高呼着："理解万岁！"这时候，××同学也激动地说："老师，只怪我的态度不好，给你添烦恼了。也请同学们原谅，耽误了大家的学习。"

案例评析

学生抢救落水儿童，不留芳名，这种精神非常难得。有这样的学生，学校、老师和家长应该感到非常的荣幸和自豪。没有什么事比抢救人的生命更重要。该生抢救落水儿童的这种精神、这种情怀、这种责任意识和担当意识应该得到社会、学校、老师、家长的肯定。

生命教育对儿童和青少年的世界观、人生观、价值观的塑造，以及生命意识、安全意识、良好的行为习惯的培养有举足轻重的作用。家长要对孩子开展必要的生命教育，使其掌握防溺水等有关知识，做生命教育的实施者。老师和家长不但要关注孩子的学习、思想和生活，更不能忽视对孩子精神层面的教育。

突发事件应急管理是学校和班级管理的重要任务之一。学校周围的江河、山塘水库、娱乐场所等都给学校的安全稳定带来了一定的影响；儿童、青少年学生缺乏社会经验，如果没有系统的安全防范意识和法律意识，遇到突发事件时往往来不及正确应对，因此，生命教育意识亟待提升。生命教育要从认知、态度和行动做起。本案例中，儿童落入池塘，如果学生对生命危险没有认知、没有积极的态度、没有果断的行动，落水儿童的宝贵生命就可能被夺走。该学生对这一突发事件的处理，为国家、社会、学校，特别是为落水儿童的家庭避免了损失，否则，其家庭将会承受巨大的悲伤。案例中的学生用自己勇敢的举动谱写了最美丽、最动人的生命之歌。

（五）用安全感破局

学生只有在他们认为安全的环境中，才会产生表达的欲望。"中间层"学生常常是被遗忘的群体，他们渴望被关注，但又害怕失败。增强"中间层"学生的安全感，让他们放心地表达自己，是每一位教师义不容辞的责任。教师在教学中要有针对性地关注"中间层"学生，给他们提供更多的表现机会。当他们有精彩回答时，用微笑表示赞许；当回答有错误时，同样用微笑鼓励。教师的微笑是一种温暖的呵护和鼓励，学生可以从中接收到安全的信号。只有教师成为学生可信赖的朋友，学生才能由被动变为积极主动发言，才会有精彩的发言和成功的体验。

"我已经很努力、很认真地对待学生安全教育，可为什么收效甚微？""为什么有的学生不接受我的管教，甚至有时还会发脾气、摆脸色？"其中的原因是教师没有与学生建立有效的沟通交流方式。对小学生而言，若采用命令式、惩罚式的教育方法纠正学生的错误，学生可能会充满怒气、失去安全感，进而拒绝有效的沟通。原本学生希望犯错误后能得到老师的安慰和鼓励，但批评、埋怨纷至沓来，学生变得闭口不言，出现以自我为中心、抗挫折能力差、责任心不强等情况。但是，唠叨、过分夸赞表扬，对错误不加纠正，或词不达意地表达自己的观点，也是不适宜的沟通方式。教师要及时反思，随着孩子长大，教育者的教育方式方法也要更新、也要"长大"。

怎样更新？一是要与学生在"平等"的基础上建立"互信"的沟通关系。二是要根据学生的性格特征，建立"恰当"的沟通方式。三是要倾听学生的想法和需求，力所能及地为学生排忧解难，用"同理心"感受学生的处境，寻找恰当的时机和方式实施教育，逐步引导学生找到合适自己的生活目标，建立正确的价值观、人生观、世界观。就教而言，教无定法，"有教无类"。

教师的言行影响学生品行。"良言一句三冬暖，恶语伤人六月寒。"一句真诚具体的表扬，会使他们开心愉悦；一句空泛敷衍的夸赞，会使他们感到心存疑惑。文雅而富有智慧的谈吐，不仅能得到学生的信任和尊敬，而且有利于净化学生的心灵，这样学生才有安全感。

【案例4】
单亲妈妈"错爱"孩子①

晓天很小就失去了父亲，妈妈觉得孩子委屈、亏欠了孩子，把孩子当作命根子，对孩子百依百顺，过分溺爱，把孩子当作自己生活的全部。但谁想到孩子变成这个样子！

---

① 选自专家学者的案例。

晓天有幸考上重点高中，但到了重点高中后，晓天发现自己过去的优势不见了。面对这种情况，他出现身体及情绪问题，首先是心情不好，然后身体不好，再然后对妈妈发脾气，早上不起床、不学习、不做事、不见人，还吸烟、喝酒。如果妈妈拒绝帮其买烟、买酒，就跟妈妈大闹，而妈妈则会一直说好话哄着他。

尽管妈妈对孩子百依百顺，孩子仍不满意。到了高中，他说集体宿舍住不惯，妈妈就给他在学校附近租房子。有亲戚说她："你们家的孩子成了'小少爷'，哪有这样爱孩子的？"

案例评析

生活中充满了大大小小的意外，单亲的处境给孩子的成长带来很大的挫折，但孩子要学会消除依赖，学会担当，学会自律，学会感恩。丧失挚爱的亲人是生命历程中最痛苦的经历，但是无论是不是单亲家庭，家长爱孩子应该建立在对其严格要求的前提下，爱不能爱过头，更不能"溺爱"，这位家长虽然积极投入教育中，却较少对孩子提出要求，极少对孩子的行为作出控制，允许孩子想做什么就做什么，想要什么就给什么。在这样的养教方式之下，孩子变得霸道任性、固执，没有感恩之心，自我控制能力不强，不懂得理解人。家长和孩子都应该进行自我心理调整。单亲妈妈也不能丢掉自我，丧失自我独立性，在与孩子的互动中，应努力划清自我界限，划清心理边界。家长和孩子应各自重新建立自我独立性，各自经营好自己的人生。单亲妈妈要给孩子做个坚强的榜样、幸福的榜样，承担母亲应承担的责任；妈妈只有好好经营自己的人生、自己的幸福，让自己心里有阳光，才能帮助孩子真正享受阳光、幸福的人生；在做好心理互动的同时，应营造健康的家庭心理氛围，给孩子传递积极的心理正能量。

母爱、师爱是孩子自信心和安全感的源泉，至于怎样提供母爱和师爱，怎样传递正能量，可以家校携手共育，无惧青春风雨。首先家长要了解孩子优势不再明显的原因，要主动与老师沟通，如实反映孩子的思想、学习、生活状况。老师承担着做学生的思想政治教育和学习方面的思想工作的职责，也应该主动了解学生的学习、身体、思想情况等，帮助家长改变教育孩子的方式和方法，告诉他们不能溺爱孩子；引导孩子相信自己的能力，发扬拼搏精神，以建立良好的亲子、师生关系，建立健康的互动交往模式；教孩子懂得珍惜，学会坚强，让家校成为学生的避风港而不是风暴源。

思考题：

（1）为什么说家庭一方角色的缺失，会对孩子的成长造成消极的影响？

（2）为什么说溺爱型教育方式会滋长孩子的任性和固执，对高智商的孩子要关注其积极人格的养成？

三、加强安全防范意识与生命道德教育

一场突如其来的新型冠状病毒疫情给许多国家和人们造成严重的生命财产损失，这场疫情带给世界的影响是深刻的。有人失业、有人失学、有人失亲，几乎每个人都受到了不同层面的影响。还有火山喷发、高速塌陷、地震灾害、坠机等事件的新闻往往会导致人们感到焦虑、痛苦、不安、心理失衡。每个人都像在大海里漂荡的小舟，这个时候如果有一个灯塔，他们就会聚在一起，不那么害怕。要引导学生不断加强对突发事件的防范意识，及时干预、专业干预、联动干预，树立坚强的心态以面对未来的人生，生命道德教育任重道远。

（一）加强安全与危机防范意识

现代社会是一个风险多发的社会，在交通意外事件中，大学生受害事件发生较多，不少大学生的安全与危机防范意识不强。广州某高校一名2023级女生在校园骑车时没有戴头盔，发生意外受伤后医治无效身亡。

一些大学生对社会公共安全和治安形势认识不足，较容易被外界环境或事物影响，容易信任他人，在网络交往中往往容易轻信对方，结果被骗财、骗色。有的缺乏应对危机的能力和技巧，遭遇危机时应对不当。在自己熟悉的校园，大学生更容易缺乏自我保护意识，有些不法分子就利用这一点来得逞。

（二）加强生命道德教育

史怀哲说："只有当我们拥有对生命的敬畏之心时，世界才会在我们面前呈现出它的勃勃生机。"只有呵护学生的生命，学校才会呈现出勃勃生机。学生是祖国的未来，是家庭幸福和快乐的源泉，要注重引导其认识生命本性与生命价值，通过不断提升对自我生命（良知、良能）的理解来生成生命道德智慧。有的学生缺乏思辨智慧，看到腐败、贫富不均等复杂多样的社会问题时，不能理性地思考，容易将问题简单化、片面化和极端化，遇到问题和挫折就走向极端，给家庭带来极大的悲伤和痛苦。因而，学生的生命道德教育尤为重要。要维护生命的尊严，满足生命的需要，促进生命的成长，培育生命的智慧，承认生命的差异，宽容生命的多元，呵护生命的独特，开发生命的潜能，培育生命的完美。在新形势下，学校教育行政主管部门和学校领导要与班主任密切配合，加强对教师的心理辅导、对学生进行生命道德教育的理论和专业技能的学习培训，以引起学校、家庭、社会的高度关注。预防未成年人犯罪，要从司法实践和家庭教育上着手，注重对未成年人的思想道德教育，有效预防和遏制未成年人犯罪、避免发生校园欺凌事件等。

（三）为何有的青少年要自残，甚至出现自杀的行为

在青少年中，什么样的人会自杀或自残？一般是面临绝境、抑郁、悲惨、厌世厌己的人。一般存在心理健康问题的孩子，尤其易走极端的孩子，与家长、家庭都有着千丝万缕的关系。遗憾的是，每次发生类似的事件，家长习惯指责学校、老师，乃至社会，却往往不愿意检讨自己。这种社会归因并不能解决孩子所面临的问题，反而耽误问题的解决。

1. 建立良好的人际关系，获取多方信息

良好的人际关系，能让学生心情舒畅，产生积极的情绪，还能在一定的程度上缓解繁重的学业负担所带来的紧张感与压力感，从而提高学习效率。如何建立良好的人际关系？首先要真诚待人，敞开心扉，相互理解和信任。有的人遇到问题动不动就说用命来偿还或报答，这是万万不可取的。有的青少年自残的目的：一是通过自残获得一些"积极"的体验；二是通过自残消除或减少某些消极情绪；三是通过自残在人际交往中获得一些积极反馈；四是通过自残逃避一些人际交往中的负面感受。如何科学引导青少年？一是使其正确认识自残的危害性，自残是可怕的、是病态的；二是鼓励其寻找他人的支持，例如，尽量给予多一点关爱，少一点指责；三是鼓励其寻找专业的帮助；四是教授更多的心理调节方法；五是引导其调整好自己的心态，调整好心态是消除自残倾自、实现健康成长的前提，也是学生正常学习和生活的根本保证。

学生的自残，在某种情况下就是由于师生或家长没有与学生建立好良好的关系，没有良好的沟通，他们因此产生逆反心理，在学校一般表现为行为反常，厌学，顶撞老师，冷漠，行为出现偏差，自卑自弃，不听家长、老师和同学的引导。老师和家长要给予"心理营养"，避免直接批评学生，让学生说出心里话，保持客观，力所能及地为学生解决在学习和生活中遇到的实际问题，营造和谐氛围，消除逆反心理。

2. 树立正确心态，寻找逆反缘由

心态决定成败，如果由消极的态度转化为积极的态度，青少年就会有力量来应对遇到的困难和挫折，遇到问题时就会想办法去解决。这是灵魂看待灵魂、生命看待生命的过程，是独一无二的个体间的心理互动。例如有的家庭因为财力、物力等各种原因，做不到买学区房，让孩子上名校，但是，会陪伴孩子克服困难。有老师或家长陪伴的孩子，其内心是强大的，童年是幸福的。

关键是要引导学生把目标和要求设定在自己的能力范围内，要有无穷的毅力与耐力。有些人锦衣玉食，但并不开心；有些人养尊处优，但负面情绪仍不少，学习也并不见得好。要及时和孩子沟通，了解其内心感受，让孩子把自己的想法说出来，老师和家长要用理解、关爱、耐心的语言以及行为表达出对孩子的关爱和同理心。要巧用积极心理暗示，心理暗示是一种提醒的指令，它会告诉孩子要

注意什么、要做什么，能影响孩子的心灵。例如，引导孩子鼓励自己："新学期开始了，我要精力充沛地投入新学期的学习和生活中，我一定会争取做得更好！"

当学生遭遇创伤性事件、处于心理危机性状态时，他们在情感方面，会感到害怕、无助，有罪恶感，或感到很内疚、悲伤、愤怒等；在认知层面，表现为注意力不集中、反复回忆和警惕性增强等；在身体方面，会出现失眠、做噩梦、心跳加速、恶心、胸闷、心肌梗塞、呼吸困难、发抖或抽筋、肌肉酸痛等症状。

【案例5】

"持刀行凶"的胆小鬼
——一个九年级学生临考前的自残行为①

九年级学生小宇，从七年级入学起就受人关注。他眉清目秀，温文尔雅，学习上进，待人谦和，内外兼修，有气质。一天小宇说："老师，我……能和你聊聊吗？"他说他这段时间一直无法静下心来好好学习，一点学习动力也没有，见到书就觉得很烦，一烦就什么都不想做了。老师更没有想到的是他在升学的关键时候自残。而原因竟是受到把负面情绪当作"刀"来伤害家人的父亲的影响。

小宇三年级时，父亲创业失败，家庭经济收入下滑，家里每个人的精神和生活都受到冲击，感到不安：事业受阻、情绪暴躁的父亲；承受家暴、深陷痛苦的母亲、奶奶和妹妹；还有只能对父亲忍气吞声，对家庭充满愧疚又无法负责的小宇。

"我遇到任何不开心的事，都是自己处理好，在家门口深吸一口气，决不把情绪带回家！也绝不允许自己变成父亲这种人！"小宇带着愤慨斩钉截铁地说，他仿佛一个布满伤痕的人，在和他抗争不过的父亲僵持。他努力了很久，从不向别人表露任何负面的情绪，但偏偏在九年级临近升中学这关键的时期崩溃了。

老师说："你对父亲不满，有对父亲说过吗？"他看着老师疑惑道："什么意思？"

"你父亲事业失败，情绪需要出口，练就一套伤人的武功，手上拿着'刀'向人就飞，其实他从来没有勇气面对自己的失败，而你，只告诫自己别往外面飞刀，却把刀对着自己！说明你也没有勇气面对父亲'持刀'的事。你们俩都是在'持刀行凶'。这把'刀'就是你们的负面情绪，只是你父亲的'刀刃'伸向身边的亲人，而你的'刀'用来伤害自己。你打算持刀行凶到何时？当胆小鬼到何时？"听到这小宇的眼泪夺眶而出，把脸埋在手里痛哭……

小宇在老师的帮助下，邀请了父母亲前来，父亲才知道小宇的压力。小宇和妈妈抱着痛哭，小宇问父亲是否一样存在情绪压力……最后父子俩告诉老师，谢谢老师的关心，他们已找到了勇气，不再"持刀行凶"了。

---

① 本案例载《心理与健康》2021年第10期，第62—63页。

案例评析

童年的伤害会影响人的一生。伤害不仅带来悲伤情绪，还会损伤大脑、改变人格。青少年今天的自残，难保不会变成明日的自杀。自残的背后往往是非常沉重的负面情绪和纠结的内心，更是对自己和他人无声的控诉。青少年自杀或自残在很大程度上是冲动的行为，需要及时给予引导，寻找各种内外资源，让他们看到自己的力量，帮助他们消除情绪。因此，家长和老师要付出更多的时间和精力与孩子沟通，了解其内心感受，让孩子说出自己的想法、表达情绪，并用支持、关爱、温暖的语言及行为表达出对孩子的关爱。在老师的精心教育和家长的积极配合下，案例中的父子俩才真正放下了手上的"刀"，家庭暴力、伤害自己的事件才得到解决，而且家长与小孩得到了有效的沟通和教育。其实小宇意识到自己不想和父亲一样，不伤害自己的身体，自己才能健康成长，找回自我，找回学习状态。小宇通过有效沟通，消除负面情绪。情绪是内在语言，情绪是一种生理反应，也是我们深刻认识和理解自我的窗口。振作起来，才能实现健康成长的愿望。

司徒农说："青少年好比蝴蝶，他们经历着从毛毛虫到蝴蝶的层层蜕变，这种蜕变充满着潜能，但也很脆弱。"若在他们脆弱的时刻，老师和家长能安抚情绪，给予支持，就能拉住他们为求救而伸出的手。看上去能做的很有限，但却十分重要。学校、老师、家长要及时关注青少年心理问题。青少年要及时寻找校内外的资源，看到希望，找到力量，未来的路才会越走越好。青少年自杀或自残很多时候是冲动型的行为，需要家庭、个体、社会、学校多方关注。政府部门或学校可以组织一批高水平的心理健康教师进行培训，进而提升学生的心理健康教育水平。

思考题：

（1）在生命教育过程中，学生容易出现的问题有哪些？怎样控制、规训与监管？

（2）怎样的人遇到问题可能会走极端、用生命去报答？怎样防微杜渐？

四、班级偶发事件及处理方法

有的意外是惊喜，我们欣然接受，但有的意外是惊吓，甚至是灾难。新冠病毒、火山喷发、地震、高速塌陷、坠机等事件，都是无法预料的突发事件，可能超出个体的心理承受范围，使人们陷入焦虑、痛苦、不安、心理失衡等状态。

（一）调查了解学生

班级突发事件一旦发生，教师必须采用恰当的方法加以应对，防止事态发展，同时积极采取科学、行之有效的方法，妥善予以解决。调查、了解学生的过程不仅要做到"身入"，还要做到"心入"，既要身临其境，又要心临其境，不要人到心不到。具体要做到如下几点。

1. 深入调查实际，做到事必躬亲

深入调查，不能凭想当然办事，或仅听几个班干部汇报情况。要深入学生中去了解问题、分析问题和解决问题。

2. 调查做到全面细致

全面细致调查不仅要客观，而且要调查学生生活的横向、纵向联系，包括各个时期的表现情况，追踪原学校的老师对该生的表现情况评语等。

3. 获取材料做到真实可靠

坚持以事实为依据，在客观事实面前，要实事求是，不要被各种假象蒙蔽，应对材料作全面的综合分析，不要满足于孤立的、片面的观察。保证材料真实可靠，不是一蹴而就的事，因为它会受到来自各方面的干扰。不能先入为主，产生心理定势。

一般来说，调查、了解学生有几种常用方法：访问调查法、问卷调查法、观察法、典型调查法、查阅资料法。

（二）偶发事件的含义及处理方法

1. 偶发事件的含义及影响

偶发事件也叫突发事件。它有三个显著特点：一是偶然性；二是突发性；三是爆炸性。其应对过程可以分为三个阶段：应激期、冲突期和接纳期。

偶发事件对班集体危害主要有：一是导致班集体师生、生生之间对立，影响班集体的凝聚力；二是班集体思想混乱，影响正确舆论的形成；三是损害班集体的形象声誉，降低班集体的影响力。

2. 处理偶发事件的方法

（1）调查研究，掌握全过程。对偶发事件要有全面的分析，调查研究必须深入细致。什么是心理危机？心理危机是指人们面对突如其来的重大生活事件时出现的心理状态严重失衡。所谓心理危机实际上是丧失有效应对各种外界困扰的能力，处于一种心理失衡状态。

（2）分析原因，弄清实质。把握问题实质和偶发事件的性质，才能研究和采取科学、恰当的方法，坚持客观公正的态度。例如，疫情使课堂教学方式改变，线上教学尽管具有某些优势，但由于师生之间无法面对面交流，仍不能完全替代线下教学。学生在宿舍或在家学习时，学习和生活边界模糊，容易受到干

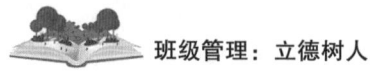班级管理：立德树人

扰，形成学习压力。因此，为了缓解学生的学业负担，教师要引导学生适应"线上线下双融合"的教育新常态。

（3）慎重处理，以理服人。要切实细致做好学生的思想教育工作，避免热处理，适当冷处理，不要急于求成，坚持说服教育，以理服人。老师、家长、同学是学生的重要社会资源，是其维持心理健康和幸福感的重要源泉。

3. 处理偶发事件时应注意的问题

处理偶发事件时要讲究科学的知识和方法，尽量避免产生严重影响，干预偶发事件应避免采取简单粗暴的方法和不负责任的态度。要动态监测，精准干预。

（1）及时干预，切忌轻易表态。偶发事件往往比较复杂，在没有经过充分、周密的调查研究，弄清事情真相，明确问题性质之前，切忌轻易表态。为了确定正确的策略和保障生命的安全，要了解学生的想法，体验他们的情绪，有效沟通，解决冲突。

（2）专业干预，切莫凡事都各打五十板。对事件双方要具体情况具体分析，按照问题的性质及情节合理对待，公正处理；充分挖掘教师、家长的育人功能，提高学生的问题处理能力。

（3）联动处理，切忌不理不问。发生偶发事件时，如果听之任之，不理不问，任其发展，不仅会使偶发事件相继发生，而且会助长肇事者的不良习气。因此，要为学生的成长、成才高度负责，积极、严肃、认真地进行处理，有效教育学生、解决问题、促进班集体健康发展。正确处理偶发事件，能使班集体积极氛围进一步形成，使学生以坚强心态，面对未来的人生。

（三）校园欺凌

校园欺凌与校园暴力、打闹、欺负人有何异同？对校园欺凌，要重视防范。学校、家庭、社会应高度重视并密切配合，对这类问题要防微杜渐。

1. 什么是校园欺凌

校园欺凌是在中小学生之间经常发生的一种特殊类型的攻击行为。其特点有三：一是以大欺小，以强欺弱；二是蓄意性，不是一时头脑发热，而是有预谋、有计划的行为；三是反复性。欺凌行为与平时打架冲突不同，欺凌者会反复、不定期地对被欺凌者实施欺凌，对受害者造成严重的影响。偶发的学生打架等不属于欺凌范畴，是一般性攻击行为。

范航认为，校园欺凌可分为直接欺凌和间接欺凌，直接欺凌分为直接身体欺凌和直接言语欺凌，而间接欺凌主要是指关系上的欺凌。身体欺凌、言语欺凌、关系欺凌是目前校园欺凌的主要形式。

2. 如何减少校园欺凌事件的发生

为了确保校园安全，学校要制定有效的校园欺凌事件应对措施。严肃处理欺凌者与欺凌参与者，是减少校园欺凌事件发生的关键。老师和家长对校园欺凌事

件要高度重视。

【案例6】

优秀女孩为何成为校园欺凌者[①]

八年级女生佳意流着眼泪来找老师谈话，老师对她印象深刻，七年级的时候，她是班长，聪明、能干，比别人成熟。她告诉老师，她结交了一些比较爱闹事的朋友，他们成为校园里的一个小团体，打架、斗殴、抽烟、酗酒、早恋、结交不良少年，她被卷入其中，不知不觉成为一名校园欺凌者。由于她的兴趣爱好比较冷门等，在班里与她有共同语言的人不多，老师为了使她能在班里发挥重要的作用，让她在班里说说怎样遏制校园欺凌。这样虽然让她产生了很大的触动，但班里更多的同学远离了她，她感到很孤单和不安，觉得没有归属感，于是她把江湖义气当作友情，把家庭教育当作耳边风，她认为妈妈管得太严，不考虑她的感受，反抗父母的约束，做出更加逆反的行为，亲子关系僵化。

她认为只要是义气之举，就是友情的最好表现，认为"能帮她的就是好朋友"，她不断扩大她的朋友圈，报复那些曾经对她"不善"的人。她的校园欺凌行为主要是为了"义气"，老师为了挽救这个校园欺凌者，首先对她表示理解，建立信任；然后劝服她要面对现实，认清本质；最后同她一起分析其行为对学校和家庭造成了什么样影响等。"什么样的人叫朋友？为什么妈妈对你严？""你想独立、与这些人交朋友，不听老师和妈妈的见解，你爸爸妈妈的心情会怎样？""生气、愤怒、失望。""应该非常担心你！""你能独立吗！独立的孩子会让爸爸妈妈失望、生气吗？"……通过教育，佳意认识了自己的错误，调整了自己的心态，决定好好做自己。

案例评析

校园欺凌轻则违反了中学生守则，违反了学校纪律，重则导致受害者生命难保，欺凌者会受到法律的制裁。校园欺凌者大都有问题不愿意暴露，自控能力、调节能力差，缺乏责任意识和担当意识，光想着自己"交朋友""独立"，不想着其行为会对社会、家庭造成什么影响。校园欺凌事件要引起社会、学校、家庭的高度重视，老师应进行正面引导和教育。

学生在面对各种错综复杂的人际关系时，要重视人际交往能力的培养，掌握科学的思想方法、人生态度；调整心态，学会正确认识自己、认识社会、认识交往关系，缓解不良情绪，调整不良心理，锤炼意志，面对挫折和困难要有"韧性"，承压前行、攻坚克难，勇敢面对现实。无论遇到什么挫折都不能用自己的宝贵的生命去"报答"，要以乐观的心态善待自己，要学会爱自己、爱父母、爱师长。

[①] 选自专家学者的案例。

（四）预防青少年犯罪的思考

我国对未成年人犯罪通常采取教育、感化、挽救的方法，虽然取得了一定的预期效果，但是，尚缺乏预防未成年人犯罪的行之有效的社会化方式。

1. 对青少年进行法治教育

贾晓说，青少年犯罪引起了人们的重视。有效预防和控制青少年犯罪应从青少年成长的环境入手，需要家庭的良好熏陶、学校的正确教育、社会的正面引导、师生互动的良好环境。要将法律知识内化为法律意识、涵养成法治精神，加强青少年思想政治教育、法治教育的实效性和针对性。青少年犯罪有杀人罪、网络赌博罪等，网络的特殊性与未成年人的生理特征相结合易诱发犯罪，因此，既要提高未成年人对网络信息的判别能力，又要加大对不良信息的监管，通过网络立法从源头净化网络信息，为未成年人提供有利于成长的网络净土。未成年人犯罪事件的发生，无论是家庭、学校还是社会都不愿意看到，过去的一些事件给家庭、学校、社会敲响了警钟。

《中共中央关于全面推进依法治国若干重大问题的决定》提出，"把法治教育纳入国民教育体系，从青少年抓起，在中小学设立法治知识课程"。《青少年法治教育大纲》也明确了从义务教育到高等教育阶段加强青少年法治教育的阶段性目标。教育部制定发布了《全国教育系统开展法治宣传教育的第八个五年规划（2021—2025年）》，可以帮助青少年形成自觉守法、遇事找法、解决问题靠法的思维习惯和行为方式。这不仅关系到青少年的思想品德塑造、健康人格养成，而且关系到整个社会的法治水平和公民法治素养的提升。

2. 把法治教育落到实处

为了加强青少年法治教育的实效性和针对性。老师要身体力行，以日常生活为课堂，在潜移默化中引导青少年明辨是非和善恶，在青少年心中播下法律种子。课堂不仅是学生学习的主阵地，也是法律和法治教育的主战场，应将普法融入课堂教育教学与日常管理，推进青少年法治教育的规范化和常态化；完善协同育人，加强与检察、司法、公安等相关单位沟通合作，进一步统筹整合社会法治资源，着力打造社会多方共同参与的青少年法治教育格局。

育人以法，润物无声。以生动、科学的方式有计划、分层次地对全体青少年学生进行法治教育，普及遇到自然灾害、意外伤害或遭遇歹徒时应采取的措施，甚至是进行话术训练，为青少年犯罪敲响警钟。教育是国家现代化发展的支柱，在不违反法律的情况下，通常以教育为主。让法治教育、情感教育、挫折教育意识在青少年心中生根发芽，促进青少年健康成长，加快社会主义法治国家的建设进程。科学化、制度化、规范化是班级治理体系能力现代化的重要内容。

3. 法安天下，德润人心

法律实施有赖于道德支持，道德践行也离不开法律约束。法治和德治不可分离、不可偏废，法治和德治要两手抓，要提高学生的法治知识水平，培养学生的道德素养，启迪智慧、健全身心、塑造人格。杨子强认为，只有将话语体系拉近身边，把道理讲成故事，多一些切中要害，只有围绕学生的生活实感用足心意，学校法治教育才能鲜活、饱满、坚韧。

【案例7】

未成年人杀害初中一年级学生

2024年3月10日，河北省邯郸市肥乡区初中一年级学生（七年级学生）王某被杀害。涉案的张某、李某、马某三名未成年犯罪嫌疑人，经最高人民检察院审查，被核准追诉。

案例评析

我国刑法十七条第三款规定，"已满12周岁不满14周岁的人，犯故意杀人、故意伤害罪，致人死亡或者以特别残忍手段致人重伤造成严重残疾，情节恶劣，经最高人民检察院核准追诉的，应当负刑事责任"。应切实履行法律监督职责，进一步加大未成年人犯罪预防和处理力度。

思考题：

（1）试谈调查、了解学生要掌握哪几种常用方法。
（2）试谈处理偶发事件要掌握哪些基本方法。

五、实践与探索：道德发展阶段与青少年犯罪——电视剧《隐秘的角落》心理分析①

2020年热播的电视剧《隐秘的角落》，带领观众从不同的角度分析了剧情的发展和人物的性格命运，其对于复杂人性的揭示给观众带来了巨大的视觉冲击，一度引起社会各界的广泛讨论。该电视剧触及了一个以往国产刑侦剧很少涉及同时十分敏感的领域——青少年犯罪。但它不是简单"脸谱化"地讲述所谓的"坏孩子"是多么邪恶，而是较全面地介绍了孩子"作恶"的内在动机和外在因素，为分析和研究青少年犯罪问题提供了一个很好的样本。电视剧《隐秘的角落》与原著《坏孩子》中的人物设定有所不同，以下结合劳伦斯柯尔伯格提出的道德发展阶段论，分析青少年犯罪与道德认知的特点。

---

① 牟坤、刘志燕：《道德发展阶段与青少年犯罪——电视剧〈隐秘的角落〉心理分析》，载《大众心理学》2022年第1期，第27-28页，内容有改动。

剧中的三个孩子朱朝阳、严良、普普各自有着不同的性格和人生经历。从他们的行为表现来看，三个孩子分别处于不同的道德阶段。

"好孩子"朱朝阳——对于亲情有畸形追求，学习成绩优秀，排名班级第一，是当之无愧的学霸；而且非常听话，从不惹父母和老师生气。这样的好孩子背后，隐藏的是对失去亲情的恐惧和对父母之爱的渴望。他做事最大的动机是赢得父母的喜爱。一个人的道德形塑是由多方面原因导致的，对于朱朝阳来说，家庭因素是最重要的原因。从小父母离异的经历，给朱朝阳带来了巨大的心理伤害。父爱对他来说是如此稀缺，只有期末考试考到第一名，他才会成为父亲麻将桌上向牌友炫耀的资本，也才能在父亲开心的时候简单地让他陪自己吃吃饭、买买东西，这无疑是朱朝阳心中最快乐的时光。同时，当他学习好、听话时，控制欲很强的妈妈也会变得开心，并且不会对他提出更多别的要求，于是成绩好和听话成为朱朝阳最重要的价值追求。这样的道德准则和价值追求对于社会和个人来说有一定的风险。妹妹得到了父亲更多的疼爱，于是成为他嫉恨的对象。朱朝阳认为只有妹妹不在了，父亲的爱才会转移到他的身上，正是这样的扭曲心理及认知，导致了恶性事件的发生。

"野孩子"严良——为了爱情盲目冲动。三个孩子中年龄最大的严良，道德的发展却处于最低的阶段。他敢作敢当，但鲁莽冲动，做事遵循"以牙还牙，以眼还眼"的原则。青少年犯罪案例说明，大多数这一年龄段的犯罪者，都是处于这一道德发展阶段——现实的利己主义。对于他父亲的有钱朋友，他认为"我的父亲之前帮过你，你就应该给我钱"；对于抓他爸爸的警察，他就认为不是好人；对于杀人犯张东升，他认为"我们手里有他的把柄，就可以向他要钱"。他的行为，主要是为了保护和帮助普普——使他暗生情愫的小姑娘。他从孤儿院逃跑乃至最终卷入一系列犯罪事件，都是为了帮助普普筹集救治弟弟的钱，并屡次为了保护普普出手打架、铤而走险。其背后的心理动机还是通过帮助特定的对象而使她喜欢和需要自己，通过让喜欢的人开心而使自己开心。一些青少年为了自己享受而抢劫、盗劫、强奸、杀人，为了哥们义气或男女朋友而出手伤人等。所以，教育能帮助孩子安全平稳地度过这一道德发展阶段，从而进入更高层次的道德阶段，这对于社会和个人来说都是非常重要的。

"小大人"普普——她有着超越年龄的成熟。普普的年龄最小，但对她的道德发展分析却是最难的，因为她似乎有着远超其年龄阶段的道德成熟。按照剧中人物的设定，普普从小父母身亡，自己生活在孤儿院里，弟弟被别人领养，普普从孤儿院出逃主要是为了帮助弟弟筹集巨款治病。一开始她虽然同意向杀人犯张东升要钱，但是坚持在得到钱救治弟弟以后，要举报张东升让其伏法。张东升虽然是杀人犯，但他的内心也有柔软和善良的一面，普普甚至反问："坏人就永远是坏人吗？"虽然普普先拦下了朱朝阳的妹妹，她这样做主要是为了警告妹妹不要再欺负朱朝阳。但当看到朱朝阳的不当行为时，又写信劝朱朝阳主动承认错误，所以在普普的心中有着对正义的朴素追求。

现实中是否真的存在这样在道德上早熟的孩子，还是这只是编剧一个理想化的设定，这恐怕是一个难以证实也难以证伪的命题，但是即使真的有这样的孩子，他也必定有着非同常人的童年经历。普普的早熟可以解释为与其幼年丧失双亲、尝尽人情冷暖的悲伤经历有关，这些经历使她能够对别人的困难和痛苦产生强烈的共情。因此，道德上成熟的孩子究竟是幸运还是不幸，需要我们进一步深思。

思考题：
（1）试谈怎样遏制校园欺凌事件。
（2）试谈生命教育的含义及重要性。

参考文献

[1] UNESCO. Teachers and Education Quality：Monitoring Global Needs for 2015 [R]. Montreal：UNESCO Institute for Statistics，2006.

[2] 蔡定寿. 加强师德修养，注意仪表风度 [M]. 成都：四川人民出版社，1998，98-100.

[3] 曹广福. 说课 [J]. 数学教育学报，2009，18（1）：8-9.

[4] 曹一鸣，王万松. 高中概率统计内容设计的国际比较：基于15国家数学课程标准的研究 [J]. 数学教育学报，2016，25（1）：1-4.

[5] 陈茂林. 德育：伟大的基础工程（上册）[M]. 北京：北京师范大学出版社，1998，1-2.

[6] 陈晓东，王辉. 塑造学生健康的心理品质，为21世纪输送有用人才 [M]//德育：伟大的基础工程（下册）. 北京：北京师范大学出版社，1998，360-362.

[7] 陈宗彬. 发展性教师评价机制的基本理念及其实践 [J]. 教育与职业，2009（8）：51-53.

[8] 程晓亮，刘影. 高等数学的教学策略再思考 [J]. 数学教育学报，2012，21（2）：78-80.

[9] 代钦. 多元文化形态下的中国数学教育：对中国少数民族数学教育的一些思考 [J]. 数学教育学报，2013，22（2）：1-4.

[10] 邓文圣. 从"民办"到"特级"的跨越 [J]. 教书育人，2016（7）：42-43.

[11] 邓勇，吴宏. 线性代数课程教学的探索与实践：以数学证明教育价值实现的课堂教学为例 [J]. 数学教育学报，2012，21（2）：74-77.

[12] 邓云州，童小明. 班主任工作的理论与实践 [M]. 北京：东方出版社，1999，143-151.

[13] 丁志光. 例谈"用教材教"是与非 [J]. 教学与管理，2015（3）：49-50.

[14] 董玉成，韩菲. 大学数学教师认识典型错误的案例研究 [J]. 数学教育学报，2014，23（4）：21-25.

[15] 段开和. 思想政治工作要突出"五个字" [M]. 北京：中国文化出版社，2004（5）：231-232.

[16] 方均斌，梁凯，朱玲. 数学问题教学的五个探索点 [J]. 数学教育学

报. 2016, 25（1）: 47-50.

[17] 冯克诚, 西尔枭. 实用课堂教学模式与方法改革全书［M］. 北京: 中央编译出版社, 1994.

[18] 冯增俊. 办一所智慧教育新学校［M］. 广州: 中山大学出版社, 2014, 1-2.

[19] 高金文. 校园文化建设及其德育功能［M］//中国优秀教师文粹. 北京: 中国文化出版社, 2004, 234.

[20] 高兴佑, 向长福. 如何破解极限定义教学难点［J］. 数学教育学报, 2011, 20（5）: 96-99.

[21] 郭红心. 教育的阳光［J］. 教书育人, 2015（22）: 1.

[22] 郭思乐, 邢最智. 中小学教育科研基础［M］. 广州: 广东人民出版社, 1999, 1-2.

[23] 郭思乐. 以生为本的教学观: 教皈依学［J］. 课程·教材·教法, 2005, 25（12）: 14-22.

[24] 何安明, 惠秋平. 课堂教学中知情交融的操作方法［J］. 课程·教材·教法, 2015, 35（10）: 53-58.

[25] 何如栋, 朱敏. 小学数学教育科研的现状［M］//小学数学教育科研. 杭州: 浙江教育出版社, 2001.

[26] 何勇, 曹广福. 数学课堂如何兼顾学生数学素养与应试能力［J］. 数学教育学报, 2014, 23（2）: 60-62.

[27] 洪丽敏. 数学探究教学根植教材的三个视角［J］. 教学与管理, 2015（3）: 68-70.

[28] 胡典顺, 王静, 徐汉文. 新课改背景下数学学习方式转变的调查研究［J］. 数学教育学报, 2013, 22（5）: 47-51.

[29] 黄广顺. 宿舍文化建设与思想政治教育［J］. 牡丹江教育学院学报, 2013（1）: 96-97.

[30] 黄荣金, 陈月兰, 赵小平. 专家教师评数学课［J］. 数学教育学报, 2005, 14（1）: 52-56.

[31] 黄淑风, 黄加卫. 议数学解题中的三个关键点［J］. 数学通讯, 2007（12）: 6-9.

[32] 黄政杰. 教材教法的问题与趋势［M］. 台北: 师大书苑有限公司, 1996.

[33] 金春姬. 青少年社会主义核心价值观培育模式的建构［J］. 教书育人, 2016（1）: 12-13.

[34] 康世刚, 吕世虎. 数学教研组在数学教师专业化成长中的作用与对策［J］. 数学教育学报, 2005, 14（1）: 89.

[35] 赖樟根. 备课预设诚可贵,意外生成更精彩[J]. 数学通报,2007,8(46):36-38.

[36] 兰英. 美国教师专业化运动述评[J]. 外国教育研究,1996(4):42-46.

[37] 李栋,杨道宇. 新课改背景下教材面临的五个问题[J]. 教学与管理,2015(4):71-73.

[38] 李淦林. 怎样才算好的解法[J]. 中学数学研究,2007(5):3-6.

[39] 李红玲. 现有大学文科数学教材中存在不足的思考[J]. 数学教育学报,2012,21(1):92-94.

[40] 李梅. 立德树人的价值意蕴及其实践路径[J]. 教学与管理,2019(2):12-15.

[41] 李小鲁. 论道德教育向道德教化的转进[J]. 现代教育论丛,2007(4):2-7.

[42] 李秀波. 寝室文化建设:加强和改进大学生思想政治教育的着力点[J]. 理论观察,2005(5).

[43] 李由欢. 造就学生高品位人格探索[M]//德育:伟大的基础工程(下册). 北京:北京师范大学出版社,1998(5):247-249.

[44] 廖训乔. 完成备课的四个工序[J]. 教育研究,1994(2):20-22.

[45] 林峰. 对职业技术教育数学教学改革的几点思考[J]. 数学教育学报,2009,18(2):97-99.

[46] 林革. 浅谈数学课堂教学提问"十性"[J]. 教学与管理,2003(29):40-42.

[47] 林夏水. 数学观对数学及其对教育的影响[J]. 数学通报,2007(4):5.

[48] 蔺云. 基于弗氏教学理念下高等数学教学模式探索[J]. 数学教育学报,2012,21(1):88-91.

[49] 刘建秋. 论都市报与区域文化的融合与渗透[J]. 江汉大学学报(社会科学版),2014,31(1):93-96.

[50] 刘金容. 高师学生教育科研能力的现状分析及其培养对策探索[J]. 当代教育论坛,2005(1):100-101.

[51] 刘静. 农村教师专业发展支持体系[J]. 比较教育研究,2014(1):25-30.

[52] 刘幸东,张占亮,王兴志. 高师数学教学技能训练体系的构建与实践[J]. 数学教育学报,2011,20(4):45-47.

[53] 刘耀斌. 《数学教学论》探究性教学模式的探索[J]. 数学教育学报,2010,19(6):89-93.

［54］龙建刚. 尊师重教的南粤范式［J］. 广东教育综合，2015（10）：12-16.

［55］陆慧菊，卢明. 数学教学中引入"互动教学"理念的尝试［J］. 数学通讯，2007（2）：15-17.

［56］吕世虎，叶蓓蓓. 西部民族地区中小学数学教师培训的"现状""问题"及"对策"［J］. 数学教育学报，2013，22（5）：78-81.

［57］马立. 关于教师教育的专业化问题［J］. 中国大学教学，2001（6）：6-7.

［58］马利军. 试论高职《高等数学》课程建设中的三种意识［J］. 数学教育学报，2009，18（2）：94-96.

［59］马新国. 中小学班主任工作案例评析［M］. 北京：中央民族大学出版社，2007.

［60］麦志强，潘海燕. 新课程背景下的班主任工作创新［M］. 北京：中国传媒大学出版社，2006.

［61］南方论坛. 青少年犯罪日增，谁能置身事外［N］. 南方日报，2008. 2. 29，A02.

［62］钮兆岭. 关于新课程背景下教研组活动的思考［J］. 数学教育学报，2014，23（1）：75-78.

［63］齐民友. 数学教育的改革，要遵循数学科学的发展（续）［J］. 数学通报，2006，45（9）：1-5.

［64］邱云兰. 班级管理工作中的七步曲［M］//德育：伟大的基础工程.（下册）北京：北京师范大学出版社，1998（5）：344-346.

［65］邱云兰. 班级民主管理的尝试［N］. 德育报，1995年8月4日，第2版.

［66］邱云兰. 从"民办教师"到"大学教授"的跨越［J］. 教育科学，2018（1）：326.

［67］邱云兰. 当代班级管理艺术论［M］. 北京：中国教育出版社，2003.

［68］邱云兰. 对高等数学"十二五"精品规划教材中一些问题的商榷［J］. 曲阜师范大学学报（自然科学版），2014，40（3）：124-128.

［69］邱云兰，范仰才，刘晓文，等. 加强师德建设 提高育人水平［J］. 牡丹江教育学院学报，2017（11）：34-35.

［70］邱云兰，付苗苗，刘洋. 通性通法在多元函数求最值中的有效生成［J］. 牡丹江大学学报，2018，27（9）：118-120.

［71］邱云兰. 感情投入与班级管理［J］. 中小学德育. 广东省教育厅，1994（10）：30-32.

［72］邱云兰. 高等数学备课模式的研究［J］. 曲阜师范大学学报（自然科

学版），2014，42（4）：123－128.

　　［73］邱云兰. 高等数学复习题变式多解的研究［J］. 韶关学院学报（自然科学版），2014，35（6）：87－91.

　　［74］邱云兰. 高等数学"以学定教"模式的研究［J］. 曲阜师范大学学报（自然科学版），2018，44（4）：125－128.

　　［75］邱云兰. 高职高专高等数学教学的探索［J］. 江苏教育学院学报，2013，29（1）：87－88.

　　［76］邱云兰. 加强年级管理　提高德育实效［J］. 现代教育论丛，2002（5）：62－65.

　　［77］邱云兰. 教师要有理想信念和道德情操［J］. 新教育时代，2017（11）：180.

　　［78］邱云兰. 立德树人，立教圆梦［J］. 教育新时代，2017（11）：181.

　　［79］邱云兰. 论数学课堂教学中的素质教育［M］//教海探珠，上海：华东理工大学出版社，1998（12）：1130－1132.

　　［80］邱云兰，邱伟华. 欠发达地区农村初中数学教师专业成长现状调查：以粤北地区部分中学为例［J］. 曲阜师范大学学报（自然科学版），2015，41（4）：121－128.

　　［81］邱云兰，邱伟华. 新课程下数学教育科研的思考［J］. 曲阜师范大学学报（自然科学版），2016，42（4）：123－128.

　　［82］邱云兰. 试谈高职数学说题模式的探索［J］. 新疆师范大学学报，2012，31（4）：79－83.

　　［83］邱云兰. 塑造学生健康的人格教育［J］. 社会科学. 2018（3）：335－336.

　　［84］邱云兰. 微分方程"以学定教"模式的研究与实践探索［J］. 牡丹江大学学报，2018，27（10）：149－151.

　　［85］邱云兰. 我当慢班班主任［M］//当代班级管理艺术论. 北京：中国教育出版社，2003，122－130.

　　［86］邱云兰. 学会做人，提高素质［M］//德育：伟大的基础工程. 北京：北京师范大学出版社，1998（5）：312－314.

　　［87］邱云兰. 学习环境与学习效率成正比［N］. 德育报，1995年10月9日，第2版.

　　［88］邱云兰. 严格管理与提高素质［M］//中国教育改革与发展论文选（第4卷），北京：光明日报出版社，1992，102.

　　［89］邱云兰. 研究性数学课堂教学模式的探索［J］. 现代教育论丛，广州：广东省教育科学研究所，2010（12）：83－85.

　　［90］邱云兰. 营造管理氛围，提高学生素质［M］//当代班级管理艺术论.

北京：中国教育出版社，2006（2）：26-31.

[91] 邱云兰．营造宿舍文化氛围，提升道德心理素养［J］．牡丹江教育学院学报，2018（8）：23-26.

[92] 邱云兰．有效使用高等数学规范教材的思考［J］．曲阜师范大学学报（自然科学版），2019，45（2）：119-125.

[93] 邱云兰，曾峥．高职高等数学课堂教学中的互动解题研究［J］．数学教育学报，2013，22（3）：39-43.

[94] 邱云兰．走出德育误区［N］．德育报，1994（10），1994（11），第2版．

[95] 宋晓平，杨建华．基于"数学课堂学习动力系统"的课堂教与学框架［J］．数学教育学报，2010，19（6）32-33.

[96] 孙噪，曹建娣，姚静．错误样例对高中生学习排列组合的影响［J］．数学通报，2016，55（1）：17-19

[97] 谭长存．有思想，能作为，敢担当——我心目中的校长［J］．教书育人，2016（1）：6-8.

[98] 田儒珍．加强师德建设，培养敬业精神，提高育人水平，推动学校发展［M］//中国优秀教师文粹．北京：中国文化出版社，2004（5）：33-36.

[99] 田仕芹．高等数学学习自我效能感的调查分析［J］．数学教育学报，2011，20（5）：66-67.

[100] 田彦武．使用高中数学新教材的几点感想［J］．数学通报，2006，45（4）：30-32

[101] 王爱斌．高中数学课堂中的"融错"艺术［J］．教学与管理，2016（2）：61-63.

[102] 王爱珍．省级中小学数学骨干教师培训调查研究［J］．数学教育学报，2007，16（3）：68-71.

[103] 王存荣．在反思性数学教学中培养学生提出问题的能力［J］．数学教育学报，2009，18（1）：45-47.

[104] 王光明．高效数学教学行为的归因［J］．数学教育学报，2010，19（5）：75-78.

[105] 王宽明，夏小刚．关于中学数学教育研究的元研究［J］．数学教育学报，2011，20（2）：78-81.

[106] 王明建．新课程数学课堂教学必须重视的五个问题［J］．数学通报，2005，44（7）：12-13

[107] 王守斌．当今教师价值思维类型及其表现［J］．教书育人，2016（1）：10-12.

[108] 王小乐．走进大山，信念与梦想同行［J］．广东教育综合，2016

(9): 27-28.

[109] 王兴国. 独立学院学生在高等数学学习中"行为参与"的调查研究[J]. 数学教育学报, 2011, 20 (3): 51-53.

[110] 王燕军, 张可村. 论大学科研与教学[M]//中国优秀教师文粹. 北京: 中国文化出版社, 2000 (5): 37-40.

[111] 王永建. 与青年教学一起备课[J]. 数学通报, 2006, 8 (45): 19-20.

[112] 王友国. 大学数学课程体系和教学内容的改革与实践[J]. 数学教育学报, 2010, 19 (4): 88-91.

[113] 王子兴. 论教师专业化的内涵[J]. 数学教育学报, 2002, 11 (4): 63-66.

[114] 魏国强, 杨永清. 基于研究性学习理论的大学数学"两课堂"教学[J]. 数学教育学报, 2010, 19 (2): 70-72.

[115] 魏立平, 马晓燕, 朱殿利. 谈数学教师专业化培养的改革: "MM (HT) 教育方式"的启示[J]. 数学教育学报, 2006, 15 (2): 97.

[116] 魏运华, 李俏. 基于动态研究的新课改后各类教材特点的比较[J]. 教育研究, 2012 (3): 75-81.

[117] 吴立宝, 王富英, 秦华. 数学教科书例题功能的分析[J]. 数学教育学报, 2013, 22 (3): 18-21.

[118] 吴小鸥. 新课程改革教科书之文化标准研究[J]. 课程·教材·教法, 2016, 36 (2): 31-38.

[119] 吴亚娟, 朱晓欣. 对高等数学作业系统的多元统计分析[J]. 数学教育学报, 2011, 20 (1): 69-71.

[120] 武江红. 促进教师专业化的数学教育实习改革研究[J]. 数学教育学报, 2010, 19 (1): 89.

[121] 夏献平. 真情是信任的钥匙, 热爱是提升的阶梯[J]. 课程·教材·教法, 2015, 35 (10): 104-108.

[122] 鲜体元. 新课程理念下的学校教育科研[M]//中国优秀教师文粹. 北京: 中国文化出版社, 2004 (5): 173-174.

[123] 熊张情, 熊鹰. 敬畏之心: 教师必备的职业情愫[J]. 教书育人, 2016 (7): 42-43.

[124] 阎德明, 李东辉, 李丽. 河南省农村小学数学青年教师教育科研现状调查分析[J]. 数学教育学报, 2011, 20 (3): 54-58.

[125] 杨伯峻. 春秋左传注 (第三卷) [M]. 北京: 中华书局, 2009, 1088.

[126] 杨高全, 李学全. 对小学数学教师专业化发展问题的思考[J]. 数学教育学报, 2007, 16 (1): 93-95.

[127] 杨高全，曾玉华，朱春兰．小学数学教师专业化发展现状的调查研究［J］．数学教育学报，2011，20（1）：31－34．

[128] 杨田，王广辉．透视高效数学课堂教学行为：基于优秀初中数学教师的个案研究［J］．数学教育学报，2011，20（2）：37－40．

[129] 杨渭清．数学史在数学教学中作用的思考［J］．数学通报，2013（9）：21－23．

[130] 叶永和．在日记中读懂爷爷［N］．中国教育报，2013（4）．

[131] 曾超益．关于数学教师课程知识来源［J］．数学教育学报，2011，20（1）：39－41．

[132] 曾楚清．课程改革大背景下改进学校教研的思考［J］．现代教育论丛，2005（1）：57－59．

[133] 曾宪林．加拿大高中数学课程标准和教学评价的启示［J］．数学教育学报，2011，20（3）：87－89．

[134] 曾云．立德树人：中国古代教育思想嬗变的视角［J］．当代教育与文化，2019（11）：7－11．

[135] 曾峥，等．数学教师与专业发展的理论与探索［M］．广州：暨南大学出版社，2004，86－87．

[136] 张奠宙．在改革中传承，在传承中改革［J］．小学数学教师，2016（1）：1．

[137] 张生春，王变变．农村初中数学教师教育科研现状调查［J］．数学教育学报，2013，22（4）：58－61．

[138] 张学润，王中东，徐向红．研究型教学在高等数学中的实施和浅析［J］．数学教育学报，2012，21（1）：85－87．

[139] 张永超．教研创新的反思与对策［J］．数学通报，2013，52（4）：28－31．

[140] 郑毓信．莫让理论研究拖了实际工作的后腿（上）［J］．湖南教育，2015（3）：12－14．

[141] 郑毓信．数学教育研究者的专业成长［J］．数学教育学报，2013，22（5）：4－8．

[142] 中共中央马克思恩格斯列宁斯大林著作编译局．马克思恩格斯列宁斯大林全集．第1卷［M］．北京：北京人民出版社，1995．

[143] 中华人民共和国教育部．关于进一步加强高等学校本科教学工作的意见［Z］．教高〔2005〕1号．

[144] 中华人民共和国教育部．普通中学课程标准（实验）［S］．2003．

[145] 钟启权．班主任管理理论［M］．上海：上海教育出版社，2002，218－220．

［146］周兴和，叶惟寅. 实践中的好课与好课的实践［J］. 数学教育学报，2005，14（2）：80－82.

［147］朱鸿亮，鲁宽民. 习近平新时代文化建设思想的鲜明特色［N］. 光明日报，2017－11－20（5）.

附录Ⅰ　教师专题培训

关键词：教师培训；学术讲座；班级管理；人格魅力；管理艺术；师德师风；阳光心态；立德树人；责任担当；有效课堂；问题思考；铁杵成针；教育科研；三力五勤；严谨治学；教书育人

教师队伍能力和水平提升的新定位、新要求、新任务：一是培养有理想信念、勇担时代使命的"四有"好老师，使其达到"三个牢固树立""四个相统一"师德要求，"六个要"素质要求，即"政治要强""情怀要深""思维要新""视野要广""自律要严""人格要正"；二是加强师德师风建设，构成师德养成的长效机制；三是不断提高教师培训质量，加强教师在职教育培训体制建设，找准教师教育中存在的主要问题，促进教师教书育人能力和专业素养的提升。

有高质量的教师，才有高质量的教育。一个有理想信念的老师，一个有政治素质过硬的老师，一个有家国情怀的老师，才能做学生奉献祖国的引路人。善之本在于教，教之本在于师，老师是学生道德修养的镜子。扎实的知识功底、过硬的教学能力、勤勉的教学态度，科学的教学方法是老师的基本素质，其中，知识是根本基础。

万变不离其宗，无论教师培训方式如何变化，培训内容如何更新，保持勤奋学习的热情、探究新知与未知的好奇心是不能变的，打好扎实的专业知识基础的钻劲是不能变的。敢为人先，练就"破茧成蝶"的硬翅膀，需要无限的热爱与坚持，无穷的毅力与耐力。把提升教师的培训质量和育人水平视为提升生命质量、实现生命价值的任务来对待。用信心凝聚力量，用奋斗成就事业，用拼搏实现目标，用实力铸造辉煌。

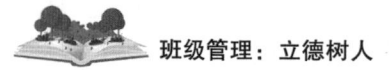

附录 Ⅱ 教师专题培训提纲

教师的人格魅力与管理艺术（专题一）

一、问题的思考一（互动一）

（一）填空题；

（二）选择题。

二、教师的人格魅力

（一）教师对学生的关爱和宽容；

（二）教师对学生的尊重和理解；

（三）教师的德才学识。

三、问题的思考二（互动二）

（一）简答题；

（二）填空题；

（三）选择题。

四、班主任的管理艺术

（一）热爱班主任工作是做好班主任工作的前提；

（二）掌握班主任管理艺术是做好班主任工作的关键。

五、结束语

班主任的管理艺术（专题二）

一、问题的思考（互动）

（一）填空题；

（二）简答题；

（三）选择题。

二、热爱班主任工作是做好班主任工作的前提

（一）当班主任光荣，责任重大；

（二）班主任要做到三力五勤五正。

三、掌握班主任的管理艺术是做好班主任工作的关键

（一）班主任是最不好做，也是最容易做的工作；

（二）班主任的管理艺术。

四、结束语

教师的责任能力与心态（专题三）

一、问题的思考（互动）

（一）选择题；

（二）填空题。

二、为心灵解码，为智慧加油

（一）心态误区；

（二）智慧教育。

三、教师担当的责任和使命

（一）爱生是担当的前提；

（二）责任是担当的关键；

（三）能力是担当的根本。

四、结束语

有效课堂教学的思考（专题四）

一、概念的界定与研究结果

（一）概念界定；

（二）研究结果。

二、问题的思考（互动）

（一）选择题；

（二）填空题。

三、要为心灵解码，为智慧加油

（一）低效课堂存在三种误区；

（二）要为心灵解码，为智慧加油。

四、有效课堂教学的基本实现条件

（一）正确的自我定位；

（二）注重资料积累；

（三）勤奋钻研业务并注重反思。

五、结束语

以最阳光的心态教书育人（专题五）

一、问题的思考（互动）

（一）选择题；

（二）填空题。

二、教育的阳光及教师的价值取向

（一）教育的阳光是什么；

（二）教师的价值取向。

三、心灵充满阳光的教师

（一）心灵缺乏阳光的教师；

（二）心灵充满阳光的教师。

四、用阳光的心态教书育人

（一）教书不忘育人之本；

（二）育人不忘教书之魂。

五、结束语

学校师德师风建设的思考（专题六）

一、问题的思考（互动）

（一）填空题；

（二）选择题。

二、师德师风建设的内涵

（一）明确师德师风规范；

（二）深刻把握师德师风建设的丰富内涵；

（三）强化立德树人根本任务；

（四）筑牢品德底线，践行师德标准。

三、师德师风建设的要求

（一）以德立身，以德教人；

（二）以德立学，以德施教；

（三）守公德，铸师魂。

四、师德师风建设的实践路径

（一）创新师德教育，树立崇高理想；

（二）加强师德宣传，培育重德养德；

（三）强化师德监督，防止师德失范；

（四）做好师德奖惩，发挥制度引领。

五、结束语

树师表形象　立师德风范（专题七）

一、问题的思考（互动）

（一）填空题；

（二）选择题。

二、树形象，立风范

（一）关爱学生，平等对待；

（二）言传身教，情感激励；

三、育人为本，立德铸魂
（一）用宽容和智慧化解问题；
（二）学会变通，静待花开；
（三）凝聚力量，立德铸魂。
四、结束语

三教改革研讨会——教师有效的授课（专题八）

一、有效授课的探究
（一）有效授课的意义；
（二）有效授课的思考。
二、问题的思考
（一）选择题；
（二）填空题。
三、教师有效的授课
（一）用好教材，重视教材；
（二）精讲多练，以学定教；
（三）有效互动，有亲和力；
（四）管教管学，教书育人。
四、结束语

铁杵成针——教师有效的备课与上课（专题九）

一、课堂教学存在的主要问题
（一）教学内容存在的主要问题；
（二）教学形式存在的主要问题。
二、问题的思考
（一）选择题；
（二）填空题。
三、有效的备课与上课
（一）有效的备课；
（二）有效的授课。
四、结束语

学党史　悟思想　守纪律　树新风（专题十）

一、问题的思考（互动）
（一）选择题；
（二）填空题。

二、学党史，悟思想

（一）学党史，悟思想；

（二）新时代教师队伍建设的新要求。

三、教书育人，立德树人

（一）教书育人；

（二）立德树人。

四、克服倦怠心理，做"四有"好老师

（一）克服倦怠心理，牢记使命担当；

（二）建设一支高素质的专业化教师队伍。

五、结束语

课题的设计与论文的撰写（专题十一）

一、课题的选择与设计方法

二、课题的样本分析

三、学术论文的撰写

（一）学术论文的结构；

（二）撰写学术论文的步骤和目的；

（三）学术论文的常见弊病与写作十戒。

四、学术论文的样本分析

（一）教育论文；

（二）教学论文。

五、结束语